批评理论与文学研究丛书
张旭东 蔡翔 主编

# 全球化与文化政治

# POSTSOCIALISM AND CULTURAL POLITICS

## 90年代中国与20世纪的终结

张旭东 著　朱羽 等译

著作权合同登记号　图字:01-2011-7111

图书在版编目(CIP)数据

全球化与文化政治:90年代中国与20世纪的终结/张旭东著;朱羽等译.—北京:北京大学出版社,2014.1
（批评理论与文学研究丛书）
ISBN 978-7-301-22172-3

Ⅰ.①全…　Ⅱ.①张…②朱…　Ⅲ.①文化思想-思想史-研究-中国-1990—1999　Ⅳ.①G129

中国版本图书馆CIP数据核字(2013)第028450号

Xudong Zhang
Postsocialism and Cultural Politics
Copyrights © 2008 by Duke University Press.
本书中文简体版权归北京大学出版社所有。

| | |
|---|---|
| 书　　　　名 | ：**全球化与文化政治——90年代中国与20世纪的终结** |
| 著作责任者 | ：张旭东　著　朱　羽　等译 |
| 责 任 编 辑 | ：艾　英 |
| 标 准 书 号 | ：ISBN 978-7-301-22172-3/G · 3588 |
| 出 版 发 行 | ：北京大学出版社 |
| 地　　　　址 | ：北京市海淀区成府路205号　100871 |
| 网　　　　址 | ：http://www.pup.cn　新浪官方微博:@北京大学出版社 |
| 电 子 信 箱 | ：pkuwsz@126.com |
| 电　　　　话 | ：邮购部 62752015　发行部 62750672　出版部 62754962 |
| | 　编辑部 62756467 |
| 印　　刷　　者 | ：北京大学印刷厂 |
| 经　　销　　者 | ：新华书店 |
| | 965mm×1300mm　16开本　24印张　400千字 |
| | 2014年1月第1版　2014年1月第1次印刷 |
| 定　　　　价 | ：49.00元 |

未经许可，不得以任何方式复制或抄袭本书之部分或全部内容。
版权所有，侵权必究
举报电话：010-62752024　电子信箱：fd@pup.pku.edu.cn

# 目 录

致　谢 …………………………………………………………… 1
访谈:从"现代主义"到"文化政治"(中文版代序) …………… 1

导　论　90年代中国的文化政治 ……………………………… 1

## 第一部分　思想话语:民族和全球的规定性

第一章　政治的回归:90年代思想场域的形成 ……………… 27
第二章　90年代的民族主义、大众文化与知识策略 ……… 106
第三章　后现代主义与全球化条件下的中国社会思想:
　　　　"新时期"之后的文化政治 …………………………… 143

## 第二部分　文学话语:全球化时代的叙事可能性

第四章　上海怀旧:王安忆90年代文学作品中的悼亡与寓言 … 191
第五章　城市偶像批判:上海、"小文学"与现代中国神话的消解 … 226
第六章　"妖精现实主义"与"社会主义市场经济":《酒国》中的
　　　　语言游戏、自然史与社会寓言 ……………………… 257

## 第三部分　电影话语:普遍性、独一性与日常世界

第七章　民族创伤与全球寓言:田壮壮《篮风筝》中的集体
　　　　记忆建构 ………………………………………………… 285
第八章　叙事、文化与正当性:《秋菊打官司》中的重复与独一性 … 305

参考文献 ……………………………………………………… 326

# 致 谢

我在思想上应偿的债务记录在这本书的每一个章节里面。当然有许多人尤其值得感谢。在《全球化与文化政治——90年代中国与20世纪的终结》经年累月的写作中,杰姆逊(Fredric Jameson)、德里克(Arif Dirlik)、甘阳、崔之元、柯瑞嘉(Rebecca Karl)、哈鲁图年(Harry Harootunian)、班德(Thomas Bender)、吉尔斯南(Michael Gilsenan)、佩里·安德森(Perry Anderson)、罗宾斯(Bruce Robbins)、李欧梵和裴宜理(Elizabeth Perry)都是本书的第一批读者,他们阅读我的草稿并且提出了有价值的评论和富有挑战性的批评,令我不胜感激。我还要感谢乐黛云、王斑、王晓明、李欧梵、孔海立、唐小兵、胡志德(Theodore Huters)、戴锦华、甘阳、陈思和、裴宜理、王靖宇(John C. Y. Wang)、孙朝奋、许纪霖、文棣(Wendy Larson)和Ashok Gorung,感谢他们邀请我、款待我,使我能够在他们各自的研究机构里宣读这一写作计划中的许多部分。我还要深深地感谢罗格斯大学(Rutgers University)和纽约大学的同事、学生和朋友为我营造出家一般的环境,在那儿我总是得到支持和鼓舞,总是感受到自由和创造力。最后还要感谢纽约大学历史系博士生冯淼,她为准备本书英文版的索引花费了不少工夫,感谢纽约大学东亚系博士生刘卓,她在制定参考文献目录时给了我很多帮助。

第一章的初版曾作为编者导言收录于《中国向何处去?当代中国的知识政治》(Whither China? Intellectual Politics of Contemporary China)(达勒姆,北卡罗来纳:杜克大学出版社,2001年)一书,此章的节录版发表于《东亚国际季刊》(2001年)第19卷第1—2期,第2—57页。第二章最初发表于《社会文本》第55号(1998年),第109—140页。第三章的缩编版最初发表于《新左派评论》第237期(1999年),第77—105页;完整版收于由德里克和张旭东主编的《后现代主义和中国》(达勒姆,北卡罗来纳:杜克大学出版社,2000年),第399—442页。第四章最初发表于《立场:东亚文化批评》第8卷(2000年),第349—387页。第五章最初发表于《新文学史》(2002年冬),第137—169页。第六章最初发表于《当代中国》杂志(2003年),第623—638页。第七章最初发表于在迈克尔·韦恩主编的《马克思主义与电影》(伦敦:布鲁托出版社,2005年),第213—232页。所有这些章节都已经过重新校正、编辑,为了本书的出版,我对某些地方还作了实质性的修改和扩充。

我将此书献给我的父亲张明阳和母亲孙良英。感谢他们多年以来给予我无条件的爱和支持。

2007 年 3 月
纽约格林威治村

# 访谈:从"现代主义"到"文化政治"
## (中文版代序)

## 一、现代主义与后现代主义

**朱羽:**张老师,《改革时代的中国现代主义》应该说算是您的第一本学术专著。您对中国现代主义的阐释强调把它重新放回历史,同时对于"形式"、"审美"作一种寓言式的阅读,在揭示现代主义神话的同时,也试图把它的历史真理内容给揭示出来。我比较感兴趣的是,在当时的情境中,您是如何遭遇现代主义的,这个"现代主义"背后更大的问题意识是什么?"现代主义"为何成为您学术研究的起点,这是一种偶然,还是一种必然?

**张旭东:**首先我想说的是,这本书出版于1997年,完稿更早,记得是在1994年秋季,我开始写博士论文之前。应该说,这本书属于它的分析对象的时代,属于80年代的知识和思想语境,也反映出那个逝去了的时代的精神气质。更准确地说,它像是一块80年代的文化地质学样品、一块化石,虽然成形的条件来自90年代初在美国的求学生涯,用英文写成,在一种相对严格的方法和理论思维空间里展开,但它的基本材料和问题意识,包括它最深层的情感和冲动,都属于80年代。至于"现代主义",在个人意义上,也许有相当的偶然性,但从整个时代的角度看,还是有很大的必然性的。说偶然,是因为在70年代末、80年代初,中国文学、思想生活刚刚从一个相对封闭的状态向一个开放、活跃的状态过渡,从趣味和眼界上讲还是很"古典"的。我们当时在中学读得最多的仍然是欧美19世纪文学作品,以及中国古典文学和现代文学作品,更多还是从"文学修养"和"文学知识"的角度,在学校和公共图书馆藏书的范围里读书。在美术、音乐、哲学等方面,趣味就更"保守"、更"正"了,完全沉浸在从文艺复兴到浪漫派的阶段,或者说是在补"人本主义"、"启蒙"、"浪漫"的课。80年代后期我在中央音乐学院音乐学系教书,搞西方音乐史和音乐美学的同事把那种巴赫以前不讲、贝多芬以后不讲的教学大纲称为"红烧中段",认为太僵化、很过时了。在80年代初,这种趣味上的保守和"经典",就其本身来说是"思想解放"时代的自然需要和目光所及,客观上,它也为现代主义"后来居上"做好了铺垫。

其实所谓的先后,就是一两年的时间,甚至更短;也许不过是主流和边缘在读者接受的方便程度上所造成的某种"时间差"错觉。今天回头看,我们可以说西方现代主义的影响同西方资产阶级经典文艺及思想的影响是"共时性"的。在80年代整个中国文学、知识状态下,现代主义对我们这代人来说代表的是一种完全不同的文学、文学可能性、审美可能性,同我们熟悉的古典小说、鲁迅和翻译过来的19世纪欧洲文学经典形成了惊人的反差。但种种有关现代主义的批评和理论,又通过种种关于断裂和连续性的论述,把现代主义同它以前的文艺思想潮流拧在一起,于是"现代派"的形式空间就变成了所有以往时间的压缩,变成了所有以往的矛盾和冲突的空前的激烈化。我第一次系统地接触"现代派"作品,是通过袁可嘉编的《现代派作品选》。艾略特、卡夫卡、庞德、里尔克等等现代主义者对于我们来说,首先代表的是一种全新的文学可能性,从感官、想象力到审美和形式快感的追求,从知识、认识能力到语言上的无穷无尽的可能性,"自我的空间"的每一个角落都被打开了。这种好像属于纯粹形式的新空间,突然为一个相对封闭的社会心理状态打开了一个新天地,进一步加速了雏形中的"新时期自我"的急剧膨胀和自我想象里的"无限可能性"。

现在看来,这种形式空间的突然发现和"自我的膨胀"当然不可能仅仅是一个审美或心理问题。它其实同弥漫在80年代中国的"赶超意识"以及由此而来的急迫感、压力、焦虑感有密切关系,而现代主义本身关于"创造"的神话,不但为这种巨大的压力和焦虑感提供一种形式的升华,而且迅速地把"新时期"的个人能量、乐观精神和积极态度引入了一种新的、复杂的"现代"认知模式和表意模式,即如何把握和处理激烈的、无穷的、难以理解甚至令人迷惘和恐怖的"变"和"新",如何通过"言说"和"象征行为"把一个异己的外界变成自我的内部风景。

**朱羽:** 是不是可以这样说,现代主义的形式创新和风格强度实际上"落实"了80年代"求新"、"求变"的集体冲动?

**张旭东:** 那个时候,"现代"在相当程度上是作为"落后"的对立面被想象出来的。当时的中国人对于中国到底算不算现代国家、自己算不算现代人、中国历史有没有真正进入现代世界历史,都有很深的疑问。所谓反思"文革",在历史阶段论的意义上好像是要补资本主义这一课,但对"资本主义"的理解,却已经完全不是原来教科书意义上的那个资本主义了,而是一种全新的东西。这个全新的、未来指向的东西,就叫做"现代":在经济、技术层面是"现代化";在制度、经验层面叫做"现代性";在想象、表达层面就是"现代主义"、"现代意识"或"现代派"。所以,尽管当西方"现代派"文艺最初被介绍进来时,主流文艺思想界要么不闻不问,要么官样文章地批判一下,但那只不过表明老一套话语生产机制滞后于新的官方意识形态。当时的官方媒体,同时又都在宣传:我们60年代自己混乱的时候,全世界都在开展技术革新、"绿色"革命、信息革命。我们刚到大学的时候,学校组织学生看托夫勒的《第三次浪潮》,就像是新的政治学习材料一样。这说明当时普遍的关于"落后封闭"的焦虑感和对外部世界的新鲜感。"现代主义",包括西方现代派文艺和现代西方哲学思想,是一个新的社会想象空间的符号秩序的一部分。在"现代"的器物层面仍然显得遥不可及的时候,"现代"的观念、表述、审美形态就提供了一种替代性满足,让80年代的社会主体急剧扩张,去尽快地、尽可能地进入、填充那个叫做"现代"的空间,为这个"现代"的秩序做好种种心理和语言的训练和准备。那时候什么名称前面都要加个"现代",现代科技、现代文化、现代心理学,或者现代电影语言、现代社会,包括现代文学、现代诗、现代文学理论,好像不加"现代"就意味着"前现代",就等于陈旧、落后、封闭、保守。那个时候的"现代",是值得作一些语义分析的,这会有助于我们弄清楚这个"现代"到底是什么意思,包含了哪些特定的内容。

**朱羽**：如您所说，当时的官方媒体（或所谓的"官方意识形态"）已经不仅仅是在旧有的话语系统里定义、描述、把握"现代"了，但是更有趣的问题或许是，现代主义文艺用审美表达和形式结晶的方式率先将"现代"的解放感表达了出来。

**张旭东**：的确是这样。尽管我们当时对于现代主义的理解还很有限，但在直觉上，通过新的文学形式，都能感到一种感官和审美上的解放，一个新的世界被打开了。——这既是知识上的新的可能，也是审美快感上的、想象力上的可能。就像弗洛伊德的理论一下子让我们知道了在意识的层面下还有一个"潜意识"或"无意识"的世界；"现代派"文学让我们第一个知道，在常规意义的表象、再现、叙事和表意逻辑之外，还有一个更浓缩、更激烈、更变形但却更"真实"的形式的世界。这个现代派的文学空间把以前我们习以为常的文学经验贬低为一个常识的世界，同时通过一种新的体验的强度和文学技术，向我们保证了一个更本质、更形而上但同时又更具体、更不可还原的内心状态和同它所对应的历史真实。这样一个自律的形式空间突然进入 80 年代初期意识与现实的辩证法，对于一种新的主观性形成的作用是怎么估计也不为过的，它也在很多方面深入地影响了我们感知和把握现实进程的能力。

**朱羽**：但是在解释这个"自律的形式空间"上，研究界仍多多少少将这一 80 年代的文学"创新"把握为"文学自身的演进"，认为现代主义文学是一种天然地比"现实主义"更高级、更普遍的表现真实的力量，仿佛它可以被还原为形式空间内部的进化。

**张旭东**：这种力量当然并不仅仅来自现代主义形式空间的内部，而是得益于时代。在 80 年代初期，这种似乎属于纯粹形式领域上的新的空间想象，同一种集体性的历史冲动密切相关。这种冲动就是尽快摆脱一个落后封闭的社会，去拥抱、拥有和创造一个真正现代的生活，包括它的技术、制度、观念和文化。我在上面已经提到，那时候中国人好像真的不知道中国到底算不算一个现代国家。如果仔细考察"落后"的社会语用学含义，我们会发现它的内涵非常广泛，而且往往远远超出描述性、分析性的范畴，而包含一种价值判断和道德判断的味道。比如当时对"文革"的反思，某种意义上就是把种种"极左"的东西同封建性联系在一起,在这样做的时候,一种集体性的政治无意识就已经获得了某种"语言结构"。

这种"政治无意识"在当时并不需要明确化,因为它同"新时期"中国的一系列国策并不冲突,同时也满足了"文革"后逐渐成形的大众社会对种种物质丰富性和社会自由的追求。这两种力量的结合造成了对资本主义现代性理解的全面的非政治化。原先政治教科书里的那个资本主义体系现在脱去了由阶级和资本主义生产方式界定的政治性,而变成了一种单纯的、实证的(positivistic)"现代"。这种"单纯的现代"在今天看是一种非历史的、形而上学的东西,但它在西方现代派文艺及其中国接受史里得到了一种感官、审美和形式主义的肯定和强化,而这种感官、形式和"无意识"范畴的肯定和强化与在技术领域和理性层面上对"现代"的肯定和强化又是并行不悖、相互呼应的,这两个面向共同构成了改革时代中国现代主义的"自我的空间"。自邓小平1979年访问日本、美国,全国人民通过电视转播看到以富士山为背景的新干线、休斯敦航天中心和消费社会日常生活场面,到几年后青年知识界组织"走向未来丛书",一个未来学意义上的"现代"想象,迅速把中国近代历史乃至整个中国历史社会文化整体变成了一个形而上学整体图景(比如"中国封建社会超稳定结构"这样的提法)。可以说,"落后"的形而上学图景作为现代派世界图景的对立面,为现代派文艺做好了意识形态的准备。

因此可以说,现代主义进入中国的过程也就是这种巨大的历史和意识形态能量为自己找到某种形式和表达方式的过程。因为一旦一个自认为是封闭、落后的社会系统被想象性地放置在一个更为"普遍的"的世界历史空间当中,放在种种业已实现的"现代"规范性(normative)先例面前,这个社会系统的主观性空间就会经历一场爆炸性的扩张、膨胀过程——在时间、空间、心理、想象、符号、形式等各个方面都会急剧地膨胀、扩张,以便尽可能"多快好省"地去进入、占据、充满这个叫做"现代"的空间。当代中国经验世界和想象世界的爆炸性膨胀在"现代派"的高度浓缩、加固、强化和系统化的形式空间里找到了最好的媒介。虽然从生产总量和读者接受角度来看,当代中国现代主义文艺和理论表述从来都只占据非主流、边缘甚至有时是半地下的位置,但就"新时期"历史更迭和意识形态矛盾的极致性表述来讲,"现代主义"文学、审美和理论话语,比起其他较为主流、较为常规化乃至官僚化的文化生产方式来,往往处在时代的浪尖和问题的核心。在什么意义上这个现代主义空间的形成是以全球资本主义的外部为条件的,在什么意义上它其实又以社会主义现代性的历史经验和文化经验为前提,是一个值得进一步研究的问题。

**朱羽**:80年代的现代主义观念正因为和重新定义了的"现代"缠绕在一起,所以拥有了历史切关性,但它似乎并不仅仅从属于传统的历史分期或历史阶段论框架。

**张旭东**:"新时期"的"现代"观念的确不单纯是阶段论意义上的古代、近代、现代、当代,因为它的意识形态冲动是要带来一个超历史的、形而上的断裂,也就是说用"现代"这个概念、这个"世界图景"把时间分成此前和此后,从而再一次宣布历史的开始。从另一个角度看,它同时还在人的劳动和价值创造的基本意义上带有一种深度感和解放感,因为它更能把人的各种各样的潜力、想象、欲望、技术上的可能性、劳动价值都释放出来,转化为可交流、可体验的人工制品。同时,在把整个人的潜力释放出来的过程当中,它也满足了人的各种各样的需要。这么看,实际上,"现代"反而失去了任何时间性或阶段论意义,而是代表一种绝对标准:"现代"实际上的意思是"真正的"——用英文来讲就是 proper。就是说,原来的老的哲学(比如陈旧的教科书上讲的哲学)不是哲学,而现代哲学才是真正的哲学;原来《文学概论》里讲的文学不是真正的文学,现代(派)文学才是真正的文学。那时候中国人一下子就对海德格尔的"本真性"概念特别感兴趣。什么是真的,而不是假的;什么是到位的,而不是半途而废的;什么是货真价实的,而不是掺了假的。所以他们觉得现代的东西是"真"的,然后从"真"再往前引申,就觉得它有一种特殊的强度。就像喝酒一样,如果说现实主义文学我们读了像喝啤酒,后期浪漫派像葡萄酒,那么现代派有点像烈酒,它有形式的强度,或者说烈度——一下子把所有原来比较模模糊糊的东西、不太明确的东西明确化了,或者一下子就把你击倒了,把你带入到一种更为原始的真实状态。这个状态可以更"朦胧",但这种朦胧就其意象和色彩的强度和具体性而言,远远比现实主义观念先行的东西要明确、强烈、持久、真实。这些过程中又伴随很多技术上的创新,这是当时很直观的一个东西。意象的提炼、"客观对应物"、"意识流"、隐喻和象征系统的构筑等等,似乎都带有一种很强的技术性,而且是立足于感官和潜意识直接性的技术性,而不是那种需要通过经验、观察、知识和智慧等理性结构的中介才能达到的现实主义的技术性。现实主义小说就技法来说不是能在技术上一蹴而就的,因为现实主义小说一定要有深刻的道德思想含义,要有广阔的阅历,要有比较明确的历史判断和价值判断,要在作品中涵盖和传达出一种时间性的、历史性的结构。而现代派却可以把一种技术抽离出经验的混沌,通过它把时间强行悬置起来,以达到某种形式的自律性和强度。这在今天看是技术理性时代的一个隐喻,但在当时来说,是非常满足人的好奇心的,让人觉察某种自我的力量,给人以一种凭借这种力量向传统宣战的信心。再说,把文艺创作从风俗、伦理、道德和价值共同体里分离出来,客观上也有助于技术主义和形式主义的发展,它把文艺变成了一种技术制品,是可以通过某种程序习得的东西,而这些能够上手的东西,能实实在在地让我们从一种落后的状态迅速进入一种先进的状态。在这个过程中,我们变成了真正的人——现代人。

**朱羽**:这种对于"技术"的渴求,倒是凸显出了"中国的现代主义"和"改革时代"及其意识形态之间具体的关联性。但新时期现代主义对想象的外部世界完全抱肯定态度吗?

**张旭东**:80年代现代主义思潮对"现代派"的正面、积极的理解,同改革时代的意识形态相吻合,大家谈得比较多。但这里我想补充一点,这就是现代派在80年代的另一层"否定的"、消极的,但对当代中国文化意识来说却同样具有建设性的方面。这就是西方现代派带来的一个异化、破碎、扭曲、变形的世界图景。虽然在形式上,现代派就它的"现代"或"新"的指向来说天然带有积极意义,但它越超越写实、浪漫或其他传统文艺的常规,也就越同它所处的时代形成一种类似经典作品与其时代关系的"再现"或"反映"关系。动脑子的学生很快会发现,现代主义文艺——比如卡夫卡、艾略特、黑色幽默、荒诞派等"现代派"作品,其实反倒比同时代的大多数西方"现实主义"作品更精到地把握了时代精神,甚至准确地再现了作品所处时代的具体经验和体验。这个认识就把现代派的核心问题变成了它内部的形式与历史的关系问题,把审美问题引向了文化批判、历史批判、价值论和社会本体论的问题。简单地讲,现代派的积极形式所包含的是一种消极的内容,用存在主义的语言讲,是一个"上帝已死"的虚无、破碎、缺乏真理的整体性的世界;用马克思主义的语言讲,是资本主义异化劳动把人对自然的征服变成了人对自己的宰制的世界。像《荒原》《城堡》给80年代中国读者带来的不仅仅是形式上的激动和喜悦,同时还有经验和认识层面上的震惊、惶惑、恐惧,一种意识乃至无意识层面的陌生感和无所适从感。80年代的中国读者虽然热烈拥抱社会自由、思想独立、形式创新,向往一个崭新的未来世界,但在认识和意识层面,却是在寻找一个新的整体,一个连续性的叙事框架,一种统一和谐的形式空间,这是迅速变化、裂变中的当代中国社会的政治需要、文化需要和心理需要。西方现代派以审美自律的方式把一种确凿的历史之"恶"摆在人的面前,使人无法回避它的真实性。这必然从反面促进了当代中国文化意识对一种新的形式可能性的探索。这种探索在文艺领域基本上是失败的、不到位的,这相当程度上可以归咎于80年代中国"现代派"诗人、小说家和艺术家作为知识分子的准备不足。但这种在异化、破碎化、平面化的世界里寻找新的综合、统一和内在性的努力,却在"文化热"重建当代中国精神科学和文化主体性的讨论中得到了更清晰的表达。这也是我在《改革时代的中国现代主义》一书中把"文化大讨论"作为一个核心部分,又把以甘阳、刘小枫为首的"文化:中国与世界"编委会探索当代中国"精神科学",以此来作为整合"古今中西"的文化框架的努力放入"文化讨论"的核心原因所在。应该说,中国现代主义意识的这个面向至今仍然很活跃。在分裂的社会领域和文化领域重建总体性的努力,在今天仍然是当代中国思想活力的一个核心组成部分,不管这种活力或动力体现为对一种中国式的马克思主义和社会主义政治主体性的阐释,还是体现为对某种传统和现代的文化综合的探索。西方现代派本身总体性的神话成分,在80年代基本上还是被当做形式威力和审美启蒙正面接受下来的,正如"现代性"在当时是作为一种总体性的价值系统被正面接受下来的。令人疑虑的只是现代经验的多样性、复杂性和内部分裂,比如理性和非理性世界的分裂,意识和无意识世界的分裂，极端个体性和极端总体性的分裂，等等。但直到现在，随着中国日益进入全球生产和消费体系，这个作为总体的系统本身才变成了问题。这种历史经验的变化和由此而来的问题出发点的不同，也是值得我们重视的。

**朱羽**：您以上的讨论厘清了现代主义在塑造新的文化意识上的可能性。我在这里想追问一下《改革时代的中国现代主义》诞生的轨迹，因为它不仅赋予了"新时期"的中国现代主义实践某种"叙事"，而且也同您刚才提到的当代中国文化意识生成和主体性的确立有联系。

**张旭东**：在80年代的语境里，对文学来说，"现代"、现代主义、现代派如果分享了我刚才所说的那种"现代"意识，那么它实际上是我们想象当中的一个外在的大世界突入中国这个封闭的小世界里的"先锋"。先锋派对我们来说是外在世界对封闭世界的一种突破。如果谁能对这种外部向内部的突破有一种特殊感受的话，他会觉得自己站在了这个时代的前卫位置。这种感觉当时年轻人都有，都自然而然地希望自己处在这个位置。但从今天的角度看，这个"现代"实际上在时间轴上距离拉得很长。在哲学领域最明显，读20世纪的分析哲学、逻辑实证主义或者法兰克福学派，会觉得很新；但康德、黑格尔，甚至培根、斯宾诺莎同样也很新。我们当时在一个高度压缩的想象性"现代"空间里接触"西学"，把它当做现代世界的隐蔽结构和精神秘密；不是通过古典哲学的媒介去读现代哲学，而是通过现代哲学的媒介去读中西古典哲学，把它们统统都放在"现代"这个平台上审视。当时的年轻人是在这样的氛围里面，经历了整个"文化热"。"文化热"的根本动机，是想尽快地通过"文化"的快车道，把小世界和大世界打通，而在经济建设和物质积累领域，步子再快，也只能是一步一步走。但经过1989年后，自己直接跑到当年那个遥不可及的"大世界"里边来了——作为一个研究生，坐在那里听课，学习西方现代性理论变成了专业训练，而中国变成了一个历史分析的对象。所以我在《改革时代的中国现代主义》前言里也提到，这本书是很个人化的东西。

**朱羽**：也就是说，这种大、小世界之间的空间切换在一定程度上促发了您对于亲身经历过的那段短促而激烈的历史进行反思。《改革时代的中国现代主义》一方面如您所说是一本"很个人化"的作品,另一方面,它又采用一种理论的方式来批判性地表述或者说重构80年代的文化、思想经验。我所感兴趣的是,您在这本书里如何处理理论与经验、问题与方法之间的关系?

**张旭东:**虽然《改革时代的中国现代主义》可以说是我的第一本学术专著,但我并不很看重它在学术积累意义上提供的专业知识,而是更看重自己如何对自己的意识成长史作出一个批判性的交代。我用的"意识史"概念,自然是受黑格尔《精神现象学》的影响,某种意义上这本书的确是在文学研究、电影研究、思想史研究的伪装下去描述当代中国的"意识的经验学"、"意识的胚胎学"和"意识的形态学",力图在一个"成长"的脉络里面,在自我意识不断面临新环境、新挑战、新的"异化"的过程中,去理解一个集体性自我的分化、发展、复杂化,去理解它为自身的整体性、实体性和主体性而进行一系列思想搏斗的历程。应该说,这个"精神现象学"的叙事角度并不仅仅是从主观出发,而是一开始就把问题放在主观对一个变化中的客观世界的感知、理解和把握的实践过程中去分析。这个客观世界一方面是物质的、社会性的,即"文革"后中国的现实以及中国社会所面对的新的世界环境;另一方面则是"符号"性的,即一个新的形象、概念、结构的空间,这里面就包含广义的"西方现代派"和"现代西方哲学"。所谓"精神现象学"的叙事角度,就是探讨如何把这些新的、异己的外界刺激和外界挑战变成自己内部属性的一部分,如何用自己的方式去理解和"克服"一个自我之外的世界,一个"他人"的世界,或者不如说作为"世界"的他者性。所以我从来不自认为是做现代主义文学研究或现代西方哲学的专家。我关心的始终是自我同所处时代的关系问题,是如何把这种关系变成一种生产性、创造性的关系,即如何把外部的挑战变成意识的自我成长的实质性内容。

虽然可以说这本书的"意识的起源"很"古典",也带有相当的主观性,但在具体写作过程中,我却发现这个叙事框架并不妨碍我去分析性地处理种种"新理论"、"新方法"、"新形式"。恰恰相反,种种新理论、新方法往往正好为某种相对"古典"的主体位置和主体想象提供了现代语汇和技术说明,把它们复杂化、情景化,但同时证明了这些"古典"问题意识的现代相关性。这是研究 80 年代现代主义文艺和文化讨论最有趣的地方。比如阐释学理论就把黑格尔式的自我的异化及其克服变成了一种文本理论，阅读、理解、批评和批判变成了一种历史经验的形式化的模式，"读者"处在了"主体"的位置上，批评活动本身变成了一种历史性、政治性的"介入"。主体或"自我意识"未经批判的出发点，比如改革时代中国知识界的集体无意识，在这样的新的理论构架中不过是一个"偏见"、一种"前理解"，但这种偏见或前理解却正是我们进入一种批判的阅读的效果史，进入一种创造性的"视界的融合"的基本条件。这种形式主义的文本理论一旦同诸如法兰克福学派倡导的批判的社会理论结合起来，80 年代具体的思想环境和历史可能性就在意识形态批判的文本分析意义上，走向了我在"导论"里试图说明的那种"政治阐释学"。这样，一种看似观念论的、方法主义的批评立场，通过分析它具体批评对象的历史性，就可以达到一种批判的相关性。在这个过程中，"中国现代主义"的问题远远超出了形式、技巧、风格、术语的层面，而把一系列高度形式化、哲学话语化的表述，看做具体的、政治化的历史经验的表征与结晶。我最终关注的还是一些历史性的问题。比如你提到的"寓言"的问题，要看出形式、审美这些符号层面的东西下边到底是什么。核心的问题是怎么样把中国现代主义一方面理解为一种意识形态神话，但是另一方面这种神话里面又有真理内容。在真理内容里看到意识形态和蒙昧，在神话里看到启蒙和真理，在认识和理解的这种辩证冲突中把握历史运动的韵律，就是我所说的政治阐释学的基本任务。这个基本任务从新时期开始到全球化时代的今天并没有丝毫改变，相对于 80 年代问题的相对"朦胧"和隐晦，90 年代和 21 世纪第一个十年中国的问题，其实是越来越彰显、明确了。这也许是各种"理论"相对衰落的原因，因为如今的社会冲突、思想矛盾、意识形态分野其实日益激烈和浅白，越来越带有一种政治的逻辑，虽然当今中国学术界似乎已经很难在学院分工体制以外去介入这个问题领域了。80 年代一度活跃的"知识界"如今恐怕已经不存在了。

**朱羽：**这里比较有意思的是：现代主义一方面摆出一种审美的异议的姿态，但在深层来说，它跟国家话语、跟当时的主流有一致性——即对于现代的想象。但是更有意思的一点是，现代主义这种形式、审美结晶了很多社会主义遗产的痕迹和印记。这可能在您讨论80年代的这本书里表现得还不是特别的明显，但是谈90年代那本书——《全球化与文化政治——90年代中国与20世纪的终结》——可能把这个层次揭示得更清楚了，即所谓的社会主义连续性的问题，中国现代历史的连续性，中国改革时期本身带有的社会主义印记。是不是可以说这个"历史性"恰恰是中国现代主义更深的一种规定性？

**张旭东**：是，我是有这个意思。80年代和90年代情况确实不一样。总的来说，革命、社会主义现代性，或者整个新中国早年的社会经验的积累、价值的塑造，所有这些东西，在80年代主要是通过形式、审美创新里面的热情、能量，简单地说就是那种唯意志论的东西表现为：天不怕地不怕；没有路也要闯出一条路来；一定要找到自己的语言，没有现成的语言就创造出一种语言，等等。在意识层面上，改革时代的国家话语同自认为是独立的、先锋的、现代派的、世界主义的、创新的知识界或者文艺界之间的关系确实非常复杂。一方面，当然当时所有的人在基本的体制意义上、在社会学意义上都是依附于国家的；另一方面，在思想、意识形态上，又都以为超越了国家、在引领着国家。在80年代的各个领域里，第一动因都是摆脱国家的话语体制，但却是借助国家的物质资源和符号资源，去赢得某种"形式自律"，获得中国社会和外部世界的关注，从而在国家面前积累资本。改革时代现代主义所追求的新在意识形态内容上是要摆脱国家体制的束缚，但在追求"新"的方式上，却同大众革命、文化革命有着某种家族相似。这种形式透露出一种集体无意识，通过这种集体无意识，我们可以把现代主义的"主体性"神话还原到它的历史实质。从后一种角度看，新时期知识分子的"主体性"的历史基座和精神基础仍然来自"国家"，来自国家体制的支持和庇护，来自结晶在国家概念中的大众革命的历史经验，这是基本的自信和想象力的根源。这是一种具体的集体性社会经验的结晶，形式分析可以帮助我们再一次打开这个结晶体，探讨它的内部结构；而政治阐释学则是在历史和价值系统的冲突中理解种种主体话语的形成，把握它们的能量和动态，确定它们的文化和政治性含义。

所以《改革时代的中国现代主义》的一个结论性判断就是：新时期现代

主义的集体能量、想象方式和形式创造性,虽然以后毛泽东时代的历史环境为条件,但究其心理和道德实质,其实是毛泽东时代中国的历史经验(特别是红卫兵一代人的集体经验)的滞后性表达,是这种经验和主体性在去除了政治父权话语框框的禁锢、在"现代主义"的想象性符号空间里的一次短暂的爆发和自律性展现。之所以是短暂的,是因为它的历史可能性条件存在于社会主义国家同资本主义全球秩序之间的一个短暂的和谐共存状态。这种不同社会体制和价值系统的交叠,既造成了一种思想和想象的丰富性和多样性压力,又给它们的表述提供了广阔的空间。这种状态在国内语境里看是社会主义改革第一个十年的广泛的集体共识,是各种社会能量和要求在改革共识下的汇聚,其核心是有关社会主义现代化、社会主义民主和富于个性化的社会主义文化现代性的乌托邦想象。就外部环境看,则是冷战最后十年美国出于美苏争霸的需要和资本主义世界市场对中国社会试验的期待。通观内外因素,80年代中国现代主义客观上得益于中国社会生产领域的相对落后,外部信息的突然、大量的涌入,以及国家对文化生产领域的开明控制。这些因素确保了新时期知识分子的独特地位,他们以民族、国家、文化代言人自居的主体位置,以及他们以相对个性化的方式调动全社会的物质和文化资源的可能性。改革时代的中国现代主义,既是改革时代中国外部条件借助"形式自律性"(如种种"方法论")突入当代中国意识层面的内部,在那里建立起一系列符号、意象和理论的桥头堡,也是特殊的中国经验借助同样的"形式自律性"(比如第五代电影借助的所谓"现代世界电影语言"——原色、神话结构、长镜头等)突入国际市场所获得的种种"承认"。80年代的中国一方面在物质领域同西方世界仍有着极大的落差和结构性不同,另一方面却已经开始在想象界逐步"接轨"和同步化,其间的反差所造成的巨大的势能差,形成了中国现代主义内部的紧张和压力,为其形式强度奠定了社会心理的基础和接受条件。结果就是我们称为改革时代中国现代主义的历史风格,在文化层面上,它通过资本主义现代性的形式自律性,传达了社会主义现代性历史经验为自身所压抑的种种可能性、热情、能量和想象力。与此相反,在经济层面上,我们看到的则是通过社会主义国家的治理模式和动员模式,使得生产方式为自身所压抑的种种可能性在改革时代的中国得以释放。这种历史空间交叠的可能性条件在进入90年代后逐渐改变,中国现代主义作为一种过渡现象随之消失,文化层面上的不均衡性发展和"独特性"逐渐为生产、技术、市场和社会系统的同一性所取代。

**朱羽**:您将中国现代主义把握为一种"过渡现象"很有意思,这也提醒我们不能怀旧性地来把握、评价80年代那种共识或者说一致性。历史的辩证法迟早会使现实的紧张和矛盾浮到意识表面。而在80年代,想象界的"接轨"使"真实"的结构性矛盾、张力仍然处在无意识层面。同样,中国现代主义的激情和能量对于革命经验的依赖,也没有获得充分的自我意识,甚至可以说是无意识的。

**张旭东**:对。而且正因为是无意识,它只能以审美的方式表达出来,只能从形式上来体现,只能以心理的方式、想象的方式来表现;甚至在哲学、思想、知识话语里面,它也是有一种比较浪漫的、想象的逻辑,它是一种叙事性的东西,而不是概念性的东西,往往在概念层面是不清晰的。这有点像康德的"第三批判"意义上的"自由"在没有达到概念层面时的自在状态。这个80年代特有的以"自我意识"和"形式自律性"为特征的知识思想活动方式,为"新时期"的社会历史变化提供了一个新的形式空间和意识形态想象空间;借助这个空间的自我建构,80年代的知识分子在介入现实的同时经营着一个自我的神话。这种空间自律性并没有同时代脱节,而恰恰是与时代相呼应的产物,是那种社会思想共识的产物,但它的出现和强化,的确带来了一种生产性,这就像黑格尔所说的人通过自己内在性的外在化、客观化、对象化进入自我否定和自我超越的"劳动"和"承认"的逻辑。这个成长的过程当然是一个异化的过程,但正是这种富有生产性的"异化",把社会和思想带入了一个辩证的自相对立、自相矛盾的状态。80年代独特的历史感,同这种社会总体性本身的动感和主体性想象是分不开的。现代主义为这种主体性提供了一个游离于历史时间之外的形式空间,但这个形式空间却恰好为历史时间的发展、重叠、交错提供了一个表达的媒介。这是《改革时代的中国现代主义》一书的基本论点。

90年代就不一样了。90年代在形式层面上、在审美层面上是分化的、瓦解的,因为有市场的介入、资本的介入、商品化的介入,文化思想领域的问题往往是社会系统的结构性变化所带来的一系列矛盾冲突的折射和表现。与此同时,知识分子和学术群体也处在不断的分化和演变中,逐渐失去了在总体上把自己放在历史主体的位置上观照社会经济领域里的变化的能力,变成了个别立场和利益的体现,包括新的职业主义学院体制的利益的体现。这个过程中,中国国家的历史实质和社会功能也处在不断的演变之中。国家的政治含义,某种意义上可以说越来越模糊,因为随着现代生产、技术、治理领域的理性化而来的必然是一种非政治化过程,这种"常态化"和专业科层化是现代国家的正当性的重要来源(同时也是"正当性危机"的来源)。但在另一个意义上,也可以说越来越清晰了,因为它越来越全面地建立在现代社会化大生产和消费的结构本身之上。在这个意义上,一方面严肃的、有抱负的知识分子或艺术家不能还以80年代那种天真的方式,去把当代中国的文化想象或者艺术想象同国家的现代性规划或现代性想象搅拌在一起。一切都变得具体而实在了,而且这是一种拒绝历史中介的具体性。所以在处理90年代文化现象的时候,"寓言"(allegory)就变成一个非常核心的概念,因为相对于处理现代主义有机统一体的"象征"(symbolism)概念,"寓言"处理的是一个破碎化的、不能被升华的、堕落的真理性。也就是说,这个世界的真理性仅仅存在于它的局部的、异化的、粗糙生硬的甚至丑恶的具体性里边。现代主义形式自律性的瓦解,现代主义主体想象的瓦解,在审美上带来的是一种新的解放,因为这个过程在客观上迫使我们重新同一个更复杂、更具体的现实遭遇,重新在感官、形式、观念上建立叙事的可能性。这就好比90年代以来的"第六代"电影导演和"新纪录片运动"的实践者必须走出陈凯歌、张艺谋的程式化的视觉雕塑才能重新发现中国、发现自己。我用"中国式的后现代主义"来定义这种时代性的风格,但这种风格本身已经不再具有形而上学的、审美本体论的意味,而是当代中国生产方式和生活形式的杂多性的再现。社会主义现代性的积极因素,也只能存在于这种生产方式和生活形式的杂多性和并存状态之中,因为它已不再像以往那样具有建构和论述历史总体性的能力(以及对这种能力的表述能力),而是变成了全球化过程内部的抵抗性力量和替换性方案。

**朱羽**:其实我接下来就是想问这个问题。80年代的无意识状况和90

年代的有意识状况，能够直接形成一种对照。但是我是想追问，90年代很多思想立场已经很明晰化了，浮到表面上了，形成了一种直接的斗争，从表面上看来，一致性都破碎了，最后好像真的只能处在一种分裂状态，也没有一种形式能去捕获所谓的一致的普遍性。这就回到您所谓的"寓言"的形式。但是就"寓言"来说，某种程度上它还是指向未来的，等待一种新的总体性。而中国的可能性也是在这儿，未来都还不是很清晰，但恰恰可以为了这个形式，各种各样的力量在斗争，去争夺一个未来。

**张旭东：**是这样。90年代那本书的写作过程也很说明问题，那本书是由单篇论文组成的，起先并没有像谈80年代的书那样有一个完整的叙事或"意识史"框架。在开始写90年代那本书的时候，我也没有一个明确、统一的立场，甚至没有一个预定的角度和一贯的论点。所有这些都是在写作过程中，随着90年代中国经济、社会、思想和文化的变化逐渐成形的。

**朱羽：**这就像一个"寓言"结构。

**张旭东：**对，本来就是一个"破碎"的东西。但是这种破碎并不是东一榔头西一棒槌。它并不是偶然的。因为你要考虑80年代、90年代连续性的问题。为什么原先立场大体一致的人现在变得这么不一样？同样是先锋派或"纯文学"，在80年代和90年代它的基本含义和社会功能为什么会变得这么不一样？80年代的"20世纪西方哲学"，到90年代还是"20世纪西方哲学"，但是功能、位置、意味、含义完全不一样了。90年代中国的社会矛盾和思想矛盾也并不是一下子就显白化的，也是随着国内和国际上环境和条件的变化逐步明确、激烈起来的。90年代其实一开始的时候有相当大的未知数，未来是不确定的，各种力量的此消彼长，现在的结局恐怕当年未必有很多人能够预料。80年代有基本的社会共识和思想共识，有基本的价值指向，90年代则必须在分化和对立中把握某种总体性。80年代虽然人们呼唤"走向世界"，但在"走"的过程中，我们从哪里来、要到哪里去还是基本清楚的，或者说还没有发生总体性的疑虑，也就是说还有一种方向感和集体认同感。90年代这种方向感和认同感受到了越来越大的挑战，已经不再是不言自明的东西，而是对内对外都需要费力去辩解和争论。当代中国，可以说有意思的地方就在于这种没有解决的张力，一切都处在一种未完成状态，所以也包含各种各样的可能性。只要这些矛盾还没有解决，作为矛盾它就必然会推动社会、政治和文化的发展。这种动态和不确定性把当今世界上各种各样的不确定性汇聚到中国，各种各样稳定的力量都会介入，我们就处在各种矛盾的焦点，变成了一个世界历史的战场。从纯粹的知识、认识和批判角度看，许多在其他地方已经合上的书，在中国必须重新打开。很多在其他地方没有可能的事情，在中国是可能的。比如说在文学领域，现实主义文学、现代主义文学、后现代主义文学、纯文学、反文学，什么都可以存在，而且都有它的社会基础、读者群甚至后面的政治诉求。这对于文学研究者来说是很令人兴奋的事情。我在分析80年代文学现象的时候注意力集中于朦胧诗和实验小说，但到了90年代，却转移到莫言、王安忆这样的作家身上了。这也不是有意为之，而是作品本身的形式强度和历史经验的包容性决定了文学批评的对象。

**朱羽：**如果说中国现代主义是一种过渡现象，那么必然涉及在这个现代主义之"后"会是什么？您已经谈到90年代和80年代的不同，我们也知道，您讨论90年代中国文化、文学和思想的《全球化与文化政治》里，最最核心的概念之一就是"中国的后现代主义"的概念，所以很自然就想让您谈谈"后现代"的问题。

**张旭东：**"后现代"问题在中国名声一直不是特别好。究其原因，我觉得跟80年代强烈的"新启蒙"和历史主义意识形态有关。长期以来对"现代"这个概念的乌托邦信念造成了一种潜意识，一种宗教式的信仰，使中国知识界不愿意面对"'现代'了之后怎么办"的问题。不愿意的表达就是反问"我们难道真的现代了吗？"其实，即便这样发问的人也不会否认，无论在器物层面上、制度层面上，还是在经验和心理层面上，中国早已是现代世界的一部分。所以对"现代"的"继续革命"式的想象性追赶真正触及的不是中国是否已经现代这个问题，而是中国社会如何选择自己的发展道路的问题；是把西方现代性历史经验所框定的规范性系统作为一个超历史的"普遍价值"接受下来，以此来将中国社会和文化彻底"理性化"，还是在理论和实践上把现代作为一个特定的历史阶段，从而以想象和探索"现代之后"来激发当代中国社会的种种制度创新和价值创造的新的可能性。

对于那些对"现代性"或"现代主义"有形而上学迷恋的人来说，提"后现代"这就像在别人开 Party 兴致正浓时宣告天下没有不散的宴席。但我怀疑现代性概念拜物教的另一个原因是现代性概念本身所包含的技术、计划、总体、本质、中心、系统、控制、理性化等方面在去除了一开始的文化陌生感之后，其实在骨子里比较符合中国传统文化，特别是国家、知识分子对于一个高度一体化的秩序——时间秩序和空间等级的需要和认同。但其实"后现代"概念说的并不是"现代性"过时了，可以扔到窗户外面去了。恰恰相反，后现代的状态指的是现代性的满盈状态，是现代性普遍实现，深入到经济社会文化政治心理的各个层面和角落，以至于个人和国家不用再以追求现代性为目标来统筹安排一切了。"现代之后"的意思是"现代"已经不仅仅是一个历史激变的风口浪尖，而是一种历史的常态；它不但标志着"新"带来的断裂，而且潜在地包含着把所有其他历史阶段和价值体系吸收、包含于自身系统之内的可能性。所以说一方面"后现代"是"现代"的最高阶段，另一方面看，这种"最高阶段"把自己普遍化、多元化的趋势，也重新开启了思考其他社会历史阶段、社会制度、文化价值系统的可能性。这样看，从逻辑上讲，现代性的问题刚好是以现代性尚未普及为条件的，而"后现代性"则是当"现代性"不再是问题时出现的问题。后现代比现代更现代。更现代的现代，我们叫做后现代。这是一个首先需要讲清楚的问题，可中国知识界对这点好像搞得不是很清楚。这大概还是我们前面说的那种心态作祟。所以知识界对于后现代的挖苦或者批评，很大程度上是连基本含义都没有搞清楚，在那里主观地、自说自话地乱批一气，大意无非是"谁谈后现代就是反对进步；谁谈后现代就是反对普世价值"。

后现代在把现代高度发展和进一步普遍化的过程当中，它当然是有所选择的，它所鼓励的那些方向，不但和中国 80 年代所鼓励的现代化想象有冲突，也跟中国文化的大一统想象、集体想象、秩序想象、权威想象，以及中国式的黑格尔主义的历史的目的论都有冲突。后现代作为一种思维方式对于许多中国知识分子来说是一个不太好接受的东西。80 年代对后现代概念比较友好的，在传统文化方面说，是道家。现在想来也是很有意思的现象。儒家的传统和现代化传统、民主传统、历史主义传统还是有相当的兼容性的,这也给一些人提供了中国式的"新教伦理"的想象。但我觉得儒家的价值不在于为一种新的全球化的生产和治理方式提供独到的合法性说明,而是在于它处理更为基本的、传统的人伦关系,介入有关"人"的基本定义的道德辩论的能力和理论相关性。也就是说,它处理的是资本主义理性化世界无法处理的问题,是"现代性"无法把握但却构成现代世界得以延续的基础的那种东西。中国传统,包括道家、佛家以及传统中国的政治智慧必须在"现代性"理论面前展示出自己问题的根源性,而且是同现代性核心问题及矛盾息息相关的那种根源性。只有这样,像"齐物"、"逍遥"、个人、自然等概念才会重新焕发生机。

实际上,今天中国的社会、经济、文化、意识形态的现状,进一步阐明了"后现代"这个问题的历史内涵和文化政治内涵。在西方的语境里边谈后现代,我觉得还不够后现代,到了中国才真正有后现代。一个原因是,在基本的工业化/后工业化这个意义上,在生产领域的经济意义上,今天基本上我们可以说,19世纪的工业化一直到二战以后的技术革新这一时期资本主义经济、技术发展所有的成果,所有生产的效率和生产的能力,在中国表现得非常明显,而且已经没有任何神秘性了。今天在中国盖个楼,关心的不是说,你这个结构、你的工程、你的技术能不能达到,而是马上已经是房地产、装修,包括看风水,这是一种后现代现象。也就是说,它的经济技术基础本身已经是非常稀松平常的事了。在任何地方盖楼建厂,盖楼建厂本身不再具有技术上的神秘性,也不再带来某种跨时代的、结构性的心理、价值和行为变化。这是所谓后工业时代和全球化时代资本、技术、市场成熟的表现,这种成熟或"饱和"取消了经典"现代性"所包含的"创世"意味,确立了"后现代性"的"摹本"或copy的概念。斯大林和毛泽东时代的工业化是一个改天换地的激变,好比在二三十年里从石器时代走向铁器时代。在今天,却更像下载一个软件,技术本身没有人去关心,关心的是技术的运用、消费、效果、反应,关心的是技术同它的环境之间的关系。在今天的中国,虽然作为国民经济第二部门的"工业"或"制造业"仍然是经济增长的发动机,但这种晚期工业化过程和其中隐含的GDP拜物教已经引起了越来越多的批评。虽然制造业在吸收农村剩余人口等方面仍然很关键,但真正的经济技术领域的竞争和"生产力发展水平"的实质性提高不在这个领域,而在科技开发和技术创新领域,如新能源、环境保护、生命科学、计算机科学、网络技术等领域。今天中国经济如此依赖出口,也间接说明了工业化饱和程度和工业产能的相对过剩。在饱和工业化和工业生产时代,工业化本身不再是一个现代不现代的指标了。什么时候这个时刻到来了,后现代时代就已经成为日常生活现实的一部分,这是马克思主义的解释方式。中国今天基本上已经到了这个转折的关头。只要有市场需求,东西如何生产出来是一个相对简单的事情,大量的工作是在金融、设计、推销乃至通过广告、大众传媒等手段生产欲望、制造消费条件等方面。欲望的生产变成社会化生产的首要问题,而满足欲望的社会生产体制变成了一个技术问题。而以前在所谓的匮乏经济时代——毛泽东时代是一个匮乏经济时代,如何把这个东西生产出来是最重要的。在这个意义上,中国确实已经处在后现代的基本历史条件下了。但是在后现代时代,中国在全球分工体系中的位置又很特殊,总的来说处在价值附加链的低端。经济学家都会告诉我们,一双鞋生产出来假设有十块钱的赚头,中国最多赚一块钱,九块钱是被国际批发商、零售商、广告商、设计师、律师等盘踞在所谓价值附加链高端的阶层赚去了。而在中国赚的一块钱里边,要担负环境的代价、农村的破坏、基础设施建设、原材料、劳动力成本。这是中国经济的现实。从经济基础的角度来看,这就规定了中国社会基本的行为规范,也在相当程度上决定了当代中国的文化逻辑。从这个基本立场着眼,后现代文化中国不能仅仅被看做是一种后现代文化词汇,比如视觉广告中滥用的种种"中国元素",而必须被看做是一种后现代文化语码,这种语码只能来自当代中国社会生产方式和生活世界的内在结构,来自这种结构的创造性和生产效能。

**朱羽**:您在《全球化与文化政治》一书里区分了"在中国的后现代主义"和"中国后现代主义"。前者指后现代主义和后现代性这种全球话语"空降"在中国,它在一定程度上延续了80年代的现代主义潮流,其流行暗示着消费导向的社会的出现和持续不断的全球化进程的到来。另一方面,您希望用后者指明一种建筑在"混合经济"之上、与变迁中的日常生活世界紧密相关的真正富有生产性的概念。也正是这种批判性的后现代主义概念,可以"问题化"80年代的现代主义意识形态,并且将全球不平衡结构揭示出来。

**张旭东:**所以在这个意义上,如果还像80年代那些启蒙知识分子或是今天的自由派主流经济学家那样,一再去强调我们仍然落后,还要再搞三百年或者三十年的发展,的确没有太大的意义了。这就是所谓的现代化阶段论。它在今天不但是过时的,在知识上很成问题,而且在社会理论和政治意义上是反动的。这并不等于说中国的后现代不包含一系列更激烈的社会矛盾。后现代社会并不是一个"大同"的社会,而是可能带来更严重的经济不平等、政治矛盾、社会冲突和文化危机。中国既分享了后现代的果实,比如种种新技术的普及,包括文化产品的普及(盗版问题是一个很有意思的现象),也分享了后现代性的种种"问题"。可以说,所有的后现代性的紧张都在中国,而当代中国也正通过这种独一无二的紧张、混乱、矛盾和多样性的并存而成为"后现代"的极端形态。这是社会经济层面上的中国后现代状况。

"后现代"在文化思想领域则直接表现为立场上的交锋空前激烈。美国的左派、右派和民主党、共和党,大体上有一个共同的前提,在中国这样的前提是不存在的,知识界的争论可以随时达到你死我活的状态。没有达到你死我活的状态,不是因为他们不能够达到,而是因为国家不让他们达到。国家要稳定要和谐,因此不允许。一旦把国家抽离掉,今天交锋的双方可能一路打到当年国共兄弟自相残杀的地步,这不是不可想象的。思想领域的矛盾,放置到社会领域、放置到经济领域,就变成政治冲突。还有一种知识精英界,完全职业化的知识分子,他们可以在职业主义的框架下面勉强维持一种中立。但这种职业主义已经脱离了真正的社会性、政治性的思想论争,变成了技术官僚阶层的一部分,同整个知识界实际上处在对立和对抗的位置。中国今天思想界主要的分野,职业主义在一边,其余所有的立场交锋在另一边。国家在所有的矛盾之上,是一个笼罩性的存在。具体到文艺领域,就是我们前面已经提到过的90年代和80年代相比之下的那些特征。首先是寓言的性质。所有东西都没有办法升华,所有的方面都非常尴尬而且非常极端地固守自己的特殊性和具体性,不过不是以悲剧的方式而是以闹剧的方式。但正因为如此,一种完全不能形成总体的时代图景反倒讽刺性地获得了一种类似于总体性的含义,但这种总体性不以一种系统、纲领、概念或象征的整体性面目出现,而只能以割裂的、神经分裂的、矛盾的方式存在。怎么把这些矛盾的物化形态组织进一个分析性、批判性的思考,这是一个叙事学上的挑战。这个历史批判的叙事学并不是要去讲出一个完整的故事,而是要在一个不完整的故事里,把这种不完整性作为这个时代完整含义的颠倒的面相,保存在语言世界里。

## 二、从民族主义到文化政治

**朱羽**:《改革时代的中国现代主义》基本上还是通过批判理论、西方马克思主义(本雅明、阿多诺等人的理论)来建构,以其为中介来谈中国当代历史问题。但是到了《全球化与文化政治》——特别是写后面几章的时候,您差不多已经完成了《全球化时代的文化认同》的写作,文化政治的概念得到了进一步的澄清。不是说 80 年代那本书里面没有文化政治的概念,但是在后面几本里面,文化政治的概念得到了进一步的强调和发展。您在方法上也渐渐地在西方马克思主义、批判理论之外,更多地来关注政治哲学,现代西方政治哲学,主要是从霍布斯、洛克,一直到康德、黑格尔这个脉络,这里面有一个变化,个人学术轨迹上的转变。这背后的原因您可以稍作解释吗?

**张旭东**:第一本书虽然最终是作为批判的文化史展开的,但毕竟受到前面提到的那种"意识史"和"精神现象学"内在透视角度的影响,对 80 年代的处理一方面是意识形态批判,另一方面却是借助种种现代主义形式来讲述一个"自我意识的童话"。这在理论、方法、立场和观点上都会带来矛盾,当然我希望这是有意义的、富于生产性的矛盾。但《全球化与文化政治——90 年代中国与 20 世纪的终结》这本书从出发点上讲很不一样。顺便交代一下,这本书英文版书名为 *Postsocialism and Cultural Politics*,中文版改为现在这个书名。这本书其实是由一系列彼此相关的单篇论文构成的,

第一篇(谈90年代民族主义和大众文化的兴起)和最后一篇(分析莫言的《酒国》)的写作日期,前后相隔十多年,但主体部分是在1997年到2001年之间写的,这也正是90年代中国经济、社会政治、思想领域分化和冲突日益明显、尖锐的几年。不管是否用postsocialism作为一个历史分析和理论分析的框架,看90年代都是一种拉开了距离的批判的审视,是作为一个相对严格的历史研究和分析批判的对象去看的。当然,我们看中国问题当然不可能不带有感情投入,不可能没有自己的政治性介入,但在写作过程中,基本的主观姿态是了解、描述、分析、批判,而不再有借助一段形式史和社会史分析来叙述自己个人或"同代人"的经验生成和意识生成的写作动机了。《改革时代的中国现代主义》的批判性也很尖锐,但很多时候像是一种自我批判,对怀旧的克制是因为的确有一种留恋,就像现代主义诗学所讲的,真正的诗歌是逃避情感而不是放纵情感,但只有有情感的人才谈得上逃避情感(笑)。但《全球化与文化政治——90年代中国与20世纪的终结》里面的90年代可以说只是一个分析的对象,而不是一种审美意义上的自身经验的组成部分。从方法论的角度看,我觉得理论的自觉程度或者说文本分析层面上的"理论与实践相结合"做得应该更好,但没有任何理论话语需要被放在前台,贴上标签,加以操演性的运用,或被给予一种"元方法"、"元理论"的地位。这在90年代没有必要了。存在决定意识,问题决定方法,在争论和辨析中形成具体的观点,是这本书形成过程中的几个原则,尽管在当时各篇文章的写作中也许并没有完全意识到。这本书的论辩甚至论战色彩是很明显的,可以说,每一篇文章,都有一个明显的或潜在的作为论辩对手或对象的现象、潮流、立场、观点。在这个意义上说,这本书带有某种思想成熟的最初的标记,是我在文化理论层面上把文化现象、政治现象、社会经济现象当做同一个历史文本来分析的最初尝试。

从80年代到90年代(就研究对象而言),或者说从90年代到21世纪的最初十年(就这两本书的写作时段来说),我基本的问题意识、理论立场和阅读分析方法并没有发生过根本性的动摇,但知识结构却不能不说有相当的变化。回头看,我发现在从1995年博士毕业到2000年左右的五六年间,自己有意无意间自修了一个second Ph. D.(第二个博士学位),核心问题是民族主义的历史和理论、社会理论和政治哲学。因为毕业后我发现自己在这些领域的知识准备有许多盲点，无论在国内的文学阅读、哲学阅读，还是到美国后在批评理论方面的训练，在民族主义、民族国家、族裔和文化认同、合法性问题、主权问题等等方面，留下的空白太多，以至于无法应对90年代以来中国国家形态、中国社会和中国文化在全球化过程中所面临的连续不断的、结构性的、根本性的挑战。其实稍加反思就可以发现，无论中国的"天下"观和大一统思想，还是马克思主义历史唯物论、唯物辩证法，还是纯哲学理论话语或审美现代性理论，都没有帮我们做好这方面的知识准备。可是整个90年代，只要关心中国碰到的一系列现实中和理论上的挑战——从苏联解体、"历史终结论"、"文明冲突论"、香港问题、台湾问题、西藏问题、北约轰炸中国驻南斯拉夫使馆、"人权高于主权论"、围绕入关（WTO）的辩论、经济全球化、多元文化论——就不得不在上述理论和学术领域去重新读书。在20世纪最后十年里，中国社会的经历和体验用惊心动魄来形容一点也不为过。但对这种历史境遇和历史经验的理论总结，还远远没有到位。

我后来试图以比较系统的方式提出"文化政治"概念，但这是这个历史研究计划的副产品。我在《全球化时代的文化认同》一书的序言里交代过，这本书是在2000年开设的题为"现代性与认同问题"博士研讨班的课堂阅读材料基础上写成的，它一面是阅读西方政治哲学和社会理论基本著作的札记，一面则反映了自己在理论层面上为思考当代中国社会的根本的正当性和认同问题所做的一些准备。而"我们今天如何做中国人"的问题，说到底就是文化和政治的关系问题，即如何理解自己的生活世界终极的政治性，同时理解自己生活于其中的政治共同体终极性的存在的、文化的（有时甚至是宗教性的）规定性。这不是简单地替民族国家辩护，而是去追问民族国家赖以成立的合法性基础，从而理解它的价值上的实体性。这种实体性当然不仅仅是一种概念的抽象或臆想，而是体现在当代中国经济生活、社会生活、政治生活和文化思想生活的总体关系之中。

## 三、重读鲁迅与重建"文学"概念

**朱羽**：从您最近的鲁迅研究中，可以发现某种程度上还是在处理现代主义的问题，但是方式和角度好像跟以前处理中国现代主义不是很一样。更多的不是历史化，而是政治化、哲学化。您对于鲁迅的强调落在两个层面，一个是在国际现代主义的平台上来重新细读鲁迅，将鲁迅首先视为文学家而非思想家；二是通过鲁迅的写作来重新反思文学性的问题、语言的政治的问题、书写的本体论以及文学的边界的问题，而且进一步还带出了对于"当代性"的讨论，以及"批评"范畴的重新激活。在这个过程中，现代主义的问题性看得出还是您的核心关注点，特别是从您依托的理论来看——尼采、特别是保罗·德曼对尼采的阐释，您的阐释本身有一个相当现代主义的姿态或者说方式，也可以说有着明确的激进现代的指向性。这好像跟讨论80、90年代的两本书的方法有些不同。可能您一直有这样一种兴趣，通过这样的方式来处理文学。您重新强调"文学"、"批评"这些很长时间以来已经被所谓的"媒体时代"、"图像时代"挤到边缘地带的范畴，想要重新给它们一个位置，打开一个可能性。那么，您为什么在现在这样一种情境下，特别是在写完了《全球化时代的文化政治》之后，重新来谈文学的问题，来谈作为文学家的鲁迅？

**张旭东**：我一直对鲁迅很有兴趣。过去二十几年里，在不断通过跟西方理论对话来思考中国问题的过程中，唯一忘不掉的中国现代作家就是鲁迅。鲁迅的思考方式和问题方式实际上内在于我们今天所理解的现代性的问题和现代主义的问题，这时我们会发现鲁迅的问题并不是在现代文学史或者思想史材料和分析框架能够把握的，这就需要一种批评的介入，从作为文学的鲁迅写作的直接性层面上进行一种突破的尝试，从而把作为文本的鲁迅与我们当前理论意识和批评能力的最深层问题结合在一起。这在客观上也许是把鲁迅再一次经典化的过程，但这个再经典化的目的并不是要把鲁迅重新树立为某种"文学性"或"思想性"的标准，而是把我们今天的思想和批评活动提升到一种政治自觉和审美自觉的高度。

这种批评的介入也许是把鲁迅问题理论化的第一个步骤,通过这种理论化,鲁迅的写作实践才可能同一个更大的历史连续体再一次发生有效的关联。这样读出来的鲁迅可以说并不属于"现代文学史"或现代中国思想史的某个特定阶段,而是通过"文学"概念本身的批判的深化而"非地域化"了——鲁迅不再是一个历史人物,而是某种文化政治的原型;他不再为我们提供某种思想史的材料,或为某些重大历史事件作出旁证,而是一个在写作的自律性空间里面直接达到政治性和主体性的传奇人物。这么说好像把鲁迅非历史化了,但其实刚好相反,它恰恰是通过一种陌生化效果把鲁迅从一种历史主义的"史"的阅读习惯中解放出来,让鲁迅的文本重新获得一种经验的具体性和政治的相关性。把鲁迅作为单纯的文学和写作行动来读的目的,是在这种单纯的文学和写作行动中把鲁迅作为一个形象建立在形式的自律性和政治本体论范畴里,从而与一个新的时代、一个新的意识边界相呼应。在这个意义上,可以说我目前进行的重读鲁迅是一种尼采式的阅读。这本关于鲁迅的书最后还没有定型,但就既有的几章,如发表的几篇文章、几篇访谈看下来,我也许最终不会把它包装成一部鲁迅研究的新专著,这不是我的兴趣,也不是我的问题。我的问题和兴趣是在鲁迅那里找到一种奠基性的东西,这跟我们后面要谈的"根基"问题联系在一起——一种起源性的东西,它既是断裂又是桥梁,它在不可能性的心脏强行开辟了可能性,而我们今天在"新文学"意义上所有的一切,都来自于这种可能性;有了它,才有了我们。

如果不触及这个层面,鲁迅只能是文学史上的一个章节、思想史上的一个例证,或者读者心目中的一个道德形象,但这都远远不够。我说要从国际现代主义的平台去读,这只是一个说法,只是强调非历史的、文学的、同时是政治的鲁迅。因为现代派本身在自己的审美乌托邦的意义上,是反历史的。我有时用尼采或者说德曼的尼采,无非是借助这个相对清晰的形象来描述一个还非常隐晦的主体空间。

比如我们看鲁迅笔下的记忆和遗忘。记忆是历史的,但是遗忘却是一个本体论问题,它最终指向一个虚无或虚无主义的问题,所以鲁迅的回忆也是一种克服虚无主义的哲学斗争。鲁迅忆刘和珍君也好,忆韦素园也好,忆柔石也好,最终他谈的不是某个事件、某个人物、某个经历,而是要通过这些记忆的鳞片潜入忘却的深度中去。只有这样,在虚无的深渊之中,记忆才获得了它的真正的内容和实质。如果我们在今天的阅读中沿用80年代那套语言,也许可以说鲁迅写作中有一种超验的东西,有一种孤零零的精神的内在性,它与虚无为邻、以虚无为其内在实质的存在方式,让它对一种新人(超人)始终抱有热情的、乌托邦式的期待。这使鲁迅摆脱了种种因为对虚无和超人道德的恐惧而被发明出来的小形式、小做派、小政治、小党派,让他摆脱了文学流派的争论和"伟大文学作品"的诱惑,甚至摆脱了"中国"的诱惑,而专注于某种具体的超验性。鲁迅是有一点彼岸性的。鲁迅死后棺木上被盖上了"民族魂"的旗帜,但这个民族魂常常是游荡在"中国气"氛围之外的游魂和厉鬼。与鲁迅相比,周作人倒是非常中国气的。鲁迅身上有一点过于欧化的东西,或者说受日本的影响太深,或者干脆说他更像一个古人,比如一个魏晋人。这一切让他成为一个真正的现代人。鲁迅对他的敌手"一个也不宽恕",历来以眼还眼,以牙还牙,常常同他的直接环境扭打成一团,但他内心是孤傲的、超脱的、心不在焉的,因为他真正始终如一地凝视着的东西只有虚无,只有未来——这是对虚无主义的乌托邦式的克服。他向往着远方的人们,因为他实际上不屑于跟眼前的人们活在同一个人间。

  80年代的鲁迅研究者往往忍不住要去鲁迅那里寻找道德的、心理的、精神的确定性,也就是说,想找一个比我们自己高明的、可靠的鲁迅。但是今天,我们需要用自己的批评语言和理论语言,通过重读鲁迅的文本,重新去建立文学、批评、政治这三者之间的关系,以及文学批评和时代的关系,这样做的目的是最终回到自己。只有从我们自己出发,我们才可能提出一个新的文学概念。通过重读鲁迅,我们可以重新审视"文"的种种可能性定义:包括文字的文、文章的文、文人的文、文学的文、文明的文,包括杂文写作过程中暴露出来的单篇写作、编年、合集及至想象性"诗史"之间错综复杂的关系。换句话说,通过我们今天重新定义文学概念的迫切需要,鲁迅的写作又一次向我们打开了它的文学本体论空间,它不但包含新文学内部的争论,还整个牵扯到新文学和传统的关系、白话和古文的关系、中国文学同西洋文学和日本文学的关系。这样的问题是文学的起源性问题，但如果我们只从当今有关"纯文学"的种种意识形态定义出发，往往接触不到这样的源头性问题。

**朱羽：**虽然您谈的是鲁迅，但有一个指向，是建构一个文的或者说写作的本体论。如果不从本体论这个层面上来界定的话，无法凸显出文学的强度。或者说已经有很多关于文或文学的中介了，必须找到一种新的基础。但是也会有一些质疑。比如联系到竹内好关于鲁迅及其文学的看法。您的谈论方式虽然和竹内好不是很一样，但是竹内好也强调鲁迅首先是个文学者，不是思想家。竹内好这一整套谈鲁迅的方式，其实也是意图将鲁迅的写作建立为一个类似于本体论性的东西。这样，有一种质疑就会觉得这样谈是否过于抽象，脱语境化了。

**张旭东：**竹内好我很欣赏，觉得他谈鲁迅确实比大部分人谈得有意思。但是竹内好的局限也很明显。他的"文学"和"文人"概念，最终没有摆脱日本浪漫派的阴影，带有某种自然主义或实证主义的"生"的幻想，以此来同西洋的现代性对抗。而鲁迅的写作是从古代和现代共享的虚无主义深渊中翻滚出来的——对于这种存在的斗争，东方、西方并不构成问题的基本方面。竹内的不同凡响之处，在于他看到了鲁迅写作的内在气质同中国革命之间的结构性关系。这是很了不起的。这对我们今天重新理解鲁迅和重新理解中国革命，都有启发性。

日本鲁迅研究的水准很高，但对鲁迅写作的主体部分即杂文的把握却比较欠缺，至少我目前还没看到有力度的分析。中文世界里讨论鲁迅杂文的文章多如牛毛，但绝大部分却没有碰到问题的实质和内核。重读鲁迅必须把鲁迅的杂文写作放在他文学实践和文学理念的中心，因为杂文不仅在量上是鲁迅写作的主体，而且在质的强度上具有独一无二的力量，把我们从一个常规的"文学"概念带向一个不同凡响的"文"的概念，即作为文学本体论的存在的概念。而只有通过这个最泛、最不纯同时却持有文学的最低限度和最高强度的"文"的概念，我们才有可能再去梳理作为次级概念的那个"文学"。

**朱羽：**可是比较多的质疑可能还是觉得您这样一种研究没有把历史带

入得够深。这样一种谈法最后建构起来的还是一个比较抽象的哲学式的言谈方式。但这个言谈方式怎么具体把历史给带进来？可能有一些学者会具体考虑鲁迅的"政治"，这个政治比如说会是鲁迅和左翼、和中国共产党的具体关联。这种想法所担忧的是您这种哲学化的方式虽然主观上是令人震惊地重新建构了文学和政治的关系，但是可能还是会落入去政治化的窠臼，还是把鲁迅建构为现代主义者的形象。

**张旭东：** 我觉得不是这样。文学写作作为一个历史事件，或者说作为文学史、思想史材料，本身的意义是值得怀疑的。并不是我们在"史"的意义上把它作为非文学性事实描述或叙述出来，它就天然地具有了"历史性"。历史写作本身需要一个政治性的基础，这个基础文学通过自身的方式可以达到，而用不着通过"史"的中介。我疑心当前文学研究界"史"的癖好本身是文学研究缺乏内在动力、问题意识和方法训练的结果。做"史"给人某种"学术"的具体性和可操作性，比如材料的爬梳整理，感觉比较安稳，让人在专业化学院分工体制觉得有事情可做，有东西可教，三四年里也可以弄出个成样子的东西。还有一种可能性是眼下比较有想法的青年学生厌倦了文学研究领域里不读书、空洞、浮夸、印象甚至是玩票式的批评方式，主动选择"史"的路子，以期待在具体的材料中间、在一个更广阔的历史语境中重新发现问题，重新开始思想性和批判性的研究。近年来我在国内遇到的比较出色的青年学者，大体都属于后一类。

回到鲁迅的问题上来，我认为"史"的因素极为重要，但它仍属于文学的"外部研究"。那种使鲁迅成为鲁迅的东西，那种把我们不断带回到这个文本、这个形象、这种意识和写作的强度的东西，是不可能在文学空间的"外部研究"里找到答案的。把握鲁迅的写作当然要把它放在它的具体的历史环境里，但这既不是我们阅读鲁迅的直接的、最初的条件——我想这个直接的、最初的条件应该是阅读鲁迅的作品——也不是理论化和分析性介入的最终条件。对于终极性的理论要求来说，历史研究和历史写作的方式，同文学研究和文学批评写作相比，并没有相等的 truth claim（真理性），而是处在同样的政治性话语场之中，更不用说它还不承担批评写作所必须承担的文本分析、形式批评、审美判断的责任，也就是说，它不具备特殊的进入文学空间内部的手段、方法和兴趣。

我们且不谈鲁迅小说、散文诗等"纯文学"作品,即便鲁迅的论文、杂文、政论文乃至书信日记,在"文"的世界里的含义同在"史"的世界的含义是非常不同的,它需要一种自觉的方法论的意识和准备。鲁迅的写作本身是一种"诗史",但它通向"史"的途径是"诗",并且在这个过程中,"文"本身通过自己的文学本体论而具备了一种政治的逻辑,这种"文"的政治的逻辑同作为历史存在的鲁迅的政治性是有所不同的,对它的分析和阐述最终必须在文学空间内部去把握,而不是托付给史学材料。一个直接来自鲁迅写作的理论和实践的原因,是鲁迅的文字就其文学逻辑本身而言拒绝文学和政治、思想和政治、历史和政治的区别,同样也拒绝文学和历史、审美和历史、时代和历史的区别,这种拒绝的方式恰恰是强调文学不是政治,文学不是革命——文学只是文学;但在文学的内部,它拒斥非政治性的文学观念。

我们甚至可以说,如果没有从文学、思想、政治、经济等自律性领域直接达到的种种具体的历史的观念,"历史"本身其实并没有任何意义。这是亚里士多德所说的诗(文学)高于历史,比历史更富有"哲理"的原因。并不是把一切还原到历史,还原到一些事件、流派、人物,还原到种种瞬间的冲突,我们就能抽出身来站在一个客观的位置上做安全而正直的学问。这恰恰是对历史概念本身的非政治化理解,是把历史变成了实证的历史科学意义上的东西。但这只不过是在学科意义上,把冲突领域从这里搬到那里,并没有为理解和把握这些冲突和矛盾带来更多的、更深入的东西。历史本身也只有上升到概念、上升为理论,才达到它自身充分的政治性。

把文学从文学史和思想史的材料框架里抽出来重新变成批评的对象,目的是在文学和思想的空间内部重新把握它的形式强度和政治强度。比如2008年夏天我们在北京的鲁迅读书班,讨论了鲁迅给徐懋庸的信、鲁迅和托派的关系。这是一个很有意思的话题,但是本身只是历史材料的处理的问题。讨论鲁迅和党派政治的关系,本身其实没有政治性,因为它脱离了鲁迅写作实践自身的逻辑。鲁迅的政治归根结底不在于他同情延安还是同情托派,他是期待革命还是对中国的前途不抱希望。鲁迅最终的政治只在他的写作里,甚至包含在他对政治的厌恶里,在他临死前写下的那些或感伤或强硬的话,在于他的回忆世界里的种种形象和声音的安排,在于他对生活的留恋。鲁迅的"遗嘱"里边可以一个字也没有提到政治,但政治渗透在鲁迅的文字里面。如果我们通过某种历史研究证明某种给共产党发出的信息或给文化左派下达的战斗指示,我们反而远离了那种内在于鲁迅写作的政治性,即那种通过确立文学的政治强度而确立起文学的形式强度的文学观念和实践。

朱羽:您通过鲁迅的写作,重新界定了文学,最后其实也是呼唤出怎么来看待文学,怎么来批评文学。因为有了新的文学概念,所以我们的批评相应也发生了变化。批评在这个意义上就跟我们往常想的不一样了。文学批评重新获得了地位,因为批评以前可能是社会史分析,可能是思想史分析。

张旭东:我们在鲁迅研究领域里有语文赏析,有读后感,有时评,有传记研究,有学术史思想史钩沉,有资料汇编,有考据,有借题发挥,有指桑骂槐,有道德评判和心理分析,但唯独没有真正的文学批评。像本雅明对波德莱尔、卡夫卡、普鲁斯特的批评,像卢卡奇对歌德、巴尔扎克、托尔斯泰的批评,都同时借助文学形式的具体性打开了一个多重的形式空间、历史空间和哲学空间,在政治和审美两个方向上提出了总体性问题。只有在这个总体论的高度上,文学才能够"回归"历史。

朱羽:怎么生产出一种新的批评可能也是题中之义。鲁迅当然是一个具有独一性的作家。我们不可能把每个作家都讲成鲁迅。但是可以从鲁迅的文学写作里面生产出一种批评方式。

张旭东:应该说是一种批评实践。重读鲁迅,也是一种对批评的可能性的探索。这是一种行动,而不单纯是理论问题。这不仅仅是批评方法的探索,也包含一个很古典的判断力的问题,包括广义上的审美判断和价值判断。

朱羽:价值判断主要处理好和坏、善和恶的问题,审美问题是处理美和丑的问题。

张旭东:文学批评虽然最终是一种价值判断,但价值判断的来源不限于文学作品本身,比方说它可以来源于批评家所处的时代。在文学批评的内核需要有一种审美判断或者说形式分析,它不用在善恶和真假这个意义上去下判断,它只对美丑问题和自律性的形式自由问题下判断。在这个范围里,文学批评是有它的特殊的本体论范畴的。比方说我们读鲁迅时不用去考虑鲁迅在政治上是进步的还是落后的,是为人民性还是精英主义,在社会进步的过程中是对的还是错的。这不是要去造出一个唯美的鲁迅,而是说以文学批评的方式阅读鲁迅,一定要立足于鲁迅特殊的组织文字和组织经验的方式,这种方式可以在现实矛盾获得解决的时候,在文学层面上带来一种解决。这就和我们谈80年代一样。那时我们没有经济自由,但是已经有想象的自由了,80年代在这个意义上是一个审美化的时代。不接触鲁迅的文学本体论层面,就没有文学批评的鲁迅,反过来也就没有文学批评。

当然,并不是说要直面鲁迅文本,我们就真的能直面鲁迅文本,因为其实你直面的不是鲁迅文本,而是各种各样对于鲁迅的解释,各种各样的理论话语和概念性。所以批评的第二个问题是,怎么样破解、瓦解、颠覆和辨析各种各样妨碍我们去接触到、把握到、领会到和欣赏到鲁迅文学本体论的那些东西。比方说,那种认为审美和政治是分开的,鲁迅的美文是文学,鲁迅的杂文不是文学这样至今很流行的看法。这样的东西,你就要在批评理论的层面上把它破除掉。这样你才能清理出一个批评的空间,才能再一次看到批评的对象。又比如说,那种认为现代西方文学体制意义上的小说、抒情诗、美文、戏剧等是文学,而其他杂七杂八、零零碎碎的短制,如碑文、日记、书信、悼亡文等就不是文学的看法,这也许要破除。从国际性现代派文学体制出发来看鲁迅,不是要把鲁迅安插到现代世界文学经典中去,而是启发人们在重读鲁迅时自觉地思考一种新的文学本体论的基础,在审美的瞬间捕捉政治,在政治的瞬间捕捉审美。比如卡夫卡的写作,在德勒兹的卡夫卡文学批评里面,就变成"小文学"的代表,这是现代派的极端形式对市民阶级主流文学形式和文学体制的颠覆。这是批评的第二个层面,就是在理论上要去破解和颠覆偏见和俗见。

最后批评才能回到它的"本职工作",那就是通过读解鲁迅的作品,向当代读者展示鲁迅作品内在的单纯性和复杂性,它的审美吸引力——aesthetic appeal,这是最高意义上的赏析。真正地"欣赏"鲁迅的文本,就要在种种流俗的、体制化的见解之外,把鲁迅写作中的经验同读者自身的经验结合起来。如以前我们读一遍《阿Q正传》,看到的只是中国农民的局限或"国民劣根性",看到辛亥革命的失败、中国资产阶级的软弱,等等,那么我们就只看到了某种历史材料,而没有接触到这个文学文本。检验文学批评的有效性的一个简单的办法,就是看它能不能独立于种种"历史"的见解,发现文学作品里面有意思的东西,把它们的意蕴开掘出来,阐发出来。

**朱羽**:一个很有意思的现象是,您的整个讨论,包括早期对于80年代中国现代主义的研究,其实是没有正面地研究过1949年到1976年这段时期的文学、文化。但其实这段时期可以说是一种缺场的在场。因为其实在您的论述里边,总会涉及社会主义遗产的问题、社会主义文化的问题、新人的问题。

**张旭东**:这个问题很好回答。那就是因为我还没准备好。在文化分析、文化批判和文化史的意义上反思毛泽东的中国,的确是我们这一代人最大的挑战。

**朱羽**:这是不是关系到刚刚您谈到从鲁迅的写作中发展出一种批评的方式,可能这种批评的方式回应社会主义时期的文学,不是一种很适合的方法。

**张旭东**:那倒也不一定。比如研究社会主义文学,首先要在批评内部打破所谓俗和雅的区分、美和丑的区分、政治和审美的区分。

**朱羽**:那恰恰这些是一种准备。

**张旭东**:如果我们可以从鲁迅的杂文里读出中国现代文学形式和历史两方面的正当性,为此找到批评的说明辩护,那么这已经为处理1949年到1976年这段时期的文学实践做了一些准备。鲁迅的写作比其他更标准的左翼作家,比如茅盾和蒋光慈,更能为"新文学"同"共和国文学"之间的关系提供一种批评的基础。为一支军队战场上的胜利而写作,与为自己同寂寞和黑暗的斗争而写作,两相比较,当然是为自己同寂寞和黑暗斗争的写作更有政治性。当然我们这里谈的是文学本体论内部的政治张力,而不是政治领域的政治性。

## 四、"五四"、"新人"与人民共和国的"根基"

**朱羽**：我们不妨过渡到"五四"的问题上来。最近您也谈到"五四"的意义，您在本体论上把"五四"确立为现代中国真正的起源。您谈到自"五四"起，新的主体与新的国家、文化与政治之间产生了全新的构造。就是它克服了以前所谓的情感与理性的分裂，它召唤出一种新人、新的主体，而没有这个主体，新的国家也是不可能的。这样的话，这儿有了一个断裂。拥有了这样一个断裂之后，确实可以把某些问题在概念上澄清了。但是有一个疑问就是：有了这个断裂，怎么来处理断裂之前的连续性？比如说，这样一种断裂会不会有可能在处理"五四"之前的历史遗产的时候，有相对简单化的可能性？您的"五四"表述将阐释本身视为一种政治性的行为。不过这也可能会招来一些质疑，有了这样一种确定性之后，就会把所谓历史的复杂性、多元性给遮蔽了。如果碰到这样的质疑，您可能会给出的回应是什么？还有就是这样一种阐释"五四"的方式其实包含了一种虚无主义的问题性，所谓创造性的虚无。虚无主义问题牵涉到大陆最近的施特劳斯热的兴起，因为施特劳斯学派很大程度上是回应现代的虚无性。它希望召唤出不同的资源。

**张旭东**：抵抗虚无，本身是现代性条件下、基于对现代价值系统的理解而采取的思想行动和政治行动，它可以召唤现代性历史框架以外的资源，但这是一种彻头彻尾的现代人的努力，是现代性危机的一部分，是现代人的存在本体论内部的矛盾。把"五四"界定为一个决定性的断裂点，正是从"新文化"和"新中国"文化政治的连续性和整体性出发的考虑。这个"新"在源头上讲是断裂和虚无，但在它为自己开辟的历史道路和创造出的历史实质上讲，则是连续的、具体的。革命和新中国从这个虚无里产生出来，但革命和新中国已经成为一个历史的实体，这从逻辑上没有什么不可理解的地方。《道德经》里面讲：万物生于有，有生于无。在今天的中文世界里，"虚无"好像是一个很不好的词，一定要被克服掉才罢休。但无论在哲学意义上还是在历史意义上,虚无都可以代表一种原始状态,一种创造性毁灭,一个万物更新的起点。这种历史连续体的中断和悬置,同实在一样,是历史运动的基本方式和内在组成部分。没有破就没有立,没有传统的终结就没有传统的再出发,也就没有传统可言。我们并不需要每时每刻都醒着才能保持自我意识的连续;恰恰相反,睡眠、梦、迷醉、休克乃至癫狂都是维持和接续自我意识的必要状态,因为它使得自我意识得以选择性地、出于自我保护和自我更新的需要,抛弃过去的重负,以便再一次准备好承担存在的重负和创造的使命。在这个意义上,革命同尼采所理解的艺术一样,都是让人能够承受不可承受的生存重负和历史重负的必要的间歇和恢复的手段。"五四"新文化和新人正是带来了这样的历史可能性,使得现代中国人的文化认同和政治认同再一次以一种明确无误的方式结合在一起,成为一种历史创造力。这样看人民共和国的确是"五四"新文化合乎逻辑的结果,而我们今天在"后现代"的境况下提出超越"五四"、克服它所标志的传统的断裂,以便在一个更大的历史框架和文化框架内把握现在和未来,也正是"五四""新文化"的题中应有之义。

说现代人的生活世界和价值世界处在一种没有根基的漂浮状态,是一种现代人以古代世界的信仰状态作为参照系的自我陈述。但事实是,如果把这种现代人的怀疑精神、批判精神和理性分析能力应用于古代信仰世界,我们就会看到古代世界丝毫不比现代世界更有"根基",除非我们重新接受天赋王权概念,并作为信众回到实证宗教本身。我们今天所谓的"虚无"在直接的意义上固然是指普遍的价值秩序的混乱和空洞化,但在更深的一层意义上,其实已经指向"虚无主义"问题的一个强有力的内在悖论,在这个过程中人类会一次又一次陷入灾难,但"让思想冲破牢笼"的意志已经无法扭转了,这是现代性带来的一个根本性的、无法逆转的变化;虽然冲破牢笼的思想很快会发现自己仍处在各种各样的新旧牢笼之中,但这已经是现代性自觉的一部分,而不是简单地回到信仰世界所能够解决的问题了。

重要的不仅仅是"思想冲破牢笼",更是越来越多的人以冲破牢笼的思想为指引的行动。从"五四"到中国革命的胜利,正是这个抽象理念具体化、现实化的过程。这也就是鲁迅所谓的"希望本是无所谓有,无所谓无的。这正如地上的路;其实地上本没有路,走的人多了,也便成了路"(《故乡》)。这条路最初是所谓"言文一致"(genbunitchi)的白话革命理念,但它带来的不仅仅是"两个黄蝴蝶,双双飞上天"(胡适《尝试集·蝴蝶》),而是越来越多的人进入言语、书写、话语和政治行动的世界,从而在根本上改变了中国。我们至今仍然走在这个由"五四"开启的语言的途中,我们的语言和行动把"中国道路"从"无"带入"有"。

**朱羽**:确定这样一个激进的断裂点之后,怎么来研究"五四"以前的东西?

**张旭东**:这个断裂以前的历史正因为这个断裂而变成了现代史的一部分。我们谈这个断裂不是实证主义式的谈中断、空白和虚无,而是谈一个活的传统的自我克服和自我超越。"五四"的文化断裂不过是近代以来的历史变化抵达了这样一种政治强度,以至于此前此后的事件都必须从这个断裂本身所包含的概念结构中获得自身的意义。这个关系当然是由"五四"以来一代又一代中国人界定的,我们目前仍然处在这个关系的未确定的决定之中。在这个意义上研究晚清和研究唐宋或秦汉并没有任何区别。因为这个关系由今天的行动和意志获得历史的具体性。这个关系在这个决定当中就已经存在了,随后的事情是要把它讲清楚。但在讲述的同时我们不能忘记,历史和材料之间的关系最终仍然只在当下社会思想文化的政治性矛盾中不断得到新的解释,而不是从"事实本身"的客观性那里获得某种终极的阐释权威。

**朱羽**:最后回到最近您讨论人民共和国"根基"的文章。在思路上,这可能还跟您在分析王安忆的小说《启蒙时代》时提出的"新市民"概念是贯通的,包括抽象落实到具体的问题等等。另一方面,您谈的"新人",跟您80年代那本书里讨论《红高粱》里的"新人",在形式上有相似性,都涉及欲望的问题。

**张旭东**:但它们不是一回事。我在《改革时代的中国现代主义》的框架里谈张艺谋的《红高粱》时讲的"新人",是在公有制条件下出现的私有制的想象性主体。它是一种日益明确的社会欲望的神话式表达。但是我后来在共和国根基的意义上谈的新人,则是一个涵盖更广的历史范畴和文化政治范畴,这个新人概念是要把"五四"新人、延安新人、社会主义现代性新人(比如雷锋、焦裕禄、王进喜,包括《启蒙时代》里的南昌、陈卓然等形象)、"改革时代的新人"(如《红高粱》里的"我爷爷"、《酒国》里的"丁钩儿")作为一个辩证矛盾的总体来加以描述和分析。

**朱羽:**如果想要将两者结合起来,可能首先找到的还是一些形式上的相似。

**张旭东:**那倒不一定。构成矛盾统一体内部冲突的因素,未必彼此间具有形式或"外观"上的相似性。但是在彼此不同甚至尖锐对立的具体属性之间,我们能否找到一种辩证的总体性呢?在根本的意义上,今天中国的社会矛盾和自我认同的危机就是"新人"概念内部的自相矛盾和自我认同的危机。我这些年来越来越回到黑格尔,原因大概在这里:黑格尔强调整体性,强调主体即实体,强调生活世界(即他所谓的 Sittlichkeit,"伦理生活"或"伦理世界")本身必须不断地通过应对他者和多样性的挑战而达到一种"绝对"。黑格尔对现代性的危机,从信仰的衰落,到市民社会内部冲突的非理性倾向,到"绝对自由"带来的恐怖,都作出了独到的分析,但他把这一切看做基督教生活世界内部的矛盾,从而把看似难以调和的历史断裂和价值冲突变成了一种新的主体同一性论述的动力。

如何把今天中国的社会矛盾,甚至看似不可调和的社会矛盾,理解为新人的自我矛盾,从而把它统摄于生活世界的总体性之中,变成一种自觉的文化政治的自我叙事,这也许是探讨"根基"问题的一条途径。这也许能给20世纪中国的历史叙事和历史分期带来新的可能性。人民共和国刚刚度过它的第一个六十年,在回顾它的历史道路、总结它的历史经验的时候,用后三十年否定前三十年固然是目光短浅的,但简单地用前三十年否定后三十年也不是一个在知识上和道德上诚实的态度。事实上,这两个三十年都有它们自身的历史谱系,都有同现代性的奠基性、普遍性因素相关联的具体的历史实质和道德实质。所以把两个三十年各自放大到它们直接的前史,变成两个六十年的关系——即1919—1979 和1949—2009 的差异和交叠,有助于我们在两个相对的长时段里来考量它们肯定各自的历史正当性和历史局限性,同时在这样的问题视角中反思断裂和连续、同一性与差异性。

**朱羽**：您在谈根基的那篇文章里提到，毛泽东时代是一个历史停滞的时代，是什么都想清楚了的时代。

**张旭东**：它不是在社会科学、社会理论和社会工程的意义上把一切矛盾都解决了，而是在道德理想主义的层面上提出了一个太高的标准，以至于一下子把中国社会放置在某种终极性历史视野里审视。从"狠批私字一闪念"到"无产阶级专政下的继续革命"理论，都以一种抽象的绝对在概念上取消了中国社会发展进程的具体的历史性，让它始终处于一种绝对标准的逼视或感召下，陷入几乎令人绝望的自惭形秽状态。这是毛泽东时代不断的、一浪高过一浪的社会和意识激进化的结构性原因之一。所以毛泽东时代的中国一方面看很"折腾"，但从另一方面来看却陷入了一种历史时间的停滞状态，因为历史被一种意志和人类远景所捕获，被强行纳入到这种意志和远景的道德律令之中。"新时期"带来的真实的"解放感"，不过是世俗的历史时间重新开始的一种心理效果。

**朱羽**：就现在来说，我们重新进入历史，这个历史代表未来的不确定性，所以我们还是要为这个未来而斗争。中产阶级有一些图景是越来越清晰，包括"维权"，维权首先要有权，有私有权。也就是说有一种未来在被设计出来。包括您提到的中产阶级大众如何一跃为"新人"？是与其让这个未来不确定，还是要想象出一种未来，因为已经有很多关于未来的方案被提出来了。这是很可怕的，如果形成固化的霸权的话。

**张旭东**：我所说的"历史事件重新开始"，指的是历史前景又一次变得不确定、不明朗了。明天怎么样我们谁也不知道。在这个意义上，新人的历史在经历了一个乌托邦理想主义"高处不胜寒"的英雄主义时代之后，再次同近代西方市民社会的价值主流融会到一起，两者在价值论上的共同之处，是把一种超验的绝对否定掉了，或者说把它从"彼岸"那里拿回来，变成了此岸的实用主义、历史主义实验。这个大趋势本身是难以逆转的，但发展主义意识形态的危险却在于，它在用虚无主义、怀疑主义和利己主义的力量打破最后的信仰世界的统治之后，却迫不及待地开始推销历史主义的神话，力图让人相信种种普遍过程和价值系统可以为人提供一劳永逸的、非政治化的"美好生活"。但事实是，谁能向今天中国大城市里的白领阶层保证，"历史"真的已经终结,保证明天这一切不会出现戏剧性的、令人意想不到的变化?

**朱羽**:在这个意义上,您谈的"根基"并不包含一系列实在性的价值,而是一个否定性的、运动的东西。

**张旭东**:的确是这样。一定要讲什么根基的话,根基就存在于活着的饮食男女每时每刻的政治性存在和政治性行动之中。根基问题不是要去找一个一成不变的本质或原始出发点,而是要在变中把握不变,在不变中把握变。只要你不断在想这个问题,这个问题本身就指向一个根基。除此之外没有更根基性的根基。"我们是谁"是一个可以辩论的问题。有人说我们是从革命来的;有人说我们是从反革命来的;有人说我们的出路在于回到传统;有人说我们的出路在于拥抱西方式的、现代性的"普世价值"。根基的问题就存在于这样的辩论当中。但有一点需要指出,变与不变的问题本身不是抽象的,而是处在现代技术和生产方式的物质经济条件下。所谓的变与不变,在这个意义上带有人如何克服异化劳动,不断创造出新的、适应新的物质生产方式的生产关系和生活世界的基本含义。所以根基的问题虽然带有强烈的文化政治的兴趣,但却绝不是文化决定论的。恰恰是在这样一个"普遍"的环境里,文化和政治才变得如此重要而关键,因为它事关不同的社会共同体怎么叙述自己的历史,怎么叙述自己的价值体系;怎么通过社会性的交往、讨论、和斗争,去不断获得相对于异化和物化的优势和能动性,从而不断地把"自我"、把"人"的概念重新确立起来,并转化为新的、较为公正、合理的道德秩序和政治秩序的价值基础和文化基础。这个价值领域也是不同社会共同体相互竞争、相互碰撞的自然领域,这是文化政治概念的基本含义。

# 导　论

## 90 年代中国的文化政治

> 问题不在于思想史,也不在于一代代地重建历史基本形象的尝试,而是将处在自身历史性之中的历史真实看做自然历史。
> 
> ——T. W. 阿多诺《自然史的观念》

### 一

我在本书中尝试定义的中国"90 年代"作为文化、历史"十年期",其跨度不是十年而是十二年。"八九风波"之后,中国在尾随而来的经济收缩以及受到西方压制和孤立的痛苦之中,步履蹒跚地走进了这一重大历史时期。整个国家远远地以警惕的目光见证了 1990 年美国发动的第一次海湾战争和 1991 年苏联的解体。1993 年因为美国为首的西方阵营的阻挠,北京申办 2000 年奥运会没能成功,这激发了一个受伤民族的自尊心。(北京最终在 2002 年申奥成功,成为 2008 年奥运会的东道主。)也正是在这个时期,中国向另一轮范围更大的市场导向的改革敞开了怀抱——这一改革由邓小平 1992 年视察南方所推动。中国经历了 1996 年的台海导弹危机(这次危机将美国两大航母作战群引到了台湾以东海域)。在声势浩大的庆典之中,中国在 1997 年结束了英国在香港的殖民统治。随后又在 1999 年平稳地收回了澳门,从而为中国现代史上的殖民主义篇章画上了句号。中国抵挡住了亚洲金融风暴,这一场发生在 1998 年的金融灾难使大部分东亚和南亚国家经济瘫痪。最后,在 2001 年 12 月 11 日,中华人民共和国用加入世界贸易组织给后毛泽东时代第二个十年的改革下了结论。入世可谓一波三折,又充满争议,可是最终中国还是成了 WTO 第 143 个成员国。这样看来,如果不是说不可挽回,至少也是把"泱泱中国"牢牢地钉在了世界市场之中。

这一"十年"戏剧性的、常常是分裂性的曲折与转向,只能和中国惊人的持续经济增长和政治稳定相媲美。两者都建立在愈演愈烈的不平衡发展和社会分层之上。在中国社会和文化激烈的重组中,持续不断的动荡与混乱的威胁同某种不稳定的、甚至可以说是神秘化的秩序和标准相依随。随着政策"放宽"这一富有张力性的进程的展开,中国的每个领域里都发生了一场静悄悄的革命。这场革命使中华人民共和国从实行中央计划经济的国家变成了世界工厂,使中国成了国际资本馋涎欲滴的市场。一度为国家及其高层文化所控制的、相对垄断的社会空间已经变成众声喧哗、失去方向感的社会领域,狂欢节式的消费大众文化是其特色,这种文化已经装备了诸如手机、因特网等信息技术。如果说中国 90 年代的开端标志着中国当代史上的一个低潮,那么这一变幻莫定的十年的结尾,对于国内外来说似乎成了某个高度象征化的时刻,这一时刻表明中国的经济持续繁荣、文化多样、制度理性化,甚至还有政治稳定。所有这一切既是承诺助中国加入世界体系一臂之力,也预示着中国将会在民族国家空间里面对更深的紧张。

本书的讨论基于我在《改革时代的中国现代主义》(1997)里对中国 80 年代所作的分析。因为是接续前一个十年的主题和问题,所以给人某种历史连续感,当然这也构成了某种参照框架,通过这一框架,我们可以来考察、衡量历史的不连续性。事实上,这些不连续性相当剧烈而且惊人。尽管许多 90 年代的文化、思想现象源于 80 年代,但是假如缺乏中国 80 年代的社会道德共识和支配性的思想、哲学主题,那些依循新时期(1979—1989)文化、知识和美学制度的东西就很难让人心潮澎湃了。同时,经常是凭借新的生产关系及相应权力结构让人震惊的"迈进",商品经济所带来的这种剧变已使新的社会关系和社会矛盾比起以往任何时候都来得更为清晰,这些生产关系和权力结构的"迈进",就是新的社会关系和矛盾在中国现实里的社会政治性表达。许多80年代支配一切的主题,诸如现代化、"新启蒙"和"开放",在90年代就不再是激进或积极进取的表现了。换句话说,这一"十年"与其说见证了现代化和发展主义最终意识形态的终结,毋宁说见证了两者在全球化条件下的"社会主义市场经济"体制和"后现代"社会文化环境中的扩张和加剧——在全球化、商品化、个人自由、私有产权与权利、社会流动、道德和价值多元性、文化多样性环境中的扩张和加剧。就像我在接下来的章节中会说明的那样,中国的后现代并不靠现代主义意识形态的瓦解获得自己的特征,而是凭借现代主义意识形态的强化和标准化显示出自身的特点。不过,在中国语境中使这一转型变得更为复杂的是这样一个事实:中国社会主义的成败似乎既依赖这种发展,又是这种发展的社会历史条件。因此,就如同我对80年代中国现代主义的分析最终指向了毛泽东时代中国残留的、被压抑的社会政治内容——我视其为后毛泽东时代审美和思想剧变真正的历史资源,要理解90年代中国的"后现代主义",在对之所作的大部分形式分析和风格分析中,我必然要提及中国社会主义的特殊形式——同时包括生产方式、所有权形式、道德政治认同、社会心理经验、思想话语和日常文化。从这种分析角度来看,以下一点是非常明白的:因为是在此种语境中考察中国的经济、社会和文化,所以它们将与作为"社会主义市场经济"和当代文化政治的中国国家形态一道经历种种历史的和思想的检验。

在这一过程中,国家(state)所推动的现代化方案之初始目标不再是因某种意识形态共识而生的集体一心一意追逐的唯一目标了;它们当然也不再是塑造整个民族的思想指南和生存焦虑的唯一执念和信念了。相比于整个80年代占主导地位的线性的、单向的发展模式,90年代作为一个时期,在蔑视任何教条性的或正统的分类这一点上是如此多面,如此异质,如此"灵活",如此暧昧。社会领域更为剧烈的分化已经导致阶级利益和意识形态立场更为明确的表达。社会主义现代性在社会、概念和想象总体性上的破裂,已经造成整个民族现实的或想象性的政治、思想和文化话语的普遍瓦解。诸如市民社会和公共领域之类的意识形态概念在90年代被引入国内用来质疑或挑战国家的垄断权力,但是用它们来分析、反思曾经为国家所有、如今仍然为国家所共有的社会空间领域,不够有效也不够灵活。为了捍卫中国社会主义的政治和文化遗产,我们也不能忽视新的经济现实的解放效果,不能忽视建立在商品经济基础之上的新兴的、常常是本质性的社会自由。因为在新的社会状况中,这些自由似乎总是与人类活力和生产力的新内涵(当然对于社会自由新的限制和歪曲也一同到来了)相依随。这些新内涵不仅来自新的生产方式,而且时常是同新的社会状况相协商的结果,甚至是来自抵抗这种社会状况、部分地克服这一状况。在今日中国,实际存在的社会主义,在反对资本和商品逻辑的抽象化和普遍化趋势的集体斗争中,仍然保留了一种有意义的、有活力的正当性(legitimacy)来源。反过来说,在现代性和资本主义的世界史语境中阐明革命和社会主义的正当性,即使还不足以阐释全球化条件下的中国国家和社会形态的真理内容,至少可以让我们把当代中国文化生产和文化政治的显著特点视为一种建设性的要素。

战后的资本主义物质生产和文化生产极大地改变了这个世界。如果说80年代为中国在这样一个世界中提供了一个立足点的话,那么90年代更像是一个见分晓的时刻:在这一刻,中国那种"历史悠久"、未受考验的自我形象和自我认识突然间遭遇到了他者——首先是以得意洋洋的、在意识形态上极富攻击性的美国为首的西方所代表的"普世"象征秩序。在与"他者"的磕磕碰碰之中,这种自我形象和自我认识经受了极大的考验。结果,中国在整个90年代向外探求和向外拓展同向内寻求和自我反思结合了起来。这两种运动紧紧地缠绕在一起,以至于正是这种内在分化的、断片式的民族自我(national selfhood)概念,而不是某种支配一切的、世界性的普遍架构,成为了当代中国社会集体认同(包括外在的文化认同和较为隐讳的政治认同)的主要来源。这种关于"自我"的新的辩证法的历史和哲学内容,常常被简化或是漫画化为民族主义论,简单说来,这正是今天大部分媒体和学院书写不知疲倦地想要传达的关于当代中国的看法。

与其说是分析,不如说是描述中国的崛起,对于大多数经济学家或是经济史学者来说才是他们勉强胜任的工作。这么一个人口十倍于日本、地域二十五倍于日本的国家,四分之一个世纪以前,在许多关键性的经济指标上就已经和日本并驾齐驱了。更不用说,中国对于世界经济整个结构造成了巨大影响(依照购买力平价即 PPP 来看,中国经济已经是日本的两倍多,照此趋势,在 2020 年还将超过美国)。① 在我看来,要在某种历史文化话语中来理解变与不变、连续性与不连续性——或者说,同时要用相对和绝对的术语来理解:以扫荡一切、干脆利落的方式快速前进的是什么,以不平衡的、滞后的方式缓慢移动的又是什么——确实令人望而生畏。这种社会文化话语以一种隐秘的而非清晰可辨的方式,与历史内在的规定一起摇摆不定。

正是历史自身的介入用无情的现实感激活了这一时期。不仅是不平衡、张力关系、冲突、矛盾,同时也是共存、融合和激烈的交叠与并置定义了 90 年代中国的时空,这一时空既是全球境遇的重要组成部分,也是资本主义普遍世界历史链条上的新边疆(frontier)一个必需的组成部分,同时还是这根"链条"上的一处"薄弱环节"。当中国政府自己带领中国经济加入全球市场和劳动分工的时候,中国社会主义国家形式的存续、调节和创新在许多领域捍卫了至关重要的主权完整与独立自主。在主权和自主的概念空间,或者换种说法,通过中国这样一个富有意义的整体开放边界,新定义了旧,旧也定义了新。由全球资本和技术"利刃"(意识形态相随而来)所塑造的接壤地带既将乡村内地吸纳进这个辩证矛盾的过程,也同时被乡村内地吸纳进同一个矛盾过程。这种辩证的矛盾过程,如果不是在现实上,至少也在理论上要求并期待着某种叙事性阐释,要求某种超越实证性的工具理性思维的史诗智慧。正是在这样一个更大的语境之中,正是因为与"国家对立于社会"这种习惯性假定格格不入,本书的许多主题——从民族主义到后现代主义,从历史叙事到未来想象,从普遍的理想到独一性的自我肯定——才得到了更为充分的探究和分析。

---

① 2001 年中国的国内生产总值(GDP)据估计是 9 万亿人民币(根据汇率折算,就是 1.2 万亿美元)。按这一时期的汇率,中央情报局对于 2007 年中国 GDP 的估算是 2.5 万亿美元,而依照购买力平价(PPP)来看,与日本的 4.2 万亿美元和美国的 12.8 万亿相比,中国的 PPP 将达到 10 万亿美元。见美国中央情报局编:《世界概况》(*The World Factbook*)。

## 二

关于90年代文化、思想表现的批判性叙事必须努力说明80年代残留下来的现代主义"文化意识"同那些让人兴奋又冷酷无情的历史事件之间的互动,努力说明大量炫目的政治、思想立场同普遍加剧的中国社会矛盾之间的互动。这些立场都在奋力寻求自身的意识形态声音,构筑自己的防御工事。当中国成为全球经济和全球力量关系中尴尬的新手时,整个国家陷入到了某种失衡、不一致和矛盾之中。在这一过程中,曾经被人们想象为一致、统一的社会地理空间和文化意识形态空间,即所谓"中国"主要组成部分的许多成分,现在正朝着不同的方向、有时甚至是朝着相反的方向移动。与此同时,许多政治、社会、思想和艺术力量被动员了起来,被用来阐明中国这个统一体某种新的一致性、新的原理和新的意义,并且为之辩护。这个统一体或是被视为民族国家,或是被视为某种"生活形式",或是被视为某种社会政治秩序(或失序),这些看法不是为"世界资本主义的最后疆界"搭建舞台,就是在坚持革命、社会主义、大众民主的历史本质。只要注意到中国90年代的文化想象、思想话语和艺术表达深深地卷入了政治斗争,我们也就能够深刻地领会这些现象了。在政治斗争之中,每个领域里面残留下来的和新兴的立场都在以不同程度的自我意识和概念清晰性,奋力将自己的利益说成是集体的利益,说成是道德和文化的秩序,都宣称可以在这个基础上建成新的中国社会。当各派都设法在更广泛的、"普遍"的意义和历史框架中固定某些重大事件和偶然事件的时候,社会政治论辩中特殊、具体的思想和审美上的对抗常常会表现为论辩中的各派竞争着去争夺、去形式化新经验中的丰富性和审美诉求,以及集体冒险激动人心的或是创伤性的影响。

本书中具体的主题、现象、话语和文本都依照这种叙事逻辑进行挑选和讨论。我觉得,当代中国艺术、诗歌、哲学、批评和历史研究的某些风格实验充斥着夸张的隐喻和浮夸的细节,显得十分无趣——倒还未必是技术意义上的无趣,而是叙事和历史意义上的无聊。那些创作、批评和研究看起来只是传达出孤立而非互动、迟钝而非活跃、物化与拜物教(比如,彻底的"自律"和"个人"的拜物教,安全无忧的、无功利的专业化和职业化的拜物教)而非未知经验的鲜活性和直面时代挑战的意愿。反讽的是,当代中国文化和知识生产中"为艺术而艺术"的方式似乎更适合社会学分析,就这些产品的形式特征和属性进行"内部"研究反倒显得不妥。与其说这种方式制造出来的产品揭示了古典意义上的趣味和判断力,毋宁说它们更直接地暴露出强化了的劳动分工和品牌识别。资本主义生产方式,特别是商品拜物教和个性化的大众消费显然操纵着后者。这些产品同样更加适合于意识形态批评,因为它们往往认同那些既成的、支配性的意识形态,直接拥抱了主体性、自由、普遍性、艺术天才、自律性、艺术作品的抽象化、语言的自我指涉等意识形态概念。

  80年代的中国政府比今天占有更多权力资源,西方也向作为改革者的中国政府敞开了怀抱。与欢快的、理想主义的80年代相比,中国的90年代在社会现实和集体心态上见证了某种真正的精神分裂。跃入我们眼帘的是传统(既有小农的也有社会主义的传统)社会构造的解体,国家权力的去中心化,道德和理论权威的失势,以及中国与资本主义西方那种很不自在的、往往受困其中的关系。正是这个"西方"在后冷战时代重振旗鼓、大肆扩张①。在这个时期,想象的中国历史主体,即知识分子眼中高于、超越于具体国家形式的东西,那种唯一正当的和统合性的力量,也就是处于高速而不平衡增长中的中国经济,同时成为了一种造成社会分化的力量。相比于中国改革的前一个十年,"八九风波"之后的经济增长和繁荣始终伴随着与80年代迥然不同的历史紧张感、紧迫感和焦虑感,这接下来导致了与上一个十年差异颇大的感知方式、表达方式和再现方式。

  正是这一持续展开的社会、经济和政治变化成为我研究当代中国文化,更确切地说,研究当代中国文化和思想的意识、风格和微妙之处的基础。作

---

① 2001年9月11日恐怖分子攻击纽约和华盛顿之后,因为小布什政府所实行的单边主义政策以及美国对于伊拉克的入侵与占领,这一过程戏剧性地受到了阻碍。

为文化时期的中国"新时期"引发了"现代主义"时刻,这一时刻呼应了社会主义改革对"文化大革命"的系统性修正。为了超越社会主义现实主义的文化范式,改革时代的中国现代主义常常汇入了国际性的高等文化象征秩序,但是它在无意中也抓住或利用了社会主义现代性的集体经验,将其转化为可能的政治和审美条件,虽然是用非常个人化的方式来挪用这些经验。就我对于80年代中国文化的解读来说,我的核心看法结合了对于特殊历史形势的分析:去政治化和"开放"的改革政策为集体想象提供了一扇新的窗口,这种集体想象将自身投射到某种国际性的、所谓的"普遍语言"之上。在这样一个话语空间中,同革命和社会主义现代性的"普遍性"依旧保持着无意识联系的本土性的或民族的欲望,很快地就在风格创新、形式强度领域中被把握住了。更早时候的欧美现代主义者在文学、电影、美术和哲学各方面早就为这些风格和形式做出了榜样。

　　称新时期是一扇机会之窗,如果没有凸显新时期内在的政治和形式上的不稳定、不一致和矛盾,这种说法至少也突出了新时期的缺陷和过渡性。或许我们可以将80年代追忆为后毛泽东中国文化和思想自由的黄金时代,但是这种看法只有诉诸不加反思的怀旧才是可以理解的。只要对这一兴衰起伏的十年作近距离的考察,我们就会发现按照中国90年代晚期的标准来看,80年代其实是相对压抑的时期。这种压抑不仅来自惯例性的政府干涉,而且也来自物质和文化极端的简朴和匮乏,虽然这种贫乏的状况渐有好转。然而,中国当代史上这一现代主义时刻的反讽性在于这样一个事实:现代主义的自由(自由概念)是以力主改革的社会主义国家全盘、直接操控为条件的,并且由其规定。社会主义国家不仅掌控着整个社会经济和社会意识形态空间,也掌控着日常生活的网络以及人们关于人类历史终极视域的观念。

　　总体国家中的不自由以两种关键的却是非正统的方式保留了追寻自由的可能性条件。首先,这种不自由维持着某种紧紧编织在一起的集体生活和个人在集体中的互相依赖性。只有在"大民主"或是"开明专制"中,这种集体性的内在社会经济平等和政治意识形态的同质性才能保证追求自由的主动性和可能性。其次,国家及其社会主义基础既是应对资本主义世界的中介,又是针对资本主义世界的缓冲器,因此它有效地保护了新兴的经济、文化生产/消费的国内市场。不考虑国家的无处不在,以及它对于社会欲望和社会形象所施加的限制,就不可能理解80年代知识分子全盘性的、充满热情的、常常又是抽象的思考——或是关于"重建传统文化"或是关于全盘西化的思考,更不用说理解这些思考无法挑战的、常常是缺乏自我反思的道德权威、社会声誉和文化影响了。一旦要去分析后毛泽东时代早期中国的现代主义主体性,再怎么强调这两个因素的重要性也不过分。

## 三

我们可以通过新兴的自由和主体性来探究90年代的社会历史断裂。在由全球市场及其扩散中的意识形态和文化象征所定义的新环境里,这种自由和主体性都趋向解体。如果80年代中国的政治和物质条件为现代主义时刻的美学强度提供了某种解释的话,那么在90年代的社会力比多迷魂阵里面,在全球消费市场中唾手可得的时尚和风格面前,这种强度开始消散。尽管自"八九风波"之后,中国政府许诺给予人民更多的、在某些领域甚至是难以想象的经济和社会自由,可是还是有人觉得政府在市场自身所创造的环境里越来越变得不合时宜和多余。尽管政府尚未正式放弃在执行某些含混的法规时选择性地使用垄断权力,但是总体上说,它从那个时候已经开始撤出对于整个社会文化空间的控制了。在铺天盖地的市场化期盼中,中国经济逐步进入全球经济。在不断的摩擦和不情不愿的抱怨声中,中华人民共和国被强势的西方、特别是"国际社会"接纳为世界经济和全球政治事务中的另一个玩家。雏形中的城市中产阶级(proto-urban middle-class)已经兴盛了起来,开始更有力地表达自己的社会力比多欲望和政治渴求。然而,所有这些似乎都没有增强现代主义的自由和主体性概念,相反,在已经实现了的现代性乌托邦中存在着一种扼杀二者的危险。这种现代性所代表的现代越来越依赖去地域化的和渗透一切的形式,即依赖后现代性。

这就是为什么对于90年代文化生产和知识分子话语的探究要将后现代主义和全球化条件下的中国社会经济和文化形态之间的关系作为其核心问题。更确切地说,这一核心问题就是:如何理解曾经所谓"现代"的最新近阶段即后现代,与仍然受到社会主义现代性及国家形式所塑造、至少部分塑造的新近的发展和变化在中国语境中互相嵌入、互相融合。不同于后现代主义——更明确地说,不同于中国的后现代主义意味着中国所处的多元决定状态,本土生产的日常生活受到全球历史的调整,所谓"全球化条件下的中国社会经济和文化形态"凸显出某种民族历史的谱系,这一谱系调剂了整个世界从现代性向后现代性的转变。无可否认,用理论和历史的清晰性和具体性来追究两个而非一个多变且不定的概念范畴,是一项令人畏惧的任务。但是在我看来,尝试将(后)现代性的问题和"新时期"之后的中国日常世界及其最初的知识规划的问题放置在一起,在知识上非常具有生产性。在二者的互动之中,冷战之后的经济、社会和政治发展使得关于"变化"的新架构变得更加明确和具体了。换句话说,这两个在理论上纠缠在一起的范畴趋向于引出一种新的历史叙事,后现代主义和全球化条件下的中国社会经济和文化形态在这种叙事里都找到了更为具体的表述。

就后现代主义和全球化条件下的中国社会经济和文化形态之间的理论聚焦这个问题,如果说并不需要为了继续推进讨论而作出界说的话,后者至少也需要某种最低限度的工作性假设。假使我们从已知的社会主义出发,那么提出当代社会主义国家、社会和文化形态的可能性、特点和发展道路问题就会把一种比较或者说参照的尺度引入当代理论话语的知识空间。就像后现代性或者后现代主义里的"后","后""新时期"中的前缀也同时指明了不连续性和连续性,它不是暗示某种历史形态的终结,而是指明它在当代条件下的转化、发展,指明它在生产方式和空间意义上的多重性和弹性,以及它把自身的对立面包含在新的自我否定和自我肯定的辩证逻辑之中的能动性。显然,当代中国的社会、经济和文化意识形态并不意味着"社会主义高级阶段",这种说法让人联想起苏联那个术语——"发达社会主义",它也和所谓的"社会主义初级阶段"构成了喜剧性的对比,这是中国共产党对于毛泽东时代之后的中国社会发展阶段的最初定义，虽然现在这个说法几乎已经让人遗忘了。①正如"后现代主义"中的"后"在某种意义上是一种误译，如果可以有"社会主义初级阶段"或"发达社会主义"这样的提法，那么这种晚近阶段的时间性或阶段性标志前缀，就同"后现代性"中的"后"一样，指的无非是现代性（包括其"社会主义"的特殊形态）在当代技术、社会、文化、心理条件下的全面扩散和"非地域化"（de-territorialization），即其成为当代日常生产组织和日常生活"常态"的一部分，而非某种神秘的，为某一特定种族、宗教、阶级或文化所独有并垄断的"本质"或"内核"。它是表述生产方式、社会系统和象征秩序令人困惑地交叠在一起的某种实验性的方式。生产方式、社会系统和象征秩序等等所有这一切都在宣告某个初生的生活世界。这些相互角逐的社会经济和社会政治力量出于某种原因在当代中国特殊的经济、社会和文化空间里被均衡化了，这个幕后推手就是资本主义世界市场和意识形态统治的全球情境；这一力量把历史空间中的种种复杂的地形变成了一个平坦的战场。这个全球战场必然把中国民族国家的领域包括在其中，但当代中国国家形态不仅仅是为全球资本提供一个场地或"投资环境"，同时也必须为这个空间里的种种社会、政治、文化和价值遗产提供一个安全环境和正当性或合法性辩护，中国革命和社会主义现代性正是这种制度、价值和"文化"遗产的组成部分。全球资本主义语境和中国国家形式互相渗透、互相依赖这个事实并不意味着存在一种完全同步化的、同

---

① 在1979年中华人民共和国三十周年纪念大会上，全国人大常委会委员长叶剑英提出了"社会主义初级阶段"概念。1987年的中共十三大上，将此概念详细阐述为一种理论话语。这个术语的官方地位——即试图依照既定的现实来理性化中国经济、政治和社会生活——提醒我们去反对任何超前于中国社会主义发展实际的历史阶段的尝试。当然，这一话语的核心在于其阶段论的发展模式。具体地说，正是从贫穷落后到富裕繁荣，从农业和手工业社会到现代工业社会，从"自然或半自然"经济到发达的商品经济，标志了这一初级阶段。阶段论发展模式的双重目标正是"通过改革开放建设、发展富有活力的、繁荣的社会主义经济、政治和文化制度"和"通过群众动员和实干精神实现中华民族的伟大复兴"。显然，"社会主义初级阶段"的概念构成整个"有中国特色的社会主义"理论的重要部分，后者进一步拓展为90年代的"社会主义市场经济"理论和江泽民的"三个代表"（2002），也就是说，中国共产党代表了：(1)中国先进生产力的发展要求，(2)中国先进文化的前进方向，(3)中国最广大人民的根本利益。"三个代表"理论的核心意思极富历史主义色彩，江泽民明确地强调了"与时俱进"的首要性。

质的历史时间,通过这种时间可以来衡量和评估任何地方的事物;也不意味着现在只有全球资本主义的政治经济可以解释人类历史的总体性。

蔓延而来的新一轮"普世主义主导文化"(universal high culture)——这一次是以全球化的"灵活"资本主义、信息技术、大众文化工业和某种经过修正的资产阶级主体性概念的形式——使整个社会空间浸泡其中。"普世主义主导文化"这么做只是让根深蒂固的历史—物质的不平衡性、阶级矛盾和文化差异变得可见了,而不是抹除了它们。在这一状况中,社会主义的问题就浮现了出来。中国在全球体系中的地位——作为正在形成的最大的市场,作为经济发展最快的国家,作为最大的共产主义国家,作为存活下来的传统文明,一个永远不会忘却古代荣耀和近代屈辱失败的文明形态和国家——或许会强化富人和有权势者的内在同质化。同时,中国在世界体系里让人不适的位置或许也会使以下情况变得一目了然:作为可能的历史条件和道德政治必然性的同一系列差异会抵抗自由市场的正统说教及其社会政策,也会寻求某种社会政治制度,这种制度会使这些抵抗正当化和有效化。

中国在国际关系中的处境的确越来越因为它"内部的"社会经济、文化政治矛盾,因为那些呼吁对于革命和社会主义遗产进行彻底重新考察的矛盾而得到了清晰说明。资本主义生产方式、政治权力和文化意识形态影响力规定了这种国际关系,而革命和社会主义的遗产则是在更早的历史时刻对于同一种世界历史状况和权力关系进行了历史性和集体性的回应。还有许多社会团体和社会阶层仍然依靠这种历史回应的道德和政治遗产,其数量至少和另外一些团体和阶层不相上下,然而后者却试图超越这种遗产,寻找固定在全球现状或是国际管理阶层的新自由主义乌托邦中的新普遍性。在这个意义上,一旦考虑到20世纪国家社会主义的教训,全球化条件下的中国社会经济和文化形态就是一种对于社会主义问题独一性的辩证重复。在这个反思、阐述和呈现的过程中,新的社会主体一定会带着他们规定全球化条件下的中国社会经济和文化形态本质的政治宣言和文化想象而生成。假如没有这样一种实现自身政治和文化清晰性的历史本质,那么自"文革"结束以来中国共产党所从事的"社会主义改革"就只能是某种感伤主义的、空洞的命名,也就是说,只不过说明中国毫无意外地汇入了世界体系。然而,全球化条件下中国社会经济和文化形态的基本问题并不建立在学院标签之上,而是建立在混合的生产方式和价值体系张力性的现实之上。实际上,这一生产方式和价值体系在今日中国极端不平衡和残酷无情的地域里,既在吸纳又在抵抗,既在采用又在改变资本和商品的抽象普遍性。正是因为世界体系既在狂喜也在挫折之中、既在执迷也在怀疑之中侵入了中国具体的经济、社会、政治和文化生活,所以有关全球化条件下的中国社会经济和文化形态的分析和讨论必须从历史中获取自身的力量。对全球化时代中国文化政治的分析和批判效应只能通过它如何宣告中国现实的复杂性而获得,它首先来源于对于资本主义商品经济的追逐和抵抗,同时来自对于革命和社会主义经验的坚持和遗忘。

批判地分析全球化条件下的中国社会经济和文化形态要求我们基于当代中国的现实矛盾而对后现代性和后现代主义这些一般性话语提出理论上的补充和修正。它突出了社会政治深刻的裂隙和障碍,正是这些裂隙和障碍构成了国际消费社会平滑、光鲜表面的基础。仅就"社会主义市场经济"或"当代中国文化政治"有助于说明那些不平衡性、矛盾和差异而言,这些概念是有意义的。这些不平衡性、矛盾和差异嵌入当代资本主义之中,与其缠绕在一起,尽管如此,对于任何追求更加美好的社会制度和更加公正的国际关系秩序的现实希望来说,它们仍然是必要的。当代中国的社会、政治、经济、文化和价值形态如果具有概念意义,其含义必然指向某种思想解放,即从带有目的论色彩的历史决定论中解放出来。这些决定论以社会主义和资本主义对抗之名,倾向于将精神禁锢在僵化的、教条的现代性概念之中,某个更早的历史时期(帝国主义时期、殖民主义时期、后殖民时期的民族国家、社会主义工业化时期等等)定义了这样一种现代性。在这种观点看来,某种程度上,社会主义在真正的黑格尔—马克思的意义上可以被视为依赖于作为生产方式的资本主义。这样一种依赖性或许可以解释东方或西方的激进知识分子——不管是马克思主义者还是非马克思主义者——某种执著的坚持:即资本主义之外不存在任何人类历史视域;除了一种永远被推迟的、永远是抽象的弥赛亚式世界革命之外,没有任何对立于资本主义现代性（他们的意思是作为资本主义的现代性）的替代方案。

　　相对于这种知识上的封闭性和政治上的悲观主义，正在展开中的中国社会经济进程提供了更为复杂的现实图景。就像后现代主义里的"后"不仅标出了某种历史阶段论意义上的新形态，而且更重要的是标志了某种实质性社会经验形态和主体性的到场，全球化条件下的中国社会经济和文化形态不仅仅意味着某种新的社会生产组织，而且暗示了某种新的文化政治主体性，这种主体性预示了新，但是它自身又嵌入在既有的文化、价值秩序和规范体系之中，这一秩序并不轻易承认资本主义全球化的意识形态主张、政治正当性和文化合法性，不轻易承认它那套关于人类历史总体性及其未来视域的说法。毛泽东的革命带来了扫荡性的、影响深远的、快速的变革，中国社会文化生活的方方面面都受到了改造。如果说这种改造是"现代"殖民过程的一种替代性方案的话，那么它在政治、文化和意识形态领域留下的深刻印记，仍在以解放、民主和平等名义塑造着后毛泽东时代"理性化"的中国社会的集体无意识和日常行为。我对于全球化条件下的中国社会经济和文化形态的分析贯穿了全书（特别是第三章）。在这里只需简单地提一提1989年之后中国的国家状况；在国内创造混合经济方面，同时在国外与全球资本主义经济共存方面，它都越发显得驾轻就熟。当然，就人民共和国自身的政治理想而言，国家的意义并不来自它政治学意义上的一般功能——即暴力的唯一的合法垄断者，而是来自由人民共同体所赋予的主权。面对随同全球资本主义一起到来的日益强化的超民族国家"帝国秩序"的支配，主权标志着一种特殊的国家—政治情境（national-political），它的半自主性（或者说它只是部分地被全球资本的"帝国秩序"所支配）对于系统性的反抗和抵抗来说，是一种至关重要的、必需的可能性条件。

## 四

　　因此，批判地解读全球化条件下的中国社会、经济和文化形态有必要梳理出种种具有弹性的、拒绝消亡的、异质的和不均衡的东西——即种种针对资本主义全球化总体性自我主张的否定性增补。这种否定性增补作为富有生产性的、肯定性的力量起着作用，它激活、解放了多样的全球状况内在的资源和能量，并使之获得了意识。它们在性质上外在于资本主义，但是依然被深深地压抑着，而且这种全球状况还是受到了资本主义条件的规定。

任何在理论上对后现代主义状况作出的描述，其核心成分必须在具体的中国语境里直面中国这个民族国家和全球资本主义经济的相互规定。中国作为国家形式在许多关键方面仍然具有社会主义性质，它建构了某种"共振箱"（德勒兹），全球资本的历史性力量把自己的"音乐"谱写了进去。不同于这种国家形式，当代资本主义世界市场建构了另一种交叠的"共振箱"，我们可以在这个问题框架里进一步来分析中国现代性/后现代性的民族——政治的特殊性。许多看起来像是官僚资本主义的东西，我并不为之辩护，相反，我在探索一种新的理论框架，通过这个框架可以来说明中国现实中惊人的矛盾和复杂性，这些现实违抗一切标签和分类。因为这个目的，反资本主义的道德化做法和支持资本主义的意识形态化做法都被证明为没有生产性。同样，世界主义—普遍主义和国家或区域"地方根基"（rootedness）之间的俗套对立，在本书中也找不到位置，因为全球化条件下的中国社会、经济和文化形态的真正问题会在另一个截然不同的历史和知识地域上展开。

这里我的核心看法是这样：中国现代性（就像任何其他国家或地区的现代性形式一样）并没有消逝在后现代性之中，而是与后者交织在一起——不管你是用后工业化、信息时代、消费社会时代还是全球化如此种种多变的名号来称呼这种"后现代性"。同时，中国社会主义既是历史上的社会主义，在某种程度上又是中国现代性的文化形式，它也并没有消逝在全球资本主义所定义的新的普遍性之中。相反，中国社会主义嵌入在后者里面，通过自己与世界资本主义进行繁复的协商，决定了自身的半自主性。它将后者看做自己的自然环境，但是并不视其为自己的社会文化和道德构造。正是个体以及相互关联的群体的具体社会、政治和物质关系，而不是文化上抽象的、本质化的真理主张，使个人和集体将资本主义带来的新时代的物质与技术规定感知为、经验为某种自然史的环境而非某种本体论上的人类自我理解。因此当代中国文化政治不可能建立在任何孤立的文化、国家或族裔概念基础之上,相反,它真正的切关性在于考虑到了制度、概念和社会力量之间错综复杂的关系,以此来寻找一种更加无情的历史概念和一种更为激进地构造起来的文化概念。这种文化概念带有集体政治的色彩,而这种集体政治正是作为某种东西寓言性的、临时的替身存留了下来,后者是无法被惬意的理论立场或意识形态立场敷衍过去的。

我们往往好奇:由资本主义生产方式及其在地缘政治上的展布所带来的全球性宰制,是否无一例外地已经成了社会主义现代化和国家建设的自然环境?那样的话,全球化条件下的中国社会、经济和文化形态同样可以由后现代性的全球语境来定义。以此观之,正是延续而来的同时又急剧变化了的现代化和国家建设的律令,而不是任何声音渐微的社会主义意识形态口号,为我们理解全球化条件下的中国社会、经济和文化形态提供了线索。当代中国文化政治由此可以被把握为经济现实、政治状态、思想话语,当然首先是一种正在出现的文化或者生活形式。某种程度上,后现代性反对中心、反对起源、反对在场、反对等级的倾向,以及它对于多样性、多元主义,对于内在差异,对于变异、偏差和再生的偏好,所有这一切必须被把握为某种内在于当代中国社会和文化的历史动力的东西,而不是那些从某些西方后现代艺术家或理论家那儿机械地借用过来的东西。

通过吸收当代世界富有动力性和生产性的东西,即那些由新生的、更为残酷的资本主义形式(全球化、灵活生产、信息技术、数字战争机器以及一切饱和了的传媒和广告轰炸等等所带来的对于心灵所进行的文化和心理上的规划)肯定性地或否定性地定义了的东西,全球化条件下的中国社会、经济和文化形态为探索后现代性与社会主义原则相兼容的可能性准备了概念框架,反之亦然。某种程度上可以通过它来理论化繁复的现实。尽管后现代性作为一系列技术和物质条件已经在西方发达资本主义国家引发了追求民主参与、追求更为平等的物质和文化财富分配以及复兴社群这样一些新的斗争形式,它也将前社会主义国家纳入了囊中。因此后现代性使得这些飞地成为全球资本主义不平衡地形中标明经济实验、政治实验和文化实验的空间。结果,作为形成中的"社会主义市场经济"的调节器,中国存留下来的国家基础成为我研究90年代意识形态表达和思想话语的核心。从这种角度来看,中国的90年代作为某个社会文化时刻具有双重起源:一是"八九风波";二是邓小平在1992年推动的"市场热"。

但是全球化条件下的中国社会、经济和文化形态的问题不局限于、也不能够局限于政府如何渡过难关及国家体制的改革和转型。同样重要的是中国日常生活世界和大众文化的出现,它们以市场经济和消费主义环境为条件,但是也使大众记忆和集体心理的王国浮出了水面,毛泽东时代的中国在二者那里找到了自己深厚的根基。由于国家把自己定位成社会经济领域中的理性化的力量,当代中国特殊的普遍性价值表述就以追求平等的乌托邦渴望和群众抵抗以及劳工运动新的斗争这样一些形式,掌握了"非理性"的王国。大众文化和流行娱乐以其更为温和的形式或许会通过某种方式起作用,它会正当化新的日常领域这一现状极其含蓄的政治形式。批判人文知识分子认为广告和电视产业只制造出某种消费享乐主义文化和物质上的堕落,于是这些都代表了市场的"罪恶",与之不同,国内外那些持不同政见组织看到的则是政治国家的策略。

因此,"当代中国文化政治"是一项概念性建议,即要求我们驻留在混合经济及其交叠的政治和文化(失)秩序的矛盾和混乱之中去探索一种制度创新和普遍性价值表述。这是一种专注于变化多端的、极其不平衡的地理——社会地形的方法。这些地理——社会地形带有"共时的非同时性"(恩斯特·布洛赫)特征,带有以根深蒂固的矛盾形式出现的同代差异的特征。恰好凭借全球化资本主义经济这个平衡器,这些矛盾表现得更为显眼、更为无情。全球资本主义经济以一种影响深远但仍然有限的方式(通过金钱、意识形态说教、导向消费标准化的形象和时尚生产,或是由星球大战——科幻小说般的军事技术所支撑的世界警察行径)削平了整个星球。不同于以社会主义的名义寻求对于资本主义生产方式的替代性方案,不同于某种只是生产国家资本主义的企图——虽说国家资本主义偶尔会在发展主义的疯狂竞争中胜过自由市场里的对手,当代中国国家形态是对于重建社会世界来说更为开放的制度,那种社会世界超越了资本主义或者社会主义的教条,以它全部的社会和文化的特异性和复杂性同生活世界的生产力联系在了一起。换句话说,全球化条件下的中国社会、经济和文化形态是社会主义国家形式和资本主义全球化时代交叠在一起的结果。中国国家形式在社会上引人遐想的残留,必然会把社会主义的问题拖入后现代性的问题,而且会在后现代物质环境里面寻求对于"社会主义国家及其价值体系"根本性质的说明。这一中国语境中延续的、分叉的现代性,以某种奇怪的方式既赋予了中国情境某种激进性,也给它带来了某种稳定性。当意识形态的、政治的和阶级的冲突威胁着要给中国带来爆炸性的范式转换时(通过中国视野也给世界带来这样一种转换),通过中国知识分子对弗朗西斯·福山及其同道所鼓吹的"历史终结"这一教义集体性的、内在的拒绝,这一激进性从众多事物之中显现了出来。另一方面,稳定的东西悖论性地来自平稳地激活和复兴所有地方性的、公共的和日常生活的连带性和多样性,也来自中国经济的增长和中国社会自由的加强,二者预示了帝国或是文明秩序的后现代重建会受到某种固执的现代化的怀疑和批判。这后一种发展或许会、也或许不会使中国与美国所主导的全球资本主义帝国式扩张发生正面冲突。安东尼·内格里和迈克尔·哈特的《帝国》(*Empire*)以及查尔默斯·约翰逊的《内爆》(*Blowback*)都描述、分析了这种帝国扩张。

五

80 年代以来中国的现代主义者回忆新时期的时候,很少把它看成是作为全球冲突的冷战的最后十年。可是 90 年代中国的"自由知识分子"和"后现代主义者"被迫意识到中国汇入"世界文明主流"其实是以冷战结束为条件的,似乎也是以向 1917 年以前世界的回归为条件的。这样一个世界充斥着帝国和帝国主义的统治、民族和族裔的冲突以及资本主义内部的对抗。90 年代中国民族主义的崛起毋宁说是对整个国家所承受的一系列国际性挫败和挫折的直接回应。这些挫折包括"功成名就"的西方阵营阻止中国申办2004年奥运会、美国在台湾海峡附近进行军事部署以及北约干涉科索沃事件期间轰炸中国驻贝尔格莱德大使馆。因此，我们可以认为民族主义表现出了某种正当性，也表现了对于新世界秩序的不满，对于更多元、更民主、更公正的世界秩序的渴望，虽说是以一种糟糕的形式表现了这种不满与渴望。当然，这些幼稚的希望迟早会在政治哲学中找到更为精巧的表述。在国内和国际权力关系中追求公正和平等的实际的、最低限度的方案要求以一种平等的地位作为开端，这就像卡尔·施米特那句名言：只有平等的人之间有平等，不平等的人之间只有不平等。① 这种霍布斯式的直观或许会构成许多国家不惜代价继续执迷于"现代化"的"合理内核"。然而，这样一种努力的乌托邦极致性也会承认另一种必然性，即把民主和平等的利益给予另外一些人。资产阶级社会里中产阶级居民理所当然应有的权利和自由，对于这些人来说无法拥有，因为制度否认了他们可以拥有这些权利和自由。这是一种在国家和国际政治平台上囊括"第四等级"的必然性。这种乌托邦渴望并非反映了某种道德—政治美德，而是反映了当代中国的经济社会现实。中国这个当时世界上最贫穷的国家之一，它的主要人口即中国农民很少能看到任何实质性的好处。

对于当代问题的批判性研究都以领会某种"固化"(petrified)的历史为目的——现代性的历史、革命史、反动的历史、大众自我主张的历史和个体自律的历史——所有这些既被看做神话，同时也被看成是具体的政治。本书使用批判性的后现代话语作为其核心概念框架，以此来分析以下两者之间的辩证关系：一方面是更为古典的现代性概念在人们脑中日益松动，另一方面是中国90年代极度不平衡的和异质性的社会经济、政治和日常现实日趋抬头，一种"共时的非同时性"据此被定义为全球化条件下的中国社会、经济和文化形态。如果我对中国80年代所下的结论是向着高等文化的国际性体制所作的审美跳跃，提供给汇入资本主义世界市场这一方案某种象征性的解决，而只有回溯到中国社会主义现代性，中国现代主义的意识形态升华才找到了自己的真理内容，找到了自己的思想、艺术和社会能量，那么，

---

① Schmitt, *Concept of the Political*. Trans. George Schwab. Chicago University Press, 1996, p. 70.

我关于90年代的核心看法是这样:所谓社会现实总体性的退化已经为人所察觉,这种退化打开了在某个危险的时刻重构经济、社会、政治和文化权力的"隘口"。

全球化条件下的中国社会、经济和文化形态的基本问题将自身把握为既超越了中国社会主义的"毛泽东阶段",同时也祛除了全球资本主义——即作为"历史终结"的总体市场与自由主义的意识形态教义和教条——的神秘性,并且从中解放了出来。当然,中国的进退两难之境只是某种受到历史多元决定的"共振箱"的表现,后者牵涉到中国现代性庞大的事业。在90年代,这一现代性的核心矛盾被认为是市场"自主"的力量同国家的干涉和计划之间的矛盾,以及以"自由个体"为基础的社会文化领域的建设同新出现的生活形式的政治声音之间的矛盾。这样一种生活形式在本质上是集体性的,在形成过程中又是历史性的,它最直接地植根于社会主义现代性的历史经验之中,尽管后者跟中国的过去有着错综复杂的关系——既表现为断裂也表现为延续。如果从某个截然不同的立场来表述以上问题,那么我们就会发现90年代的中国构成了某种激烈的历史展开瞬间,生产力的发展和生产关系永恒的冲突是其特征。然而,这种马克思主义的视角需要某种政治人类学的理解来补充,即追问处在历史所限定的形式之下的不可化约的人类本性到底是什么:后革命大众或消费大众的出现;民族国家的存留及其结构性转型;个体以其对财富、安全、快乐和自由的追求所申发的自我主张;以及这样一种个体和新时代价值系统的霸权性模式与资本主义全球化意识形态之间错综复杂的联合和冲突。

在这个意义上,某种未有定论的辩论围绕着追求更为美好的社会体制的乌托邦期待和现实可能性展开的时候,全球化条件下的中国社会、经济和文化形态的基本问题就将自身放置在了根本性的"文化"或"文化政治"议题身旁,这些我们的时代的文化政治议题涵括了女性主义、后殖民主义、种族和族裔的权利话语、多元文化主义和环保主义等等。

## 六

虽然我的文本分析和话语分析表面上是在处理后现代性问题,可是在历史化(后现代主义的)批判性框架及其意识形态和理论前提的时候,后现代主义问题对文化和政治的挑战变得十分关键。接下来几章里的具体分析并不想纠集证据来支持这种看法。这些分析是一些解读,乌托邦假设依靠这些解读变得清晰可辨了,甚至首先变得可以被感知了。换句话说,我将中国90年代的文化表达、思想论争和意识形态冲突都看成是对正在展开的世界性批判话语的历史性参与。这些批判话语关乎激进民主、价值多元主义以及继承自现代性时代甚至依然受教于这一时代的平等诉求。后现代主义作为一种分析框架试图给极富矛盾性的现实带来某种具有批判意味的一致性,而这些矛盾的现实则来自多种多样的社会经济和意识形态范式的交叠。

有种意见常常以为:从现代主义话语到后现代主义话语的象征—意识形态转变仍然是西方内部争论不休、十分棘手的主题。与之相反,当我们把后现代主义话语同对于中国经济、政治和文化生产及消费方式的批判性解读联系在一起的时候,前者悖论性地提供了某种敏锐的历史感和可资参照的具体性。换句话说,当代中国现实的混沌力量和生产力在全球后现代依然抽象却精巧的代码中产生出一种想象性、象征性共振的时候,某种新的历史情境已然在渴求批判性实践了。这种实践激活了那些表面上看起来已然凝固了的范畴,诸如特殊与普遍、审美与政治、集体与个人、乌托邦与物化等等。

用具体的政治经济学术语来说,本书试图表明:市场化和社会理性化的过程迫使某种重新被激活的阶级意识和文化意识产生了出来,后者宣告了对既有的社会主义和资本主义教条进行反思。在这一领域,中国90年代思想/知识上的发展为全球及国家的意识形态介入提供了一个充满张力的地带。观念和话语的汇聚不仅仅是思想的精神食粮,同时也是对于历史力量的回应。历史力量为当代中国的日常生活世界培育着新的政治和文化机遇。在社会学或文化社会学的意义上,本书强调了消费大众在当代中国国家形态的社会空间中崛起的深刻含混性(这种社会空间同时具有民主化和商品化的特点)。本书思索了在建设以集体和群体为基础的文化、记忆和想象的过程中,这一含混性所具有的意义。此种文化、记忆和想象超越了自由民主个人主义式的惯例。新的社会心理的历史内容在叙事和视觉文化领域里得到了进一步的精心阐发。某种非同寻常的创造性以及对于艺术捕获历史真理内容的承诺,在王安忆的小说和张艺谋的电影里获得了表现。在每一个个案中,活跃的想象使得过去在再现的寓言性自由中变得鲜活了。就像我所说的那样,在每一个个案中趋向形式和自律的残留着的现代主义激情辩证地催生出某种关于变化、持续和矛盾的新现实主义的典范。

## 七

本书的结构可以分为三个部分。

第一部分包括三章,处理的是 90 年代以北京为中心的回旋曲折的思想论争。我关于这一思想和文化政治轨迹的分析在本质上是历史性的,在设计上又是叙事性的。这一分析并非自居为中性或"不介入的学术",相反,常常是从我在同一个辩论场域里的批判立场出发,对这一论争给出了某种批判。从主题上说,本书的这一部分为主要的议题和辩论提供了某种无深度的(必然是片面的)索引,以此来帮助定义 90 年代中国的思想生活。这一部分的组织原则是这样:并不是为思想发展描摹出一副经验性的全貌,而是直面核心矛盾和冲突。中国 90 年代主要思想战役和文化政治的介入正是围绕着这些矛盾和冲突而展开。这些矛盾或者说对抗包括:(1)社会主义国家和独立的批判知识分子同时面临市场原教旨主义—新自由主义的挑战;(2)中国政治和文化主体性面临全球后现代转向的挑战;(3)中国的思想话语和制度面临以第二类大众社会为形式的民主(市场的商品力量而非革命政党是这一民主主要的动员力量)的挑战。显然,这些问题受到全球和国家状况的多元决定,它们能够承认、也已经承认先前既定的思想和文化政治联盟转变成了新的、时常是料想不到的派别。当90年代关于主权的话语既依赖差异、特殊性这些后现代修辞,也依赖统一、本质和普遍性这些现代主义神话的时候,现代派的精英主义与后现代派的平等主义在拥抱全球化这一点上可以达成一致,和平共存。

第一章主要处理左右划分的问题,这明显是去政治化的社会出现社会话语重新政治化的征兆。本章并不停留在诸如"新左派"和"自由主义"这些标签所暗示出的意识形态本质主义之上,相反,试图呈现出社会冲突、政治立场的占据以及知识生产的复杂地形,后者向更具历史规定性的、更深层的中国现代性和中国革命问题敞开。同样在接下来的两章里,由于民族主义和后现代主义在世界资本主义的一般状况下表达出自身的感觉确定性和正当性,所以我将它们看成是主流话语或不左不右的意识形态(centrist ideology),但是这样做并非流于其表面含义,而是从以下意义出发:它们都深深纠缠于社会主义国家形式和社会主义现代性的意识形态,并且受到二者的多元决定。

第二部分和第三部分可以看成是对于第一部分所展开的某些主题或现象的进一步阐述。由于前三章结构上和叙事上的设计,这些内容在第一部分展开得稍显不充分。第二部分处理新的全球空间的文学再现,这一空间锚定或嵌入在现代中国"主体性"特殊叙事话语里面。依照后1989普遍历史想象的象征秩序,这些"主体性"化身为认同、自我、内在性和自我形象(或是自我映射)。第二部分的第一、二章从不同的角度,以追踪文化谱系的方式考察了90年代关于上海的想象和叙事,上海在这些想象和叙事里成了中国现代性"替代性方案"的情感中心。尽管对于历史的、其实是本体论上"世界中的存在"(being-in-the-world)的普遍资产阶级文明的怀旧为从来没有实现过的中国资产阶级建构了某个超验的家园,可是这种怀旧也揭示出城市中产阶级的后新时期忧郁,这种忧郁的根源来自与其个人以及集体认同的分离,而这一认同正是中国革命和社会主义方案在历史上努力确立的东西。这种以上海为中心的叙事与莫言爆炸性的、艳丽的、奇诡的"现实主义"结合在了一起。莫言的"现实主义"表现了某种中国社会景观和道德景观。塑造此种景观的正是"社会主义市场经济"的冲击。

第三部分分析了在真正的国际空间里表述民族情境和民族自我认同迥然有异的方式:艺术电影。田壮壮的《蓝风筝》(1994)和张艺谋的《秋菊打官司》(1993)在这儿构成的对照不仅使残留着的中国电影现代主义的不同取向变得明晰了,更重要的是,它也再现了普遍性与独一性、自我否定与自我肯定之间更具价值驱动、更具政治自我意识的抉择。当然,对于当代中国生活世界的道德立法之自我理解来说,独一性与自我肯定具有重要的寓言性含义。

(朱羽译)

第一部分

# 思想话语：民族和全球的规定性

# 第一章　政治的回归:90年代思想场域的形成

如今,在全世界的媒体与学院话语里面,中国的形象激发了我们追求矛盾性描述的欲望,也挫败了我们手头已有的分析和概念框架。然而,在令人目眩的变化和剧烈的不确定性当中,某种不合规矩的、无形的存在无疑被确立了下来,并且开始隐隐浮现。人们普遍认为,中国不可挽回地融入世界市场、尝试与全球资本主义的社会文化规范相融合,正是造成后毛泽东时代中国发生转型的根本原因。每个人或许都会同意,这个时代对于中国来说是一个过渡时期。没有人确切知道中国将会走向何处,世界将会走向何处。解读中国的认知地图如此缺乏与这种转变的迅疾性有关,也是因为旧有的假设和框架在处理问题的时候,已经显得不够充分了。更多考察中国情境富有生产性的方法仍然受到某种意识形态和方法论的阻碍,而在中国和西方同样得到捍卫的冷战与欧洲中心世界观正是滋养此种意识形态和方法论的幕后推手。

机械而肤浅的看法依旧在吹嘘经验和意识形态的透明性,可是它们总在依赖那些陈腐的二元对立——国家与社会、"官方"与"非官方"、专政与民主、共产主义与资本主义、顽固派与改革派、政府干涉与自由市场等等——这些对立依然阻碍着我们获取批判性的知识,而此种知识正关乎身处多样语境之中的中国。我们正在经验这样一个事实:即所谓"中国"这个认识对象同残留着的、植根于冷战的认识论模式之间的差异变得越来越大、越来越强烈。支撑这种冷战认识论模式的,正是资本主义全球扩张(帝国主义、殖民主义等)的漫长历史所带来的那种历史悠久的"认识他者"机制。只要旧有的知识体制及其再生产死而不僵,那么,在全球象征秩序的地形中,正在浮现的中国经济、社会、政治、文化和日常生活的复杂性和动力性仍然会被掩盖、歪曲和压制。但是,这与其说暗示出关于中国知识生产的内在危机,不如说暗示出这种知识生产与权力之间的关系,以及它受到权力腐化的情况。当权力充分内化的时候,它就会揭示出,在何种程度上中国作为研究的主体在全球资本主义及其"主体性"永恒的意识形态战争这种特殊剧场里面,仍然受到了有效的"遏制"。正是经由国家机器和文化工业,这种意识形态战争打响了。

这些体制性的抑制因素或许可以解释,为什么在过去十年,美国的中国研究大部分富有活力和生产性的发展都来自"学科"融合,诸如社会史(表面上的"保守"转向),特别是那些向文化研究和批判理论的方式和方法论开放的作品(从电影研究到妇女研究,从法兰克福学派到后殖民主义)。后一个现象特别值得关注,因为它真正地成为了跨太平洋的研究,美国更为年轻的一代学者与中国大陆、台湾以及香港的学者一同分享了这些方法。就代际政治和范式突变而言,这种趋向暗示出中国研究的发展好像非常激进。但是就学术研究的"常规化"而言,它表明除了体制的理性化之外,没有什么激进的东西。这种体制理性化也就是此种企图:希望中国研究变得像法国研究或者庶民研究一样,希望用同一套知识和理论套话来对付中国。同样,不管是在中国大陆还是在美国,研究与国家或者国家认同话语相脱离的情形应该被视作属于同一个运动:即研究领域试图超越冷战时代及其意识形态限制的多元决定。

这并不是说,当代中国特殊的历史状况应被视为处在资本主义或资产阶级普遍性的平坦的、同质的空间里面,也就是说,不是把中国看成与之同一的又一个证据,就是把它看成是验证规则的例外。与此相反,挣脱冷战和东方主义学术的知识与意识形态紧身衣,正是为了反驳意识形态的同质性,而这种同质性背后的支撑物正是强加给资本主义世界体系边缘地区的体制化划分和工具化知识。重申现实内在的差异性,重申自我肯定甚至称颂自身的矛盾,这一意图预示了新的社会、政治和文化视域。这一视域正是一个更为多元、更为民主的世界的组成部分。然而反讽的是,这种普遍趋向的不平衡发展在美国的中国研究那儿表现得特别明显。美国整个中国研究领域在面对自身受冷战规划所形成的构造以及受其多元决定的时候,意识到需要在知识上或仅仅是学术上超越冷战的时候,反而显得犹犹豫豫、困难重重。当然,这与所谓"开放社会"热烈的自由和自主神话大有关系。这是一种启蒙的神话,它被证明是极端抵抗对自己进行去神秘化的;可是在它眼里,在所谓"极权主义社会",国家的压制却是一目了然的,而可能性反倒晦暗不明。

在以下讨论中,我试图给出90年代中国思想发展的历史概貌与理论概观,这些发展与90年代中国的社会经济变迁、政治意识形态冲突和文化转型联系在一起。不用说,这一思想发展和社会转型是冷战结束以来全球动力的一部分。我想在讨论中保持年代和主题上的清晰性,不过这一叙事与某种对于特殊现象、问题、主题、态度和话语的细致考察混合在了一起,有时还被其打断。这些现象、问题、主题、态度和话语标记出今日中国知识生产和意识形态立场的新空间。如果有的时候我更关心论争性的话语"框架"而不是某种平板的编年史,那也是因为我觉得只有在对某些知识前提和意识形态假设进行彻底清算的过程中——常常伴随着破坏和重建——才能清晰地说明中国问题。这些前提和假设很大程度上依旧控制着我们对于当代世界的理解。

## 解读90年代的国家体制

把政府及其官方政策和修辞想象成铁板一块的总体性,然后通过这种总体性来看待中国大陆的一切事物,无论在中国国内还是在西方仍然是某种并未受到挑战的习惯。只要某些东西超乎政府之外,那它就是颠覆性的、进步的、好的,仿佛自然而然就是这样,这也是某种习惯性甚至条件反射性的反应。结果,社会空间新的构造常常得不到说明,而新的文化思想现象也时常被误读,遭到任意解释。物质生活、社会权力和意识形态正当性对于这些"眼睛"来说常常是不可见的,因为他们总在制度性的教条和狭隘之见的掩饰背后寻求事实。比如,中国公共舆论日益浮现的自我主张,常常被那些身处西方的中国留学生看成是民族主义的、反西方的,而且这种看法得到了政府的配合。然而，只要看得更仔细些，我们就会发现大规模的群众和知识分子辩论既繁殖于市场也兴盛于国家控制的媒体。通过出版的地位来规定思想和意识形态的内容实际上是不可能的，也是毫无意义的。相比于"独立"杂志上的自由讨论（所有这些杂志都是由国家出版社发行的，因为直到今天中国还根本没有真正意义上的私人出版者），诸如《读书》《天涯》、《战略与管理》《公共论丛》和无数的 BBS 或是网上论坛，国家宣传喉舌本身在今日中国其实是相当一致地、一心一意地向美国表示友好，尽管它偶尔会反抗所谓的美国"霸权"。这并不是因为中国作为一个"现实政治"（Realpolitik）①的动物对于"中美战略伙伴关系"比美国那一方更为忠贞。相反，这是出于邓小平以及后邓小平时代政权的存在理由——即发展主义，将美国看成是官方所认可的"硬道理"的实现。

中国政府唯一不轻易从美国那儿采纳的东西就是它的政治结构。可是，当中国向那些东亚权威资本主义社会——新加坡、韩国——寻求政治灵感的时候，倒一点儿也不觉得尴尬。的确，1997 年中国安稳平和地收回了香港，这证实了邓小平所预想的"一国两制"的功用。尽管中国政府因为主导了快速的经济增长而获得了人们的信任，可是它在后冷战的"新世界秩序"中似乎成了个异数，在国内外都要采取意识形态守势。② 不过，对中国国家政治形态缺乏民主的指控，尚待更仔细、更有辨识力的分析。比如，有人可能会好奇，这些所谓"不民主"的特征在何种程度上是来自毛泽东时代"无产阶级专政"残留下来的体制，在何种程度上又是由新的专家治国管理体制所确立的。这两个方面在后毛泽东时代的中国当然互相关联在了一起，但是它们有着不同的社会经济起源和政治—意识形态倾向，这些起源和

---

① 译按："现实政治"（Realpolitik）这一概念最初由 19 世纪的政治家罗绍（Ludwig August von Rochau）提出。一般说来，现实政治是指建立在实际考虑而非意识形态观念之上的政治和外交策略，这一概念指明对外政策应该建立在对于力量的考虑之上，而不顾及理想、道德或是其他原则。

② 在莫妮卡·莱温斯基丑闻发生前夜，美国总统比尔·克林顿对中国进行了一次国事访问，他似乎非常享受这次旅行，可还是在一次广播直播的演讲中毫不迟疑地认为，一旦涉及人权和公民政治自由的问题，"中国就站在了历史错误的一边"。

倾向在具体的社会政治意义上生产出不同的效果。通过思想论争折射出来的公共舆论是矛盾的、精神分裂的。当然,"过关"的国家意识形态受到了媒体支持,它其实只是为国家的政治不成熟进行某种发展主义、文化主义的辩护。

大多数对于民族"生活形式"未加反思的文化肯定,从根本上说都是某种追求自身政治理想的道德激情,但这种文化政治意义上的肯定性因素却尚未能够转化为对于当前中国国家型态的理论性辩护。与此同时,僵化的宣传教育口径客观上也无助于民间和知识界就全社会关心的问题,特别是事关人民正在参与建设的制度展开积极的、善意的辩论。结果是,90年代以来,与"官方"媒体的无所作为相伴的是"非官方"媒体中日益泛滥的犬儒化、低俗化和极端化倾向。通过有效地抑制关于政治想象的公共性论说——关于现实存在的但仍然在内部产生分化的社会主义的论说,新的专家治国体制在"新的世界秩序"和人民面前,则把自己推上了意识形态防御的地位。日常现实与其理论表述之间的断裂,发生在中国国内绝非偶然,也不是用中国知识界的无能就可以解释清楚的。相反,这种断裂暗示出,处在日益拉大的经济差距和日益剧烈的社会分层之中的国家精英,普遍开始变得失去方向感。在这个意义上,政府(随同它仍然占据着的主流意识形态概念空间)不再是分析当代中国文化和社会有意义、有效的框架了。换句话说,现在我们必须把中国国家所掌控的划一和有效看成是经济、社会和意识形态进行重新配置的功能或媒介,而这些重新配置都是由全球、地方的力量与利益来推动的。

中国国家在政治和哲学上的"韬光养晦"并没有完全破坏自己的正当性。它仅仅是用法条主义、行政和专家治国的功能或必要性取代了原来的道德权威。这种趋向与"文革"(1966—1976)结束之后世俗化与理性化的进程是一致的。政府力图确保行政权威的有效性。不过,这只是故事的一面。政府在许多领域的控制平行于另外一些社会领域里滋生出的前所未有的自由和无政府主义。在今日中国,只要经济增长为政府的政策和意识形态保驾护航,仿佛平民百姓对这种控制和管理的接受就给了它某种权力,以实现富强和建立秩序。事实上,国家意识形态已然与资本主义全球市场纠缠在了一起,与新的经济条件之下新的社会和阶级构成交织在了一块儿。

中国国内以及流亡海外的持不同政见者和部分国际舆论常常把当前的中国政府描绘成政治恐龙和"国际社会"中的异类,可是中国政府证明自己其实远比对手所承认的要老到、灵活、富有活力。这部分可以归功于它那种坚定的实用主义,以及它本能地认识到当代中国国家型态及其价值观念体系同中国新出现的城市中产阶级历史成长之间长远的一致性。然而,国家需要内在却明晰的价值认同,这可以帮助它更好地宣扬正在出现的社会意识形态核心,帮助它与之融合。西方舆论在此问题上往往持两种自相矛盾的极端看法,时而认为中国政府仍旧死抱着僵化的共产主义意识形态,无法应对中国社会经济发展的复杂性、不平衡性和多样性;时而又认为中国的治国精英集团早已效忠于某种更为古典的或更现代主义的资本主义发展模式,可是由于全球化带来的信息技术和新的资产阶级主体性,这种发展模式在发达资本主义社会已经被取代了。基于这种简化的判断,就会以为继承共和国的社会主义遗产只是口头上说说,中国政府忙于跟继承自毛泽东时代的中国社会和日常生活脱开干系;以为经过二十年的努力之后,中国政府重新让中国经济和世界体系接轨,社会主义的(更不用说毛泽东时代的)道德与意识形态构架无论如何早就该拆除了,这样才可以给自由市场、效率、竞争等新自由主义神学腾出空间,为身处新的全球经济之中的理性化国家形式腾出空间,而这种看法在主流专家、官僚和社会精英那儿早已成为共识。

当国家掌控的马克思主义仍然在为社会主义与资本主义历史性的遭遇提供理论上的正当性时,它在现代中国社会却已经成为了现代化和现代性的支配性话语。历史唯物主义对于发展"生产力"的强调,对于作为人类社会"上层建筑"所有革命性变化基础的生产力的强调,却成了改革意识形态的哲学顶梁柱。马克思主义作为国家哲学同时也以权力媒介的形式发生作用,它把中国社会史同植根于欧洲现代性经验的世界史框架连接在了一起。在马克思主义那里或明或暗地存在着的普遍主义、历史决定论和目的论,在现代中国知识传统中其实是根深蒂固的。紧随"文革"结束而来的是同毛泽东时代的价值观念拉开距离,在此之后,这种马克思主义就深深地拥抱了发展主义意识形态。在马克思主义哲学的笼罩之下,植根于列宁主义政党组织化的国家体制成为了经济发展和市场革命的无情推动者,而这场革命也不过在里根—撒切尔时代才在西方世界成为主流。马克思主义在中国具体政治经济现实中所发挥的功能在 90 年代遭到了知识分子批判性的审查。这证实了在某种程度上这种马克思主义已经成为了现代化意识形态的模范承担者,但同时又必须坚持面对今日中国新的社会矛盾时所能具有的分析和批判的切关性。①

90 年代中国国家正当性的形成,可以依照它面对社会大多数时的自我规定或理性化来粗略地总结出来,虽然粗糙,但我认为这还是很有效的。这里的转折点不是"八九风波",而在于接下来的几个月。当政府决定了如何承受这一事件的后果以及赢回群众的授权时,当新时期知识分子的使用价值迅速为新的官僚化和专家化的精英所取代时——尽管后者的道德权威已经日益受到质疑,可是政府在背后支持他们;转折点就发生在这一时刻。通过忠于政权,官僚和技术精英成为 90 年代正当性危机中主要的稳定性力量。

"八九风波"平息后,特别是 1992 年以来的市场剧变混合在一起所产生的效果,让普通百姓不得不心生好奇:政府如何更新、修正并改善与人民之间的契约或者说承诺。对于那些公开批评当前中国改革政策的人来说,今日中国社会核心的政治张力并不是共产党政府和市场之间的矛盾,二者其实是相互依赖的;某种程度上,这种张力越来越表现为利益集团的理性自利与其不受束缚的权力以及腐败之间的冲突,社会上的大多数人与之直接产生了对抗。腐化的权力不仅败坏了人民共和国的政治遗产,而且对经济增长和社会稳定造成了直接威胁。要知道,经济增长和社会稳定是国家维持自身的政治统治所依赖的东西。一方面政府和雏形的城市中产阶级(比如新兴的管理人员)结成现实的联盟;另一方面,90 年代思想论争的展开也暴露出国家官僚和雏形的中产阶级之间的争执,前者不易减少自身的腐败,后者则要求更为清晰、合理的权利界定和实证法(positive law)。此外,这两个集团都面临着同一种两难的境地:是否、何时以及怎样将经济权力转变成

---

① Wang Hui. "Contemporary Chinese Thought and the Question of Modernity." Trans. Rebecca Karl. In Xudong Zhang, *Whither China*? (2001), pp. 161-198.

政治权力,以及将政治权力转变成经济权力。可是,这无非是关于私有化的喃喃自语而已,私有化被看成是"理性化"社会主义,即"理性化"资本主义发展的史前史。这种经济和政治上的考虑为中国国家的社会主义承诺提供了某种试金石,它也揭示出在何种程度上中国社会主义是建立在混合经济基础之上的,并且吸收不同的资源作为自身的正当性。最后,90年代的中国思想论争反映了更大的社会紧张和意识形态冲突,这些紧张和冲突导源于作为整体的上层阶级和广大中国人民群众之间深刻的分化。对于普遍群众来说,他们在改革最初的几年里得到了好处,可是现在已经境况不佳,在90年代,他们的生计问题反而变得越来越严峻了。

  作为具有社会主义诉求的国家,中国在急剧的市场化过程中实施权力,获得了一系列不同的社会和政治意义。① 权力、资本和阶级结构独特的构造,对于批判性地考察全球化条件下中国社会经济及文化形态来说非常关键。不进行谨慎地界定就谈论中国的"公共领域",仅仅是一厢情愿而已。把社会权力和意识形态联盟复杂的重组简化成国家和市民社会之间界限分明的对峙,也同样无效。中国90年代的社会和思想生活的核心动力并不是国家和社会之间意识形态上的对抗,两者仅仅是政治理论里的两种概念范畴而已。真正的动力是市场经济生产出新的社会和权力关系,而这种市场经济正是由国家所发动和掌控的。焦点的变化会让中国这个"学生"跟许多穿着旧袍子的新玩家以及打着新旗号的老玩家面对面相碰。在今天中华人民共和国的经济、社会和文化领域里,全球化从每种意义上说都成为了"内部"因素,特别是在它经过中国社会主义国家中介,有时甚至得到加强的意义上。相似地,西方理论这个说法里的修饰词(西方)——这一理论本身是反对全球资本主义的批判理论话语——若不能进行"自我批判",也就是一个没有意义的能指而已,这是因为:在国内,中国知识分子及其话语和政治斗争已经成为了全球(政治)交锋的组成部分了。

  我们必须承认历史的诡计,正是它把列宁主义的政党组织和新自由主

---

 ① 对于"权力的市场化"有勇气的、虽然在理论上有些简化的分析,可以参看何清涟:《现代化的陷阱》,北京:中国工商联合出版社1999年版。

义意识形态转化成了第三种辩证力量的有效工具。对于"八九风波"之后政治状况的思想反思,如果不说明1992年以来的市场变革,就会毫无建树,反之亦然。解读这一全球语境中的历史进程,使得我们直面民族经验中尚未愈合的伤口和正在上演的震惊,同时抵抗国家话语对于它们进行的保守主义的挪用、对于它们的抹除或是理性化。中国90年代的知识分子话语是高度分化的,但是它们的政治性受到了这些知识分子如何与1989、同时与1992妥协的多元决定。1989、1992这两座历史性的界碑不仅指出了世界历史的形势,也重演了现代中国历史上多变的律令与矛盾:从寻求民族富强一直到追求民主,从建设强大国家的必要一直到追求个人自由的渴望。

## 混合的经济,分隔的国家

在经历了二十年年平均增长率都在10%左右的经济发展之后,邓小平于80年代早期定下的改革在量上的目标,即人均国内生产总值(GDP)到20世纪末翻四番,看上去是完成了。既然十几亿人口脱离了极度的贫困,这些就不仅仅是抽象的、与人无关的数字,应该说它们印证了生活水准本质上的提高,这也是广大中国人民最为欣慰之处。这意味着中国在整体上已经抵达了一个更高的物质生活层面,使东亚接近于成为西欧与北美之外又一个世界经济的引力中心。不过,每个人都应该留心的是,尽管有显著的经济增长,中国仍然是贫穷的国家。中国的国内生产总值,如果用汇率来衡量的话,仅仅跟21世纪开端时候的法国或英国相同,虽然中国的人口要比它们多上二十几倍。新兴的物质生活基础和对于全球经济、文化日益增强的开放,催生出新的人类互动形式和自我认同,也突显出当代中国社会、政治和文化各方面的紧张。①

---

① 2001年以来,中国的经济增长没有变缓的迹象。关于美国中央情报局所编的《世界概况》中2007年的数据,参看本书导论第5页注释①。

当然，经济增长也制造了财富分配上的差距，这使中国位列世界上最不平等的国家之一。中国最富有公民和最贫穷公民之间的分化、最富庶地区和最贫困地区之间的分化，在国内外经济学家看来，不仅比美国这个最不平等的发达资本主义国家严重得多，而且在中国很多地方不平等状况甚至比寡头或裙带资本主义国家，诸如俄罗斯、印度尼西亚更为严重。① 并非因为强大的中央政府退位造成了所有这一切，相反，这些状况发生在中央政府严密监视和持续指导之下。就像身兼经济学家、新闻记者的何清涟的新书所描绘的那样，90年代特别见证了市场中的权力腐败之盛行，即以寻租、官倒或是窃取国有资产为形式的"权力市场化"②。舆论监督的不足致使动员社会和群众力量来反对腐败变得异常困难。在社会主义条件下形成的劳动人民的基本权利遭到了市场经济和全球竞争环境的猛烈侵蚀，他们面对国内外资本和新的管理阶层的时候，变成了最为无力的人群。

人们普遍承认，今日中国既没有纯然的社会主义经济，也没有纯然的资本主义经济，中国经济反而由混合的生产方式所组成。这些生产方式从属于交叠的社会、政治、行政结构，这种交叠在一起的结构为恩斯特·布洛赫所谓的"共时的非同时性"提供了教科书般的例子。试图确定在何种程度上中国经济仍然是国有的，或是使用数据来确定中国是社会主义国家还是资本主义国家，都没有意义。③ 如果国民经济国有化的统计百分比成了标准，那么，就永远没有人能够理解，为什么当苏联经济90%还处在国家的绝对控制之下时，苏联社会主义却会"一夜崩溃"。当国家致力于以市场为生

---

① 根据某项统计，中国地区和个人收入差距比东欧以及大部分拉美和南亚的"过渡社会"更为严重。参见王绍光：《中国：不平衡发展的政治经济学》，北京：计划出版社2000年版。
② 参见何清涟：《中国现代化的陷阱》，北京：中国工商联合出版社1999年版。
③ 根据国家统计数据，到1999年底，国有部门的经济份额占整个国民经济的25.8%，其余都是公社经济或集体经济（38.5%）和私有经济（包括外资直接投资，33%）。按照国有份额所占百分比来看，中国似乎并不比法国或意大利更社会主义；然而一旦把国有经济和公社或集体经济——乡镇企业、城市集体性的合作社等等结合起来，非私有份额仍然占据了国民经济的三分之二。集体经济形态的产权关系和管理并不清晰，虽然一般认为它们相对于国家体制来说都是半自主性的。即便中国的私有经济已经比国有经济在国民经济中所占比例更大（相比于国有份额的24.3%，私有经济的零售额比例占51.5%），国家仍然垄断了经济的核心部门，诸如能源、通讯、银行、运输、研究和发展以及同资本及技术最密切的生产领域。

的时候，非国营经济也深深地依赖国家为它们提供的合法保护、物质基础、受过教育的低成本劳动力以及日常的操作性事务。因此，对于更为彻底的市场导向改革的鼓吹者来说，"旧制度"作为中国经济、社会和政治现实的一般背景残留了下来。① 另一方面，只要中国社会主义改革所处的全球环境是资本主义世界市场，只要中国经济被看成是全球资本主义无情竞争中的又一个竞争者，整个国民经济和社会政治结构就会受到发达资本主义经济标准走向的多元决定。甚至是那些最具社会主义性质的企业也会与西方公司相适应。在这个方面，中国经济同关联于全球体系的其他非西方国家的经济没有什么差别。

中国官员和知识分子之间的争论并不在于中国是否应该推进"社会主义市场经济"。除了那些彻底被边缘化的老左派，没人想要回到中央计划经济模式。然而，意见分歧主要来自这样一个问题：怎么样用最小的社会代价和政治风险来收获最佳经济成效。政府在混合经济的创造和日常运作中所起到的广泛作用造成了某些腐败，这也促动了要求经济民主和政治民主的呼声。在这样一种混合经济中，国家利益如此遍布一切，而且与中国政治结构协调得如此之好，这使得不仅经济与政治民主变得困难，对于作为整体的管理阶层来说，俄罗斯式的私有化也变得不那么急迫、不那么必要了。就像威廉姆斯·H.西蒙所说："尽管资本主义制度中大部分人热情高涨，私人企业依然在许多地方缺乏正当性。私人企业也缺乏在西方可以享受到的法律保护。因此，不仅那些在意识形态和政治层面上反对私有化的人拒绝它，那些干部和管理人员也反对私有化，因为他们觉得比起私人企业来说，在公家掌舵的企业里致富更加安全。"②

西蒙的看法不仅是对于中国市场经济自身结构一针见血的观察，它同样表明了国家和市场之间的互动在意识形态与知识空间里亦有共鸣，关于这一点，我一会儿还会谈到。

---

① 吴敬琏：《中国经济改革回顾与展望》，2000 年 1 月 23 日，见 bbs. peopledaily. Com. cn/cgibbsl。

② Simon, "The Legal Structure of the Chinese 'Socialist Market Enterprise.'" *Journal of Corporation Law* 21.2(1996).

在今日中国,虽然似乎存在某种通过混合经济来"致富"的政治—意识形态共识,但是一旦关乎谁实际上"富了"的故事,就立即揭示出整个国家极大的分化。当以求新、出口和消费为导向的经济结构在沿海地区大量发展起来的时候,当各种"中国制造"的产品淹没了美国郊区大卖场的时候,中国大多数人不是非常贫困,就是感到买东西的时候没有经济上的保障。自 90 年代晚期以来,由于不平衡发展和内需不足,中国经济已然饱受生产能力过剩和消费价格紧缩的折磨。为了释放全国居民储蓄,在美国受过训练的经济学家大刀阔斧地降低利率——到了 2001 年末,放出了 16—17 万亿人民币,按照当时的汇率达 2 万亿美元(到了 2006 年,这个数字变成了 33 万亿人民币)。虽然人民银行按 20% 征收个人所得税,可媒体还在鼓励中国消费者心态放乐观,去买更多的东西。同样很容易被遗忘的是,超过 80% 的国民私人储蓄掌握在一小部分新生的富裕阶层手中。这个阶层挥霍成性,可是对于国民经济却少有贡献。当热钱大量涌入现实的房产投机,因而在中国中心城市制造出经济泡沫的时候,越来越多的城市居民无法负担医疗支出和孩子的教育费用,而仍占中国人口 70% 以上的农村居民仍然需要自己掏腰包来承担这些保障。全球社会经济体系中拉大了的社会经济裂口已经在中国社会内化了。结果,我们有了一个已经汇入世界市场的中国,也有了一个仍然不能或不情愿全盘接纳金融资本、全球竞争和新自由主义社会政策的中国。

社会张力现在不仅来自追求更多个人自由和政治自由的渴望,也来自财富和权力分配的不平等。后者的发展也使 1979 年中国改革刚开始时的官方看法变得陈旧,即所谓"无阶级社会主义社会"的"主要矛盾"是"日益增长的物质文化需要同落后的社会生产力之间的矛盾"①。

经济改革的内在僵局之一来自社会主义的法律结构和混合生产方式的不兼容性,特别是同私有财产、产权的不兼容。吴敬琏,国务院的高级智囊、中国经济改革的权威之一,提出了中国改革的两个内在危险:一个是继续计划经济,另一个是借改革之名掠夺大众。吴敬琏因为自己自由主义式的、一

---

① 中共中央委员会:《十一届三中全会决议》。

开始就赞成改革的背景,赢得了"吴市场"的绰号。当他把中国当前的经济改革比作中共革命成功之后的土改运动时,或许还是会让大家吓一跳。对于吴敬琏来说,土改运动把中国农民从地主制度中解放了出来,因此形成了维持人民共和国早期社会主义现代化的历史动力。然而,"这次生产力的大解放"被让人窒息的一系列"所有制升级"运动所打断。也就是说,被毛泽东所发动的"在社会主义体制里清除资本主义因素"运动所打断。在吴敬琏看来,毛泽东"不断革命"观念的社会基础是某些社会团体不满于别人"按规则"逐渐积累起个人财富。因此,他们总想在生产关系和上层建筑领域"不断革命"来加强自己的财富和权力。然而,这一次,吴敬琏的主要靶子不是毛泽东时代的经济政策而是更加危险、更为沉重的现实——经济和社会政策制定中对社会毫不负责的右派革命。吴敬琏观察到:"为什么规范的改革往往被视为'理想化'乃至'保守思想',而花样百出的'寻租'活动,鲸吞公共财富的'产权改革',圈地运动式的'土地批租',掠夺广大股民的金融魔术等等,却被人以'改革'的名义歌颂备至。"①吴敬琏指出,中国社会主义正在滋生出某种印尼式的"裙带资本主义",即"老一点的中国人都很熟悉的官僚资本主义"。他悲哀于"保守派"和"改革派"之间过于表面的划分,呼吁建立坚实而独立的"中间力量"。吴敬琏的分析是以反激进主义的自由主义意识形态话语来评价中国社会经济现实的典型例证。在忧虑极右翼谋求俄罗斯式的私有化方面,吴敬琏当然是对的,可是他的思考没有能够超越新自由主义的框架。他给社会改革开出的药方止于重述新自由主义"创造独立于国家体制的经济和社会力量",而没有分析其政治经济条件以及人民在决定任何国民财富再分配上的权利的缺乏。

"官方的"改革意识形态和"非官方的"自由主义意识形态必然要汇合在一起,从而创造出某种有产阶级,他们作为经济增长的推动力和追求与市场经济相协调的新法政规范的社会基础发挥着功用。近期中国发展显得越来越明确的事情,正是人为地、快速地创造出市场环境。这种市场环境依赖

---

① 吴敬琏、汪丁丁:《关于中国改革前途的对话》,2000 年 8 月 10 日,见 www.csdn.net.cn/luntan/china。

代表市场"看不见的手"而运作的国家行政体制,从而完成经济和社会政治资本的积累。没有说出来的事情却是这种急速资本化所造成的社会代价和人们所付出的代价。今日中国的意识形态—思想空间与其说充斥着社会主义国家和资本主义市场之间的互动,不如说充斥着市场化操纵权力的过程或对于国家和社会权力进行以市场为基础的重组。这种意识形态空间现身为大众同精英、追求经济民主和政治民主同贵族式的"自由"概念之间的张力。对于这一核心冲突的知识说明,要经过好几个不同的阶段,分成好几个方面,现在我就转到这些冲突上来。

## 批判激进主义

"八九风波"之后,部分民众和知识分子中间的亲西方情绪可以由这样一个事实来衡量:海湾战争中西方所持的干涉主义原则在城市居民中得到了肯定性的评价,甚至大受欢迎。因此对于一个西方游客来说,很难想象当1999年5月北约"意外地"轰炸了中国在贝尔格莱德的驻南使馆之后,中国学生会砸美国在北京的大使馆。但是这种对于政权的敌视无论如何也不是改革派知识分子甘愿拥抱绝对自由市场这个新自由主义信条的征兆。一个相反的例证正是90年代中期关于"人文精神失落"的全国范围内的大讨论。由上海的自由派文化知识分子所发动的这一讨论揭示出他们对于政府支持的市场变革怀有某种深刻的焦虑。这些知识分子感觉到了这一变革可怕的社会后果,但是他们只能声讨社会普遍鄙俗化、高等文化退位,哀叹公共空间受到国家和商品的双重垄断之下,人文知识分子的枯萎和边缘化。①他们只能以一种稍显自怜的方式来表达自己的关切。

"八九风波"发生之后紧接下来的几年(1989—1992)见证了80年代晚

---

① 有关"人文精神失落"的讨论,参看王晓明编:《人文精神寻思路》,上海:文汇出版社1996年版。关于这一现象的英文讨论,参看张旭东:"Mass Culture, Nationalism, and Intellectual Strategies in Post-Tiananmen China." *Social Text*, no. 55(1998):109-140。

期活跃的、嘈杂的知识分子空间的崩溃。对于那些怀念欢快的新时期的人来说,90 年代是一个压抑、凄凉的时代的开端。然而,渗透在普遍挫败感中的,却是一系列前一十年所确立之假设的破碎,随着 90 年代的展开,这些假设也消散不见了。它们包括:(1)既进行大规模的社会变动又同时保持秩序,就以这样的方式来治理人民而言,知识分子和国家自然是不可分开的搭档;(2)知识分子是人民的道德良心,他们有能力也有权利为人民的欲望和渴求说话;(3)正在实现的现代性,被看成是一系列毋庸置疑的普遍制度和价值,是中国全体人民追求的目标,是知识分子建立神职身份的根本动因。对于后毛泽东时代的中国知识精英来说,被"八九风波"所打碎的并不是西方式民主的前景,真正破碎了的是知识分子特权性的、甚至是垄断性的声音和想象,他们的力量和脆弱同时来自自身同国家之间的寄生和象征性联系。

历史地来看,国家自己给了知识分子(作为重要的国家喉舌或功能)不可挑战的道德和文化权威,致使他们比社会上大多数人更为显贵。当然,这个传统远远超越了中华人民共和国和现代中国民族国家的历史,它的根源在于维持"帝国"中国的儒家文化政治秩序核心。① 整个中国现代史上,现代知识分子的命运的确是和民族国家交织在一起的;前者的社会政治内容趋向于耗尽在后者的实现和自我确认之中。因此,国家所推动的市场经济制度建设,对于中国一般社会生活和特殊的思想生活来说,代表了某种新的、前所未有的情境。社会空间里市场经济的成长,跟国家的成长是一致的。在想象的国家内部,国家和知识分子发现它们敞露于某种外在于自己的社会和意识形态的环境之中。换种说法就是,内变成了外。它们的利益、欲望和意识形态之间的相互关联,不再显得那么自然了,也不总是彼此一致了。新时期广泛的社会——意识形态共识的破裂反映出某种新的社会领域,这一领域由新兴的物质和社会条件组成。

"八九风波"之后的最初几年里,中国知识分子展开的首次"反思"正是

---

① 在"制度之外"也有某种纠错的机制,即宰制人的"天命"的观念。"天道"比皇帝更高。中国知识分子传统中一直存在着这种潜在的颠覆性观念。

对于激进主义的批判。对于那些试图用零打碎敲的改革来取代,至少是回顾暴风骤雨般社会革命的人来说,反思激进主义具有某种公认的效果,表明他们一直以来对革命念念不忘,只不过是为了让革命放慢脚步。所谓改革,最终也是为了革命。

通过更为仔细的考察,我们就能发现两个关键的概念上的扭曲(conceptual twists),它们扭曲了名实关系。首先,群众对于环境的反抗,缘起于恶性通货膨胀、加剧的收入差距,可是在这里却被描绘成中国人民普遍想要更多个人自由。同时,自由主义知识分子一开始渴望"开明专制",结果自己发生了转向,为了流产的右翼革命,他们开始谴责激进主义和革命。"稳定"在逻辑上可以确保社会、政治和经济不乱,这只是在90年代才变得明显。在这幅图景中,崛起的专家治国体制的正当性却在西方媒体的讨伐声中被冲刷干净了,而对于私有制、市场化条件下更不平等、更不民主的现状的认可,则试图通过张扬新时期支持改革的知识分子的自由主义立场,去重新发明自身1989年之前的历史。

民主话语的话语滑动和话语操控在90年代末所谓"自由主义与新左派"论争中起到了关键作用,稍后我们会回到这个问题上来。这里重要的是指出90年代自由主义话语的激进化,它从传统自由主义(追求自由、平等、公正等等)转变成新自由主义话语,后者正对应于里根—撒切尔时代的保守革命以及1989—1991年的苏东解体。新自由主义愈演愈烈的好战性表现为批判激进主义。不再信任立足于社会变革的乌托邦和革命冲动,斥其为人类的天真、思想上的浮夸和哲学上的谬误,新自由主义凭借这样的意识形态性清扫,为自己清出了地基。不同于传统或社会改革派的自由主义价值与中国改革的知识理想以及民众渴望交织在一起,新自由主义的立场要求全盘、系统地采纳市场革命的意识形态和政策。这一市场革命自80年代开始席卷全球。结果,"新政"式经济和社会政策的中国提倡者在90年代早期被看做"自由主义者",到了这一十年的末尾却成了"新左派"。

某些批判激进主义的议题是80年代晚期以来的残余,那时自由主义话语至少在政治理论方面现形为新权威主义。随着萨缪尔·亨廷顿《变化社会中的政治秩序》(1988)的翻译,这种自由主义话语与政府内主张改革的力量追求"开明专制"的愿望结成了联盟。今日中国的自由主义者分享了前辈们的新权威主义遗产:他们在寻求建立某种新的社会和意识形态秩序的有效运行方式时,并不赞同社会民主(特别是大众民主),而这一秩序正是建基于市场与私有产权。然而他们之间也有不同点。因为前一种新权威主义还是把自己看做社会主义框架之内的改革运动,因此也关注大量早期经济改革的问题——首先是政治民主化和维持社会财富的公正分配。相比之下,后一种新权威主义不仅公开挑战中国社会主义的地位,而且从正统的新自由主义立场来反对西方的福利国家观念。

在知识圈内,保守主义与激进主义的论争主要表现为对于"百日维新"(1898)、辛亥革命(1911)、五四运动(1919)等事件进行一系列历史和思想史的重新考察。这些考察都有挑战革命和激进主义观念的"保守主义"特征,它们把传统的激进话语和假想中的"激进分子"放到了审判席上。① 保守力量的声音包括文化保守主义者,诸如陈来主要想保护中国传统文化,首先是儒学的恰当地位;也包括修正主义者,诸如王元化在作为中国启蒙运动的"五四"遗产里看到了狭隘、有局限性的话语。但是,两种力量似乎都不想挑战中国现代性、革命和社会主义的哲学和政治正当性。② 其实,"保守主义"在现代中国思想史上不是一个肯定性的说法,可现在似乎不仅突然成为了可敬的概念,而且成为衡量过去错误并警示未来危险的标准。保守主义的重估在文学审美领域也被大肆宣扬,某些争论了一个多世纪的问题,诸如西化与本土化、传统与现代等等,在文学审美领域里得到了重新讨论,

---

① 比如,可以参见萧功秦关于戊戌变法和著名的"问题与主义之争"的论文(30年代激进的"五四"知识分子和温和的"五四"知识分子展开了这场争论)。萧功秦:《戊戌变法的再反省》和《近代思想史上"问题与主义"争论的再思考》,见李世涛编:《知识分子立场——激进与保守之间的动荡》,长春:时代文艺出版社2000年版。两篇文章都致力于梳理和批判弥漫于中国知识分子中的"政治激进主义的文化起源"。

② 例如参见王元化、李辉:《对于"五四"的再认识:答客问》;陈来:《20世纪文化运动中的激进主义》;陈少明:《低调一些——向文化保守主义进言》。三文均见李世涛编:《知识分子立场——激进与保守之间的动荡》。

也必然使某些"五四"或"现代派"的过来人质疑普遍的保守话语。①

90年代的反激进和保守主义话语也可以看做是对于某种看法迟到的回应。在普林斯顿大学任教的中国史专家余英时在80年代末对中国历史上的激进与保守进行了批判性的回顾。余虽深谙英文,却会定期出版中文著作。在一篇发表于1988年的影响深远的文章里,余英时悲哀于整个中国近代史缺乏保守力量"可辩护的现状"(defensible status quo),结果激进的政治和思想革命逐步升级。② 就他的观察,在这个进程中,现代资产阶级的"西方"对于晚清的资产阶级革命派来说是种光辉闪耀的理想,在60年代晚期的"文化大革命"中却成为最腐败、最反动的力量。余英时在他的历史叙事中指出,缺乏强有力的中产阶级是理性的社会政治秩序不能建立起来或者不能得到有效捍卫的主要原因。他也注意到,就像德国和日本在世界大战中所证明的那样,仅有中产阶级不能确保民主。余英时从来没有隐瞒自己的政治立场,即试图将某种对于中国传统文化更审慎的评价和现代西方的自由主义传统结合起来。出于这一目的,建立在私有财产及其法律要求之上的社会领域重建必须给予民族(文化)优先地位,必须批判激进的思想传统。可是在90年代中国的意识形态语境中,余英时的文化保守主义和政治自由主义却被中国的新自由主义者拿了过来,作为反对激进主义、理想主义和乌托邦主义的知识和历史的"许可证"。所有这些"激进"的"主义"自此以后都成为了追求平等、社会公正和大众民主的代码。1992年之后,

---

① 例如参见郑敏:《何谓"大陆新保守主义"?》,见李世涛编:《知识分子立场——激进与保守之间的动荡》。郑敏作为重要的现代派诗人和英国文学研究者,尖锐地批判了"新保守主义"这个说法。在她看来,"新保守主义"意味着某种思想上的倒退,即从对于启蒙理想和世界主义、现代主义美学和文化政治的承诺中退了回去。所以,对于郑敏来说,"新保守主义"这种指责既无根据,又是误解,因为它用中国启蒙和后毛泽东时代的新启蒙话语的历史目标,瓦解了现代主义与后现代主义在风格和知识上的发展(包括后结构主义、女性主义和后殖民主义对于文化的政治化),当然首先是瓦解了激进主义传统,后一举动正是所谓"新保守主义"的历史和政治内容。郑敏凭借自己老资格的现代主义者立场清晰地揭示了批判激进主义的话语努力的意识形态基础,尽管后者的自我定位其实是在自由主义与现代主义话语那儿的。对于这一问题更为详尽的考察,参见第三章"政治利益相关性"一节。

② 余英时:《中国近代思想上的激进与保守》,见李世涛编:《知识分子立场——激进与保守之间的动荡》。

建构中产阶级社会"可辩护的现状"的保守主义律令,很快就被中国的新自由主义者们挪用了,被他们追求受强力保护的私有财产及市场经济中的财产自由的渴望所挪用了。后者亦是中国的新自由主义者对于以赛亚·柏林"消极自由"概念的理解。在90年代晚期,自由主义用自由反对民主及其独断地反对平等和社会革命的观念,都表达了他们要求彻底私有化的社会经济议程。他们并不讨论这一事实:在中国现实中,彻底的私有化和市场化进程完全依赖国家的干预。因此,借用托马斯·曼某个讽刺性的说法,他们所要求的就是"受庇护的内在性"(protected inwardness),这一内在性确保给予少数人以特权来反对政治上无地位的大多数人。

余英时的立场来自(中国)文化保守主义和(普世)政治自由主义之间的汇合,可以理解他必然要维持社会主流可以坚守的地位,以此来反抗国家政治生活不断的过激化。然而,在当前思想论争中新自由主义对之的挪用下,这种立场呈现出某种受到歪曲的、"激进化"的形式,因为用自由主义—保守主义批判激进主义为某种精英主义的要求开了道。这一要求想在寄生着权力的不平等、不公正的"效率"和"自由竞争"空间里,落实某种服务于新兴上层阶级的政法制度。在经济并不发达的国家里,这一"中产阶级"的存在形成了理查德·罗蒂所谓的"跨国超级阶级"①的一块飞地。在"中产阶级"凭借分配的滴漏系统将人民群众大多数一起带进普世进步的天堂之前,人民在每一方面都会跟他们针锋相对。

余英时早先对于中国现代史上激进主义的重估,遭到了那些仍旧在国家话语范围里工作的中国知识分子的批评。有趣的是,国家话语对于余英时的自由主义立场的主要反对在于:毛泽东思想在余那儿竟然被看成了激进主义。对于像复旦大学老资格的历史学者姜义华这样的"官方"知识分子来说,具有平等主义乌托邦色彩的毛泽东思想必须被理解成某种"保守主义"的形式,在他的词典里,其实就是更为策略性地在说封建主义。② 结

---

① Richard Rorty. *Achieving Our Country*. Cambridge: Harvard University Press, 1997.
② 姜义华:《激进与保守:一段尚未完结的对话》,见李世涛编:《知识分子立场——激进与保守之间的动荡》,第30—36页。

果,他对于余英时的反驳与其说像是对于自由主义的批判,不如说像是同一种意识形态的竞争性版本。正是试图正当化改革的国家话语提供了这种意识形态。对于自由主义知识分子来说,"文化大革命"标志着自我实现和自我毁灭的激进传统的死地。对于官方话语的意识形态来说,这同一个事件是国家现代命运的最低点,因此是驱使整个国家介入现代化和追求向上流动的心理准绳。在这个特殊的方面,"极权主义国家"的捍卫者和它的批评者之间的意识形态差异似乎仅仅是细微的、情绪性的。

## "学术"转向

反激进主义的转向为反理论、反"宏大叙事"的情绪做了准备,后者也为90年代中国文化生活中强有力的去思想化铺平了道路。这种转变的一个直接的参照点就是80年代末"八九风波"和反思"新启蒙"的知识假定。然而,在更大的历史语境里,这一转变也可以被视为知识分子先发制人的活动,即面对即将来临的商品化和全球化调整自身。换言之,这是一种表达中国知识生活必要的边缘化和专业化的方式,寻找另一种方式来为特殊的中国知识重建确定普遍框架。这也是某种避免与政府进行正面政治对抗的方式。最后,这种转变也反映出探索新的话语机制的集体努力,正是通过这种话语机制,他们可以在市场经济的剧变和国家官僚机构的理性化过程中(后者正处在汇入全球经济和文化体制的过程中)重新抓住知识分子的意义和正当性。

通过强调"学术"和"学术规范",在1989年受了伤可是受到东欧剧变大潮所鼓舞的知识分子试图找到某个象征性的立足点,即化身为处于知识劳动高度分化和专业化之中的专业人员和专家。由于许多80年代领袖型的知识人1989年之后离开了中国,关于西学大范围的讨论不再占据1990年代中国思想话语的中心了。对于去理论化、实证主义和经验研究的热情已然导向某种生长在贫瘠土地上的"国学"新品种。结果,关于中国社会、文化和思想史的学术研究取代了用西方思想与理论话语来讨论"中国问题",前者成为90年代中国人文学术的台柱。"从思想史到学术史"甚至成为了90年代早期知识分子结社时自认的标签,这揭示出知识分子的某种渴望:在建设自主学术共同体和学院体制过程中希冀规范性的指导和保障。①在某种程度上,有意识的反理论姿态导致了无意识地退回既定的、去政治化的和"历史悠久"的方法,诸如实证主义和考据学。对于许多处在后冷战世界的知识分子来讲,学术转向是一种无反思的形式和普遍的意识形态自我规训的镜像。结果,80年代的阐释学诉求被对于注释学的执迷所取代。考据和经验研究取代了具有理论和政治广博性的批评,前者正是专业化时代特有的学术癖好。

因此,"学术"用一系列新的问题、方法和范式标识出某种普遍框架。它也呈现出依照职业道路、基金、国际赞助和国家委任(特别是社会科学)进行知识生产的新经济。在这种新的学术生产方式中,美国中国学学者作品的翻译取代了海德格尔、伽达默尔或是米歇尔·福柯,前者成为了高等学院话语的新框架。新的象征资本加强了社会性的自我,此种自我生发于劳动的高度社会分化和新的中产阶级意识形态之中。这种新兴的独立学术的隐微政治在它的形式微妙之处和特殊风格那儿可以被追踪到,这些形式和风格成为国际标准、自主个人以及受到体制保护的私人财产的话语隐喻。这种世界性的政治需要自己的英雄和风格。陈寅恪,一个经历过人民共和国的传统史家,被重新发现并树立为知识分子的楷模。当国家自身成为市场经济的缔造者和掌权者时,这种道德性的自我形象在知识上其实非常空洞。那些关于陈寅恪的作品里面的自命不凡和自我怜惜的语调,表明身处社会经济剧变时代的中国自由派学者正在寻找某种道德、心理上的依靠与象征权力。如果80年代改革派的知识分子渴望在"西学"的世界性语境中确定自己的议程,即关于现代性的哲学表述(这让我们想起了黑格尔那个非常有名的说法:现代性或启蒙时代"需要哲学"),那么90年代自封的自

---

① 这种趋向记录在《学人》所发表文章的一般主题(中国研究)和特征(包括经验研究和考据)上。这份杂志就"学术史"也刊登过一系列讨论:参见第1期(1991),第2—48页;第2期,第377—405页;第5期(1994),第449—464页。随着《学人》在90年代末期停刊,《中国学术》,一份由哈佛—燕京学社资助的杂志取代了它的位置。

由主义者只能求助于"国学"这一局部领域里的"绝对"和"普遍"。哲学退化成考据学,阐释学退化成注释学,叙事退化成轶闻,这证实了90年代思想抱负和能量的消逝。这些抱负和能量作为集体性的社会欲望和想象在思想话语渴求自身体制的确定性时被吸干、耗尽(这些话语在更大范围的——即国际性的——象征和意识形态的结盟中寻找自己的确定性)。如同新自由主义为自由市场呐喊所进行的战斗需要政府的反民主干预,中国知识界快速的专业化也需要西方汉学的学科封闭性。一旦拷问所谓新国学的意识形态内容,我们就会发现其经验性过剩之下,具有为现实的或所谓的国际规范建立地方性特权的渴望,这种规范已经成为替代"哲学"更切实的(也是更可获利的)东西了。90年代快结束的时候,中国自由主义知识分子话语的琐碎和庸俗达到了极致,充斥着仪式化的严肃、崇高的"研究"癖,以及"学术标准"的形而上学。尽管摆出一副不同政见者的模样,自由主义话语其实在安全的学院指标和彻底的知识市场化中运作。后两者如今正切合了"中国特色的社会主义"这条官方路线。显然,为新兴的绝对和永恒收集局部的注脚不仅构成了与全球主流之间的短路,也反映出"理性化"的劳动国际分工。

　　思想和理论抱负的枯萎,"向内"转向实证主义和全球意识形态已经生产出某种中国例外论的新版本。不同于把中国的独特性和自主性仅仅放置在文化领域,这种新的话语认为,因为中国是这么想要成为普遍的一部分,所以它就是独特的和自主的。这仿佛是说,执迷于继续现代化,执迷于最终汇入"世界文明主流",给了中国某种免于资本主义矛盾以及超越政治与意识形态的新的民族本质。这种透明的——虽然并不必然具有自我意识——政治和意识形态看法解释了为什么许多中国自由主义知识分子狂想式地执迷于柏拉图的范畴,对之有着某种宗教般的忠诚,即执迷于唯实论的表象概念,忠诚于诸如"本质"和"绝对真理"这样的形而上学概念。它也暴露出所有反本质主义、反绝对论、反总体性的修辞背后的决定论和本质主义假设,这种修辞旨在以自由市场的支配性意识形态来瓦解中国革命和现代性的历史经验。作为反对"宏大叙事"(一种用来辩证地分析资本主义问题的代码)的全球意识形态驱力的样本,这种修辞在中国语境中提供了某种元叙事,"它比自己想要埋没的大多数叙事都更宏大"①。

凭借理性化"地方性知识"加入全球意识形态主流,表达了今日中国持发展主义看法的知识精英或隐或显的文化民族主义。在这方面,"汉学"不是作为某个学科庇护所发挥功用,而是作为某种意识形态过滤器起作用。经由这一过滤器可以把"中国问题"从全球语境中分离出来。在"汉学"领域里,任何本质上具有政治性和理论性的思想论争必须被悬置起来,而这一领域本身则自视存在于没有变化、没有时间地带。无独有偶,中国90年代的"反思想"热有着自己的知识和意识形态前景。这就是为什么在今日中国,关于民主的讨论不得不先经过托克维尔或伯克这个迂回;为什么对于当前社会经济分化的分析必须求助于韦伯、波兰尼或是哈耶克的行话;为什么知识分子的社会政治看法常常拐弯抹角地通过海德格尔或是本雅明的语言表达出来;为什么大众文化研究要从杰姆逊或是伯明翰学派那里借用大量的东西。政府审查当然在塑造思想论争的规范语言时起到了极大的作用。但是既然中国文化生产的场域反映了整个国家混合的生产方式和所有权关系,那么这种作用就不应该被过分夸大。整个80年代"公共领域"的想象性存在其实寄生于国家"改革"话语和"开放"政策之上;它呼应日常生活的方式就是建立审美飞地和哲学沟壑,把它们作为煽动性但却是受压抑的社会关系之孤立的寓言。一旦那些经由西方理论的表述由新时期精英知识分子象征空间组成,这些表述就构成了90年代意识形态战争展开的话语平台。作为一种内化的空间,理论或哲学不是某座连接全球空间的桥梁,因为全球空间同样是中国情境的某个"内在"组成部分;也就是说,理论或哲学"栖居"在全球空间之中,凭借这一空间,在大范围的历史、地理语境和知识谱系之间斡旋。因此,现代西方的知识传统成为某种论争的基地,今日中国的各种意识形态立场都试图就此提出自己的主张,并从中获取正当性。当现代中国知识分子的集体经验在"翻译的现代性"之中被编码、编排的时候,后者也成为知识分子在历史中展开新的想象的寓言仓库。

在90年代的中国学院里,最高的学术地位和权威——更不用说大量的

---

① 奥斯本此处论说直接的语境是批判利奥塔反对"宏大叙事"的立场。

金钱和事业上的好处了——来自西方的大学,主要是美国,稍次则是欧洲和日本的大学,这些大学都是专业训练和机构威信之国际标准的持有者。经由物质和象征交换错综复杂的网络,许多接受过中国精英教育的学者和研究机构如今在知识劳动分工的跨国体系中找到了自己的位置。新近采纳的惯习(habitus)推动他们参与发明某种"新的中国研究"的跨国、跨语言的事业,这一研究建基于对全球权力等级和职业规范的理解。对于惯例、行话、高度专业化的西方学院之制度意识形态的集体移情,创造了某种令人生畏的引力场。这一引力场塑造了研究议程、方法论,以及中国精英知识分子和学术共同体的意识形态动力。在这个意义上或许可以说,尽管以"中国性"和"纯学术"为借口,"新的中国研究"就像今日中国任何其他事物一样,都是全球化和市场环境的产物。

中国和西方之间知识和学术交流的加强,对于中国知识分子的福祉总是至关重要的,但在当前跨国汉学的框架之下,这种交流成为了产生歪曲和抑制机制。中国研究的核心就是与西方人文科学进行学术交流,我们可以将其视为某种征兆:90年代的知识分子正变得越来越不愿、也不能介入作为历史总体性和全球现代性矛盾特定环节的西学了。在新的学术想象里,西方已经衰退为一种同质的制度想象,一种需要面对的标准,一种需要遵守的规范;西方被彻底地去地域化和去历史化了,仿佛作为某种元空间(Ur-Space)超越了时间。就像以数学为导向和执迷于模型的社会科学——首先是经济学——成为知识生产的标准一样,今日中国的思想话语从全球理论—政治框架中抽身而退,这一框架教导我们要对中国情境进行批判性考察。在90年代,对于越来越多的中国学者来说,解读"西学"意味着"职业地"解读西方"中国学"学者的作品,后者常常是前者现实或潜在的海外资助人。杂志《中国学术》(刘东主编,商务印书馆出版)就是一个明证。这份杂志竭力保持一种世界性、国际性的形象,在它周围聚集了一个由海内外"中国研究"学者所组成的团体("海外"学者主要来自美国、欧洲和日本)。表面上看,或至少从修辞上看,这份杂志的设计可以确保它代表经验和理论领域里的尖端学术研究,这些研究不是实证的、技术化的"学术",而是由"问题"导向的学术研究。然而,反讽的、或许是无心的结果却是,通过了

"国际"标准（两轮盲审）筛选的大部分撰稿人都是在西方学院里研究中国问题的学者，许多还是中国人。结果，这份试图在"八九风波"之后为中国设立学术和知识研究台柱的杂志，却成了展示海外"中国研究"论文中译的窗口了，这些论文都取自西方学院里的一个相对封闭的角落（"汉学"或"中国研究"）。经过编辑之后，中国读者无法洞察它们与自身思想或知识生产这一有机场域的语境性联系。编辑自身并非对这一反讽一无所知，他们开玩笑地说《中国学术》实际上主要成了"外国学术"。但是承认这一点并没有改变杂志的走向。尽管刚开始时高歌猛进（或许与以下几个因素有关：由一家声名远扬的出版社出版，此出版社因翻译西方经典为人所知；得到哈佛—燕京学社的资助；给予作者和译者相当高的稿酬），《中国学术》的影响还是逐渐减弱了。

从某种程度上讲，90年代的"中国学术热"让人联想起80年代晚期的"方法论热"或"理论热"，可是它却构成了针对后两种"热"的逆动。那个时候，各种当代西方理论话语——结构主义、符号学、阐释学、后结构主义、西方马克思主义、心理分析、后现代主义、后殖民主义和女性主义——席卷了文化和学术市场，最终作为文化资本的象征符号流通起来（如果不是文化商品的话）。这并不是使"国学"这一学术转向受到批判性考察的典范性的"西学"或理论。更大的问题在于这个事实：表面上"向内"转向中国知识和思想生产，其实是焦虑地向外寻找进入国际等级和劳动分工的新入口，后两者掌控着知识生产领域；这种"向内转"也是在寻找进入全球空间中的表象和权力体系的新入口。如此为之的时候，是某种更加去政治化、去道德化和专业化的中国学术认定：如果他们接受自己在国际劳动分工中的角色，既不挑战这种分工，也不试图颠覆它，就很容易结成国际事业联盟。在此语境中，中国性既是一种"地方性知识"，也是通过放弃真正的普遍性潜能与充盈着历史性和具体性的本土渴望，达到与全球"接轨"的目的。那些被放弃的东西正是中介过程，我们需要理论性和批判性地介入这些过程。这种介入会让最本土的现象成为现代性和资本主义历史状况总体性的一个组成部分。相反，"国学"通过从当代中国思想的理论和道德律令中抽身而出，甚至通过抨击它们，总是提供给人们避免此种介入的避难所，提供给人们一个安于现状的舒适的小神庙。《中国学术》这一事例似乎指向了某个两难之境:当关于"大问题"的理论话语不再有助于中国学术获得进入高度专业化的西方学术(直接关联着"中国研究"知识生产的核心)的职业入口时,虽然与真正的国际性发生了短路,中国学术还是趋向于生产某种纵向的、极其自我封闭的专业网络,这种网络的声誉与象征资本的内部交换和流动常常无法表达直面中国知识场域的更大的思想和社会问题。

  无需强调中国学者从他们的西方"汉学"和"中国研究"同行那儿学到了很多东西。如同甘阳所说:"今天中国的'中国研究'在很多方面落后于西方的'中国研究'水平。大家平常所说的中国学术落后也是这个意思。"①然而,显然这种交换不能也不应该取代中国和整个国际知识世界之间的互动,更不用说让中国知识和学术议程受到西方学院专业化和西方媒体里中国形象的塑造、规定了。在这里,躲藏在对于西方"中国研究"表面上纯洁无瑕的趣味背后的正是某种特殊利益和旨趣:把关于中国社会的批判性知识从发达资本主义社会正在进行的理论和政治辩论中分离出来。这种兴趣反映了保守取向和新自由主义取向独特的结合,即与当代世界的社会政治和知识动力脱开干系,如此做只是为了使中国例外论瓦解在某种西方所规定的普遍主义里面。在90年代,许多中国知识分子自我限制的苦修无心地实现了某种学院模式,这种模式服务于国家哲学所给定的一孔之见——所谓超越意识形态的发展主义。如果当求助于最不愉悦人心的官僚资本主义时,国家鼓吹"社会主义市场经济"仍然与"作为现代性替换方案的中国道路"(the Chinese alternative)这种未经考察的希望纠缠不清,那么90年代的中国自由派则只想建立受庇护的学院内在性,以之作为"消极自由"特权性的、具有半殖民特征的飞地。

  我们不应该把90年代的新学院主义同学术作品的一般专业化混淆起来,后者是中国大学体制不平衡的甚或不可信的进步的必然结果,比起前者,后者也不那么受人颂扬。90年代末,知识劳动更细密的分工、频繁的甚至是有规律的跨国交换,戏剧性地使国家加大了对于学术的资助,也使得那

---

①  甘阳:《洋泾浜与"我们"》,《二十一世纪》第33期(1995)。

些更为复杂的研究和写作的理论表述与更为纯熟老练的风格大量繁殖开来。这一点在那些处于顶级研究和教学机构的中国年轻一代学者身上表现得特别明显。

在这点上,汪晖作品的读者接受或者说误读颇具代表性。在一些并不熟悉他的学术发展和问题指向的中国国内学者眼里,汪晖既熟悉西方的批判话语,也致力于西方汉学研究所遵行的历史研究规范,并且非常注意国际性学术生产和交流方式。如此一来,汪晖的书写仿佛通过了强调理论导向的学院左派与坚守文本研究和经验数据的美国汉学界的双重检验。在何种程度上,汪晖的学术可以与传统学者展开有意义的对话,这一点仍待考察,因为后者也研究同一档案材料,但却是从既成的、现在几乎已显得陈旧、不合时宜的思想史谱系出发(如分别由李泽厚和余英时所代表的马克思主义和非马克思主义的信条)。对这些读者来说,汪晖的问题架构和表述方式好似一个硬壳,里面充满了术语和话语的复杂性,甚至在西方学术圈中潜在的听众眼里亦是如此。他们中有人甚至进一步暗示,汪晖是凭借其在西方学院里的承认,才在国内年轻学生(特别是那些现代中国思想史和文学研究领域里的年轻学人)中产生影响和吸引力,因为汪晖似乎提出了一种可行的替代性方案,甚至是一种启示。年轻学人现在意识到经由中国文本和历史脉络展开研究的重要性——虽然还是从"西方"或理论前提下出发。汪晖的四卷本《现代中国思想的兴起》初稿完成于90年代,它最初被视为《学人》团队在知识上的进展和成果,但当此书于2004年出版时,它的内容、理论框架和"意想的读者"都已发生了巨大的变化。到90年代后期,汪晖已被指认为"新左派"的代表人物之一,受到"新国学派"和"自由派"的攻击。

大体说来,尽管有汪晖这个例外,大家还是会怀疑学术转向对于提升90年代知识生产贡献甚少。无论如何,强调经验研究、文本研究、专业化等等,被证明是某种可怜而不充分的方案。正是这一方案宣告了80年代之后新知识范式的到来,有人也正是凭借这一方案攻击另一群知识分子,后者面对中国社会和文化图景的剧烈转型,仍然在介入各种大问题和深刻的政治问题。事实上,大部分贴着"新左派"标签的学者其实是扎实、严谨的研究者。他们令人信服地掌握了经验数据,精通文本,对于学术专题、学科、学术领域或专业都有非常透彻的了解,可谓烂熟于胸(只要看看接下来就要讨论到的作者就可以了①)。然而,由于他们的作品跟新学院主义反思想、反理论、去政治化的狂热格格不入,这些研究者成了90年代中国学术界体制化专业主义的众矢之的,而不是学习榜样。

## 新自由主义话语

当批判激进主义为个人自由的反民主话语提供了基础,"重建学术规范"也为"独立"知识分子设立了隐秘的体制规则。这两种策略都要面对"社会主义市场经济"条件下大众及其日常文化的兴起。二者都试图认可政府的经济改革政策,尽管他们摆出一副批评者的样子,其实是要求法律和政治上的自由和保护,这些自由和保护同全球资本主义体系相处融洽。中国在经济上迈进了这个体系,但是在政治上还没有。此外,二者都致力于根本性的知识重新定位,从而把中国问题从贯穿整个20世纪的现代性、反殖民主义和社会变迁这一全球语境中驱逐掉。这样做只是为了把作为证明法则之例外的中国重新植入后历史、普遍的秩序之中。因此,90年代的中国自由主义可以看做是某种用来解决政治和知识僵局的话语机制和意识形态运作。不客气地说,当代中国"自由主义"的问题就是如何以反对多数人的平等要求来保护少数人的自由。然而,在知识上和意识形态上正当化这样一种立场,也伴随着一系列正在展开的二元对立——自由和平等、普遍和特殊、私有化和国家控制、接轨和寻找替换性方案(alternative)等等。

作为自我意识话语的当代自由主义在"八九风波"之后出现了。它是新时期广泛的社会和意识形态联盟瓦解的后果。在80年代,这一联盟建立在改革共识之上。正如我刚才所谈到的那样,我们不能误以为这一瓦解表明"自由主义"同改革政策之间发生了剧烈的断裂或是发生了反转。因为

---

① 甘阳治哲学出身;崔之元和王绍光都是政治学学者。在文学和文化研究方面,王晓明、蔡翔和戴锦华都是扎根于严谨研究的理论知识分子的榜样。

国家官僚机构里的倾向自由主义的改革者仍在猛烈地展开市场化以及与国际接轨的改革。变化在于1989年之后的全球意识形态环境。社会主义经济和政治改革在这一环境中承受越来越大的压力,被迫跟从新自由主义私有化和国家干预的正统论说。社会主义国家的政治正当性常常受到西方必胜信念的攻击,这一信念结合了老派右翼对共产主义的敌意和关于普遍人权的新自由主义话语。后者已经变得极端好战——一个不会弄错的标志就是某种新跨国帝国的出现。① 比如,对于徐友渔来说,通过攻击以前备受尊敬、权威甚大的左派或西方马克思主义思想话语(诸如法兰克福学派)来展示自由主义知识议程,似乎变得非常自然。② 徐友渔的看法在理论上其实非常粗糙,但是它挑明了这样一种情况:1989年之后苏东事件的发生,使中国的知识界产生了激烈的思想和政治转向。通过指责法兰克福学派的思想家(霍克海默、马尔库塞、阿多诺等)没有充分地反思德国和美国情境之间的差异,徐友渔试图证明批判理论自身在历史上和政治上跟极权体制纠缠在一起,法兰克福学派的成员错误地认为极权主义是自由主义的结果。③徐似乎认为,攻击法兰克福学派是使自己和东欧后共产党时代的自由化结成同盟的有效方式,因此自己也同从洛克直到当代自由民主的普遍自由主义趋势站到了一起。在西方全球意识形态霸权之下,新时期知识界普遍的自由主义倾向发生了分裂,产生了激进的新自由主义话语以及对其的批评。重新反思中国问题的解释学热情标志了80年代知识上的开放——首先是传统与现代的冲突、中西之间的差异——当然都是处在西方理论的观照之下。新自由主义要求激烈改变中国社会经济和政治结构的议程取代了这一局面。正是里根—撒切尔时代的市场革命及其知识上的正当化给了这些自由主义者启示。④

---

① Antonio Negri, and Michael Hardt. *Empire*. Cambridge: Harvard University Press, 2000.
② 参见徐友渔:《自由主义、法兰克福学派及其他》,见李世涛编:《知识分子立场——激进与保守之间的动荡》。
③ 同上书,第182—186页。
④ 最近的一个例子就是Brooks, *Bobos in Paradise: America's New Upper Class and How They Got There*. New York: Simon and Schuster, 2000。

或许是出于事后聪明,1989年之后,比起清除"资产阶级自由化",中国政府在"引导"劳动人民要求经济平等、社会公正和政治参与的民主积极性方面显得更有成效。"资产阶级自由化"以新自由主义经济的形式回流,变成国内主流,并以自由和权利的修辞回到了全球语境之中。这就是为什么在90年代当经济不平等和政治腐败愈演愈烈的时候,新自由主义话语可以认可资本主义发展和不平等分配的原因——其实两者都处在今日中国社会张力和大众不满的风口浪尖。新自由主义在道德上利用了人们对民主和自由的拥护。两者成为中国人民日益向往的价值,而人民同时是国家不平衡发展的受益者和受害者。无论如何,90年代的思想论争和冲突并不是"自由主义"和社会主义国家之间的对抗,而是"自由主义"知识界内部的分裂和分化。在90年代末期,中国语境里的"自由主义"意味着某种好斗的新自由主义话语;在知识领域里,与之相对的有诸种立场,比如民粹主义、社会民主或是平等主义的倾向,一般持有这几种立场的人分别被称为民族主义者、后现代主义者和"新左派"。在话语层面,90年代的自由主义试图以"新左派"的名号来宽泛地确认自己的意识形态对手时,常常就会揭示出自身的立场和观点。在《解读"新左派"》一文中,任剑涛认为"结成松散联盟"的"新左派"的基本理论立场包括:(1)拒斥自由主义的言述;(2)拒斥市场经济的理论;(3)拒斥经典社会科学的言路。任继而给出了一份中国"新左派"知识来源或"依托"的清单:法兰克福学派、弗雷德里克·杰姆逊、米歇尔·福柯、爱德华·萨义德、社群主义者、分析马克思主义、批判法学等等。任剑涛认为这些都太"西方"了,不足以说出中国对于理性、自由、民主、法制和进步的真正需要。① 认定中国"新左派"从自己的西方老师那里找来视野甚至是问题,因此在考察中国问题的时候犯了"错置具体感的谬误"之后,任剑涛用非常一般的说法,表述了当代中国自由主义者所理解的自由主义特征和美德:

1. 自由主义作为一种推动社会财富积累有效的方式,它对于贫穷

---

① 任剑涛:《解读"新左派"》,见李世涛编:《知识分子立场——自由主义之争与中国思想界的分化》,第191—214页。

的中国来讲,可以推进我们采取有效的经济建设方式,以便治理贫穷。

2. 自由主义作为一种推动社会政治生活健全化的方式……可以促进我们进入一种适当的政治生活状态。

3. 自由主义作为一种宽容理解的思想方式,推动科学技术与学术思想的繁荣,它对于一个长期处于思想控制与科学孱弱的中国来讲,可以引导我们朝向一个民族精神解放的方向发展。①

徐友渔和任剑涛文章里关于"自由主义话语"完全前理论、无批判和反历史的看法,并没有阻碍它发动有效的意识形态攻势。这种自由主义话语正是从自身现实的社会政治处境这一基础出发,从如今以国家为基础的新启蒙和现代化话语那里发动进攻。"自由主义"和"新左派"愈演愈烈的意识形态和话语冲突,不应该模糊这样一个事实:它们在新时期中国现代主义那里共享了某种社会和知识起源。每一边的明眼人都应该承认他们政治上和知识上的共同基础——相信中国社会需要更多的社会政治自由化,也需要更多的政府干预、调节、服务和让利。因为雏形的中产阶级已开始形成,所以需要更多自由主义,另一方面,因为人民——他们仍然在毛泽东的革命和社会主义传统中被规定和理解——在历史上从未有过的经济、社会和文化环境中重新登上了历史舞台。有鉴于继起的社会思想立场的分歧和道德混乱,对于知识分子志业至关重要的东西不再是"清晰地"划定或强化那些初始或确立了的立场,以学术的和专业的方式来确定这些立场。政治和知识上急迫的事情是介入不同的领域,清晰地表述维持社会主义国家的根本理由。正是社会主义国家的存在,证明了建构新的社会经济制度和新的生活方式的必要性。为了这个目标,必须呼唤新的辩证思维来表述某种民族(国家)政治的共识,后者强调和确定了关于国家未来的活跃的辩论。从今日中国批判知识分子的观点看来,关键性的介入不再是想尽一切办法在由市场及与其伴生的意识形态霸权所规定的更大的意识形态环境中确保某个话语空间的安全,而是对于新的规定性和神话进行系统的、总体性的反思,

---

① 任剑涛:《解读"新左派"》,见李世涛编:《知识分子立场——自由主义之争与中国思想界的分化》,第212—213页。

这些新的规定性和神话内在的差异、局限和动力性的能量可以使想象未来成为可能。

秦晖,一个公开承认自己信仰自由主义的学者,曾提出这样一种看法:面对越来越严重的不平衡和分化的中国现实,"自由主义"和"新左派"的对抗似乎有些错位。在他看来,真实的问题内在于这些话语和学说,即是说,问题在于传统的自由主义或左派立场与中国现实之间存在差异。这些立场都无法把握中国现实。对于秦晖来说,真正规定90年代知识分子的是他们沉溺于错误的主张和无效的假设之中无法自拔;换句话说,正是由于他们一直以来在西方理论和中国现实之间沟通的失败。这一看法为秦晖自己的意识形态观点服务,他或明或暗地要求重新经历古典资本主义运动来弥补现代中国不自然的——依照革命意志——权力的干涉在中国社会主义时期达到顶峰这一看法——过程和社会经济、政治结构。这里有趣的东西并不是秦晖的知识框架——它被证明是非常成问题的——而是他关于理论与现实之间长期脱离的看法,或者说是他就对符号秩序的话语上甚至职业性的效忠日益脱离与复杂现实的紧密联系所做的观察。

秦晖认为:"我们现在的福利保障水平之低不是权利大小问题,而是有无的问题。在这方面,不光是社会党的价值观不能接受,就是保守党的价值观也无法容忍",而中国经济自由主义者"已严重突破诺齐克原则的底线,他们实际上认为'抢来本钱做买卖'也是无可厚非的"。① 对于秦晖来说,"新左派"要求"民主治厂"就是要限制产权明晰化的倾向。这表明"新左派"想在"私人物品"领域中实行公共选择、公共参与。秦晖站在"权、责、利相统一"的基础上拒绝了这种观点;他认为这种统一对于市场环境中的经济运行至关重要。虽然想在"私人领域"里捍卫清晰的产权关系,秦晖却悲哀于中国的自由主义者在公共物品领域发出有权者"自由交易"的呼声。因为这为打着所谓"为人民服务"的名号攫取公共财富打开了大门。秦晖承认这会导致某种"非常可怕"的情形。他指出有种"奇怪的事实"表现出

---

① 秦晖:《自由主义与民族主义的契合点在哪里?》,1996年,见 http://www.xici.net/school/b496129/d33177109.htm。

中国社会的特征:即,一方面是打着"经济自由主义"旗号否定诺齐克正义的寡头,另一方面是打着"左派"旗号对罗尔斯原则的否定。结果,主张在私人物品领域自由交易、在公共物品领域民主选择的观点最不成气候。秦晖提出诺齐克与罗尔斯的论争对于中国现实来说是个"伪问题",在中国环境中,"自由主义和社会民主主义存在着主要的重叠之处","我们(知识分子)反对的是自由主义和社会民主主义都不赞成的那些东西"。①

当秦晖把焦点转移到所谓"自由主义"和"新左派"之间虚假的"理论"争论之外的时候,他提出"用马克思的观点反驳'新左派',用古典自由主义的观点反驳权贵资本主义者"。以其"超越西方左右派之争"的姿态,秦晖赞成中国采纳"人类文明的普世价值"。这种温和的口号当然是批判性地对准了"新左派"对于所谓"后现代"的模仿,在秦晖的眼里,在启蒙和现代性经典性的欧洲定义之外来思考是没有根据的。秦晖觉得中国的"新左派"话语在国内没有"后现代"背景或条件;相反,中国的问题还是在于"走出中世纪"。对于僵硬的资本主义进程年代序列和典型秩序的依附,是中国自由主义思维的某种标志。在这个意义上,秦晖对于现实的、不妥协的思考的呼吁,最后却成了另一种社会理性化的方案。在知识和意识形态上回归到"事物实际所是",这必然意味着某种新的意识形态——象征网络的出现。

秦晖模糊自由主义和社会民主主义之间的界限,也说明了为什么在90年代的中国,"自由主义"不仅在精英知识分子中十分流行,在一般受教育的人群中也十分流行。然而,就像我已经说过的那样,90年代"自由主义"的意识形态攻势并非来自古典自由主义本身或是社会改革/民主主义传统,而是来自混合了土生土长的新权威主义的新自由主义学说。秦晖所企盼的知识分子统一战线似乎并没有实现。相反,我们见证了愈演愈烈的宗派党派主义、意识形态的教条主义和知识上的狭隘。所有这些在围绕2000年夏天首届"(长江)读书奖"所展开的争论中戏剧性地展现了出来。

1999年,香港李嘉诚基金会给了北京三联书店一笔数目不小的捐赠,

---

① 秦晖:《自由主义与民族主义的契合点在哪里?》,1996年,见 http://www.xici.net/school/b496129/d33177109.htm。

让《读书》这个隶属于三联的杂志社来设立一个针对学术著作的图书奖。《读书》编辑部作为组委会宣布评奖规则和程序，召集成立（仅通过邀请）评委会，并且负责后勤工作。"长江读书奖"这类奖项不仅在中国大陆是头一遭，而且百万元的奖金（100万这个数字具有象征性的分量，部分是因为跟诺贝尔奖的100万瑞典克朗在数值上一致）也在学术圈和大众媒体中制造出极高的期待，调动起整个国家的情绪。直到那时仍旧潜伏着的（至少对于公众来说）矛盾最终导致了大震动，北京和上海的知识圈在接下来的好几个月里（如果不是好几年的话）会觉得此次事件比起"八九风波"来对于知识界的破坏更大。巨大争论的中心在于《读书》杂志及其执行主编——汪晖和黄平。自新时期以来广为传颂的"自由"或"独立"知识分子出版物的旗帜《读书》，在新千年伊始成了一份迥然不同的杂志。汪晖和黄平这两个被80年代和90年代早期的同路人称为"新左派"的知识分子接手杂志三年之后，在自由主义者眼里，《读书》俨然成了左派阵营及其"西方（马克思主义）操纵者"的要塞和喉舌。这份杂志在知识界和一般受教育公众之中巨大的威信——部分来自80年代的遗产，部分由于它持续地深刻介入知识和文化问题——意味着即便是《读书》的批评者也不会放弃这份杂志，不是把它作为注定要失败的事业，而是抓住一切可能来分享它的遗产和影响力。时时发生的激烈竞争裹挟着投机、控告和揣测，它同时是知识的、政治的也是个人性的。这种竞争在"长江读书奖"之前已经围绕着《读书》展开许久了。评选过程和结果似乎注定要成为两军对阵的力量展示，成为一场竞赛（如果称不上战争的话），两边都盯着同一个战利品。这是一个见分晓的时刻，仿佛暴露了新的权力模式和联盟，正是这一联盟建构了90年代"独立"的中国知识界。

长话短说，在2000年6月，显然是经过了严肃、严格的提名和商讨程序之后，这一大奖授予了汪晖，以表彰他在1997年出版的《汪晖自选集》①。一些自封为"赛场监督员"的自由派学者直接发难，他们控诉说：因为汪晖是杂志的执行编委和组委会核心成员，所以大奖的授予破坏了程序正义，简

---

① 广西师范大学出版社1997年出版。

直就等于学术腐败。"独立知识分子"的场域直接分化成两个阵营,不懈地相互控告、各自防卫、彼此反咬。在整个事件中,官方媒体令人好奇地保持沉默,而"半官方"或市场驱动的媒体则像过节一样兴奋,更不用说无数的网站了,其中有一些正一心致力于发展(公共)辩论。① 几乎中国所有重要的知识分子都被要求对"长江读书奖"事件发表评论。汪晖当时正在美国做访问学者,被迫用强硬的言辞作了自我辩护。论争没有实质性的结论,两个阵营几乎没有人改变观点。最后的结果是,既有的由于个人关系和共同的过去而盖在那儿的薄薄的"斯文"面纱,最终完全被撕破了,自那时起,"自由主义者"和"新左派"在面对对方时,或多或少都要把对方看做不具人格的意识形态和政治对手了。"自由主义者"似乎相信论争在朝他们想要的那个方向发展,他们常常采取表演性的、教训人的方式来支持所谓的程序正义、公共责任、组织透明等,集合起来反对"学术腐败"。就"新左派"这一方来说,也没有显出失败的迹象,因为"自由主义者"那种显然强烈诉诸道德的攻击只是让许多本来动摇的"新左派"决定走出书房,重新组织起来,团结在那些已经被确认为"新左派"领导者的人周围。②

虽然"自由主义者"在"长江读书奖"争论中满怀愤恨、大叫大嚷,他们的立场已经并且继续将新自由主义经济话语作为自己主要的意识形态推力,但只要新自由主义立场仍旧保持某种文化言说,那它对于"新左派"来说或多或少是无关紧要的。③ 尽管占据了道德高地,体现出意识形态上的

---

① 2007年8月1日,谷歌搜索"长江读书奖",得118000条。
② "自由主义者"分析"长江读书奖"的例子,可以参见徐友渔:《知识分子与公权》;贺卫方:《从程序角度看"长江读书奖"的缺陷》;秦晖:《当代中国思想史上的读书奖事件》。
③ 关于自由主义同更早的新权威主义话语的重叠和差异之处还需多说几句。二者都植根于对于革命和激进主义的批判。二者都希望中国社会和平过渡到市场经济。二者的差别在于政治模式的选择以及控制和正当化这样一种过渡的价值系统的选择。曾经聚集在1989之前党内改革派几个智囊周围的"新权威主义者"或保守主义者相信一个强大而高压性的政府要在政治和文化上武装自己,来监管巨大的、激烈的经济和社会重建。尽管对个人自由和社会民主的修辞失去了耐心,他们还是介入了建立在市场经济基础上的同一种社会变迁。自由主义者和新权威主义者在支持有利于竞争和效率的社会财富不平等分配方面走到了一起。对于自由主义者来说,新兴资产阶级的社会自由重于民主,而对新权威主义者来说,只要国家可以维持控制市场经济自发增长的秩序,其他一切都无关紧要。

坚韧性,中国的新自由主义话语还是彰显出同政府的市场经济政策相重叠的经济议程。在一个贫穷然而平等的国家里,资本化的进程必然需要政府迅猛出击,创造并保护私有产权和经济不平等。双方都将私有产权拜物教化了,把它作为理性经济人和自发社会秩序的必要单位,作为前者的推动力和合理性。双方都崇拜市场"看不见的手",崇拜这样一个可以纠正中央计划之愚昧和浮夸的超级电脑。最后,双方都相信市场是发展的唯一道路。然而,一旦涉及政治和话语领域的时候,两个亲密的伙伴就各奔东西了。不同于技术官僚,自由派会把权威政府监督之下的放任政策看成最有效的发展方式,新自由主义知识分子被证明是古典经济学和自由主义政治哲学更为正统的学生,他们认为政府的正当性和局限性应该由自由的社会来给予,正是私有经济和独立的法律、司法程序维持着这样一个所谓的自由社会。①在"社会主义市场经济"的体制框架之中,只要新自由主义教义所提倡的社会财富和权力激烈的重新分配需要国家的强力干涉(正当暴力的唯一存在形式),那么新自由主义的乌托邦只能是不民主的,甚至是反民主的。

当激进私有化的鼓吹者提出90年代的中国知识分子唯一的大事就是"自由主义言说浮出水面"②,他们并没有全部说错。然而,需要注意的是这一新自由主义面对本土/全球的双重逻辑。中国今日的社会经济和政治现实表明新自由主义不得不成为一种精英主义话语;新自由主义要求"消极自由"并不意味着国家从社会领域撤了出来,反而意味着国家对于另一个领域的政治干涉,即挑选出那些最适应市场环境者给予优先保护。如果中国有民主的、信息通畅的公共辩论的话,那么这种为自己服务的"自由主义"修辞就会为大多数中国人民所拒斥。

---

① 由于关于此种政治蓝图的讨论缺乏法律保护,自由的政治—哲学讨论都以西方文本的翻译为中介展开,这是从80年代继承下来的遗产。这些讨论主要的集合地是《公共论丛》,这是一份由刘军宁、王焱、贺卫方等自由主义知识分子编辑的类似于杂志的书刊。出版者为翻译西方思想著作的龙头、声名卓著的三联书店。《公共论丛》第一期出版于1996年,迄今为止已经出版了七期,既收论文也收翻译(哈耶克、伯林、罗尔斯等人的作品)。

② 朱学勤:《1998:自由主义的言说》,1998年,见 http://douban.com/group/topic/1768262/。

哈贝马斯关于社会和交往"公开性"或公共性的假定在这个语境里是理想主义的,甚至是误导性的。社会和国家之间的互相渗透不断发生,而且非常彻底。结果,国家体制,包括执政党自身,都成了根本性的意识形态和政治辩论、冲突的战场。这并非表明中国政治生活的"落后",而仅仅反映了一个政治社会普遍的分裂,反映了在新的政治领域里,除了某种由抽象的国家形式所代表的象征性的国家共识之外,就各竞争派别的根本利益这个问题而言一直以来缺乏公众的一致同意。中国90年代自由主义的理论谬误恰恰在于它用议会民主刻板的现象取代了对于中国情境的分析,前者其实是历史地建立在资产阶级社会及其经济结构之上的。不仅这一话语不能正确评价西方语境中自由主义民主的内在矛盾或悖论,就像施米特的著作以引发争议且具洞察力的方式所突显的那样,议会民主无法展现对于今日中国具体的经济、社会和政治关系的真切评价,更不用说提供值得信赖的分析了。因此,我们在当代"自由主义者"那儿看到的主观主义和自我怜惜与其说表明了某种社会现实,倒不如说表明了某种意识状态与心理状态。用最清晰明白的方式来说,这种状态构成了对于西方既有体制幻想式、唯名论式的拥抱,不是把它们看做历史产物,而是看成一个目的论未来(teleological future)的无时间性的象征。

同时,这种新自由主义话语暗中回应了现代化这种官方意识形态。它毫不犹豫地把自己的知识对手逼进某个只能回答"是或否"的死角,即面对"自由主义者"抛出"'文化大革命'的罪恶"、"经济改革的必要性"或者"自由市场所代表的普世法则存在"之类问题的政治随堂测试,只能回答"是"或"否"。事实上,新自由主义关于"文化大革命"和发展主义社会议程的看法,和现实的官方政策——权威主义式的发展主义——是完全重叠在一起的。两者之间的差异常常仅来自不同的政治优先考虑而已。不同于新自由主义的观点毫不迟疑地拥抱了全球意识形态和海外市场大鳄教条性的言说,政府不得不关注极不平衡的中国现实,不得不处理许多具有潜在爆炸性的社会问题,诸如失业、人口过剩和环境破坏。然而,认为新自由主义话语只不过是专家治国的改革观某种更加激进的版本、某种感伤主义的知识增补、某种意识形态的自我理想,无疑也是一种误导。有鉴于上面所引威廉姆斯·西蒙的看法，虽然私有化被看做经济发展的原则，但是有时也为干部和管理人员所拒斥，"他们觉得在公家掌舵的企业里致富更加安全"。我们可以说90年代的新自由主义话语呈现出某种关于自由市场及其"扩展的社会秩序"（哈耶克）的乌托邦理念，这一理念使"自由主义"与社会现实发生了争执甚至冲突。

新自由主义话语中的乌托邦和幻想性元素不会减少它自身超越于90年代整个知识介入领域的优势意识。这些优势或霸权并不来自新时代的全球资本主义意识形态框架，而是在现代中国思想史内部有其来源，即"五四"传统或"科学与民主"的范式，这个传统留存了下来，成为中国思想现代性的基石，也成为自由主义知识分子和中国共产党共同的根本的正当性来源。新自由主义立场一旦跟一般自由主义混淆了起来，就会模糊自身追求特权和优势地位的社会达尔文主义狂热。新自由主义明显在呼吁新精英的出现，因此它顺应了官方的心意以及官方认可的大众情绪，即反对毛泽东时代中国的革命禁欲主义和平等主义，特别反对"文化大革命"所展现出的被动员了的大众的政治潜能和乌托邦冲动。凭借一般的自由主义哲学话语，90年代的新自由主义者成为了现代中国思想传统（除去了激进主义）启蒙遗产自封的继承者，他们不断迎合现代化意识形态这种流行的社会心理。此外，通过自由的修辞，新自由主义者不仅分享了西方冷战自由主义的人权话语，而且还诉诸了趋向社会自由、个人自由和原子化自利的一般后现代潮流，这一潮流强调某种后工业时代的要求：进行经济再分配或社会、文化财富和权力的再分配。① 中国雏形的城市中产阶级当然会拥抱后现代主义，正是他们构成了自由主义情绪的社会基础，从新自由主义方案来看，这一阶级其实在经济状况、社会渴求和政治倾向上非常不一样。中国90年代新自由主义话语的内在悖论在于它使用"消极自由"——即避免政治侵入的自由——的修辞，实际却在鼓吹"积极自由"，采取激烈的政治行动来推进新自由主义议程。

---

① 弗格尔在《第四次伟大觉醒》中雄辩地提出了这一要求。William Fogel. *The Fourth Great Awakening and the Future of Egalitarianism*. Chicago: University of Chicago Press, 2000.

## "自由主义"及其不满:编年与划分

新自由主义在当代中国思想生活中的推力指明了中国社会主义名义上、象征性的正当性同"社会主义市场经济"复杂的经济现实之间的不一致性,以及作为正在展开的、尚不确定的社会政治实验的中国生活世界和作为赋义系统的全球性新语境之间的不一致性。使本属于当代中国思想界的"自由主义"的存在和假定成为"现实"的,正是物质世界里的真实动力。"自由主义"通过对全球新自由主义的教条和正统学说近乎宗教般的认同,歪曲了这一事实。说它是歪曲性的,是因为这种同一化证明自由主义既不能说明中国现实的社会矛盾,也并未准备去考察发生在世界各个地方的经济、技术、政治、管理、日常生活和文化状况。对于批判性的分析框架来说,新自由主义教条所定义的"资本主义"似乎太过粗糙。这种简化的资本主义概念(逻辑上,社会主义也存在这一状况)和市侩式的妥协主义,一旦跟专家治国论的发展主义政策结合在一块儿,只会扼杀社会主义经济和社会改革的积极性、创造性和创新能力。在当今全球环境中,此类改革的失败仅仅揭示出长期的经济不平等和不发达、惊人的社会不公正和不稳定,以及未受审查的政治腐败和政治压迫,这些状况反过来会有效地把些许的人性从关于另一种社会、政治、文化和日常生活安排的辩论和寻求中几乎全部排斥出去。

在"八九风波"之后的中国,新自由主义话语的形成也走过一段崎岖不平的道路。那些阻碍或挫败新自由主义意识形态兴起的社会政治事件或许可以帮助我们理解自由主义知识上的反弹及其社会—知识上的变化,这些都并行于它的发展。

1991年,中国知识分子——在支持改革的意义上,他们几乎全是自由派——在电视上第一次体验到了震惊:俄国议会(杜马)遭到支持叶利钦的军队的炮击。自由民主世界的舆论面对这个反民主国家的暴行时所表现出的温和的沉默,同它们气势汹汹地抗议和制裁"八九风波"之后的中国政府构成了鲜明的对比。知识分子在1992年经济改革恢复和加速之后的最初的慰藉很快就被新的焦虑所取代了。囊括一切的市场化和商品化给许多知识分子带来了震惊和创伤。然后是1993年由于西方政府的"运作",中国申办2000年奥运会失败(北京以微弱的票数败给了悉尼)。起初,此次申办(国家一手主导的节日)在国内受到的是半带冷嘲的待遇,特别是知识分子对之并不感冒。但是西方国家联起手来"败坏中国名声"的方式,尤其是美国和英国在挫败中国的希望时扮演了活跃的角色,使许多中国人愤怒了,特别是学生和年轻的城市白领,其中许多人是体育迷,他们认为主办奥运会是中国"与世界接轨"的绝佳机会。民族主义在这一场合中结合了体育和政治,结合了经济和得到承认的渴望,并在90年代的大众传媒里首次得到表达。

　　由于以江泽民为首的领导班子巩固了自己的权力,也巩固了在中国日益深入的经济自由化,西方逐渐取消了对中国的制裁。几年之后,中国的国际贸易量翻了一番,国内生产也开足了马力。就像许多中国人所企盼的那样,世界再一次向专注于经济发展的中国敞开了怀抱。1995—1996年第一次台海危机爆发。李登辉以"中华民国总统"的身份访问美国,引发了一系列外交冲突和海峡两岸的紧张关系,后者导致中国在台湾海域附近进行导弹"演习"。这一危机使中美几乎走到直接军事冲突的边缘,自美国的越南战争以来这还是头一遭。而在更深的心理层面,这次危机重新揭开了中国知识分子和全体人民深刻的集体创伤,他们熟记着1840年鸦片战争至1945年日本投降期间西方帝国主义带给中国的屈辱史。出于意识形态的差异和经济利益,美国试图分割和遏制中国,这已经成为了民族共识。美国的帝国方略和中国的反制战略开始成为中国媒体公开讨论的话题。整整一代中国学生,包括许多去美国留学的,越来越有民族主义的倾向,他们对安安稳稳地汇入美国所主导的世界体系(如果不是说受到美国热情拥抱的话)产生了极大的怀疑。同时,知识界深刻地分化了。政府所推进的改革开放政策需要稳定的和建设性的中美关系这一点仍然没有变化,而在更具哲学性的层面,中国有了一种新的焦虑:正在形成的后冷战世界秩序里中国的位置到底在哪儿?

美国国会每年都要就是否与中国结成正常贸易关系展开辩论,直到最近这种关系还被误导性地说成是"最惠国"地位,由此看来,这真是一场闹剧,也经常给中国提提醒:当美国跟中国打交道的时候,美国政府和媒体的意识形态偏见有多么深。人权修辞在中国也被讽刺为关涉政治或地缘政治利害关系的借口,亨廷顿"文明的冲突"的论题被引为直接证据。对于许多中国知识分子来说,着眼于美国普遍主义自由理想的天真的意识形态投射被一种对于今日世界经济、地缘政治和文化结构更为现实的重估所取代。在这一重估中,帝国主义和殖民主义的老问题采取了新的形式,而不是退回历史背景。正是出于反对这一背景,许多中国知识分子相对冷静地甚至是超然地经历了1997年香港"回归"。英国殖民者在最后一刻把民主引入了香港,却仅仅被视为关乎殖民者利益的殖民权力的绝望举动。而中国政府在这一场合大举欢庆也被看做当前政权抓住机会强势地获取正当性和民心。

平行于这些发展,在整个90年代,俄国经济和政治自由化成为了重要的参照框架,中国知识分子凭借这个框架来考察自身的处境和盘算自己的选择。"休克疗法"轰动性的失败为在中国激进地鼓吹新自由主义经济手段有效地设置了限制。俄国道路成为现成的警醒对象,中国不能跟着走。对于任何社会经济和政治改革来说,关注物质生产和政治稳定成为新的核心意识形态和底线。当不同的派别从俄国境遇中吸取了教训,某种对于自由放任资本主义及其社会哲学的批判性考察建立了某种经验性的立足点,一种关于"中国另外的道路"的话语开始在经济和知识圈里形成。自1989年以来,俄国情境已经成为关键的参照框架和社会思想背景的组成部分。中国"新左派"针对俄国情形,通过批判性地重新考察新古典经济学的假定形成了自己的思考,而改革政策的制定者曾经从新古典经济学那里学习良多。"以俄为鉴看中国"正是崔之元和罗贝托·昂格尔一起合作的文章的标题①。而崔之元的论说很快就被视为中国"新左派"的主导性声音。

---

① 崔之元、罗贝托·昂格尔(Roberto Unger):《以俄为鉴看中国》,《二十一世纪》第24期(1994)。

1995 和 1998 年席卷拉美、东欧和东亚的金融风暴进一步证明了金融资本的肉食者本性,也证明了解除经济管制之后的毁灭性结果。所谓亚洲金融传染病对中国政策制定者、经济学家、知识分子来说关系尤为重大,因为香港已经处在中国主权控制之下,中央政府允诺给予其保护,前者正是国际对冲基金有意攻击的主要目标。此外,许多大受冲击的国家,诸如韩国、新加坡、泰国、印度尼西亚和马来西亚,正是通过完全融入全球经济流通和吸收大量的外国投资建立自身经济急剧增长的模式,这一模式曾经颇受青睐。在金融危机的多米诺效应之中,这些国家通货崩溃,民族国家的政府(national state)面对国际金融资本和投机者蓄意攻击时无能为力,相反中国却有捍卫自己通货的能力,这一情形引发了某种肯定性和断言性的概念:重视民族国家在全球经济中的角色,不再信任解除金融管制的惯常智慧,不再信任全球化的前提、条件和推论。结果便是对新自由主义正统学说产生了更深的怀疑以及强调国家能力的复兴。国家能力被视为某种仅有的机制,通过它可以保护初生的民族市场,并且为公正的国际和国内经济政治关系而奋斗。

最后一波关注集中在中国关于世界贸易组织的辩论。置身于政府坚定的加入 WTO 努力之下的公共辩论和讨论深刻地揭示出立场的划分。中国加入世界经济的举动不仅再一次向既有的社会经济秩序/无序、国家政治和文化认同提出了挑战,也清晰地挑明了社会问题——失业、缺少社会保障网络、区域性的不平衡发展等等——已经到了某种危机状态。这一举动也提出了关于不平等、不公正的世界分配体系以及中国进一步与之融合理由何在这样的根本性问题。同时,在与全球化经济日益增强的交流之中,中国政府有了某种新角色:作为全球资本和国内劳动力,"国际标准"和中国现实,朝向民主、自由和平等的普遍趋向与中国民族国家的自我实现,特殊议程和优先地位之间的中介。因此,关于 WTO 的争论让人理解了处在新经济条件下的民族国家的必要性而不是它的退位,尽管国际施加给中国政府的"遵守国际标准"的压力也增加了群众的怀疑:政府正在为跨国公司的利益服务。

1999 年的科索沃战争在那些独立知识分子中间划出了一道分水岭,与西方自由普世理念欢快地调情变成了痛感于此种心醉的破灭。为什么中国会一改通常应对国际事件时的超然和冷漠？怎么会这样？就像许多专家所说，中国挺进前线，与美国为首的北约进行对抗只是徒劳，而且"极不明智"；这些说法当然都尚待考察。中国在贝尔格莱德的大使馆为什么会在1999年5月9日被5枚巡航导弹击中，三名中国记者献出了生命，大楼遭到了摧毁，怎么会这样，一段时间之内这或许也只能是个秘密。中国没人会接受美国政府的公开解释（老旧地图说）和犹犹豫豫、虚情假意的道歉，许多美国在华的外交设施遭到了中国学生的"石攻"。这场战争在中国知识界产生了毫不含糊的结果，彻底地或许是不可挽回地使西方关于普遍人权的修辞失去人心。人权仅仅被看做施行以美国为首的西方集团之赤裸裸权力的借口，自从苏联解体之后，抱成一团的西方不再有军事和意识形态的对手了。哈贝马斯，这个自80年代以来就在中国知识分子中间形成了巨大的哲学和道德权威的德国哲学家因为为科索沃战争辩护，在一夜之间就为中国知识分子所唾弃。《哈贝马斯和帝国主义》是一篇关于他发表在《时代》(Die Zeit)上的文章《兽性与人性》的书评标题。此文正是发表在中国最有影响力的思想杂志《读书》上。① 在读者甚众的《明报》专栏文章中，甘阳这样写道："须知哈氏几十年来的全部理论建构是致力于证明人类可以用理性的讨论和平地解决所有纷争，到头来却公开主张用武力来达成欧洲统一，岂非极大的自我讽刺？"② 只有一小撮自由主义知识分子以普遍人权和西方治理世界之正当性为基础来捍卫干涉科索沃的正当性。这些举动很快就被看成是无耻地拍西方马屁，而非独立知识分子带着道德勇气直面民众的狂怒，而且表现出极为简化的思维方式。这让人联想起40年代晚期当中国共产党所领导的"新民主主义"在半殖民地中国战胜自己敌人的时候，所谓"自由主义"简直就是一个轻蔑的称呼。

通过对90年代这一重大十年里令人兴奋的知识旅程作一番背景梳理，

---

① 张汝伦:《哈贝马斯与帝国主义》,《读书》1999年第9期。哈贝马斯《兽性与人性》的中译刊于同一期《读书》。

② 甘阳:《哈贝马斯的"新论"》,见《将错就错》,北京:三联书店2002年版,第414页。

划分新的思想—意识形态立场和派别成为了可能。与当前关于知识分子政治的惯常看法相反,这里的关键战线并不在"共产党顽固派"和通情达理的改革派之间拉开,而是内在于社会经济现代化一般进程所生产的社会—思想空间之中。马克斯·韦伯在20世纪早期定义了这种现代化,即受到行政国家保护和调解的民族资本主义经济的增长。① 把中国社会理性化的进程同欧美原型区分开的是:(1)从内部来说,由党政一体化的国家颁布政令使私法和实证法取代原有法律,(2)从外部来说,资本主义生产真正的全球网络,资本、信息和劳动力的加剧流动,以及资本主义大众传媒和文化工业全球性的蔓延。所有这些都表明民族国家不再是资本主义的基本单位,建设和加强带有共同经验和想象的民族空间的传统方式也已经被证明是无效的。可以想见,当前中国思想论辩的核心争论在于:是赞成"激进"地,即教条地、全盘地合法化私有财产和自由市场的自主性,还是对于国家政府(state government)确保基本的社会公正、政治权利和平衡的经济增长怀有某种谨慎的信心。后者不是要求削弱,而是要求增强国家的正当性和功能。虽然这一思想和意识形态深刻分化的核心是在经济和政治领域,但这一分化在社会、人文科学和公共媒体中的外围冲突中,围绕着自由和解放、个人主义、普遍主义等问题展开。正是在这些领域,作为80年代产物的非官方或"独立"的中国知识分子领域,瓦解为90年代的"战国"状态,各树派别。因此,对于知识—历史分析来说,相当关键的是把握当前论争的自由主义根源和它们在意识形态—思想上的差异和冲突。这就要求对中国现代性进行全面的反思,此种现代性往往表现为某种受创的、受到断裂搅扰的历史。

尽管不同立场之间互相进行的道德和政治指责不断升级,90年代中国思想论争的理论光谱却是相对狭隘的,只是聚焦于某些平和的选择。为了推进独立的社会主义道路,某些声音依然要求完全跟资本主义世界体系"脱钩",但是这些人在当前中国思想、政治中间没有什么影响。对于毛泽

---

① Max Weber. *The Protestant Ethic and the Spirit of Capitalism*. Trans. Talcott Parsons. London: Routledge, 2001. 对于韦伯论题极好的总结,参见 Jürgen Habermas. "Conceptions of Modernity: A Look Back at Two Traditions." In Habermas, *Postnational Constellations: Political Essays*. Ed. and trans. Max Pensky. Cambridge: MIT Press, 2001, pp. 130-156。

东时代中国扰攘的民粹主义怀旧亦是如此。后一种现象作为某种社会真理和乌托邦理想主义的鲜活的来源，被证明很难转化成理性表述，表达整个中国社会所面对的具体经济、政治和文化问题。思想论争的核心问题在于，如何以一种相对有效且公正的方式介入社会现代化过程，或者说得直接一点，当踏上现代化这艘船时如何避免人间灾难。这场论争最活跃的参与者，无例外地在个人财富和自由方面——不管是物质上还是其他——于过去的二十年里有了长足的增长。他们是"改革开放"政策的最大受益者，而他们的政治和知识想象，与中国经济、社会和文化未来的发展其实紧密地联系在一起。

不同于中产阶级意识形态表述常常被右翼激进主义的新自由主义话语所劫持，"左派"的思考尽管是同一个理性化了的学术界重要的组成部分，但是它通过学术政治将自己呈现为后邓小平时代中国普遍社会意识形态的特殊版本。在新成立的学院飞地和朦朦胧胧的"公共领域"之中，这两种倾向为了寻求国家、大众和国际支撑相互竞争。结果，双方或是依凭对于所谓普遍、绝对的（现代化）无批判的拥抱，或是采取非历史、非辩证的批判现代性的立场，都试图就社会提出一揽子主张，并通过这种概念框架来处理当代中国的日常现实。不同于前者诉诸公众提高生活质量的欲望（既是经济的也是政治的，在 90 年代，得到强化的中产阶级自我意识越来越宣扬和挪用后一种欲望），后者流露出了巨大的、常常是猛烈的对于全球化的怀疑，对于今日中国惊人的不平等的怀疑。虽然两者在意识形态上的共同基础仍然隐蔽，并未得到承认，然而，通过它们面对中国政府和国际象征资本及知识资本时的态度，其共同点被揭示了出来，我们可以看到两种立场依然共享着这一基础。

由于身处"自由阵营"中的人们把一切中国政府所代表的——不管是名义上还是实质上——东西都看成是对新自由主义乌托邦的诅咒和对进步的阻碍，所以他们很少承认新自由主义的看法同市场改革背后的专家治国路线之间有着非常关键的重叠。然而，恰恰是这一重叠突出了社会意识形态空间里的"自由主义"话语的正当性，而且对于"自由主义"的自吹自擂来说至关重要。尽管偶尔正面攻击中国国家的权力和根本的正当性，这种攻击总被证明是感伤主义的,除了在西方制造出几个知名的流亡者或自我流亡者形象之外没有任何目的。"自由阵营"似乎理解了自己对于国家的寄生性关系,理解了必须依赖这个"社会主义市场经济"的独创者。如果"人权"和"言论自由"仍是西方支持中国自由主义的两个关键点的话,那么我们必须承认中国的"自由主义"话语只是代表了中国社会结构张力的一个方面,这一方面威胁着要革除国家,其实只是安于后者的监督而已。这些"自由主义"表现出的问题获得了国家和国际的关注,但是在很大程度上只关乎特权而无关乎正义;由于中国日益加剧的社会不平等,以及工人阶级越来越恶劣的经济和政治状况,由于消费社会及与其伴生的大众文化在雏形中的城市中产阶级中间兴起,自由主义知识分子和他们的西方保护人所要求的特权正在陨落,这种特权只是知识精英主义的残余形式而已。因此,"自由主义"只是名义上的反政府修辞,其实共享了市场导向的经济思维和新的技术官僚国家发动的社会理性化倾向,这一点阐明了当代中国"自由主义"的悖论。一旦遭遇今日中国的现实的经济、政治、社会和文化权力构造,"自由主义"话语里的"自由"概念就或明或暗地包含了根本上的模棱两可性。如果市场经济在具体的社会关系之中被确认为官僚资本主义,对于市场制度化的激烈呼吁,以及市场化过程本身在法律和政治领域里日益明确的自我主张,必然会被怀疑导向某种贵族的自由,即以劫掠公共财富和压制群众不满为前提的私有化。后毛泽东时代日常生活中的社会主义,是表达新老社会、政治争论唯一的国家性平台——不管是象征性的还是政治性的,那些叫喊着要拆毁国家的经济、政治和社会物质基础的"战役"表明自己并不追求自由,而是某种一厢情愿、自私自利的尝试:在难以平复的不平衡发展这一不稳定的现实中,创造某种自闭的、层层防护的资产阶级避难所。

## "后民族主义"与后现代主义

没有一种在 90 年代展开的思想与文化议题、情绪与态度发展成具有自我意识的话语,发展成某种为考察中国现实和中国问题提供普遍框架的话语;然而,它们却反映出多样的社会政治现实,此种现实证明趋向简单化和教条化的新自由主义倾向是多么蛮横无理。我会在第二和第三章里进一步讨论这个问题,即分别把它放在中国消费文化和消费者日常生活语境中,以及中国后现代主义的社会政治逻辑中来探讨。这里就中国90年代的民族主义先提出一些广泛而普遍的看法就够了,这一民族主义既决定了思想话语,同时也为思想话语所中介。

首先,一种新型的民族主义情绪在中国混合的经济、社会、政治和文化环境中已然成形。我会在第二章里详细讨论这种"新"或"后"民族主义同那种仍然支配着我们的历史和文化话语的旧民族主义类型之间的差异。① 在这里我只是想把后民族主义意识进一步划分为大众、消费者、文化、经济和政治环节,并依照这一顺序简要讨论它的演进。

普通民众的民族主义情绪,或称之为"大众民族主义"(popular nationalism),可以看做普通群众针对民族国家进入他们日常生活这一情况的自发反应。在90年代的中国,大众民族主义情绪是市场改革的产物。这一改革揭示出某种不平衡的表面,中国社会主义所塑造的生活形式在其中遭遇了更大的全球语境,而这一全球环境也受到民族国家的中介、过滤,有时甚至是阻碍。在"八九风波"之后的中国,常常是某种挫败感和屈辱感引发了这种大众民族主义,每当遭遇到外部的压力和拒斥时,中国群众和他们的政府一起分享了这两种感受。当越来越多的城市中受过良好教育的中国人有了进入外部世界的机会,信息屏蔽和缓冲被愈发增强的商业、信息和人与人之间的互动抹除了。反讽的是,这种传统社会文化阻碍的消失使当代中国公民直接面对了某个陌生的世界,他们狂热于这个世界,但是并不必然、并不总是在里面找得到家的感觉。简言之,今日中国的大众民族主义几乎是某种字面意义上的后民族主义的形式,因为它是正在消失的中介之残像中形成的东西,这种消失的中介就是传统的民族国家,而中国社会主义的政治国家是这一民族国家最牢固的样式。在差异和不平衡的权力空间中重新摆放

---

① 亦可参见张旭东:"Nationalism and Contemporary China." *East Asia: An International Quarterly* 16.1-2(1997):130-146。

个人和集体自我的必然性,平行于中国初生的中产阶级越来越强烈的自我肯定,这一阶级新进的财富和流动性支撑着他们表达此种主张。这种结合产生了某种前政治的、在知识上不明晰的民族主义,它贯穿于处在国家话语边缘的民族想象,但是并不与其一致。除了某种强化了的地缘政治和经济利益感受,以及对峙西方时更加斩钉截铁的文化自我认同之外,这种大众民族主义情绪还反映了建基于中国经济持续增长的民族自信的复兴。包含在这种大众民族主义情绪中的能量并不总是自信的和肯定性的。通过当代中国成功的故事展开想象并且由其投射的民族现代(化)和富强,与国家在其他领域里的表现或者说中国并没有被外国完全承认这一情况并不相符。只要有这种情况,此种大众民族主义就倾向于以否定和破坏的形式挺身而出,以自我憎恨的极端主义和挑衅式地反对政府这种形式表现出来。

　　作为未加反思的残余,这种表面上"传统的"、民族中心的、沙文主义的、爱国的情绪事实上不断被民族性和全球性的经济、权力和文化统治关系重新发明、重新生产出来,并且受到后者的修正。城市中产阶级的兴起是我所描述的 90 年代消费者民族主义形成的条件。这一阶级进入中国和全球社会主流,而不是挑战或破坏这一主流的努力,有时使他们自己与他们在西方媒体中的形象和再现发生了冲突。这种消费者民族主义表明中国雏形的中产阶级已经充分具备购买力,也习惯了日常性的世界主义,但是在另外一些地方,他们却被全球性的既存等级和区隔规范所挫败、否认。在消费领域和社会自由、幻想方面,他们必然会无意中发现这样一个问题,这个问题在某个极不相同的语境和更高的思想意识中,已经在萨义德的《东方学》里被理论化了,同样也被美国学院里的后殖民主义、多元文化主义和身份政治书写所理论化了。对建立在族裔与性(而不是民族与阶级)基础上的后殖民意识和差异政治的需求,表明了后民族主义在全球性空间中对于想象中的"自我"地带(territories of selfhood)之图绘。然而,根本的差别在于这样一个事实:中国的消费者生活在一个与世界资本主义相兼容的物质和商品世界中,而想象的"同一性平面"(plane of consistence)(德勒兹)再次受到社会经济和文化空间的特殊性与复杂性的中介,这一空间同样由中国社会主义民族国家所规定。中国的消费者则在这样一种"同一性平面"上展开活动,并期望得到善待。

福柯意义上作为生命权力和乐观个体性的身体,同在社会主义国家的民族空间里塑成的集体性社会政治及道德限制起了冲突。换句话说,新的大众在所谓"市民社会"这种新的民族空间中索求新的权力之前,由市场环境里的现实或想象的社会自由所生产的这种"新大众"已经受到了与市场共存、交叠、根本上是重叠在一起的国家形式的改造。民族想象的新形式于是成为了"社会主义市场经济"及其意识形态的另一种再现。在这种再现里,存留下来的社会主义国家在社会现代化或韦伯所谓理性化的历史进程中起到了带头作用,而国家意识形态和功能渗透进新的社会空间和经济关系。这种经济关系就经典资产阶级社会发展来看,本应该受到私法和实证法的中介及"理性化"。由此,我们可以再一次理解为什么中国自由主义知识分子的话语本能地在政治上反对、厌恶任何对于既存的社会政治关系象征性或表达性的肯定,即使它们实际上反映了从属于资本主义生产方式的现实。这些自由主义者们的话语都是要求更激烈地落实法律规范的肤浅伪装。

消费者民族主义也揭示出自由主义之世界主义的内在悖论和"公民民族主义"(civic nationalism)的话语幻象,在后者中,公民权概念在极不平衡和不平等的世界里定义了"普遍权利"排他性的政治边界。消费者民族主义或处在"社会主义市场经济"历史环境之中的民族主义的问题,在资本主义全球化的时代既同构成现代性经典状态的那种民族主义区别了开来,也同某种文化种族中心主义的特殊类型区别了开来,后者以其普遍主义修辞记录了中国这种"帝国"或"文明"秩序同民族国家秩序之间的历史冲突。① 有趣的是,资本主义的世界历史展开并没有去除中国帝国的残余,没有把后者变成一个现代民族国家。相反,这一世界历史把西方资本主义民族国家变成了某种新的包含了权力、正当性和主体性的完整帝国制度,这一制度将任何异质性和不平衡性地带视为双重诅咒。

---

① 这就是列文森在《儒教中国》里所描述的"天下/国"之间关键性的二分。Joseph Levenson. *Confucian China and Its Modern Fate: A Trilogy.* Berkeley: University of California Press, 1965.

中国文化民族主义的参与者及其西方的评论者往往都忽视了在一个民主、多元的世界里建构起来的文化认同和中国中心世界观之间的联系,因此导致了对于"中国中心观"全盘性的、有时甚至是无的放矢的诊断。当现代民族国家的生产、组织和阶级功能被资本、技术、信息和人事的全球运作所取代时,当这一运作使某种去地域化的经济利益和阶级认同成为可能时,文化民族主义在技术上才是可能的。没有这样一种可能性条件,民族主义的"文化"方面只是某种次要的功能而已,仅仅是其政治志业的某种隐喻。换言之,文化民族主义是对世界性的资产阶级文化某种特殊的民族政治回应,对于那些持文化民族主义观点的人来说,他们并不认为资产阶级文化仅仅只是文化的;面对全球资本和权力关系的普世主张,他们坚持认为"文化"是一种复兴民族政治或政治本身的方式。对于90年代的文化知识分子来说,如何做人的问题(所谓儒家的问题)听起来是普世性的,其实更可能是在表达某种特殊的中国意识形态,或是对于已知社会主流的意识形态性认同;而(在全球资本主义时代)如何做中国人听起来是褊狭的,事实上却是全球化时代普遍的文化、政治和认同问题的一部分。因为正是全球化引起了全球标准化和全球性冲突。文化民族主义绝非对于抵抗一般——抽象的普遍性之主体立场最具理论性的清晰表述,但是在它粗糙的形式里包含着一种集体性的直觉:文化即政治,政治即文化。只要对于特殊共同体和生活形式的自我肯定、自我防卫和自我捍卫是批判性地针对资本主义、欧洲中心或以资产阶级为中心的关于普遍性的主张的,他们就自在地占有了某种至今尚未耗尽的普遍主义价值,此种价值以作为抵抗标记的特殊性而现身,即便后者在奋力实现自身的普遍性潜能和渴望的时候,必须对抗普遍性已经实现了的形式。这些形式不仅是某一种特殊性的自我正当化、自我授权和自我抽象,也是具体的生产方式、社会政治体制和文化生产力,换句话说,就是历史现实和现实主体的活动。

关于90年代中国民族主义最引人注目、持续最久也最实在的讨论,可归之于经济民族主义(economic nationalism)。这一民族主义使上述民族主义情绪的形式变成某种一致的政府政策表述和知识方案。在较近一期的《远东经济评论》上,两个建设中国"民族经济"直言不讳的鼓吹者——王小东和房宁说他们并不反对市场经济或经济全球化。他们反对的是"那种天真的观点,即认为在全球化时代不需要民族工业"①。他们认为在建基于高度劳动分工和互相依赖的全球经济体系的理想世界里,全球化是样好东西,也没有对于经济民族主义的需要。但是今日中国依然需要一种独立的民族经济,因为"我们不能指望美国卖给我们超级电脑"②。经济民族主义在近几年中美就中国加入WTO进行谈判期间达到了高潮;这是对自由主义话语进行知识抵抗的关键组成部分之一。当然,经济民族主义的看法也可以被用来支持另外一些批判自由主义主流的立场,虽然这些立场有时会来自迥然相异的政治和理论背景,它们在另一些语境里也会彼此冲突。然而,"只要我们身处新自由主义乌托邦"的看法不跟全球资本主义时代现实的社会政治条件或矛盾达成一致,即"自由"资本显而易见的流动性与劳动力的难以流动和无助之间的对照依然刺眼,这一看法就会受到所有地方、国家和传统或"文化"制约制度的抑制和孤立。可是这种对比似乎决定了国家和地方政府的"理性"角色,即毫不辩解地采取支持资本、支持市场的态度。从全球劳动力最终可以在资本主义全球市场里自由自在、快活地合作这样一种观点来看,这种解决方式自然不可能引人期待,因为资本主义经济真正的求利逻辑否认了这样一种可能性。面对资本主义不平衡发展的跨国结构,任何关于中国工人阶级和农民这些民族国家公民之命运的严肃思考,被迫在国家和国际领域里寻找社会制度民主再组织的新洞见。在这个关键方面,中国民族主义话语的出现使自己可以获得民粹主义甚至是社会主义的视野,后一视野结合了健全的国家政治和坚实的民族经济。或许正是这一民族主义话语的社会主义潜能使它成为90年代中国知识场域里一种非常有意义的立场。当然,此种联盟(或是缺乏联盟)在意识形态、政治和知识上的未来或许也会在未来几年中耗尽力量。

当代中国民族主义的最终阶段,即政治言说,是一个充满着暧昧性的可识别领域。除了甘阳呼吁中国不要仅做"经济民族"而且要成为"政治民

---

① Susan V. Lawrence. "The Say No Club." *Far East Economic Review*, January 13, 2000.
② 美国政府以国家安全为理由,通常禁止向中国出售超级电脑。

族"的理论表述之外,少有关于中国民族共同体及其政治和文化自我理解之政治建设的知识探讨。甘阳的建议让人想起韦伯试图将崛起中的德国引向自由民主那种处心积虑的尝试——尽管甘阳充分意识到德国的情况不可能仅仅在欧洲或西方框架中得到有效解决。这种努力仍被视为民族主义的举动,因此对于中国"自由主义"来说,这种说法属于"新左派"。那些"自由主义者"通过重新把中国定义成普世进步链条上的某个根本环节——这种举动的公式化和教条的僵硬性跟庸俗马克思主义依照在西欧那里发现的社会进化模式把中国历史机械地划分成不同的目的论阶段可堪一比——试图取消中国情境的特殊性。"民族"那一面被"自由主义"话语所拒斥,而发展了的民族主义言说的"政治性"元素仍然受到政府的压制,因为它包含了某种必然的、内在的民主内涵,即对于中华人民共和国的民族认同进行民主性的重新发明。中国90年代的民族主义因此绕了一整个圈子,成为90年代中国知识分子两难处境的某种寓言。如果美国作为一种政体可以被视为某种确定的参照点,通过这一参照中国民族主义者可以精心阐述他们的民族理想,那么他们将会意识到政治化的不同层面——按照参与的阶级、公民意识、教育和体制认同,两个国家的生活在其中展开,也互相遭遇或错过。中国民族主义缺乏某种充分发展的政治言说,将使长期未被理论化的民族主义情绪在所有其他形式里面出现。

伴随着"后民族主义"的社会文化潜流,某种关于中国大众文化的话语出现了。它表达了"社会主义市场经济"和全球化条件下关于"生活世界"的民族想象。将具有目的论和欧洲中心色彩的现代性概念指认为新时期的意识形态基础,这一努力催生出大量不同的话语倾向。其中之一就是暂时性的但绝非已被耗尽的话语,即后现代主义。受到杰姆逊后现代主义和第三世界文学理论的启发,同时也从西方学院里的女性主义、后殖民主义和文化研究(萨义德、斯皮瓦克、阿帕杜莱和霍米·巴巴等人的研究)那里汲取了灵感,这一中国的后现代主义话语大肆颂扬启蒙和现代性这种奠基性话语的破产,欢呼"社会主义市场经济"和全球化条件下的当代大众意识形态的登场,虽然往往也带有各种程度的批判性保留意见。张颐武、陈晓明和王一川等文学批评家代表了这一潮流,他们认为中国大众文化中的创造性是一种民主化、解放性的发展,后者有助于建设摆脱精英主义限制和抹除"雅""俗"文化之间区分的"大众记忆"。在他们的想象里,大众文化会引发中国日常生活生机勃勃的重建,并且催生出一种个体之间的新的辩证法,这一辩证法建基于市场、共同体的新兴自由之上,规定了一种新文化和集体的社会伦理。①

关于"社会主义市场经济"条件下的"后现代性"大众文化的思想话语为中国后现代主义提供了一种初步的分析框架,此种后现代主义在展望某种超越欧洲中心的现代性概念的社会和文化视野。虽然承诺用后现代感受性(postmodern sensibilities)对过往经验进行重新洗牌,这种话语仍然按照自身与自己直接的过去,即与新时期的高峰现代主义(high modernism)的联系,而不是同资本主义现代性的全球统治的联系来确定自己的思想议程。因此,这是这样一种后现代主义,它反映了"社会主义市场经济"中新兴的自由感和自我肯定,而不是按照中国情境之所是——即全球化矛盾在地的和内化的形态——展开对现代性体制的系统批判。尽管后现代主义话语表达了当代中国经济社会文化的内在矛盾及其塑造新生活形式的潜力,它仍然容易招来批评:它没有考虑到日常生活世界与其媒体再生产之间、文化市场与意识形态国家机器的操控之间,以及国家权力和资本化的社会过程之间复杂的互动关系。

后民族主义和后现代主义情绪催生出对于现代性的批判性反思,此种反思聚焦于中国政府的现代化意识形态,它怀有挑战由西方支配的、霸权性的世界体系的意图。这种话语彻底批判了对兴起中的中国大众文化抱持乐观的看法。这一批判当时由汪晖及其文化和文学研究领域的同人所代表,他们倾向于将90年代的大众文化看做国家操控的权钱联合体、被意识形态所建构的社会欲望之变形。相应地,汪晖等人提出了某种在知识上更为严格的现代性批判,他们将现代性看做某种意识形态范式。在批判现代性这一点上,他们更加倚赖世界体系论和萨米尔·阿明关于依附和"脱钩"(delinking)的说法,也更倾向于将后殖民主义挪用为某种"外省化"欧洲的

---

① 参见第二章。

解构操作。马丁·博纳尔(Martin Bernal)的《黑色雅典娜》、萨义德的《东方学》和安德雷·贡德·弗兰克的《白银资本》在这些思想者中间流行开来,这成为把他们同其他"新左派"知识分子区别开来的某种方式,后者似乎竭力避免用来自欧洲的族裔文化式"去殖民化"来谈论中国问题。

就像由张颐武及其他批评家所颂扬的新文化共同体概貌表明的那样,后现代主义的自由感和后民族主义的归属感已经生产出某种反等级的、民族主义的推动力。同一种社会情绪和意识形态也在知识圈里清晰地将自己表述为对于现代性的中心性、合法性和自然性的反思,诸如斥之为代表某种纯化的、乌托邦式的西方形象。在这一点上,当代中国大众文化话语里的民粹主义倾向同后殖民主义话语之间有着某种家族相似性,在更低的程度上,这种话语也受到美国学院里其主要支持者的影响,诸如斯皮瓦克、查克拉巴第(Dipesh Chakrabarty)、霍米·巴巴和周蕾等等。① 显然,发生在大众文化领域以及在知识上对前者进行辩护的思想转向,同那些西方学院里的后殖民知识分子一样有着某种理论律令:即把精神从一般的西方形而上学和特殊的支配性的西方现代性话语中解放出来,并对之去本质化。然而,两者之间的相似性也就仅此而已。把潜在的、尚待理论化的当代中国思想话语同高度理论化的后殖民主义学院话语区分开来的是这样一个事实:前者并不致力于成为另一种马克思主义批判,即批判资本主义殖民系统及其内在等级,而是平稳地表述出日常世界的连续性和不连续性,此一世界在社会主义现代性条件下历史地形成,却是在市场环境中发展起来的。在二者中,去殖民化的修辞跟某种东西交织在一起,即或明或暗地承认由中国现代性的核心力量之一——国家形式——所保证的新兴的国家政治和文化空间。政治经济和社会文化状况上的根本性差异带来了不同的主体立场。中国的后现代主义者并不采纳欧洲人道主义者的修辞形象,即他们碰巧在传说的普世市民社会里地位较低,因此有着不同的身份政治;他们常常认同民族传统,这一传统的想象空间既跟国家空间重叠在一起,也跟国家的创造物——民

---

① 张颐武、王宁、王一川、戴锦华和陈晓明偶尔会在自己的文章里承认这些作家作品的重要性。

族市场的空间交替在一起。这一共同体的内在差异和肯定性同时建构了自身的特殊性和普遍性。在中国当前的"社会主义市场经济"框架里来理解的现代性概念可以从这一主体立场中推导出来,它从属于生活世界破裂了的总体性。这一总体性同时表现为一与多、否定与肯定,它们不再臣服于区分主客体的意识形态叠加或是普遍与特殊之间错误的辩证法。①

## "新左派"

至少在这个语境里,"新左派""立场的占位"(position-taking)与处在同一社会—意识形态空间里的"自由主义者"形成了全面对峙。如果仅限于"八九风波"之后中国学院里的思考方式,如果将中国"新左派"这种令人生疑的标签看做能指的话,那么它就是以下两方面的结合:一方面是抵抗和批判资本主义全球化,另一方面是自觉联系国际批判性话语,特别是那些西方学院里的批判理论话语。在这儿,分清学院"新左派"和大众情绪之间的区别很重要,后者反对正在实行市场化的中国经济并且抗议工人阶级权利受到侵蚀。两者甚少共同之处,只是都有一些道德性的自我形象,也都缺乏知识和政治上的平台。当国家话语、自由主义话语和消费主义以及大众文化话语参与进来的时候,两者就在更大的社会语境中形成一股动力。使"新左派"面貌变得更复杂的并不是他们跟毛泽东思想或者劳工拥护者纠缠在一块——这最多是些表面现象,而是它内在异质性的知识组成,首先是身处海外的中国学者的表述,随后是1997年之后所形成的国内"新左派"代表们的表述。

---

① 甘阳和崔之元等人很不欣赏这股后殖民热潮,他们早已提出只有通过创造性地介入"西学"、从根本上革新"西学",才能确定中国问题、批判性地反思中国问题。对于他们来说,后殖民主义仅仅是世界历史知识冲突暂时的能指,而这一冲突囊括了所有看似局部性的议题。当大众文化生产在90年代的中国变得越来越商业化,并且成了国家意识形态的同谋(尽管表面上跟国家的官方修辞和日常生活的市场导向不尽一致)的时候,后现代主义对于当代中国的世俗化进程的赞颂需要某种更具批判性和理论准备的分析,此种分析正是针对构成90年代文化生产特征的复杂权力关系。

要理解 90 年代中国"新左派"思想话语的动力机制，重要的是把这十年总体的社会政治起伏牢牢记在脑中，"新左派"的理论性和通俗性的诉求在这一时期兴衰变幻、潮起潮落。在前面的部分里，我已经给出了那些影响中国知识界的主要国内外大事件的编年史，接下来的几章里我还会谈到这些事件；这里从"新左派"话语出现的社会—意识形态背景角度提一下某些悖论性的发展就足够了。我们不能过分强调 90 年代最初几年里一般意义上的"左派"在道德和思想上丧失威信是后毛泽东时代不懈的去政治化和专家治国式现代化的结果，是苏联及其卫星国灾难性解体的结果，或直接说这是"八九风波"之后的政治和思想环境所带来的结果。可是，这同一种发展同时确实也为(如果不是说"引起"的话)批判性地反思 1989 年后的世界铺平了道路，这一思考已经跟标准的"自由主义"话语分道扬镳了。叶利钦所倡导的私有化给俄国带来的社会灾难和道德瓦解、美国越发强烈的单边主义和帝国主义行径、新自由主义市场不加抑制的力量以及它在不同国家中和在不同国家间所造成的愈发强烈的差距和不平衡，这些都越来越引起人们的警惕，最终在很大程度上成了中国社会、经济和政治生活中鲜活的经验。结果，存留下来的社会主义国家及其政治主权不再被视为一种可诅咒的东西，而是一种混杂的幸运之物，尽管最初这一看法时常仅仅处在无意识层面。虽然社会主义国家及其主权力量在维持稳定和秩序方面是严酷而具有压抑性的，但是对创造经济繁荣和生活水平日益增长这样一个前所未有的时期却贡献颇大。经济繁荣和生活水平的提高也使民族自信复兴了，使得我们可以更为肯定地、有时仅仅是更为宽容大方地看待所有传统和遗产——诸如儒家的文化和自我概念一直到毛泽东的平等观和群众政治主体性。当然，与其说这是一种意识内容、思想话语，不如说是国内群众情感的果实，后者虽然不是那么强烈，但的确在日常生活世界和集体存在中间愈发成长起来。显然，最后一个发展是引发不同的意识形态、文化和思想—政治立场的社会条件，这些立场包括从后现代主义到民族主义，从自由主义的普遍主义到新毛泽东主义，所有这些立场在追寻自身特殊的激情时，使得赋予今日中国(生活)世界以特色的种种现实矛盾变得具体了。

90 年代中国"新左派"的出场不仅仅是对上述一系列事件草率的、下意识的回应,作为一批松散联系着的思想话语和知识倾向,"新左派"的实存要归功于真正国际性和历史性的概念架构、理论兵工厂和象征权力。这一"新左派""内在的"维度或哲学、认识论的方面在很大程度上归因于80年代"文化热"更具批判性、更为彻底的那些成分,即那些更为年轻的学者和知识分子要求对当代西方哲学、批判理论和历史及社会科学理论话语进行系统研究。针对"新左派"的自由主义攻击往往集中于后者的事实,即把法兰克福学派、福柯、杰姆逊和斯皮瓦克看做首选目标(毫不介意不分青红皂白地把他们强扯到一块儿,仿佛他们之间无所区别),实际上很能说明问题。从后1989"自由主义"—现代主义主体性,即那种拥抱了通过自由市场到达普世进步和启蒙的主体性视角来看,马克思主义对于总体性的分析、后结构主义对于权力的分析或是女性主义、后殖民主义看待身份认同的倾向都变得不合时宜了,都是使人分心而无法专注于"绝对"的讨厌玩意儿。然而,这仅仅是以一种回溯的方式表明了植根于社会主义(虽然是教条或学究气的,但仍然是马克思主义)教育和知识生产体制的后毛泽东思想传统的重要性。同时,迄今的另一个悖论是:大批学生涌向西方(首先是美国大学),也使他们暴露在美国学院的理论和知识—政治训练面前。令中国"自由主义者"感到十分烦恼和遗憾的是,目的院校越是"精英",系科越是"声名远扬",越是"激进分子"或"左派"的去处(芝加哥大学社会思想委员会除外)。完成了令人羡慕的教育,即在伯克利和杜克这样的学校里修完了学业,这么多优秀的中国留学生却成了狂暴的"新左派"。海外学生在中文世界出版的第一波作品遭受了"洋泾浜"的指责①。然而,90年代末的时

---

① 参见刘东:《警惕人文的"洋泾浜"学风》,《二十一世纪》1995年第1期,第1—6页。通过给海外留学生在中国出版的著作贴上"洋泾浜"的标签,刘东提出了某种排他性的中国性概念,只有那些生活在今日中国特殊的民族情境中的人才可以享有这一概念。然而,对于刘东来说,中国又特别需要诸如进步、自由和民主这样的普世价值。换句话说,任何跟这一普世道路相背离或者批判这一道路的声音都会被指责为"非中国"。在90年代晚期,刘东成为《中国学术》的主编,这是一份志在推动"真正"的中国学术的杂志。但是,这份由哈佛—燕京学社赞助的杂志显然更加投合国际汉学圈子的口味,而不是那些在研究机构里苦干的"真正"的中国学者的口味。对于刘文非常尖锐的批判,参见甘阳:《洋泾浜与"我们"》,《二十一世纪》第33期(1995),第21—28页。

候,随着国内学者和海外学者愈发增强的甚至是有规律的交流合作,随着大量西方批判性、理论性作品几乎不间断的翻译,区分"新左派"中"地道中国的"和"洋泾浜的"元素已经不再可能,也不再有意义了,因为这些元素都跟中国现实紧密相联。

第一批被贴上"新左派"标签的是一些在西方首先是美国研究社会科学、人文科学的中国学生。他们中的一些人那时已经回了国,其他人从那时起开始在美国大学里教书。其中大部分人都定期出版中英文著作。通常涉及的"新左派"嫌疑犯名单——崔之元、王绍光、甘阳、黄平、刘康、刘禾等等——引发了一个令人好奇的问题:分发这样一个政治性的标签到底出于何种知识标准?这些人的背景可谓差异极大。比如,甘阳在芝加哥大学社会思想委员会求学受训,那里无论如何不是激进左派的堡垒。崔之元和王绍光分别在芝加哥大学和康奈尔大学获得政治学学位,两所学校似乎都提供主流的、虽然带有那么点"尖端性"的学术专业训练,即理性选择和博弈论。对于那些因为中国"新左派"崛起而心生警惕的人来说,黄平作为安东尼·吉登斯的学生或许可以称为"新左派",却只能在西方的意义上这么说,因为这个词以其布莱尔主义意味引人瞩目而非以其冒犯性吸引人眼球。两位文学研究者——刘康和刘禾,分别依照马克思主义和女性主义/后殖民主义路向展开研究工作,虽然在一般美国文学和文化研究领域可谓稀松平常,但是对于特殊的中国知识口味来说,或许是够"激进"、够"左"了。但是这揭示出某个发明"新左派"标签的隐含假设:即是说,中国知识分子精神被西方学院败坏了。汪晖,这位近来已然成为假想中的"新左派"主要声音的学者,在他以往的"自由主义"同事看来,直到他从哈佛和加州大学洛杉矶分校(UCLA)访学归来之前还一直是个扎实的鲁迅和中国思想史研究者,可是回来以后似乎就不可救药地滑入了西方左派知识分子的堕落话语之中,变得不再了解也不再关心中国了。这种对于西方学院生活的深深的怀疑和无知,进一步表现为狂热攻击西方马克思主义、后结构主义、女性主义、后殖民主义、文化研究和批判法学——在中国自由主义知识分子看来,这些全都不符合某种想象的、一致的和同质性的自由主义教义,此一教义本身作为以西方为中心的普遍真理现身。在批判中国"新左派"的时候,自由主义者完成了某种短路,即对接了中国"文化大革命"和西方"60年代"。这种轻易的等同在知识和历史还原主义之外,表现出了资本主义增长的后历史时代之意识形态假设。

就像现代中国思想和文化史上的许多其他标签一样,"新左派"对于那些试图把这个称号固化或污名化的批评家来说也是某种含混、多样的现象。然而,这种企图无意中揭示出中国社会政治的多元决定性,后者在具体的、确定的、激烈的当代语境中催生出这一现象,而这跟中国"新左派"非中国那种说法正好相反。不像当代中国民族主义并没有什么政治理论上的阐述而只是作为某种社会情绪的宣泄,"新左派"代表着许多各有区别但互相关联的思想立场和理论话语。它所谓的问题或弱点不是缺乏理论的老成,而是其"无根性",无关于"本土经验"。这一毛病使"新左派"话语变得有罪:引入"西方理论"时并不知道"中国真正需要什么"。"自由主义者"发明"新左派"这个标签用以警告人们:当国家认可的发展主义、去政治化和与全球主流合流展开二十年之后,左翼政治有所复兴。这样一种语境必然给予任何被冠以"左"(虽然是含混的)的事物某种轻蔑性的含义,并朝它拉响警报。这就是为什么大多数被称作"新左派"的知识分子并不接受这一命名;似乎也并不有意或无意地提防自己的立场跟现代世界里其他知识和政治传统相融合。

新自由主义知识分子意识到"新左派"这种拒绝;他们中的一些人甚至承认这一拒绝,注意到"左"之前的"新"表明了某种不同的意识形态前景、不同的知识谱系与一系列社会和意识形态律令。大体上说,新自由主义策略是想通过把"新左派"按在后毛泽东中国的精神—意识形态地图和后冷战"新世界秩序"清晰可辨的位置上从而瓦解之。在90年代最后几个年头里,新自由主义批评家不断指责"新左派"知识分子拒绝(1)自由市场的理念,(2)经典社会科学的言路,(3)自由主义话语的普世性,以及(4)由西方代表的诸如自由民主这样一些普世价值和制度。因此,在中国"自由主义者"的眼里,尽管"新左派"不再依靠绝对国家权力、计划经济和意识形态的至上性,却展现出某种"对传统社会主义的亲合立场,对毛泽东式社会主义的眷念,对直接民主、政治中心、激情跃动的肯定,对单纯理想主义诗意浪漫的顾盼,与对走向务实的当代中国社会变局的不满"①。然而,如果这一描述是准确的话,那么比起新自由主义者和不同政见者思想所带来的威胁,"新左派"给邓小平及后邓小平时代中国国家正当性所造成的威胁要直接得多。事实上,当新自由主义者在为"新左派攻势"大费口舌的时候,他们的立场或明或暗地采纳了中国国家的主流话语,即现代化和普世进步的意识形态。但是新自由主义跟政府意识形态之间如果说有重合的地方的话,也就仅此而已,因为前者还认同了全球意识形态,由此必然需要将中国国家制度看成某种异类,甚至是某种抵抗"普遍趋势"(universal trend)的存在。因此对于新自由主义批评家来说,"新左派"知识分子对于全球资本主义主流意识形态的批判在知识上植根于西方学院这种外生的语境,而在国内,国家的统治则利用了这一点。换句话说,一旦"自由市场"和"自由民主"被看做更先进的历史方案的明确特征,就它们内在的复杂性和矛盾性而展开的反思就会被宣布为不必要的、在知识上没有生产性的和在政治上反动的。这一历史主义时间的总体化概念,用空间性术语来说就是全球资本主义封闭的、完备的边疆,它突显出中国新自由主义者的概念等级和现实安排。新自由主义者正是依照这一世界观来理解中国的。然而,在这张图景中被抹去的东西正是国家和全球资本之间错综复杂的互动——既有复杂性也有矛盾。正是这些互动为今日中国的批判思想话语标示出可能的社会经济条件。

尽管新自由主义者将任何在后毛泽东中国对于发展主义的批判都看成自明的错误和政治自杀,因此觉得这些都不值一提,可是他们似乎难以容下"新左派",恐慌于"依赖西方学术化左派集聚的学理资源,仰仗文化多元主义的学术主张和'全球化'时代潮流凸显的问题意识"②。新自由主义者并不是从自己的思想和理论出发介入到与"新左派"话语的争辩之中,而是选择把"新左派"知识分子所提出的问题简化为意识形态—政治幻想,认为后

---

① 任剑涛:《解读"新左派"》,见李世涛编:《知识分子立场——自由主义之争与中国思想界的分化》。

② 同上。

者足以为现实和"常识"所驳倒。因此,他们的批判策略常常是说明中国"新左派"如何机械地采用了西方对应物的话语,对于两种运动在社会经济、政治和文化语境上深刻的、结构性的差异武断地不予考虑。这当然也就是新自由主义"中和"那些受到西方学院圆熟的批判—思想话语支持的"新左派"知识—理论话语的方式。

在如此为之的过程中,他们求助于某个经典自由主义的简化版本和新自由主义,而忽略了诸如"新政"这样的欧洲和美国进步自由主义的社会改革遗产。结果,在当代"自由主义"和"新左派"论争中出现了某种知识和理论上的不平衡:当今日中国的批判知识分子开始着手对社会主义以及资本主义的现代性假设展开系统性的和大范围的质疑,并且一部分还参与到西方学院里的批判话语时,他们的"自由主义"对手还极其依赖诸如实证主义、历史主义、绝对真理(即"看不见的手")这样"历史悠久"的概念,并在意识形态上拥抱了人权、开放社会和个人自由这些带有冷战意味的修辞。自由主义者通过公开挑战中国既存制度的正当性,结果造成了有意义的思想辩论展开的社会空间的闭合(在 80 年代还是相当开放的),或者更准确地说,新自由主义有了某种重新定义国家政治本质(如果还不是改宪的话)的企图,即按照新自由主义经济原则来重新组织整个社会领域。我无意于将当前中国"自由主义"和"新左派"的思想之争简化为代表各自的西方主人叙事的"代理人"之争,就像文学批评家刘再复曾经在另一个语境里所抱怨的那样。① 我想说明的是,真实的思想和意识形态冲突与其说是在理论和思想的话语空间里运作,不如说是紧贴着某条社会意识形态的断裂带,即支配性的全球意识形态与其"在地"的共振和抵抗之间的断裂带。

这种思想—意识形态的战斗不仅在外部展开,而且内在于国家和资本错综复杂的结合体之中。换个不同的说法,中国从公有制计划经济向公私混合、民族国家同国际资本相交叠的"社会主义市场经济"的转变,正是在

---

① Liu Zaifu. "Farewell to the Gods: Contemporay Chinese Literary Theory's Finde-Siècle Struggle." In Pang-yuan Chi and David Wang, eds., *Chinese Literature in the Second Half of the Twentieth Century: A Critical Survey*. Bloomington: Indiana University Press, 2000, pp. 1-13.

中国新自由主义者私有化、解除国家管制和自由化的呼声之中,找到了自身的感伤主义注脚,而这一转变的社会本质以及政治、组织上的表述就发生在"社会主义改革"名号之下的国家形式和国家政策里面。中国媒体就新自由主义与"新左派"争论所表现出的充满矛盾、令人好奇的沉默就说明了这一点,我们得承认,这一媒体既非全然为国家所掌控,也不是完全受到市场驱动。政府决定置身此次论争之外也可以说明一些问题,它甚至对围绕首届"长江图书奖"所展开的日益升级的公共辩论不置一词。注意到以下事实就更有意思了:此届大奖由《读书》组织评选,而这是一份所谓的"新左派"所控制的杂志,并且接受了香港商业大亨李嘉诚为此次奖项所提供的重要的财经资助。尽管在政治上有一些敏感之处,论争的两派也影射对手的腐败,但是这场论争似乎还是处在国家的直接关注和优先考虑之外,对后者来说,对于"左"和"右"同样冷漠,也一并捍卫。

尽管国家和市场主导的日常生活主流都避开了这次论争,但是自由主义和"新左派"知识分子对中国现实和他们所感知的世界提出了竞争性的、互相冲突的思想主张。他们都是现代中国思想和政治传统有意识的继承者,虽然这一传统以极不相同的方式被重新阐释和重新发明了出来。这一断层线令人熟悉的标志正是经济自由和政治民主、市场和国家干预、现代性及其批判之间一系列显见的紧张。"新左派"的理论框架确实常常借自西方知识左派,通过这一框架他们将中国现实理论化了。"自由主义者"常常斥之为"理性的狡黠",这似乎是对于黑格尔概念的误用,以之来说明某些更为粗糙的东西,即"智力的诡计"或"意识形态的面具"。"自由主义者"跟80年代的文化知识分子不同,他们在攻击和摒弃西方知识左派时毫不犹豫,斥之为仅仅在自由市场及其主流意识形态所支配的现实中占据边缘、毫无切关性。"新左派"以同样的方式攻击和摒弃哈耶克或福山,斥之为极糟糕的、令人生厌的意识形态。因此,对于新自由主义者来说,法兰克福学派仅仅被视为对于战争期间德国特殊处境的回应,而它对于美国式"文化工业"的批判在自由民主的环境中造成了某种"误置的"反极权主义。而来自60年代的"文化左派",特别是它的理论小分队——福柯、阿尔都塞、克里斯蒂娃、罗兰·巴特以及美国的杰姆逊——被描绘成受到中国"文化大革命"

启发的波西米亚颓废和乌托邦狂想的独特形式。①

"新左派"的另一些理论话语出自伊曼纽尔·沃勒斯坦的世界体系理论、萨米尔·阿明的依附理论、分析马克思主义和批判法学,甚至是作为"反自由主义"形式的社群主义,这些很快就被"新左派"的"自由主义"对手们所摒弃,斥之为挑战资本主义体系"长程合理性"的无用、无望的企图。90年代中国完全分化和政治化的现实当然渗透进了中国知识界,对于任何价值系统或理论话语,知识界不再有一致拥护的情况出现,这比起80年代仍受怀念的集体性欢愉来说,当然是往前迈进了一步。当整个90年代,对立立场和话语的全球语境变得越来越明显时,它们的社会代理人和利益也越来越清楚地显形了。某些新自由主义的观点接近于呼吁既有体制解体,而某些"新左派"的反攻也被推到了极端,有退到简单诉诸毛泽东中国道德感召的危险。然而,两者都表明中国知识分子参与到分化日趋严重的社会领域之中,并且跟不同的社会集团站到了一起。

中国"自由主义者"的谴责最落落大方之处就是承认"西方左派……这种乌托邦思想对于西方社会文化语境来讲,有其必要性。它始终以其不妥协的批判态度对现实进行指责,成为现实社会趋于完善的精神动力"②。可是,当这种发达国家里身处边缘的过剩的乌托邦思想被传入中国,用以批评"一个艰难地向繁荣富强、自由民主社会推进的思想与实践现实"时,就丧失了自身的乌托邦性和政治合法性。以新自由主义视角看来,即便有着美好的企图和可敬的道德品质,"新左派"之关怀中国只是犯了某种"错置具体感的谬误"③。然而,自由主义者批判"新左派"最着力之处正是后者的道德和政治主张:"遮遮掩掩地为'社会主义'辩护,内心希冀用社会主义取代

---

① 参见郭剑:《詹明信与文化革命》,《万象》1999年第9期,第59—68页。对于此文的批判,参见张旭东:《全球化时代的思想封闭症》,1998年,见 www.csdn.net.cn/page/china/shiye。

② 任剑涛:《解读"新左派"》,见李世涛编:《知识分子立场——自由主义之争与中国思想界的分化》。

③ 同上。

资本主义。"①直捣思想论争道德—政治内核的意识形态狂热,反映了对于历史状况得意洋洋的自我意识,正是这一历史状况导致了新自由主义的全球性支配。依照经济学家阿瑟·麦克伊万(Arthur McEwan)最近对于新自由主义的批判来看,此一状况正是这样一种事实:今日世界经济"几乎全部都是资本主义式的了",资本主义首次在历史上成为了几乎"真正全球性的;世界上不再有任何实质的部分普遍外在于国际经济体系"。② 中国新自由主义者在进攻"新左派"对手时所表现出的攻击性也可以支持麦克伊万的一般观察:"当新自由主义的基本信条在富裕国家展开的时候,在许多拉美、非洲、亚洲和中欧、东欧的低收入国家,正是政策在实行自己的权力角色。"③出于同样原因,这也反映出民族国家趋向全球化的自相矛盾性,像中国这样一个巨大的、延续下来的社会主义国家亦不例外。

在这些环境之中,寻找超越自由主义教条的知识框架赋予了中国"新左派"知识分子某种松散的但却是有意识联合在一起的特征。这就是同时使之既"新"且"左"的原因,尽管"自由主义"批评家指责"新左派"在政治上、经济上或文化思想上挑战资本主义的尝试既老式又失败。在这个意义上,正是今日世界真正的社会经济现实给了新自由主义话语道德和意识上的确定感,同时也给了它的批评者合法的、急迫的知识和政治议程。④ 中国"新左派"知识分子显见的目标就是摆脱制度拜物教化了的社会主义与资本主义这件概念的紧身衣。这一倾向在崔之元、甘阳、汪晖和王绍光那里表现得尤其明显,显然他们对之都有着自我意识,虽然他们的知识背景和话语基础其实很不一样。然而,只有说明了后毛泽东中国思想和文化史的不连续性,方才有谈论现代性问题核心的资格。中国和世界经济、政治、文化和

---

① 任剑涛:《解读"新左派"》,见李世涛编:《知识分子立场——自由主义之争与中国思想界的分化》。
② MacEwan. *Neo-Libera Lism or Democracy*. New York:Zed,1999,p.27.
③ Ibid. p.4.
④ 杰姆逊面对世界共产主义运动的失败时对于马克思主义切关性的捍卫,使这一点变得更加清楚了。Fredric Jameson. "Actually Existing Marxism." In *Marxism beyond Marxism*? Special issue of *Polygraph*,no.7(1993):170-196.

意识形态彻底的变化标示出了这一不连续性,此外,对于许多未经检验的概念、范畴和假定有了更多的批判和分析意识也突出了这一不连续性,而这些概念、范畴和假定都突显出新时期的现代化意识形态。

正是这一复杂且成问题的社会主义和资本主义概念促使"新左派"知识分子拒绝标签,他们往往认为自己只是反对新自由主义,但并不反对自由主义话语。后者在后毛泽东中国的政治和知识语境里仍然是某种有用的资源,也是一种开放的视野,与之相反,"左"的东西却总是招来大众或知识分子的怀疑,引发令人不快的记忆和联想。有一些人试图通过指认自己的思想对手,比如新右翼或极右翼而不是自由主义话语来表明自身的"新左派"立场。另一些人将"新左派"重新命名为"自由左派"来突显自身与西方及后毛泽东中国思想起源中的自由社会民主传统之间的联系。但是所有这些努力都没有改变习惯性的谈论方式,何况媒体又一再渲染——将这一90年代中国核心的思想冲突视为"新左派"和自由主义之间持续展开的论争。虽然习惯性的语言有其歪曲性,但是它还是无意中揭示出这样一个事实:中国就像其他地方一样,正是新自由主义话语和意识形态限定了知识和政治环境,其他立场只能被迫回应之。

## 国家能力理论

自80年代晚期以来,由于去中心化、市场化和私有化的压力加剧,新自由主义经济既在政策制定班子也在秉持独立精神的经济学家那里获得了感召力。1992年之后,新自由主义经济成为了"社会主义市场经济"思考和政府经济政策的支配性模式。① 在这个语境里,某种批判性和建设性的话语在90年代早期出现了。当时在耶鲁大学任教的政治学家王绍光和他的合作者——清华大学教授胡鞍钢提出了国家能力理论,此一理论赞成强大的中央国家调控市场的原则,并由之约束地方保护主义和分裂倾向以及垄断

---

① 今日中国经济学的学科环境正是凯恩斯"不再被研究只是被容忍",而"哈耶克却被无限吹捧"。参见管毅平:《凯恩斯思想演变的轨迹》,《读书》2000年第4期,第92页。仅仅十五年之前,中国主流经济学家还以为凯恩斯是个标准的反马克思主义的资产阶级经济学家。

和不平等竞争的趋向。更重要的是，它还谈到有能力的国家需要维持可靠的国家防御能力、社会财富的公正分配以及国家的道德和政治和谐。国家能力报告的核心观点看似是技术性的：为了履行国家培育有意义的、有创造性的民族生活时富有活力、必不可少的角色，国家必须保持"强大的汲取财政的能力"。

王绍光和胡鞍钢的看法可以说是在中国语境里首次作出的对于国家和市场相互关系的系统思考之一，也是对东欧过渡社会，特别是苏联和前南斯拉夫的经济衰退、政治挫败和社会悲剧较早的回应之一。面对着如俄罗斯信奉新自由主义正统教条所带来的毁灭性后果，也面对着中国社会主义国家相对原始的机制，他们在报告里提出了在市场环境中确保税收的征税原则。因此这并不是什么反市场的观点。国家能力理论始终如一地强调为经济成功、社会公正和政治稳定地走向"社会主义市场经济"开拓道路。他们坚持中国努力要建立的市场经济必须建立在现代企业制度、财经制度和税收制度之上，而不是建立在小农生产之上；坚持中国市场必须是从地方和区域划分以及地方保护主义中解放出来的统一国内市场；坚持市场必须在平等竞争的原则上运作，后者需要由税收政策和政府服务来保证；坚持这一现代、平等和统一的市场必须受到建基于社会契约的法律结构的调控和保护。他们进一步认为统一的国内市场必须向外部世界开放，并与之兼容，必须允许商品、资本、技术、信息和人才的自由流动。①

国家能力报告所建议的社会经济和政治框架为90年代以后涌现的多种社会和思想潮流提供了空间。由于认可市场改革并提倡中国国内市场最后要与全球市场相兼容，这一立场也就支持改革的主要推动力，但它同时强调维持国内统一市场以及斡旋于国内和国际市场的国家能力。国家能力理论与"入世"争论中涌现出来的经济民族主义观点不一样的地方在于，它对于建立社会主义福利国家和"社会主义市场经济"抱有承诺；也在于它强调了社会主义政府在国民经济和政治生活中的领导作用。与之相比较的参照框架，即俄罗斯的激进私有化和中央权威在经济生活中的消失，使国家能力

---

① 王绍光、胡鞍钢：《中国国家能力报告》，香港：牛津大学出版社1994年版，第159页。

理论确定了反对自由主义教条的立场,那个时候中国大多数知识分子正要拥抱1992年的中国市场改革,此一变革正是邓小平承诺继续推进改革的征兆。尽管采用了政策导向的方式,国家能力理论是面向中国政府政治改革的思想关切的首次发声之一。以经验判断为基础,即认为中国向市场经济的过渡"应该处在中央政府的指导之下",国家能力理论提出了此一转型成功的必要条件:(1)必须转变和重组中央权力的功能,从而催生出新的、有效的宏观调控框架;(2)政府必须根除制度性腐败,后者必然会导致大量的社会不稳定,并使公正的社会经济改革发生问题;(3)政府必须允许不同意见之间的自由辩论,并使政策制定更为民主。通过强调由强大而民主的执政国家来确保社会政治原则和社会财富公正分配的经济理性,国家能力成为发展主义意识形态的对立面。发展主义就是"不平衡发展的政治经济学"的核心内容,这一经济提出了市场改革中必然会引发收入差距和区域不平等。在中国的经济越来越变成市场导向的时候,王绍光也是首批呼吁建设全面的社会保障体系的学者之一。

当中国的经济和政治现实远未符合这些作者所提出的理论要求时,今日中国的思想—意识形态战线依然集中于这些问题。针对新自由主义对于福利国家的正当性攻击日趋猛烈的情况,王绍光用一篇评论斯蒂芬·霍尔姆斯和凯斯·桑斯坦的新书《权利的代价》的书评回应了这一问题。在这本书里,两位作者认为所有权力,包括所谓"消极自由"都依赖于国家及其税收;所有权力都是公共财产,保护它们需要政府作出富有社会责任和道德上令人满意的选择;有鉴于"自由"俄国的悲惨现实,"无国家就无权利"。王绍光十分同意这一看法。他进一步指出在西方社会政治光谱里面,中国自由主义者应该被看做右翼分子和偏右的自由主义者;而像霍尔姆斯和桑斯坦这样的自由主义经济学家及法学家或许会"跟中国'新左派'同处一条战壕"。①

---

① 王绍光:《自由派? 自由左派还是自由右派?》,2000年10月16日,见 www.csdn618.com.cn/century/zhoukan/diyishijian/0010/10161box01.htm。此文为《权利的代价:为何自由依赖赋税?》一书的书评。

## 制度创新与思想解放

由麻省理工学院政治经济学家崔之元提出的"第二次思想解放"和"制度创新"话语,力图破除绝对市场和绝对国家的拜物教,呼吁群众参与创新中国社会经济和政治制度过程。在已故芝加哥大学政治科学家邹谠向中国读者介绍崔书所写的导言中,他认为崔之元的理论出发点正是"'规律'与'解放'的矛盾;普遍性与特殊性的对立"①。在邹谠看来,崔之元的思考最大胆也是最引发争议的一点就是重新讨论了毛泽东超越"自然历史进程的规律"的尝试,回到了毛泽东"人民群众创造历史"这一信念的哲学和政治核心。对崔之元来说,这一信念使毛泽东将中国社会经济的落后看做"一穷二白,反倒好画(人类历史)最新最美的图画"。这同一个信念也促使毛泽东认为生产资料的公有制不能解决社会主义的内在矛盾,反而产生出一个新的官僚上层阶级即"党内走资派"。毛泽东的解决方法就是"大民主",动员人民群众参与国家政治被看成中国社会主义的制度保证。② 同时,在邹谠眼里,更重要的是崔之元马上指出,毛泽东的"党内走资派"这个概念,以及他批判性地采用张春桥的"资产阶级法权"概念,说明毛泽东本人并没有从历史决定论中完全摆脱出来。比如,崔之元认为毛泽东不相信选举是表达民意的方法就是错;他提出毛泽东"并不了解民主制度与选举的真正性质,不相信他们在社会主义与资本主义社会都可以实行"③。因此,崔之元觉得"文化大革命实际上是流产了的'大民主'实验",也说明毛泽东始终未能从"解放"这一边突破现代性的矛盾。④ 用邹谠的话来说,在这个例子里突显崔之元"思想解放"和"制度创新"概念的,正是他"将毛的思想分

---

① 邹谠:《第二次思想解放与制度创新·序》,见崔之元:《第二次思想解放与制度创新》,香港:牛津大学出版社1997年版,第 xxvii 页。
② 同上书,第343页。
③ 同上书,第358—363页。
④ 崔之元:《第二次思想解放与制度创新》,第358—363页。

解成多个组成部分"①。这使崔之元可以分析毛泽东在"文革"中整个思想失误的理论上的根本原因,同时肯定其中的一部分,即"大民主"概念,然后再将这个概念与其他理论、制度化的范畴,诸如昂格尔的民主社会概念联合起来,变成他思想解放、制度创新的重要组成部分。

崔之元也将这一思考应用到其他范畴之上。比如,通过将产权概念定义为"权利束"而不是某种统一的、神话般的实体,他揭示了权力、特权、豁免权和其他次级范畴诸如剩余控制权和剩余索取权等如何因为要同时表达股东和利益相关者的利益而进行新的配置,从而也为思考同时处于私有和公有产权关系条件之下的经济民主打开了新的理论空间。在对自由市场概念的批判性分析中,崔之元通过讨论美国近期制度和思想变化的具体案例(诸如80年代美国29个州公司法的变革)驱散了"看不见的手"的神话,并为中国改革提供了启示。因此,一个隐含的观点就是:我们所知的当代资本主义体系在很长一段时间其实是回应了社会主义挑战和工人阶级运动,与之妥协进而控制后者的结果;甚至可以说美国经济中的社会主义成分远比它的中国或俄罗斯批评者及羡慕者所承认的要多得多;以资本主义之名表面上对现实激烈拒斥事实上给了作为意识形态概念的"资本主义"太多的信任,并让那些依然试图寻找替代性方案的人们穿上了思想的紧身衣。

分析中国乡镇企业在过去二十年里突飞猛进的现象时,崔之元在毛泽东失败了的乡村工业化理念那里追踪到了它的起源,毛泽东的这个想法正是产生于50年代晚期灾难性的"大跃进"时期,也可以说中国乡镇企业有着人民公社制这一不那么光彩的基础建设前史。他也注意到这种乡村工业与日本乡村工业化之间的联系,后者平行于日本大规模的城市化,也平行于中国在冷战高潮期间将工业力量分散到内地作为国家防卫策略这一政策。1978年之后中国乡镇工业大放异彩,生动地说明了:"'大跃进'冒进的失败,并不妨碍其中的合理因素在新的条件下重组而再现。"②针对今日世界

---

① 崔之元:《第二次思想解放与制度创新》,第 xxix 页。
② 邹谠:《第二次思想解放与制度创新·序》,见崔之元:《第二次思想解放与制度创新》,第 5 页。

占据支配地位的新自由主义正统学说,崔之元写道:

> 发人深思又饶有趣味的是,正当东欧、俄国和中国的一批"新精英"阶层和他们在知识上的代言人将"私有制"奉为新"圣经"的时候,美国的公司法却发生了向相反方向的深刻变革。长期以来,私有制在公司法中体现为如下公司治理结构(Corporate goverance):股东是"所有者",经理必须并且仅仅为股东的利润最大化服务。但是,从80年代末至今,美国已有29个州(即超过半数的州)修改了公司法。新的公司法要求公司经济为公司的"利益相关者"(Stakeholders)服务,而不仅为股东(Stockholders)服务。换言之,股东只是"利益相关者"中的一部分,而劳动者、债权人和社区则为另一部分"利益相关者"。公司法的这一重大变革,突破了似乎是天经地义的私有制逻辑(即股东是"所有者",经理只为所有者服务),成为美国近年政治、经济舞台上最有意义的事件。①

注意到那些时常往返于太平洋两岸的美国经济学家很少向他们的海外听众提及这些变化,崔之元引用了前任克林顿政府经济顾问委员会主席斯蒂格利茨被问及对社会主义国家有何建议时说的那句风趣的话:"按我们说的去做,但别按我们做的去做。"崔之元同时也受到了中国经济学家卢昌崇建议以中国方式建立"现代企业制度"的启发,后者集中探讨了如何处理"老三会"和"新三会"的关系。"新三会"指董事会、股东大会和监事会,这些都是1994年中国新《公司法》生效后得以体制化的。而"老三会"是指党委会、职工代表大会和工会。他和卢昌崇一样不满于中国新的《公司法》在遵守"国际惯例"的时候,没有跟从使职工参与公司决策制度化这一发展潮流,只有在国有独资企业中职工代表方可入选董事会,因此使职代会和董事会之间失去了联系纽带。崔之元同卢昌崇一样拒绝了资本主义公司制度的陈旧观念,并呼吁对现代企业的中国模式进行创新性探索。②

---

① 崔之元:《美国公司法变革的理论背景及对我国的启发》,见《第二次思想解放与制度创新》,第197—198页。

② 崔之元:《第二次思想解放与制度创新》,第212—213页。

崔之元所谓"第二次思想解放"其实是指对"诸如私有/国有、市场/计划、中体西用/全盘西化这些传统二元对立"进行辩证超越。这些对立在70年代晚期反对马克思主义教条时涌现了出来,并为80年代社会主义经济改革铺平了道路。第二次思想解放的"重点将不再是对'保守派'的简单否定,而是着重扩大制度创新的想象力空间;它将不再留恋于非此即彼的两分法而将以经济民主和政治民主为指导思想,寻求各种制度创新的机会"①。通过将分析建立在同时具有破坏性和建设性的辩证思考的动力实践之上,崔之元大范围地考察了历史或当代案例,诸如从让-雅克·卢梭和J.S.穆勒的著作到后福特主义式的生产,从中国乡村选举到俄国的"休克疗法"。当然,他对于制度和思想拜物教的批判指向了自由市场的意识形态以及资本主义同质体系对于整个世界越发强化的支配。他对于作为正在展开之历史动力的当代资本主义的分析,在特殊的中国语境中恰是在呼吁继续理解资本主义历史复杂性和社会政治矛盾的努力,从而能够站在世界资本主义历史之上掌握、挪用它的民主、自由元素,挪用那些推动资本主义不断向前的元素,而所有这些元素都遭到资本主义物化体制和意识形态的抑制、压制和歪曲。这样一种反抗世界资本主义总体性力量和时间框架的姿态在今日中国奏出了批判思想的最强音,这一声音建基于对于民主和自由的承诺,将两者同时作为制度安排和思想乌托邦,后者超越了现实政治的视野,也超越了资本主义和社会主义的物化概念。

## 从乡土中国到文化中国:走向政治民族

与那种将后毛泽东时代中国经济发展归因于私有化的假设相反,许多中国知识分子承认这样一个事实:过去二十年强有力的发展之最为重要的推动力之一正是中国的乡村工业,或所谓的乡镇企业。它们在80年代早期还显得不那么重要,可是到90年代下半叶竟增长至中国国内生产总值的三分之一强。对于甘阳这个经历过80年代"文化大讨论"的老兵、"八九风

---

① 崔之元:《第二次思想解放与制度创新》,第13页。

波"之后的流亡者和"社会与思想丛书"的主编来说,乡镇企业的崛起不仅仅是个经济现象,而且是乡村中国现代转型的某种征兆。这一崛起的确是中国现代性的历史性开端,它与中华帝国的秦汉模式、前工业时期的内卷模式或者历史学家黄宗智所谓的"没有发展的增长"模式截然相反。

甘阳的核心关注点仍然是现代性。对于他来讲,中国乡镇企业兴起所带来的历史性暗示正是某种不同于西方现代性的发展道路。"中国农民告别农业社会的方式不是蜂拥挤入城市,不是变成完全丧失乡土的赤裸裸的无产者,而是在乡土中国的广大土地上创造了'离土不离乡、进厂不进城'这一极为独特的中国发展模式。这既不是出自经济学家的设计,也非来自政治领袖的意志,而只不过是被乡土中国的生存困境所逼迫而成。"①

在资本主义市场加剧了的全球性面前,中国乡村工业的前途未卜;而中国政府正依照"国际"标准——即"私有化"的标准强化社会的理性化,这对集体和以公社所有为基础的经济发展来说不是一个好兆头。但是甘阳的看法之所以仍然重要倒并不在于他作出了某种微观的经济重估,而是在于他提出了关于中国现代性另一种发展模式的宏观性的社会文化看法。甘阳认为,中国乡村企业兴起的深刻历史性意义在于"它为华夏民族从农业社会转向工业社会提供了可以依托的微观社会组织基础"。换句话说,中国乡村工业的发展并没有付出削弱、破坏、最终是毁灭既存乡村共同体的代价;相反,它在紧密联系乡村共同体并与之互相依赖的基础上兴盛了起来。乡镇企业的繁荣支持了乡土中国共同体的重建。甘阳说道:"华夏民族从农业社会转入工业社会,或许可能创造不以彻底摧毁乡土社会为代价的历史经验,果如此,这不仅对华夏民族'生活世界'之历史延续具有无可估量的意义,而且将是对人类文明史的莫大贡献。"②

甘阳对于中国乡村工业稍显理想主义的描绘,同王绍光对于中国国家

---

① 甘阳:《文化中国与乡土中国》,见《将错就错》,香港:牛津大学出版社2000年版,第186页。

② 同上书,第186—187页。

能力的反思以及崔之元批判统一的发展模式之间或明或暗的对话是多方面的。如此看来,甘阳"文化中国"的概念被证明是关涉到作为工业化历史经验之现代性的历史概念,而不是某种有关儒家复兴的反历史思辨,而此一儒家正是通过同全球资本主义相兼容才复兴起来。事实上,甘阳的"文化中国"应该被看做社会经济转型历史性阐述中的一个环节,即它在"政治民族"中实现自身之前的一个环节。正是在这个基础上,甘阳就像我们前面所讨论的那样批判了中国的民族主义意识形态。换句话说,"文化中国"预示了中国现代性尚未被实现的社会政治内容,它由"新的基层生活共同体、新的社会组织和网络及新的日常生活形式"组成。甘阳以一种让人联想起他针对那些规定80年代中国思想图景的传统/现代、东/西二元对立呼吁激进阐释学的方式,坚持用现代西方的历史进程作为把握中国问题的参照框架:"现代西方人所理解的财产关系、权利结构、公民身份、民主参与等等,无一不是历史地生成于西方现代性——以农业西方转向工业西方为发端——的过程之中,并随着西方现代性之开展而不断演化、完善,那么,不难想见,今后中国人关于财产关系、权利结构、公民身份、民主参与等一切问题的理解,也将随着'中国现代性'之历史出场而逐步成型。"①

正是这一历史框架使甘阳能够将诸如"资本主义战胜了社会主义"、"私有化是唯一光明大道"等宏大叙事或历史决定论看成必须在后冷战时代抛却的冷战意识形态残余。通过深入反思"冷战社会主义之不可行性"和"冷战资本主义之不合理性",甘阳以曲折的方式介入了90年代的思想论争。这就是为什么甘阳第一个在90年代初介绍自由主义话语(包括柏林的消极自由观念),却在这一十年的末尾用同样的思想话语攻击那些喜好反民主或贵族式自由概念的中国知识分子。对于甘阳来说,中国90年代的自由主义知识界有两个特征,一是普遍强调私有产权,二是通过个人自由修辞与全球权力主流在意识形态上比翼齐飞。所有这些都使他们的"自由"概念同社会、政治和经济民主概念产生了激烈冲突。自由主义知识界默认

---

① 甘阳:《文化中国与乡土中国》,见《将错就错》,香港:牛津大学出版社2000年版,第190页。

了支配被剥夺人群权利以及以市场原则的名义进行财富不平等分配的特权式自由。① 这也是为什么他既提倡"一人一票"的现代民主理念,也拥护可以控制区域寡头的强大统一的宪政共和国。② 甘阳被自由主义批评家们贴上"新左派"标签,只是表明中国新自由主义者认可了极保守的教条主义,虽然这一教条处在经典自由主义哲学语汇的拙劣伪装之下。

这三种话语构成了对盛行的新自由主义经济正统论说——即市场和私有产权——的意识形态反抗和理论批判。王绍光和胡鞍钢聚焦于进步性的政府政策制定。崔之元试图解构从属于放任资本主义意识形态整体的颇成问题的概念,并在当代世界社会经济和政治生活之中重新挪用或者说在理论上发展创新理念和实践。甘阳在关注乡土中国的社会文化重建之外,特别强调了大众民主和社会秩序之间的辩证法。他们的观点在许多方面都可以看成是对于冷战后俄罗斯灾难性的私有化之否定性回应,也可以看成是关于中国经济战略及其民主潜能的某种肯定性的、有时颇具理想性的看法。这些看法都是中国知识分子带着特殊的中国视角和中国意识在全球语境中评价和理论化中国现实的首次尝试。

## 谈论中国式的现代性替换方案 (Chinese Alternative)意味着什么?

尽管有凶事预言家居心叵测的预告在前,中国的情况并没有带来"消失"或瓦解的问题(文化帝国、民族国家或是社会主义现代性等等的瓦解),反而催生出许多新的社会文化建设,虽然这种建设共生于后历史的世界秩序,也难免与之发生矛盾。比如,不管是颂扬还是哀悼毛泽东中国的消失都为时过早。对于许多杰出的历史学家和文化批评家来说,毛泽东时代的中

---

① 甘阳:《自由主义:贵族的还是平民的?》,见李世涛编:《知识分子立场——自由主义之争与中国思想界的分化》。英文译本参见 Gan Yang. "Debating Liberalism and Democracy in China in the 1990s." In Xudong Zhang, *Whither China*? (2001), pp. 79-102。

② 甘阳:《公民个体为本,统一宪政立国》,见《将错就错》,香港:牛津大学出版社2000年版,第309—312页。此文最初发表于《二十一世纪》第35期(1996),第4—14页。

国始终是在新的全球语境中对于古老文明的重建和改造,而不仅仅是对于儒家正统或资产阶级普遍历史的破坏或是两者所做的一场"噩梦"(在那个时期人们常常如此描述毛泽东的中国)。

"中国道路"——官方称之为"中国特色的社会主义"——到目前为止,与今日世界同质性的意识形态主流格格不入。始终坚持中国社会和文化发展的进步方面的批判知识分子,发现必须介入并挪用这样一个可疑的基地,使它回转过来展开反对盛行的妥协主义、市侩主义和犬儒主义的战斗。尽管"中国式的另一条道路"这种话语有其文化民族主义的陷阱,但却是一种话语—政治装置,通过它可以聚焦于发达资产阶级的社会经济和文化体系以及整个社会同另一种生活形式之间的差异,这种生活形式仍然处在被前者改造的过程之中。寻找"另一条道路"意味着拒绝将欧洲中心的现代性概念视为标准的或普遍的;这是一种分析并且打破巍峨的、常常是被神话了的范畴——资本主义、市场、现代性、民主等等——的努力,也是将它们看做一系列历史偶然性,这些偶然性在不同的历史、社会和文化环境下,通过批判性的乌托邦意识的理论生成,可以被选择和重组。因此,"另一条道路"只是表述具体的制度、日常生活和理论话语上的差异。正是通过承认多样而不平衡的世界、承认实际存在的生活世界的具体历史性,普遍性的修辞同时被拥抱和拒斥了。说"拥抱"是因为这一修辞论及了互相关联的物质生产世界,论及了建立在这一世界之上的人类的交换和自我理解。说"拒斥"是因为这一修辞被不平等世界的统治阶级意识形态所玷污,极容易受到诱惑,用强有力的、真实的资本利刃取代人类历史晦暗不明的视野。

"另一条道路"这种话语提供了某种想象的立场,可以藉此来质问新自由主义视野的普遍性主张:除非从狭隘固定的、拜物教化的资本主义本体论中得出意义,否则一切无用。这一话语建构了某种"策略性本质主义"(strategic essentialism)的形式(斯皮瓦克在某个不同然而相关的语境中创制了这个范畴),它对峙于毫不忏悔的欧洲中心主义和历史决定论,我们甚至可以在西方左派最具理论创新的作品中遭遇这两者,自由主义主流自满的话语就更不用提了。①（资本主义总体性）"没有外部"这一口号就跟"另类选择"的套话一样空洞无物，还会将人引入歧途。所谓"另类"（或替代性方案）无非意味着卷入资本主义社会政治主流与之同化的渴望而已，只不过是用更加激进的平等、地理上的平等、族裔或文化上的平等来求取同化。两者都认为资本主义是普遍的、放之四海而皆准，丝毫没有以下想法：贯彻超越这一既存体系的特定历史形式之政治、社会和文化独一性及创造性。②两者都心甘情愿地服从于资产阶级的主体性概念，这一主体性反过来决定或多元决定了资本主义世界体系中的价值和意义。特别是两者都在所谓后工业、后现代或信息时代的每一轮资本主义自我转型中追逐乌托邦许诺的幻影，然而事实上只是把自己更紧地系在体系控制的同质化、本质化的单一性之上。通过在理论上拆解"文化"，许多已经被吸纳了的共同体的宗教、文化和传统防御机制被砸烂了，而"左"、"右"两边的普遍性话语就在这个时候加强了所谓资本主义文化种族中心主义的东西，德勒兹称之为"无器官的身体"：资本主义否定精神的本体论至上性、内在的分化和自我肯定能量。如此一来，这些话语把资本的无所不在和灵活性混淆为局部自主或普遍化更高层面的新的可能性，也错误地以为加剧了的资本主义不平衡性和对于潜意识的殖民是某种新的自由形式。说出现了某种全球性的帝国秩序无异于说美国把自己的经济、政治和文化形式强加给全世界。这样一个无时间无边界的帝国，它的全球警察角色、它对人性整体上的鼓吹，并没有使我们所知的资本主义变得更普遍或是更具总体性；这仅仅反映了美国对于世界更为有效的支配，反映了处在得意洋洋、自满自夸情绪之中的资产阶级意识形态。

在这一语境中，"中国道路"在追求开放历史视域的全球经济、政治和话语斗争中构成了某种局部战役。"中国道路"以其真正的局部性和民族规定性代表了进行创新思维和社会实验，并且反对制度和理论拜物教的政

---

① 参见 Spivak，*In other worlds：Essays in Cultural Politics*. New York：Methuen，1987。
② （全球资本主义）"没有外部"是内格里和哈特《帝国》（*Empire*）一书里的命题。Antonio Negri，and Michael Hardt. *Empire*. Cambridge：Harvard University Press，2000.

治与知识承诺。如果这种至今仍然晦暗不明而且极不稳定的平台可以看成是今日中国松散相连的思想政治统一战线，那么它独自挑明了当代中国思想史和社会思想最为根本的范式转换。这一发展并没有将自己甚得人心的要求建立在文化—种族中心主义的民族概念和"世界历史"必然现状之上，相反，它使资产阶级革命和现代性的核心历史性承诺——即自由、平等和人类的自我实现——保持了活力。在更加具体的中国——尽管同样是"全球"——语境中，这意味着把自由（从压制、剥夺和胁迫中解放出来）和民主的好处扩大，给予永远不应该被遗忘的国内和国外的下层阶级，给予那些"弱势群体"，他们实际上才是世界上的绝对大多数。在思想战线上，甚至是社会理想主义的柔和版本都需要某种不懈的、高度有意识的努力去彻底将去神话化的历史范式再一次"去神话化"，后者即是自启蒙时代以来我们的道德、政治和哲学遗产，而这些东西正不断创造出自己的神话和霸权。在这个意义上，任何关于现代性的另类想象必须将自己看做某种介入行动，但不是去特殊化普遍，而是相反，去普遍化特殊，最终是以它的自我否定而否定了普遍。必须将此种思想任务看成是不断历史化和语境化所有流传开来的普遍主张的普遍性、武断性和知识上的封闭性，同时这一任务保持着朝向未来的、敞开历史的乌托邦视域。

在今日中国，知识生产领域的所有主要立场都凭借同这一迄今为止并不成熟的话语之间的关系而得以确认，这并不让人奇怪。必须指出的是，作为一种思考方式的"中国道路"并不仅仅来自于某种历史的乌托邦观念，在这个特殊的语境里，这一观念很容易跟某种民族及其文化的反历史乌托邦混淆在一起。相反，我们可以在西方哲学、社会理论和政治制度最最热诚的中国学生那里找到"中国道路"的知识表述，首先是在那些执迷于美国的政治史和社会动力的人那儿找到这一表述，他们发现这一动力处在美国媒体的框框和意识形态修辞之下。对于越来越多书写90年代的批判知识分子来说，经济民主、政治民主和文化民主成为了核心议题。他们对于中国改革的最初反思已经触及了后者的意识形态内核，即打破平等的制度，滋养新生的中产阶级，养肥社会财富积累的核心圈子。当然，后者也有意脱离中国革命对于大众的承诺，并且想要参与进新的社会制度的创设之中。尽管承认了市场导向的经济改革的必要性,中国批判知识分子在某些社会政治原则上却与自由主义者意见不甚一致,有时自由主义者内部也有分歧,批判知识分子通过这些原则重新定义了政府的角色,探索了使绝大多数中国人民成为改革主体而非客体的新方式。中国自由主义和"新左派"之间的意识形态冲突成为 90 年代晚期中国思想生活的中心舞台,前者也反映出这一转型方案(改革)不同的社会政治基础。我们已经在前面几页考察了这一论争,但是这里值得就民主概念来总结一下这一主要论争。不同于自由主义鼓吹自主的中国中产阶级、雏形的资产阶级的形成可以刺激以增长为导向的社会并使之稳定,"新左派"强调只有将大众容纳进来才能确保中国改革的成功和改革的政治道德意义。某种讨论资产阶级民主和资本主义发展局限性的系统性话语必然会接踵而至。这样,中国"新左派"的思考可以说是服务于在民主的语境下、在更为公正的物质和社会条件下取得历史优势的"第四等级",这是一种延续而来的社会主义信念。为了这个目的,对于中国国家状况的分析和评估——国家人口、环境、社会经济、阶级和文化情境——再一次获得了优先地位。与自由主义者不同,"新左派"并不认为"汇入世界文明主流"是解决之道,这句话现在已成为理想化的西方模式的代码了。"新左派"知识分子像 20 世纪他们革命的父辈和祖父辈一样,意识到中国的斗争必须以顾及世界其他地方的其他人民的方式得到规定。这意味着他们将不得不阐述作为普遍问题的民族两难之境,反之亦然。在很大程度上,他们的成功依赖于他们是否可以同时超越自洽的中国文化的神话和资产阶级文明历史视域的封闭性。

  在今日中国,权力和市场互相渗透、混合的生产方式,新的法制,新的社会—意识形态框架正在形成。在这一变化情境的无情压制之下,新时期(1979—1989)广泛的社会和思想共识迅速消散了,取而代之的是越发不平衡的中国社会各种互相冲突的社会—意识形态立场。因此在讨论中国 90 年代知识界的过程中,我们所面对的是某个截然不同的任务。当代中国的社会意识形态不再是某种僵硬的内核,它已经变成某种更加灵活、更具渗透性的东西。在 80 年代的废墟之上,不仅矗立起北京和上海闪光的办公大楼和大商场,也矗立起某种极不相同的文化和象征景观。80 年代高峰现代主义话语想象中的那个受它"遏制"的中国,在商品和全球意识形态的削平化力量冲刷下,仅仅成了一种感伤主义的幻象。在90年代新的文化市场里生产和包装的中国——国家宣传、广告业、以流行时尚和市场为导向的媒体、半自主的知识分子,所有这些力量和利益都在同一个空间里竞争——已经创造出某种令人目眩的形象拼贴画和认知真空,这些都有待批判实践的仔细分析。

(朱羽译)

# 第二章　90年代的民族主义、大众文化与知识策略

"八九风波"和1991年发生的苏联解体,极大地改变了西方世界对后毛泽东时代中国的理解以及中西之间的关系。在整个90年代,美国的政界和媒体尤其警惕中国的"民族主义"措辞,在符号和意识形态领域里,盛气凌人又傲慢自负的美国执拗于设想出某个"新世界秩序"里的新对手,而那个被认为是野心勃勃、充满仇恨、不民主、偏执狂式的中国,就成了绝佳目标。通过将"国际社会"的"言论自由"与诸如中国这样的意识形态国家机器并置在一起,从而对后者进行高调而严厉的批评,这种做法几乎算不上新鲜。然而,如果进一步考察的话,人们就会发现,90年代的"妖魔化中国"——门罗(Ross H. Monroe)、伯恩斯坦(Richard Bernstein)等人谈到的那本1996年①在中国出版的书就以此为名——所遭遇到的激烈抵抗并不是来自那些穿着中山装的中国官员,而是来自城市里最早的一批中产阶级,这些年轻人身着牛仔裤或西服,在改革时代的混合经济体制下长大成人②。

---

① 参见李希光、刘康等:《妖魔化中国的背后》,北京:中国社会科学出版社1996年版。门罗和伯恩斯坦都为《纽约时报》撰写有关中国的文章。1997年,他们一起写了《与中国即将到来的冲突》("The Coming Conflict with China")。虽然他们所预测的冲突并没有在90年代晚期或21世纪初实现,但中美关系在1996年的确变得紧张,并且一直没有完全缓和。台湾独立的问题仍然是核心问题,而其他争论也相继而起,诸如贸易不平衡(有利于中国)、货币汇率(美国人为压低人民币汇率)、朝鲜核武器问题、中国社会开放程度不够等等,加之中国这几年越来越多地批评美国单边主义和霸权行为也是一个原因。

② 中国政府在1979年开始乡村改革,那一年正是"新时期"的开始。城市在工业和政治上的改革始自1984年。第一个经济特区1980年在深圳建立。直到1997年,私有企业和公有企业各占国民生产总值(GNP)的一半,12个经济特区在扩大中国外贸方面起了主要作用。"社会主义市场经济"已经成为中国生产方式的官方定义。

自此,美国扣在中华人民共和国头上的笼统的坏名声,改换成了一种更加复杂、微妙乃至悖论性的图景:国家的审查制度由于手机短信而陷入困境,这些短信往来于新兴城市中产阶级之间,他们开着日本产的轿车去参加反日集会;廉价的中国商品涌入美国和欧洲市场,可这些商品的生产者都是些更为廉价的劳动力,他们享受不到多少劳动权利或好处。在网络时代,垄断性的国家宣传处于一种事实上无法控制的信息和公共意见的流动之中;随着彻底汇入世界体系的进程而来的,有同样坚决的军备建设,也有将中国与世界上其他国家分隔开来的意识形态和文化上的自我肯定等等。尽管城市中产阶级或职业白领阶层没有对抗政府的政治自由,他们还是形成了一种属于自己的半自主社会和文化空间。结果,在一个初生的中国公共空间里就出现了新一代的民族主义者:正是市场蓬勃而普遍的发展以及国家力量不断撤退和去中心化,创造出了这个巨大的话语空间①。换言之,如果他们是"民族主义者",那么规定他们这种民族主义的既有私有产权的因素,也有集体归属感的因素;他们既有世界主义的渴望,也几乎宿命般地认识到了世界主义的局限;他们的"民族主义"既是一种对于欧美在早先历史时期所实现的民族主义的理性化效仿,也希望在认同已变得均等而单调的时代里维持某种"中国性"。

绝对国家和古典的"市民社会"——两者都不是展开论述的有效框

---

① 《读书》可能是如今中国最有影响力的知识刊物了,它被广泛地看做一个半自主的论坛,虽说它其实隶属于国有出版社三联书店旗下。后者在后毛泽东时代中国的声誉主要来自于大量出版翻译20世纪西方哲学著作和文化著作。中央电视台是国家媒体的重镇,可是如今愈来愈多的流行电视节目和文化节目都要依靠"独立制片人系统"。虽然名头听起来很诱人,这些独立制片人基本上都是在80年代混乱的文化市场上(在国家管制之外起起浮浮)被称作"文化掮客"的人。到了90年代,这批人拙劣地扮演着他们好莱坞同僚们的角色:发现热点话题、包装"腕儿",这些都可以在市场中找到来源。这些编剧、电影人、报刊女编辑等等,自己倾向于成为自由记者,同时打几份工,诸如在CBS、NHK或CCTV等媒体。当然,他们日常的工作是非常不同的,包括应付国家或地方机构及其规定和特定的具有官方色彩的修辞。这当然就意味着把后者带到市场环境下。超出这个半自治的圈子就没人管了:私营书店和流通网络、咖啡店、音乐厅或歌厅、摇滚乐团、盗版碟片软件商店,还有不计其数的合法、半合法或不合法的出版物小摊,从八卦杂志到色情刊物、主题从"太极"到英语考级,乱七八糟什么都有。

架——之间不断扩大的中间地带极大地改变了描述和分析中国经济、政治、日常世界和文化生活的方式。在此,一个关键的变量被引入到对于中国语境中的民族主义观念和思想话语的思考之中,而这些概念在当今中国的历史和意识形态的含义也随之改变。我在这一章主要关注的是90年代前半段,说得更具体一点,我想考察的是"八九风波"之后思想领域里的某些核心争论,首先是关于民族主义和大众文化的争论,观察它们在发轫期的最初表现。这出于三个理由:第一,90年代见证了某个双重的过程。一方面,它见证了人道主义和现代主义这种普世主义主导文化的式微,见证了现代性哲学话语的衰亡和80年代(或称"新时期")所形成的人文科学知识精英的实质性衰落。另一方面,随着消费文化的兴起和大众民族主义情绪的复兴,这一时期的社会空间得以发展起来。为了呈现出变化背后的社会状况和政治含义,我们亟需考察这两种趋势之间的联系和区别。

第二,从80年代中期开始(1992年起尤为显著),日益多样的、多中心的、出口导向的中国经济以及日趋分化的社会空间已开启了外在于国家体制和知识分子的新领域。这个领域提供了考察知识界的新视角,也即,除了考察知识界与国家之间关系的常规视角之外,还提供了考察其与日常生活领域之间互动关系的视角。因为有了这种新兴的社会空间,所以我们也可以用社会经济学的术语来重新思考民族主义,并通过确立对平等、民主、个人主义和共同体的新认识,来更为深刻地——而非直接和狭隘地——思考民族主义的政治意义。面对熙熙攘攘的世俗消费社会,面对大众文化的霸权和大众民族主义情绪,知识精英的"高等文化"正经历着剧烈的内在转型与分化。这一含糊和暧昧的过程或许辩证地——也就是通过某种自我批判——建立起一个批判性介入的平台,并展开有关大众文化、民族主义和社会变革的讨论。

第三,由于仍处在"八九风波"的影响之下,也因为80年代关于现代主义和启蒙的意识形态共识和思想共识仍然强大,90年代前半期可以清晰地呈现那些核心问题,同时不受新兴的繁荣状况和日益强烈的专业化趋势的影响和干扰,要知道后者是90年代后半期的特色。因此,对于一个带着批判意识关心当代中国社会和思想发展的读者来说,这一时期的观点与表现便可以提供如化学上的"纯净"一般——也就是在意识形态上相当透明——的证据。在第一章里,我站在90年代末的有利位置对90年代知识界作出了整体性的分析,这一章则通过对于更早时期的增补性解读来补充一般性的讨论。在这一章里我就某些现象或争论加以探讨——诸如"学术对抗思想"或"人文精神的失落";雷颐、徐贲和赵毅衡对于后现代主义和大众文化的批评,或崔之元对鞍山经验的重读以及王颖提出的"新集体主义"概念;汪晖对于中国现代性意识形态最初的批判性思考——预示了往后规模巨大且更具政治色彩的"新左派"(参见第一章)与"自由主义"之争,以及关于中国后现代主义的论争(参见第三章)。这些知识分子相继勾勒出90年代中后期思想交锋的图景。

## 世俗化与公民民族主义的限制

作为新近中国民族主义情绪的民间起源或市场起源的标志,《中国可以说不》——这本书是一系列反抗"美帝国主义"(1966年出现的说法)行动的发端——的五位合作者都接受过大学教育,而且大部分都是自由职业者(一个自由撰稿人,一个水果小贩,一名诗人,还有两位记者),也为市场取向的报纸、刊物和电视台打打零工。① 这本仓促出版的书由一些未经修饰的报刊文章组成,五位作者因为美国对中国实行遏制政策而表现出来的真实愤怒,与这一代人曾经盲目的"美国梦"经历幻灭的痛苦一并被叙述了出来。这代人一度理所当然地认为,一个"更开放的、走向世界的中国"将会被国际社会热情地接纳。这本书出版于亚特兰大夏季奥运会期间,这对许多中国人来说是一个敏感的时刻。他们对北京申办2000年奥运会失败的经历记忆犹新,也亲眼看到了美国毫不认错的爱国主义和自我中心观,虽然许多人仍然将这个国家视为个人自由的天堂。

此书的出版时间本身就具有丰富的寓言含义,其中之一就是出现了观

---

① 宋强、张藏藏等:《中国可以说不》,北京:工商联合出版社1996年版。

看电视体育比赛这样一种典型的"反政治的"、"当代的"和"世界主义的"（大多数节目都是录像，或通过卫星接收外国节目或比赛）休闲。这是后毛泽东时代中国城市居民主要的休闲方式。大众民族主义在跟体育发生关系之前的二十年里有过几次令人难忘的爆发，而与体育的联系则体现了这种民族主义的世俗起源。《中国可以说不》出版后立即成为畅销书，但官方媒体对之不置可否，知识分子则将潮水般的负面评论抛向了此书。当然，这本书从未进入官方生产、销售和评论的网络。相反，它的商业流通渠道是非官方场所，不计其数的私营书店，那时已经控制中国大部分图书市场的小商贩亦甚有功焉。由此，此书在媒体上炫目的曝光就主要出现在晚报、周报、读者文摘以及休闲杂志上面。西方媒体关于此书铺天盖地的报道肯定（如果说是无意的话）大大提升了它在国内的地位。这本书最明显的卖点——明明白白印在了以后几版的封面上——在于它史无前例地吸引了西方世界的关注。作者故意摆出非正统的自我形象，大量使用当代俗语，蓄意挑衅的语调以及短暂的生产周期，所有这些都透露出某种迎合市场的取向，也显露出此书直觉地意识到在哪儿可以找到最合意的读者。

　　如果说这些作者有意识提倡的更加敏锐的民族意识，可能会被国家修辞所征用，那么，《中国可以说不》语词和经验上的特征就清楚地表现出：有一个确乎外在于国家的社会存在领域正为争取自我表达而奋斗。确切定义的民族主义，正是朝向这一目标跨出的自然而必要的一步。正是因为上文所指出的社会领域中的结构分化，国家和民族大众文化的再创造之间显见的交叠表现出了民族经验的——既是在现实层面，也是在想象层面——更为广阔的基础。这个基础本质上是经济性的，但在一个迥异的意义上也是政治性的。雏形中的个人主义式民族主义和公民民族主义需要我们贡献新的思考和视角。虽然那些渴望中美两国在即将到来的21世纪里能够保持友好关系的人听到这种言辞上的冲突会十分不安，然而常识到底占了上风。90年代前半期的媒体战争很大程度上是由两国的"公共领域"所引发的，而双方政府都采取"居高临下"的态度作壁上观，以"长期的、战略性的"民族利益为重的"理性"角色自居，乐得让"民意"扮演冲锋陷阵、忙里忙外的角色，只要后者别干涉政府政策的优先地位就行了。

现代经济（如今则处在全球化、消费导向、以信息为基础的阶段），用盖尔纳的话来说就是一种平衡装置，因为它创造了一种更加齐平、均质的中国国内市场和日常文化。① 正如现代运输业和通讯业牵涉到中国大部分人口，一种现代的、世俗的民族概念首次在这片土地上——历史上依靠政治国家（而非一个共同体"自然的"社会经济关系）为民族赋形——成为可能。

在90年代的中国，劳动力、商品和资本的自由流动，以及信息和文化符号与图像的激增，无疑第一次生动地把"民族"推向了大多数中国人。在此之前，人们对于自己民族的感觉仍然是抽象而外在的，而国家也凭一己之力处理国民事务。中国在1992年开始新一轮的经济自由改革之前，国家自身在已经多样化的混合经济中从来就是最大的股东和雇主。国家控制着核心基础设施，诸如电力、交通、电信、财政和涉外商务；国有企业仍然占据国民经济总值（GNP）近百分之五十的份额，而且有超过1亿人在国有企业工作。所有这一切跟一个正处在现代化进程之中的社会主义行政体制结合在一起，使得国家成为新的民族图景中完整的、事实上无所不在的部分。当然，这并不是说社会领域里的民族主义总是或者必然与国家话语中的民族主义相一致。大众民族主义的话语根本上不同于政府的爱国主义修辞，前者表现了一种民族与国家之间自主的、非强迫的重叠（这种民族主义话语同样表现了民族和国家之间的差异）。这种大众民族主义话语虽然可能得到国家的支持，但是这种支持往往表现得非常谨慎、前后不相一致，而且是高度选择性的。因为民族主义假定了民族国家与市民社会都具有正当性。此外，就围绕日本战后赔偿问题和钓鱼岛问题而展开的民族主义争论来看，政府牢牢掌控着这种民族主义中所包含的民粹式冲动。

同时，中国经济融入全球市场，这对中国人的社会生活造成了多重影响。一方面，中国市场和日常生活向全球资本敞开，因而也向国际时尚潮流和意识形态敞开了。诸如上海、北京、深圳等地，点缀着麦当劳的金色弯拱和巨大的松下广告霓虹灯这样的都市风景；这些地方给人的印象不过是全

---

① 参见 Gellner, *Nations and Nationalism*. Ithaca, N.Y.: Cornell University Press, 1983。

球消费社会的中国飞地而已。另一方面,大众进入(或被拖入)全球市场,也使得中国的消费者遭遇到了一个差异的世界——通常以民族国家的边界来描绘出这种差异。中国人在这个世界里会想起"宿命般"(盖尔纳语)的位置,位于(或属于)一个由地理、经济、语言、政治、共同历史和"文化"来确认的特殊共同体之内。

在这种强化了国际交流的语境中所产生的经验,将90年代俗丽的现实主义与80年代天真的、幻想式的世界主义区别开来。结果,地缘政治、民族利益,有时还有文化冲突,这些——借助于更敏感、更活跃、更广博的大众媒体——成了普通中国城市居民用来解释美国不断对中国施压的参照系,他们以此将人权问题、核扩散、贸易逆差、台湾问题解释为不过是美国的自我利益和权力外交的表达。并非偶然的是,许多美国人论及中国时充满了意识形态强度和毫不含糊的民族意识,这让一个忙于遗忘政治和意识形态、只注重自己吃饱穿暖等俗务的民族感到震惊。身处后革命时期的中国大众似乎没一会儿就安然滑入了"中国特色的市场经济"这个没有一丁点儿意识形态的世界里,似乎还有许多东西要向西方资本主义学习。全球资本主义的平衡装置,同样使得当今世界的边界、不平衡性、等级和赤裸裸的权力关系清晰可见。这是多么反讽:"毛主席的孩子们"在探索(对福山等人来说)超越了意识形态历史的美丽新世界的时候,要不情愿地重新学习曾经非常熟悉的语词,如新殖民主义、新帝国主义、意识形态、政治乃至阶级冲突。

简言之,盖尔纳所描绘的欧洲19世纪的工业化和社会流动性与20世纪末的中国发生了共鸣。在资本主义世界体系下,后革命时期的中国将发现自己的处境类似于盖尔纳所想象的卢里塔尼亚国(Ruritania,或"小农国")。由于被充满活力的、"现代"的美格洛马尼亚国(Megalomania,或"大帝国")所包围,本土的、农耕的、说方言的卢里塔尼亚人就不仅有了现代化的意愿——即加入到工业化的"普世主义主导文化"中去,并且也萌生出成为一个民族的意愿。① 盖尔纳如此叙述这种新的民族认同的诞生:

---

① 参见 Gellner, *Nations and Nationalism*, pp.58-62。

等到劳工迁移和雇佣官僚成为他们社会范围内的主要特征时,他们很快懂得了与一个理解和同情他们的文化的同族人打交道,同一个对他们的文化持敌对态度的人打交道之间有什么不同。这种切身体验使他们意识到自己的文化,学会了热爱它(或者确切地说,希望摆脱它),他们并未有意识地算计社会流动性的好处和前景。在那些稳定自足的群体内,文化往往是看不见的,但是当流动性和脱离背景的交往成为社会生活的主要内容时,学会用来交往的文化,就变成个人认同的核心。①

当然,这里需要对盖尔纳的说法做一些修正。首先,中国并不像盖尔纳笔下的卢里塔尼亚,中国不存在被其他更先进的共同体和文化同化的可能。恰恰相反,有史以来中国都具有最悠久的、极其连续的国家传统,其强烈的自豪感正是与其区域霸权以及悠久的文化和政治谱系结合在一起的。这一点,连同中国在20世纪早期几近瓦解的历史记忆、连同中华人民共和国建基原则的历史记忆一起,使得人民主权(在格林菲德〔Liah Greenfeld〕那里是"民族主义的双核"之一)成为至高的关注焦点。其次,换一种更一般的说法,那种拉平差异的"普世主义主导文化"如今已经有了非常不同的意义。作为一种消费文化,它发挥作用的方式既更具技术性或"专业性",同时也更加庸俗、更加以享乐为中心。就此而言,社会主义国家在其早年所完成的大规模现代化,为以后与后福特式生产以及后现代主义的连接或"接轨"铺平了道路。

考虑到民族国家的持续性以及它与全球资本主义及其文化—意识形态体系的重叠,盖尔纳对于现代媒体的思考仍然切中要害。他写道:

媒体不是在传播碰巧提供给它的一种思想。提供给媒体什么思想并不重要:正是媒体本身,这种抽象的、集中的、标准化的、一点对多面的交流方式的普遍性和重要性,自动产生了民族主义的核心思想,而传

---

① 参见 Gellner, *Nations and Nationalism*, p. 61. 译文引自韩红译《民族与民族主义》,中央编译出版社2002年版,第81页,稍有改动。

播的具体信息包含的特殊内容却不重要。最重要的持续不断的信息，产生于媒体本身，产生于这种媒体在现代生活中具有的作用。这个核心信息就是，传播的语言和方式是重要的，只有能够理解这些信息或者具有理解能力的人，才能进入一个道德和经济的共同体，而不理解或者没有理解能力的人便被排斥在外。①

在这个意义上，以下说法并不算夸大其辞：媒体在今天不止是中美民族主义接触的地带，更是生产"中国威胁论"或"美国遏制论"等大众话语的温床。当后革命时期的大众凭借新生的、以市场为基础的媒体，遭遇到西方的中国论述和描绘时(而这日益成为对于这些大众本身的论述和描绘，他们既是消费者也是公民)，一种新的民族主义情绪就在中国应运而生了。

这种新的民族形象与传统的、种族中心的、文化主义的"天下"观有很大不同。"天下"字面上的意思是"普天之下"，作为一个帝国、文明乃至宇宙的前民族主义或雏形(Proto-)民族主义的概念，"天下"与现代民族国家的特征相冲突，后者是一种有关个人权利与变革的理性意识形态。列文森(Joseph R. Levenson)正确地指出，现代中国知识分子为了使中国重新强大而经历了一个世纪之久的挣扎，在这一挣扎中的根本转变正在于他们努力将自己对于儒家文化的忠贞和认同转向现代民族国家。这一转型表现了某种预想中的理性交换，如列文森所说，从"'天下'中国的失败"中"夺取'国'(民族国家)的胜利"②。90年代以来激增的"大中华"或"文化中国"等措辞，并不能混淆以文化种族中心主义为基础的民族概念和以现代(如果不是后现代的话)经济理性主义为基础的民族概念。正如许多后现代理论家已经向我们指出的那样，后一种民族概念以其独特的方式将文化包含在资本主义的全球策略内部。"大中华"与"工业东亚"只不过是许多新的话语发明中的两种，它们仅仅呼应了推动新的跨亚太地区市场与资本配置

---

① 参见 Gellner, *Nations and Nationalism*, p. 127。译文引自韩红译《民族与民族主义》，第166页，稍有改动。

② Levenson, *Confucian China and Its Modern Fate: A Trilogy*. Berkeley: University of California Press, 1965, p. 100.

的社会经济力量。

当前国家世俗性的、后革命的图景也极大地区别于民族主义的创伤经验,后者乃是现代中国在殖民主义和帝国主义时代漫长而艰辛地求存、求变和革命的过程中产生的。这种创伤经验服从于对国家理性的忠贞不贰和集体献身。如果中国共产主义是一个世纪以来表达民族律令这种意识形态的顶点,那么,全球化时代中国普遍的去政治化也就摧毁了现代中国民族主义正统观念里的意识形态和话语基础。在这里,一种悄无声息却具有侵略性的民族主义正在兴起。尽管这种意识形态的政治经济学离开了全球资本的背景便难以理解,但是它往往可以通过抵抗而不是屈从于西方发达民族国家的世俗民族主义实践来表达自己。这种互动模式历史地呼应了在法国大革命与拿破仑战争时期兴起的欧洲民族主义,正如阿克顿勋爵(Lord Acton)所说:"当解放变成镇压、共和国变成帝国的时候,民族感情并不是直接从包含着它的那场革命中发展而来的,而是首先表现为反对那场革命。拿破仑通过攻击俄国的民族主义、鼓励意大利的民族主义、压制德国和西班牙的民族主义而创造了一种新权力。"①

对于考察雏形中的公民民族主义与国家的专断边界及权力之间令人费解的关系而言,上述思考也为之提供了历史语境。在当今中国,对于那些个人生活无法与(事实的或想象的)共同体分开的人来说,国家并非总是一种压制性的体制(如《经济学家》之类的杂志所刻画的那样)。相反,在被正确描述为新兴的民族市场里面非常激烈的、高风险的、混乱的、通常是不公平的、极其冷酷无情的你争我夺之中,国家首先是机遇、秩序、权利、公共服务和正义最重要的保护者。更多的经济自由和社会自由本身并不会配合仍处在襁褓之中的追求公平、正义和参与的基本政治诉求。相反,去政治化了的大众(邓小平时代的主要成就)的政治意识必定来自他们对于民族国家的想象。就其自身的逻辑而言,这种想象与平等和参与的概念相关,后者在国

---

① Acton,"Nationality."In Gopal Balakrishnan,ed.,*Mapping the Nation*,p.25.译文引自侯健、范亚峰译《自由与权力:阿克顿勋爵论说文集》,北京:商务印书馆2001年版,第119页,稍有改动。

家之中仍维系着自身的正当性,也正是对于所谓"毛泽东中国"这段充满平等主义诉求的往昔之怀旧,使得这种概念仍能稳定存在。

当美国的自由媒体加入到极端保守派阵营,进而抱怨克林顿政府旨在颠覆中国执政方案的"干涉"政策不奏效时,他们同样通过攻击显得既古老又年轻、既模糊又自明的民族主义——套用阿克顿的话说——"创造了一种新权力"。在此,自由派要求某种道德上的优势地位,并且希望"经济自由主义化"能够结束意识形态差异;这些要么是一种理论堕落的表现,要么就是政治上的痴心妄想。正如格林菲德指出的那样,在民族国家大行其道的年代里,现有的自由平等主义几乎是"那些被界定为一个民族的成员之间的根本平等"①。对弗里德曼(Jeffrey Friedman)来说,这就意味着:

> 对一个人来说,只有他的民族同胞才有资格得到民族国家平等权利的保护。公民权——保证了免受侵权的平等权利;保证了享受政府所给予的健康优待、教育优待和福利优待的平等权利;保证了在民族国家境内生活与工作的自由,并且,保证了在民族国家统辖内表达意见的自由——并不是所有人类共同的权利,而只是那些出生在一个民族国家境内的人所享有的权利,并且,那些成功改变国籍的人也享有这种权利。②

这种观点为亚克(Bernard Yack)所支持,他认为自由主义和个人主义对民族的"超越"只是对那些视公民身份(它暗示的是公民权利)为理所当然的人来说才容易接受,这些人生活在极发达的第一世界民族国家。并且,根据斯卡尔(Judith Shklar)对地米斯托克利(Themistocles)和德雷福斯(Alfred Dreyfus)审判的比较研究,亚克进一步指出,现代民族国家比起希腊政制来,会向它的公民征求更多(而不是更少)的政治忠诚和意识形态承诺。③上述作者批判性地思考了"公民民族主义"这种自由主义假设的局限性,这对我们目前重新考察民族主义很有帮助。如果"个人权利"这种自由主义

---

① Greenfeld,"The Modern Religion?" *Critical Review* 10.2(1996):177.
② Friedman,Nationalism in Theory and Reality." *Critical Review* 10.2(1996):156.
③ 参见 Yack,"The Myth of the Civic Nation." *Critical Review* 10.2(1996)。

概念事实上只限于民族国家成员,那么这种概念的道德和意识形态的主张与要求也同样如此——起码,对于不受这个特殊民族国家保护的人来说,这就是一幅"民族主义"图景。在当今国际社会,美国或许是唯一一个这样的民族,它相信(或做得好像)自己有权利和道德义务去把自己的标准强加给其他民族,同时又能极大地增加自己的民族利益,这两方面都是打着美国例外论或美国至上论的旗帜进行的。从1955年新加坡无视美国不满其惩罚美国青少年涂鸦的事件,到欧盟、加拿大、墨西哥在获悉美国颁布反古巴的"赫尔姆斯—伯顿法"后对美国直接的批评,这些事例都表明,不管目标国是何种意识形态、文化或政治体系,美国这种行为方式注定事与愿违。① 以历史的后见之明来看,这些事件只是标志着美国从冷战结束后刚开始几年里"自由世界"的带头国家向全世界商业中心转变的轨迹。它们与小布什(George W. Bush)执政时期美国的行为相比就显得苍白无力了,后者同样引发出多种更为尖锐的话语——美国境内和境外都有——这些话语主要反对美国的单边主义以及这一"帝国"的狂妄自大。

事实上,对自由主义而言,普遍原则与民族边界之间存在张力一点儿都不奇怪。就所有实际意图来说,60年代早期的中苏论战当然不仅仅是一场关于马克思主义原理与共产主义意识形态的争论,而根本上是一次民族冲突。正是直觉到社会主义国家内部以及社会主义国家之间的民族问题未曾解决——很可能也无法解决,安德森(Benedict Anderson)才预见了苏维埃社会主义共和国联盟将衰变为各个纯粹的"共和国"②。就此而言,我们可

---

① 1994年3月,新加坡的一位18岁美国公民迈克尔·费(Michael Fay)因故意破坏罪被新加坡有关部门拘禁、罚款并挨了六记鞭罚。新加坡并没有顾及美国从宽发落的请求,也不顾美国对"额外"处罚的抗议。更详细的报道和分析,参见 Alejandro Reyes, *Asia Week*, Hong Kong, May 25, 1994。
1996年正式颁布"古巴自由民主团结法案",美国的"伯顿法"对古巴的禁运令使美国公民可以控告与古巴进行的国际贸易,由此"从海关扣留的财产中获利"。2001年,布什政府在欧洲国家和加拿大的压力下废止了"伯顿法"。参见 John King, "Bush to Waive Helms-Burton Law", *CNN InsidePolitics*, July 1, 2001, archives.cnn.com/2001/ALLPOLITICS/07/13/bush.cuba/。

② Anderson, *Imagined Communities*, 2nd ed. London: Verso, 1991, p. xi.

以从一个不同的角度来思考1979年中国所发动的那场改革,即将之作为中国从(用意识形态的话来说)所谓的"战略三角"之中独立出来的宣言。在"文化大革命"期间,中国是一个政治化程度很高的民族,但中国在某种意义上也是第一个从冷战意识形态之中自我去政治化的民族,实现这一点,靠的是它把20世纪晚期的全球经济、文化和地缘政治关系所规定的民族国家原则作为自身的世俗原则。关注"常态"的冲动,充分说明了邓小平时期决定性地(事实上是孤注一掷地)脱离了毛泽东的革命乌托邦①。这种冲动有助于解释,为什么西方媒体对中国形象的任何一种再政治化企图都会遭到大众嫌恶,以及为什么公众对于日常生活领域的政治读解、对于文化的政治读解(诸如那些与批判理论、女性主义和后殖民主义理论相联系的读解)会表现出冷漠、怀疑,有时甚或表现出敌意。在此,后毛泽东时代的世俗化经验,连带其特殊的强度和魅惑,为一种民族主义话语奠定了基础,同时断然排除了其他意识形态和政治思考的模式。

中国90年代对于"民族"有了新的理解和需要,与之相应则兴起了一种主流"文化",它发端于大众文化或消费文化,而以前由知识精英(他们或许还是那么"高级")所持守的文化标准则不再是"普遍"的了。于是,后者在经济领域和大众文化联姻之时就失去了政治哲学与文化视野的理论表述。民族主义的兴起,在世界上"发展最快的市场"中揭示了以上这种政治和思想的真空状态。一方面,当代中国民族主义包含了对于平等和民主的自发而普遍的期待,另一方面,它也表明了自身政治实现(political realization)的限度。在抵抗"西方式民主"的同时,改革派也始终警惕着任何恢复或挪用毛泽东的"大民主"观念或"参与"观念的企图。② 但是,离开了具备

---

① 当然,如果我们把1972年(尼克松是年访问中国)看做这一进程的开端,那么毛泽东本人似乎就是一个民族主义世界观的预想家。中国政府提出的"四个现代化"计划在1974年得到毛泽东本人的支持。

② 在政治话语的领域里尤其如此,其中反民主的手段被所谓自由主义知识分子所强化,他们持续批判"文化大革命"和大民主,并默认技术专家的统治。然而,在中国地方乡村层面,民主正在逐步实现。到90年代,超过一万个中国村庄进行了不记名直选。根据卡特中心(Jimmy Carter Center)的报告,中国政府曾邀请其工作人员观察监督中国乡村的选举。参见《卡特中心关于中国乡镇选举的报告》,《人民日报》1999年1月14日。

充分发展的、体制化的民主与政治参与的民族国家这个基础,改革方案将会持久地陷入不平衡状态,而刚刚出现的中国民族主义和大众文化话语也无法获得其根本的历史和政治的意义。①

## 大众文化与思想话语

社会领域里正在兴起的民族主义情绪同它在民族层面上缺乏政治表述和知识表述,构成了比较明显的二元对立,我们或许可以通过在文化空间内批判性地分析大众文化和高等文化之间的张力关系,来考察这一二元结构。在国家(中央权力的所有者)、西方(强加过来的普世标准)与有待定义的中国日常生活世界之间,存在着一种新的动力学模式,而在这个模式里,90年代中国知识分子的形象则模糊不清。纵使大众文化的浪潮席卷而来、纵使葛兰西(Antonio Gramsci)笔下的"有机知识分子"产出"新品种",处于半麻痹状态的精英知识分子与国家含混不清的意识形态教条还是联手阻碍了对于社会关系与意识形态冲突这一"后1989"(特别是自1992年以来)症结的表述。缺少了与之伴生的"高等文化"的充分参与,新兴的社会经验就会由于缺乏文化视野、意识形态表述和政治正当性而受到妨碍;它反而会被迫进入一种无名和失语的临时状态,哪怕显然正是在这个领域里,眼花缭乱的语词对历史变迁所作的描述达到了或不如说创造了一种语言模式和表征模式。当然,高等文化丧失了同现实的社会历史律令之间的紧密联系,没有了对于这种律令的政治承诺,那么它作为一种实际存在的社会意识形态机制,就有(并且已经遭遇到)内在地走向反民主的自我物化的风险。

在当今中国,彼此脱节的思想话语和日常领域都对民族主义的概念与流布于社会和话语领域的大众文化概念产生了直接和消极的影响。某种有

---

① 有关民族政治稳定与中国语境下的民主承诺之间的关系,最有力的论述是甘阳1996年的一篇文章《公民个体为本,统一宪政立国》,见《将错就错》,香港:牛津大学出版社2000年版,第309—312页。值得注意的是,甘阳引述了早期美国联邦党人来展开自己的论述。

意的脱离或抵制态度——大批知识分子靠拢实证主义与哈耶克式保守主义,规定了这种态度的价值指向——曾是90年代那些自我标榜为"自由主义知识分子"的标志。这些"自由主义知识分子"包括了大部分参与过"文化热"的"老兵",他们曾把青春岁月献给了对于西方观念和话语的引介。这些"老兵"在后天安门时期的中国社会仍有很大的声望。特别是柏林墙倒塌以来,中国成了参与全球化进程的新成员,这一事实提升了"自由主义知识分子"的声望。这种"自由主义"的立场加强并固化了"高等文化"和大众文化之间的沟壑,反过来又回避了对于日常领域及其意识形态空间、对于这一领域尚不明朗的政治话语进行某种批判性介入。这一立场甚至影响了那些非常渴望介入的文化批评家,他们对理论保持着强烈兴趣,并在90年代早期加快脚步来应对世俗化、全球化、大众文化的挑战。新的批评家们被迫采取守势,不仅因为他们与西方左派理论话语相关联,也因为他们抵制新世界秩序某种本土化了的、得胜的话语。但是,因为这些知识分子自身的平民主义倾向及其对于理论的依赖,虽然他们对新的社会文化空间所作的描述和分析往往能够发人深省,然而其效果还是被削弱了。结果,他们的自我定位和自我表达有时就不能为诸如全球化、市场、商品等主题提供某种合格而精微的论述;相反,他们往往快速冲向有关所谓"人民的欲望"(王蒙、张颐武)的理论概括。可是知识及政治划分的出发点必须回溯到后革命时代知识阶层的共同假定之上,即回溯到面对90年代的消费主义和大众民族主义,这个知识阶层的集体处境发生了怎样的改变。所以,毫不奇怪,主流知识精英的无力、迷茫、有时甚至是被疏离的状态,使他们从启蒙和人文主义话语(新时期知识界的两种基本话语)内部展开反击。

　　作为现代中国历史进程中社会变迁的开路先锋、设计新社会系统的工程师,知识分子在90年代早期似乎成了边缘群体。在蓬勃发展的市场和日常生活领域里,知识分子的自我理解和公共角色都成了问题。1993年和1995年期间,差不多就在邓小平最后一次推动持续的经济改革,由此释放出市场的力量之后,上海的一些人文学者和哲学家发出了"人文精神的失落"的哀叹,这立即引起了90年代第一次——对许多人而言也是最后一次——全国范围内的思想论争。争论开始于《上海文学》,特别是《读书》上刊登的一系列小型讨论①将这次争论突显了出来。它关注的问题是文学作为一项严肃而神圣的事业遇到了危机，并进而全面抨击了商品化、大众文化、公共趣味的粗鄙化和民族文化的退化。不久以后，一种对于"生存境遇"天启式的、沉重的本体论思考，为"人文精神"讨论定下了道德和思想基调。同时，参与讨论的热心支持者和严厉反对者偶尔也会顺便对中国知识分子的历史与文化进行整体评价，对当代中国文化进行批判。②

在1994年首次发表于《读书》上的一次小型讨论里，蔡翔提出了"人文主义"问题框架的全景，但态度却不是那么自高自大（或自怜自爱）。蔡翔认为，80年代（后毛泽东时代改革的第一个十年）的一个核心特征是，观念在社会变迁过程中起到了开路先锋的作用。通过宣传启蒙人文主义的观念，知识阶层以其自身的思想传统和知识体系来想象未来的世界观，并用这种世界观的想象来应对社会愿望。正如蔡翔所表明的那样，知识分子毋庸置疑的道德权威建立在这种强烈的乌托邦想象之上。但90年代情况就不同了，蔡翔注意到：

> 经济一旦启动，便会产生许多属于自己的特点。接踵而来的市场经济，不仅没有满足知识分子的乌托邦想象，反而以其浓郁的商业性和消费性倾向再次推翻了知识分子的话语权力。知识分子曾经赋予理想激情的一些口号，比如自由、平等、公正等等，现在得到了市民阶级的世俗性阐释，制造并复活了最原始的拜金主义，个人利己倾向得到实际的鼓励，灵、肉开始分离，残酷的竞争法则重新引入社会和人际关系，某种平庸的生活趣味和价值取向正在悄悄建立，精神受到任意的奚落和调侃。一个粗鄙化的时代业已来临。③

虽然这些老派的叹息听上去有些年代错乱的感觉，诸如灵—肉分离、精神失

---

① 在90年代，刊载小型讨论会的记录成为讨论公共话题、设定理论议题、形成集体认同的一般方式。许多知识分子喜欢这种方式，它在文化研究、电影批评和理论等领域里广泛应用。这与80年代文化大讨论和各种现代主义运动时所盛行的个人英雄主义和对于权威的宗教狂热情绪形成鲜明对比。
② 关于这场争论的文集，参见王晓明编：《人文精神寻思录》，上海：文汇出版社1996年版。
③ 蔡翔：《道统、学统与正统》，见王晓明编：《人文精神寻思录》，第48页。

落、粗鄙化的时代,等等,然而上述哀叹其实表明了某种剧烈乃至狂暴的历史交叠与断裂。尽管蔡翔采取了保持一定距离的观察视角,他的看法还是指向了人文主义者所理解的当代中国知识分子的根本处境。在这种理解里,更有意思的并不是市场里的大众形象,而是构成知识分子特殊危机的特殊方式。蔡翔写道:

> 某种思想运动如果不能转化为普遍的社会实践,那么它的现世意义就很值得怀疑。可是,一旦它转化成某种粗鄙化的社会实践,我们面对的就是一颗苦涩的果实。知识分子有关社会和个人的浪漫想象在现实的境遇中面目全非。大众为一种自发的经济兴趣所左右,追求着官能的满足,拒绝了知识分子的"谆谆教诲",下课的钟声已经敲响,知识分子的"导师"身份已经自行消解。①

对于许多自由人文主义的知识分子来说,这一"苦涩的果实"是一次——如果抽离上下文来使用盖尔纳"错误地址理论"的说法的话——糟糕的投递错误的后果。盖尔纳告诉我们,马克思主义者基本上倾向于认为,"历史精神"本该投递给阶级,结果却误投给了民族。② 在整个80年代,自由人文主义知识分子都相信,历史有一封信要通过他们来投递给中华民族,但90年代却清楚表明,这封信反倒通过国家和全球资本主义的合力而投给了市场。要是知识精英因为败在不必要的竞争上而怨声载道,这本来没有什么好奇怪的。有意思的倒是,知识分子似乎在指责消费者从错误的地点和错误的人那里接收包裹。他们不能公开批评政府。不仅是因为这样做真的会有危险,更重要的是,这样做与知识分子全心全意投身于现代化这一民族宏图相矛盾。他们在言辞上执迷于"市民社会"的轻率一面表现为:他们默认了如果没有这种市民社会,一旦国家推动了激烈的经济和社会自由化过程,民族利益(national interest)事实上就无法与国家利益(state interest)分离开来——哪怕在国内事务上也是如此。这些知识分子也无法责备全球资本主

---

① 蔡翔:《道统、学统与正统》,见王晓明编:《人文精神寻思录》,第49页。
② 参见 Gellner, *Nations and Nationalism*, p. 129。

义;他们的普遍性宣言和理想深深仰赖于他们跟西方的象征和意识形态体制之间的关联,仰赖于对后者保持忠诚。从后毛泽东时代开始,融入当代世界体系的渴望就成了新时期启蒙话语中真实的甚或是唯一的社会政治内容。因此,崔宜明认为,"西方成熟的消费文化"和90年代中国"不成熟的"消费文化有区别,前者唯一的目标就是牟利,后者则冒充精神向导从而毒害了社会的精神状况。① 在《读书》刊登的另一次小型讨论中,李天纲进一步指出,显著的消费——他称之为中国消费文化所独有的弊端——首先来自于台湾和香港"旧习","政权和法律不保护私有财产"。② 这种看法很古怪也很能说明问题,因为他决意把反常现象与自由人文主义的目的论所具有的"普遍有效性"分离开来。

当然,我们必须在"人文精神"讨论所展现的话语语境中来理解消费主义和大众文化的意义。袁进把享乐型消费主义放置于共产主义教条化的意识形态消解的背景下,并指出"权力转化为财富的弊端未能在体制上得到制约,欲望的膨胀漫无边境"。这使袁进把具有很强的存在论意味的语词"终极关怀"定义为一种受到中国现代性更久远的谱系压制与反对的概念。"在意义丧失的深远背景下,我们已经因民族复兴强国富民的追求去挤压终极关怀,工具理性膨胀得丢弃价值理性;再来一个消费主义、享乐主义的冲击,对当代人文精神不啻是雪上加霜。"③

这段话里值得注意的是连接各种压制"意义和价值"的力量,其中消费社会是民族主义和现代化的逻辑继承者。从这里可以看出,在中国现代性经验(它的顶点是共产主义)的标准自由人文主义版本里,新兴的后革命大众及其日常文化获得了新的意义。在解释这个同时脱离国家和知识分子的、正在兴起的世俗世界时,大众文化所暗含的"民族"意义也分明显示了其历史和意识形态的相关利益。因此,用蔡翔的话来说,"重建人文精神"

---

① 引自王晓明、张宏、徐麟、张柠、崔宜明的讨论:《旷野上的废墟》,见王晓明编:《人文精神寻思录》,第15页。

② 引自高瑞泉、袁进、张汝伦、李天纲的讨论:《人文精神寻踪》,见王晓明编:《人文精神寻思录》,第44页。

③ 同上。

既要"对抗商业社会的平庸与粗鄙",同时因为国家的压制本性及其和市场之间的腐败关联,也要"超越(国家)体制"。① 在很大程度上,自由人文主义的议程是随着讨论如何探索不同的对抗与超越路径而展开的。一方面,形而上学沉思与道德论沉思丰富了起来,另一方面,一种更具体的话语正通过两个基本的意识形态系统而成形:一是个体性,二是作为自律知识体制的独立学术②。而后者正是"八九风波"之后北京第一批成形了的知识群体所走的道路。通过与《学人》杂志联系在一起,这个分散的群体获得了某种身份,他们被视为——某种程度上是被曲解为——一批试图以"学术史"代替"思想史"、以对于中国文本的扎实研读代替理论创新、并且以规范的研究模式替代不着边际的思想议程的知识分子。他们指望自己的方法论超越20世纪西方理论,最终靠的却是18世纪的经验主义和实证主义,而后两者已经被建国前那一代"国学大师"们整合甚至提炼过了③。

　　这种人文精神姿态主要招致了两方面的批评,批评者不满于这种姿态对于市场和初生的大众文化持负面评价,也不满于其精英式的、本体论式的对抗和超越态度。有意思的是,批评的一方来自于资格更老的新时期自由人文主义阵营,其代言人是当代中国最有成就的作家之一、在1989年以前做过中国文化部长的王蒙。他在1994年发表于自由主义刊物《东方》上的文章《人文精神问题偶感》是对"人文精神失落"这套话语的釜底抽薪,他质疑了"失落"一词的用法,"失落"暗含了迫切渴望恢复的意思。通过征用自由人文主义者对毛泽东时期乌托邦的谴责(对王蒙来说是一种"伪人文精神"),王蒙强调了他的改革派立场,他认为眼下正是现代中国的经济、社会、文化史上最开放、最自由、最人道的阶段。王蒙诉诸目前可从市场中得到的自由与选择,把人性发展同市场经济联系甚至等同起来。凭借讽刺挖苦与常识性论断之混合,王蒙哀叹那些高等人道主义者所表现出的精英的、

---

① 蔡翔:《道统、学统与正统》,见王晓明编:《人文精神寻思录》,第54页。
② 王晓明作为这场争论中的主要人物,以多篇文章阐述了个人(主义)立场。关于建立独立的知识传统或机制以保存"人文精神",参见《道统、学统与正统》。
③ 关于脱离"观念史"或"思想史"的"学术史"讨论,参见陈平原、王守常等:《学术史讨论》。

哲学的"反人道主义",因为他们试图用非人道的方式刻画消费大众,并表现出对于差异、多元和多样性的敌对专制情绪与不宽容态度。王蒙以一种随和、乐观、实际的口吻呼吁知识分子尊重"大多数人的合理的与哪怕是平庸的需要"①。王蒙在此认可的市场及其文化,让"大批判手们感到了空前的失落"②;类似地,他看到一种强硬的"精神文明"的威胁在于,"几个人就会兴奋异常地把尘封不久的棍子帽子和抓辫子的手段祭起来"③。王蒙看起来像是现状的辩护者,但这种相似仅仅表明,自由人文主义的知识分子(王蒙1989年后辞去文化部长职务)与改革官僚之间存在着密切联系;它揭露了双方所分享的物质利益与去政治化的政治。王蒙的批评最终是要警告残留着的"主张共产主义强硬路线者"。这个怪物形象由政治与话语权力来驱动,它不时被唤来服务于不同的政治或文化政治的目的。不管是现实层面还是自由人文主义者的想象层面,这个怪物形象的存在仍然是潜在的历史界标,"独立的"知识分子藉此将自己界定为改革的支持者与专制权力的批评者。

另一路批评来自更为年轻的一代文学家和文化批评家,他们由于自身深深介入大众文化,并致力于"解构"80年代高峰现代主义的美学与政治话语而尤为引人瞩目。对于张颐武这样的批评家来说,"人文精神"不过是新时期"最后的神话"④。从"后现代"(主义)对于异质性的敏感出发,张颐武批判"人文精神"的提倡者试图把自己上升到普遍人性来"观察人类的痛苦、探索的人类命运"。张颐武从后殖民主义的视角对之进行了尖锐的批评,他认为,"人文精神"话语在中国本土语境下声称"失落",这仅仅强化了"西方话语"里的典范"人性"这种普遍性规范的至上性。在他看来,人文主义话语事实上有效地重新发明了一个次一级的"中国",为的是让这个暂时落后的"他者"再次臣服于当今世界的霸权等级与目的论。除了许多尖锐的批判性观察外,张颐武批评的动力其实在于坚持现实——即世俗化

---

① 王蒙:《人文精神问题偶感》,见王晓明编:《人文精神寻思录》,第115页。
② 同上书,第118页。
③ 同上书,第119页。
④ 张颐武:《最后的神话》,见王晓明编:《人文精神寻思录》。

进程与消费者自身——的正当性与重要性。这种立场使得他把人文主义者看成这样的人——他们试图重新获得失落的主体地位而不惜牺牲现实的丰富意义以及市场大众的生产性。依照这个观点,人文主义者坚持普遍性立场,其实为的是维持自己作为中国人民的启蒙者或教师的权威和特权。张颐武写道:"'人文精神'(讨论)并没有提供对当下文化的有力的分析,而是将自身变成了在多重转型的全球进程中知识分子的玄学化及神学化的逃避过程。而这种逃避又最终变成了全球及中国历史情势的消极的部分。"①

在90年代早期,"人文精神"的提倡者及其批评者以粗略而且往往显得草率的方式,通过各种知识与意识形态立场明确划出了一条基本战线。这在客观上使非常不确定的、多变的情境变得明朗起来,因为国家(state)和国民(nation)之间的趋同和差异可以在高等文化与大众文化的冲突中、思想话语与日常领域的冲突中,以及普遍性主张与"当下"的本土性想象和生产的冲突中,找到它们的初步表达。

从反对自由人文主义和高峰现代主义("新时期"话语的两根顶梁柱)的普遍性主张出发,张颐武进而界定了他所谓当代中国文化生活的"新状态"。张颐武在这种新状态的种种可能性中列举了中国"现代性的伟大叙事的终结"以及"启蒙的神话性知识建构的危机"②。张颐武告诉我们,这一切都是中国社会的市场化、商品化与消费进程所带来的后果。因此,个体性、多样性、多元主义、文化生活的扩展等知识承诺都正在市场中得到实现;或者用张颐武的话说,"'现代性'话语设计对'文明'和'丰裕'的生活的诗意追求仿佛也已成为人们可能的日常生活本身了"③。这导致了文化想象与表征逻辑的改变,张颐武将其描述为一种"后寓言"的写作模式。这个概念暗指杰姆逊的"民族寓言"概念(同时也是对这个概念相当个人化的挪用),张颐武藉此批评那种"第三世界"文化策略,说它无非是试图创造性地

---

① 张颐武:《最后的神话》,见王晓明编:《人文精神寻思录》,第140—141页。
② 张颐武:《新状态的崛起》,《钟山》第92期(1994)。
③ 同上。

将中国等同于"大他者"而融入全球象征秩序而已。与努力将中国异域化和审美化,从而把"落后"社会的文化景观融入普世进程的序列相反,"后寓言"写作设法重新在自己与日常领域直接的"状况"之间建立起密切联系,从而解构等级秩序。张颐武通过两个新近的文化发展来阐明此种"新状态":一个是电视肥皂剧的兴盛(对比于张艺谋、陈凯歌等中国著名导演们希望"走向世界"的寓言式旅程);另一个是新近中国小说从"实验小说"经由"新写实主义"走向"新状态"写作的风格转变。

张颐武盛赞晚近大众媒体整体上的蓬勃发展,特别是电视肥皂剧的发展,他认为一个新的、基于本土的、以沟通为导向的表意空间正在形成。在他看来,电视肥皂剧不仅成了投射并捕捉中国社会生活"新状态"的最佳形式,而且证明可以精妙地"适应中国大陆正在迅速成长的民间社会的文化和价值取向,以对当下'状态'的直接把握与控制吸引本土的观众,它给予我们所关注、所倾心的问题以想象性的解决"①,在《渴望》、《编辑部的故事》以及《北京人在纽约》等热播的电视剧中②,张颐武看到了对日常生活的表征,对日常中国的语言与生活状况的再确认,以及"把握大众对'状态'的想象,又力图切入他们的无意识之中"的努力③。张颐武承认,所有这些都建立在商品化的现实条件之下,这些条件使大众文化具有颠覆"寓言式"表征的解放性意义。

通过追溯晚近中国小说从实验小说向"新状态"的转变,张颐武注意到许多作家努力把"体验"(Erlebnis,弗洛伊德和本雅明意义上)与"客观性"混合起来,也就是实现"个人化的想象与当下'中国'群体经验"之间的并置(张颐武在这个意义上回到了杰姆逊"民族寓言"的原始意义)。

---

① 张颐武:《新状态的崛起》,《钟山》第 92 期(1994)。
② 澳大利亚文化记者白杰明(Geremie Barme)在他的文章《歪曲外国人就是爱国》("To Screw Foreigners Is Patriotic")中,把电视剧《北京人在纽约》描述为一幅丑陋的中国民族主义、沙文主义以及排外主义的图画。对白杰明论点的反驳,参见《战略与管理》1996 年第 1 期上有关 Jonathan Unger 编的《中国民族主义》(Chinese Nationclism,包括了白杰明的文章)一书评论的最后两部分。这提醒我们注意 1990 年代中国民族主义的兴起与大众文化的兴起之间的联系。
③ 张颐武:《新状态的崛起》,《钟山》第 92 期(1994)。

张颐武在阅读何顿的小说《生活无罪》时发现，表达一个统一的意义世界的主体主义、现代主义抱负，已经被一种"游移和滑动"所代替，它"把个体分裂为无数片断置于本文之中；这里没有拯救与超越，而仅仅是'状态'的展现"。① 对张颐武来说，"无主体的个体"的出现预示着新的写作可能性。在这种写作模式下，语言不仅是展现美学技巧的媒介；在此更重要的是"母语"，它在个体性与"人民记忆"所维系的更大的共同体之间建立了根本性的联系。②

显然，批判性地肯定大众文化，其背后的理论启发来自于西方尤其是美国的后现代主义、后殖民主义、批判理论和文化研究。事实上，张颐武和他的同道为了描述这样一个正在浮现的领域——其文化、意识形态、历史的重要意义被视为直接来自日常生活，来自"中国"自身这出正在展开的历史剧——似乎除了仰仗"西方"理论话语之外别无选择。这就对他们提出了两个富有挑战性的要求。首先，他们需要在理论上对作为中国经验的全球化做出限定，并细致分析其与国家以及日常领域的关系。这反过来又为他们的批判性介入设置了社会与政治上的平台。其次，他们需要某种策略来自反性地使用理论本身，包括在运用理论时考虑到理论自身的历史语境。这能够使他们在激烈的反理论氛围与日益保守的思想环境里保持自己的立场。然而，在面对这些挑战时，他们时常因为自由主义和保守主义对手的攻击而被迫采取守势。这部分是因为张颐武和他的支持者们几乎全都热衷于描画出一个激动人心的、事实上是爆炸性的新型文化空间。这些开拓者们想要探索一个从"社会主义市场经济"中生发出来而又让人困惑不已的新型文化空间，他们忙于建立前沿阵地，却不去推敲自己的话语象征。在这个过程中，他们诉诸那些从西方文化研究借来的炫目术语来标记一个无名领域，有时甚至把这些术语作为理论荒野中的临时避难所。新的文化批评家所面临的困境，也要归因于处在文

---

① 张颐武：《新状态的崛起》，《钟山》第 92 期（1994）。
② 张颐武：《人民记忆与文化的命运》，1998 年，见《在边缘处追索》，长春：时代文艺出版社 1993 年版，第 82 页。

化研究(以及文化传媒)前沿的"批评家"与哲学、美学、文学理论等传统学科的"理论家"之间的结构性分离,后者是80年代形成的模式,那时,在建立某种与意识形态国家机器对立的半自律思想话语这一点上,"理论"拥有不受挑战的权威性。最后但并非最不重要的是,大众文化的理论话语迄今尚未在政治上阐明自己在一个分化的社会空间里的立场。

毫不奇怪,自由主义者从这些弱点着手,发动了对于新的大众文化话语的攻击,他们轻蔑地给这种话语贴上"后学"的标签(在中文里,带上"后"这个前缀的理论也可以表示"学问之后"或"后辈学者")。在《读书》上一篇广为引用的文章中,雷颐指责"后"批评家们混淆了"第一世界问题框架"与"第三世界处境",并且没有经过必要的"本土化"过程就把后现代的理论话语普遍化了。雷颐的批评在一般和粗略的意义上显然是有效的。然而,他对"研究中国语境"的呼吁含有强烈的政治含义,揭示了这场争论的真正要点。事实上,雷颐高度赞扬福柯和萨义德著作里所展现出来的直面西方认识论霸权的勇气,他借此悲叹中国"后"批评家们缺乏直面中国(政治)环境里的霸权和权力的勇气。①

其他自由主义者也持有这一立场和策略。赵毅衡(他本人在英国教中国文学)在一篇发表于香港的文章里察觉到,中国后现代主义同旨在"摧毁精英文化"的大众文化之间有着不光彩的结盟。通过将精英知识分子看做批判性的教士并将之放到现代社会的边缘位置上,赵毅衡把大众文化的兴起及其理论话语定义为"新保守主义"。他认为,在"有意识地挑战晚期资本主义的全球胜利"与"为当代文化的衰落辩护"之间存在一种快速的短路逻辑。② 似乎这么说还不够清晰,徐贲(他本人在美国教比较文学)进一步指出,前现代和现代的区分比东西对立更关键,在中国"压迫的主要形式"不是作为帝国主义或"后殖民主义"的西方,而是本土的体制。徐贲正确指出了西方后殖民批评的核心是抵抗霸权而不是对本土性的自我确证。但是,这种看法导致他直接认为中国的后殖民话语关注的是本土性而不

---

① 参见雷颐:《背景与错位》,《读书》1995年第4期。
② 赵毅衡:《"后学"与中国新保守主义》,《二十一世纪》1995年第2期。

是批判性抵抗,或者起码这种抵抗指向的是"第一世界的话语压迫"。因此,在徐贲的写作中,从研究后革命时期急速扩张的日常领域(文化上非常丰富、政治上非常模糊的领域)发展而来的"后"话语,直接从属于一种对于意识形态和政治的身份的审判,或对忠诚于中国制度还是全球化西方的审判。最终定论决不是难以预料的。徐贲攻击中国的后殖民话语,认为它——

> 脱离中国实情,把这种话语压迫上升为当今中国所面临的主要压迫形式,从而有意无意地掩饰和回避了那些存在于本土社会现实生活中的暴力和压迫。虽然中国第三世界批评努力与官方民族主义话语保持距离,但它却始终小心翼翼地避开对后者的分析批判。而且,正是由于它的"对抗性"批评只有"国际性",而没有"国内性",它不仅能和官方民族主义话语相安共处,而且以其舍近求远、避实就虚的做法,顺应了后者的利益,提供了一种极有利于官方意识形态控制和化解的所谓"对抗性"人文批判模式。①

后现代主义、文化本土主义与政治"保守主义"之间的争论在许多方面可以被视作一次小规模冲突,其背后的整体冲突便是在第一章中讨论过的"自由主义"与"新左派"之间爆发的思想冲突。我将在第三章更详细地分析中国后现代主义的意义,这一章所描述和考察的一些开放的、也是没有结论的动向,将在下一章得到某种"完成"——既是在它们的历史发展的意义上,也是在意识形态和政治自觉的意义上。

## 走向批判性的、民主的民族文化概念

通过将中国关于理论、大众文化、民族主义的争论放置在资本主义的康庄大道及其意识形态霸权的全球背景之中,自由主义的批评甚至在它的攻

---

① 徐贲:《"第三世界批评"在当今中国的处境》,《二十一世纪》1995 年第 1 期。

击对象回击之前也要强辩到底。在共谋性的政治环境中,甚至连提一下其他方案都会受到怀疑和奚落,想在其中主张一种新社会领域之可能的文化意义与政治意义就非常困难了——哪怕不提这个领域自身的理论缺陷和历史局限,亦是如此。因此,故意将这些看法与众所周知的所谓"政权的官方意识形态"联系起来,似乎在政治上具有过度杀伤的效力。我们在徐贲的文章里可以看到,自由主义的批评在这类事情上所作的政治判断,压根没有考虑过要介入日常领域,而正是后者建构了其批评对象的历史与理论的问题框架。对于徐贲来说——对于其他中国自由主义知识分子来说也是一样——西方(或"第一世界")的概念和中国(在这个语境中是"第三世界")的概念,在全球历史中有其确定而不同的等级,而这一条就被他们拿来作为意识形态评判的唯一标准。但是,就此而言,自由主义批评的对象的的确确进行了回击:通过明确攻击"大他者"(也就是中国)所屈从的全球等级,也通过提倡一种政治阅读方式来应对去政治化的自由主义修辞的政治侵犯。然而,在这场意识形态(有时也"仅仅"是文化—政治的)混战中,还需要探索一些更深层的社会、政治、文化问题,以便从一个批判性视角来重新思考中国民族主义和大众文化。

在90年代早期,全球意识形态的同质性在中国语境下日益反映出来,并与经济放任主义及其社会政治学结成了一种极为简单和教条的同盟。自由主义对中国大众文化和后现代主义的批判背后的意识形态支撑,有时候会由其对中国民族主义的批判显现出来。无需大惊小怪,民族主义在1989年后的中国思想词典里总是和种族中心主义、排外主义、本土主义、狭隘观念、反进步、反西方、自我封闭甚至法西斯主义联系起来。这个列表惊人地类似于西方媒体就民族主义话题所持的态度。后殖民主义理论在90年代初的中国遭遇到了激烈抵制,这其实是因为有人在它那里嗅到了民族解放与本土运动的味道(而不是像有些人以为的那样是出于第一世界学术界的密切参与)。一些中国知识分子对后现代主义抱有敌意,这不是因为它体现了一个比现代更现代的世界,或借用丰田公司的广告语,"比美国更美国";而是因为它暗中鼓励迂回地肯定本土性、差异、相对主义与"解构"的思考方式。这表明,自由主义知识分子对于任何不能完全赞同普遍现代性的主流话语的事物,都会从消极的方面去理解。

自由主义知识分子们留意到,民族主义可能会给一个正在进行现代化的、处于第三世界的存留下来的社会主义国家带来危害,因此他们在讨论一种新兴的民族主义话语所具有的历史、理论、文化和政治挑战与政治含义时,显得极为谨慎。如果说主流自由主义知识分子在根本上也与民族主义的问题发生互动,他们这么做也只是坚守在现代性的普遍话语所保护的立场上。断定自由主义知识分子总是拒绝以民族主义角度看问题,这并不公平,因为如今民族主义的许多问题很大程度上是由经济决定的,而日益增强的社会生产力和流动性只会使民族边界愈发清晰。在秦晖看来,民族主义的基础是利益认同,因此无法排除不同民族利益之间的冲突。但他认为,为了民族利益的战争并不会取消普世主义的原则和制度,诸如自由市场;相反,正是基于这些原则和制度,这类斗争才能够在法律的框架下得以持续。秦晖在以下这点上完全正确:他进而认为合理的民族主义因此必须建立在公民权利的基础上,民族主体必须首先是他或她本人利益的主体。秦晖就此正确地拒绝了如下这种民族主义——即如鲁迅在半个多世纪前辛辣地挖苦过的:"将沦为异族的奴隶之苦告诉大家,自然是不错的,但要十分小心,不可使大家得着这样的结论:'那么,到底还不如我们似的做自己人的奴隶好。'"①

由于信任个人权利和自由主义制度,秦晖认为普世主义高于民族主义。对他而言,普世性自由(诸如自由贸易)而非民族主义(诸如保护主义)才能"使两者(富国和穷国)的……巨大(经济)差距被市场这只看不见的大手迅速拉平"②。更进一步,这种全球经济平等的规定还提供了"一种新的、超民族、超文化的道德理想,一种普世性自由与公正竞争的前景,一种新的'大同世界'(不是分配的'大同',而是机会的'大同')理想"③。这幅美满的未来世界图景可以在孙立平(当时为北京大学社会学系教授)的一篇文章中

---

① 鲁迅:《半夏小集》,见《鲁迅全集》第六卷,北京:人民文学出版社1981年版,第595页。
② 鲁迅:《半夏小集》,见《鲁迅全集》第六卷,第595页。
③ 同上。

找到关于它的不那么让人兴奋的注脚。在《汇入世界主流文明：民族主义三题》一文中，孙立平把民族主义——尤其是后独立国家的民族主义——界定为融入全球资本主义的主要障碍之一。"在一些国家，民族主义情绪却成为自我封闭的理由，成为社会与经济发展的障碍。只要看一下当今的世界，我们就不难看出，一些最旗帜鲜明地坚持民族主义的国家，往往也就是最抗拒现代化的主流文明的国家，有的甚至也就是当今世界上最落后的国家。"① 不同于秦晖，孙立平承认民族主义扎根于深层感情，因此无法加以理性化。孙立平把第三世界民族主义定义为激烈排斥"作为人类文明在价值、制度安排、运作规则上已经形成的种种的积累"，并批评"第三条道路"的想望"往往是一种民族主义的乌托邦，其结果与我们在前些年以意识形态为指导的乌托邦没有什么两样"。② 人们在此可以注意到，1989 年以后，中国的自由主义知识分子主要关心的是持续稳定地参与普世性现代化进程，以及更充分地融入全球体系。因为有这个最终目标，社会领域内大众民族主义的兴起、日常领域里新的"生活形式"的发展、其文化上的自我确证以及对于一个新的共同体的政治想象，所有这些都必须被批判和搁置。这里有意思的是，自由主义关于公民权利、民主、抵抗政治制度等措辞处在一个令人难堪的位置，因为它的普遍性现代化话语在专家治国的国家里找到了最热情的（如果不是潜在的）听众。这就为我们提供了一个不同的视角来观察自由主义如何"抵抗"政治国家（political state），后者据称是民族主义、大众文化和"中国后现代主义"的保护人。

然而，在日常领域，政治国家的形象截然不同：国家是计划经济起飞的形象，而不是"新权威主义"的形象，现在它却开始阻碍人性的普遍进步了。由于普遍进步被自由主义者在逻辑上设定为可以穿越地方性壁垒，因而任何绕过政治体制的批评或"抵抗"就被认为是一种妥协。于是，在"自由知识分子"看来，对西方文化霸权的后殖民批评只不过是明显地认可现行政

---

① 孙立平：《汇入世界主流文明：民族主义三题》，见李世涛编：《知识分子立场——民族主义与转型期中国的命运》，长春：时代文艺出版社 2000 年版，第 19 页。
② 同上。

治体制而已。但激烈质疑那些批评方兴未艾的日常领域的人在道德上是否真诚,这一质疑同时也是最脆弱的质疑:大部分中国批评家因为过分焦虑而无法对政权进行正面批评,原因正在于他们身处其中的体制。而在个体有其他空间和机会来施展自由和潜力的情况下,再去冒险似乎就更没道理了。这当然不是说要无视那些紧迫的社会议题,诸如从政治民主到人权问题等等;而是说,90年代初的知识情境设立了一个基本问题,即关于国家和民族的关系问题,这种关系的界定在中国市场和消费大众登上历史舞台后经历着剧烈的转变。

大多数中国自由主义知识分子仍然从国家的角度思考民族。他们的国家主义视野(statist vision)植根于他们在意识形态上参与了国家的现代化方案,植根于他们相对于大众和社会的精英态度和改革官僚所认可的优越感,植根于他们对民主缺乏丝毫严肃的献身。政治话语中的"自由主义"认同因此就局限于对中央与地方政府之间所谓的体制性权力分离抱有一种贵族式的热情。比起腐败、失业、贫富差距,具有政治意识的民族主义和政治的大众文化更加显得不合时宜,因为它们正在静悄悄地争取自由、平等、公正和大众参与的实现。然而,后者必须被视作在转型了的社会领域及其流行文化中想象性的"公民权利"的组成部分。在整个90年代,自由主义知识分子为这种公民权利所作的口头辩护也是只言片语。对他们来说,让一种新的权威主义——一个新的统治阶层,包括由中央政府、地方或省级权力和利益集团的技术专家、正在浮现的管理阶层和知识精英——来实现国家同"世界主流文明"的结合,这是自然而然的事情。

对于一种富有批判意味和民主意味的当代中国民族主义和大众文化话语而言(甚至"后现代主义者"对此也还未有充分准备),目前的挑战正是:要在新的社会经济状况和文化状况中寻找一种重新想象民族的方式。这种话语将建立在一种复兴的乌托邦期望之上,即这些人类历史上前所未有的状况到来的同时,包含着一个政治信息——如果不说是隐含的政治形式的话。出于所有的实际目的,后革命时期的世俗化过程并不只是撕下了一个半农业社会和半斯大林政体的规范和禁忌,同时也将历史悠久的"市民社会"制度和意识形态留待历史来检验。世俗化不仅蔑视传统的政治,几乎无私地追求一种新的、在社会经济方面得到界定的自我(selfhood);它还在其庸庸碌碌的俗常生产、消费、交际、实验和想象中创造了新的可能的共同体,创造出参与、文化和民主。在中国乡村,乡镇企业创造出了对于劳动力更高程度专门化的需求,这一需求正在重新发现残留或保存着的、在毛泽东时期中国占主导地位的集体化基础。由此,人们见证了半工业化的乡土中国充满活力的社群建设(community-building),一位年轻的社会学家王颖把这一趋势称作"新集体主义"。她告诉我们,中国许多乡村地区的农民自己重新组织到新的经济和社会单位之中,而不是回到毛泽东时期的人民公社。结果,在个人和集体之间出现了一种新型关系,这种关系基于新的市场环境,也基于自然、社会、政治和文化—伦理的结构布局——这是中国数万个乡村的结构布局。① 在工业部门,后福特制或弹性生产所创造的技术条件也满足了工人参与管理的理念(这个理念最初由鞍山钢铁厂在50年代后期提出,得到了毛泽东的热情支持)。② 这与一些合资企业发生劳工冲突形成鲜明对比,后者独断的、有时甚至是粗暴的管理引起工人不满,往往还会导致罢工。

在文化研究和意识形态批判领域,自由主义知识分子通常都不注意或拒绝面对下述事实:他们所赞成的意识形态正是国家的组成部分(如果不是核心部分的话),即现代化和整合或一体化。整个后毛泽东时代,自由主义知识阶层一直都是改革官僚阶层的意识形态盟友,共享着经济、社会和意识形态上的特权。中国和西方(特别是1997年2月邓小平逝世以来)都广为承认的是,政权的压抑性主要源于它决心将社会稳定作为经济现代化的必要前提。这就使得自由主义"抵抗"修辞失去了政治实质,因为自由主义阶层充分支持国家设定的方案,并且投身其中。在这种语境里,自由主义认为在大众文化(大众民族主义)的理论再确认与为国家的政治暴力辩护之间存在着隐秘的联系,这种观点要么是自恋的幻想(比如赵毅衡所表现出来的倾向,他注意到一种摧毁"精英文化"的阴

---

① 参见王颖:《新集体主义:乡村社会的再组织》,北京:经济管理出版社1996年版。
② 所谓鞍钢宪法的内容是:管理层参与生产,工人参与管理并改革不合理制度和体系;技术专家、管理人员和工人在生产和技术创新过程中相互合作互动。有关这一主题的理论讨论,参见崔之元:《鞍钢宪法与后福特主义》,《读书》1996年第3期。

谋),要么就是走向全球资本主义意识形态及其道德确证的一种感伤姿态。不论是哪种情况,这种意味深长的思想焦虑和恐惧均源于大众的兴起。许多中国知识分子并不去分析今天中国大众文化的意识形态复杂性和矛盾性,而是嘲笑这种文化不是高等文化。他们根本没有在一个后革命的、消费至上的生活世界(Lebenswelt)里创造性地处理民主诉求,而是宣誓效忠于悠久的布尔乔亚社会体制。

中国民族主义和大众文化在90年代的兴起是一个社会现象,它们主要在日常领域展开并通过流行文化传播,而没有得到国家的支持和知识分子的参与。作为阶级定位上的"贵族"和文化观上的普世主义者,知识精英们曾谨慎地在国家和大众之间达成默契。从后革命的理性化进程中发展而来的"独立"或"自由"知识分子——往往是尚存的80年代文化精英的主流——本能地谴责民族主义的兴起与世俗文化领域的兴起。怀疑绝对国家权力与大众之间有着意识形态上的合作,这种疑虑还得追溯到对于"文化大革命"(1966—1976年)的恐惧,那时毛泽东的乌托邦设想和坚持此一乌托邦的毅力曾与社会主义中国大众的同质性结合在一起。国家政治或"大民主"体现的大众参与所释放的力量曾经摧毁了知识精英及其文化机制。对于这种结合的恐惧或许有几千年的传统,中国古代的官员就对皇帝("天命"的承载者)与无名无声的百姓之间建立任何直接的联系惴惴不安。

与这种远离日常领域的精英主义相反,戴锦华作为北京女性主义理论和文化研究领域的首席批评家,描绘出一幅她称之为"共用空间"或"类公共空间"的耀眼图景,这种空间是由国家、国内市场、全球化之间复杂的关系所构建的。戴锦华对90年代初市场上的"毛泽东热"、大众文化对革命中国的生产与消费、同时也对当代中国历史以及"文革"作出了评价,她写道:

> 作为一种多元决定、别具意味的对意识形态、禁忌与记忆的消费,正是中国大陆文化市场和"准文化工业"第一次成功的、大规模的、对文化时尚与流行的制造;同时,它又反身有力地推进了借助(挂靠)国家文化机器、体制而初露端倪的庞杂的"独立"文化"系统"和蓬勃兴起的文化市场,其中包括大量名目繁多的"文化公司"、音像公司、广告公司、形形色色的书商、星罗密布的个体书摊、大量的报纸"周末版"和众

多的新创刊的学术杂志或"休闲型"杂志、国家电视台的栏目承包("栏目制片人制")、"独立影人"、以作家、艺术家名义命名的批量生产文化消费品的"创作室"、"工作室","自由撰稿人"因此萌生并壮大。而这一与意识形态国家机器彼此重叠而又相对独立的"系统"和市场,则在不断拓宽着权力结构的裂隙,提供着某种局促尴尬而充满生机的"共用空间",或曰"类公共空间"。其间跨国资本对中国大陆文化市场的介入,则因其强有力的操作原则和金钱背景强化了这一对意识形态、记忆与禁忌——中国特殊文化资源的消费;同时更为深刻地裸露出九十年代中国在前工业现实与后现代文化、国家民族主义之轭与后殖民文化挤压、意识形态控制与消费文化的张扬间的困窘。①

日常领域或"社会资本"大规模入侵国家体系,随之而来的则是国家机器与体制激烈的商品化与资本化。戴锦华指出,1992年邓小平视察南方之后,中国发生了市场与国家之间的剧烈合并。身处政治约束、市场需求,以及现存体系与市场经济之间结构性的断裂中,许多国家出版社、电视台和电影制片厂开始出租许可证和商标以换取资金,这是他们维持职工经济收入的必要策略。"一方面,是主流意识形态制空权的空前加强,而另一边却是文化市场与文化工业机制愈加深广地分享着经典意识形态机器的权柄,并开始了一个不间断的、将其转换为资本的过程。"②

戴锦华详尽的观察使得对于复杂的关系进行更具批判性的细致分析成为可能。在初露端倪的社会领域里,不仅国家与其意识形态机器充分参与了消费文化的发展,它们也渗透进消费文化的无意识,并作为资本存在于消费文化最秘密的地方。更仔细地观察这种无意识及其政治经济学,就能对中国的后现代主义提出更具建设性的批评。就此而言,汪晖的观察很有启发性。在一篇谈论中国的文化研究与文化批评的文章里,汪晖指出,中国后现代主义在解构当代中国各种价值体系的时候,"却没有对构成现代生活主要特征的资本活动作出分析,也没有对这种资本活动与中国的改革运动

---

① 戴锦华:《突围表演》,《钟山》1996年第6期。
② 同上。

的关系作出评价"。汪晖进一步指出，一些中国的后现代主义者倾向于"以大众文化的名义将欲望的生产和再生产虚构为人民的需要"。这在他看来是一种"虚构"，因为它把由市场化过程中受资本制约的社会形态解释为中性的、不受意识形态支配的"新状态"。汪晖所采取的马克思主义批评方式在此显得很有力量。然而，另一方面，汪晖在当时似乎无意全盘拒斥自由主义问题性的所有方面，他转而谴责中国后现代主义推动了民族主义和种族中心主义，尤其怀疑大众文化与官方意识形态之间存在某种合谋，以"排斥……知识分子的批判性的意识形态"。但是以下论述很正确："在1989年之后的历史情境中，中国消费主义文化的兴起并不仅仅是一个经济事件，而是一个政治性的事件。"① 如果汪晖的质疑是出于他认识到在"后现代"的大众文化狂欢中缺失了批判性的、政治的意识，那么他的质疑就不是无根据的，并且有其理论上的切关性。

　　汪晖呼吁文化生产领域应有一种批判性的、政治性的介入，如果重视他的呼吁，我们会发现90年代早期大众文化和民族主义话语空间的特征事实上是一般意义上的非政治化和批判性的丧失。因此，文化生产领域要么被作为官方意识形态的国家话语所挪用，要么被作为社会期望的大众情绪所占用。由于这两者被看成是民族经验和民族想象的典型模式，因而对那些关注自己"独立"形象、"世界主义"形象的知识分子而言，民族主义就是理论的禁忌。与此同时，积极谈论民族主义的著作无法将自己与官方的爱国主义陈词滥调区分开来，也无法与文化主义者、种族中心主义者对传统的赞美区分开来。由于采用前理论的思考方式，它们并没有为批判性的中国民族主义话语做出多少贡献。

## 政治的必要性

　　在给本章下结论之前，我想回到某种对90年代中国知识界的形成所

---

① 汪晖：《九十年代中国大陆的文化研究与文化批评》，《电影艺术》1995年第1期。

做的历史解释上来。市场民族主义明确具有非政治特征,并且知识界不愿将其政治化,这两者与自 80 年代末以来所发生的政治断裂缠绕在一起。然而,国家的正当性危机并没有阻止国家回应外部的压迫和内部的变革,相反倒为之提供了新的动力,即某种扩大和更新统治基础的紧迫感。90 年代初提出的"社会主义市场经济"通过迎合群众(首先是技术专家阶层)而平复了自由主义思想的道德诉求。国家和社会之间凝固的政治关系在邓小平那里找到了自身的理论,中国国家(仍然不仅仅具有名义上的社会主义性质)坚持以经济迅速发展来赢回大众的信任,并实现布迪厄(Pierre Bourdieu)所谓民众承认既定社会体制的现存法则时的"本体论妥协"①。当这个社会学观念延伸到自然和历史的范围时,就可以清楚地显示出民族主义并不多愁善感的一面,在这一方面,无论出于阶级理由还是符号理由,知识分子都感到极为不适。

在 80 年代,自由主义或独立知识分子在思想和道德上的权威性有三个来源:(1)他们同国家之间保持了某种半自律地位;(2)同时,他们十分忠于并且投身于改革方案(通常表现为批判国家但也是国家的建设性伙伴,他们可以说是党内的施压派);(3)他们不断走向并且最终融入了全球体系的文化—话语机制。在整个"新时期",上述因素与现代化过程相互缠绕,并推进了现代化的意识形态和精神狂欢,却没有激活具有根本性差异的意识形态和政治的假设与可能性。国家更加严密的意识形态控制使自由主义知识分子进入某种恒定的状态——尽管有沉默、有不满。当然,这一分裂决非取消了中国社会发展的诸种根本假设,这些假设为国家和知识分子所分享,也为他们表面上相冲突的政治哲学所分享。

鉴于出现了某种基于经济的民族主义,人们或许会认为 1992 年,而不是 1989 年,才是后毛泽东时代中国的历史分水岭。在邓小平以视察南方来最后推动他的改革方案之后,国家带头竭力拥抱市场和全球资本。新的以市场为导向的运动完成并巩固了 1979 年以来的社会经济变革模式,也为政

---

① 参见 Bourdieu, "Structures, Habitus, Practices." In *The Logic of Practice*. Stanford, Calif: Stanford University Press, 1990, pp. 52-65。

治空间与社会空间不可逆的分离提供了正当性。一方面，变革使国家权力组织内部有了更多的平衡感和灵活性，在这一组织之外则有了更多的经济、社会以及个人自由，可是另一方面，社会主义对全体人民的承诺却被有效地搁置了，社会主义借历史实验以创造出代替资产阶级模式的新式民主、自由和平等的承诺，也被搁置了。结果，只要国家和社会之间的紧张或不一致不超出控制范围，双方如今都可以自顾自地追求和构想自己的利益和意识形态。国家以这种特殊的方式与社会脱离（反之亦然），这为新的民族概念创造了可能性条件。社会经济活动的领域得以展示自身的布局和限制，并通过与其伴生的沟通机制和文化生产机制，将这些活动和交换展现为一种"生活方式"或一种对于"命运共同体"的想象。不管对于国家的存在而言多么必要，也不管对于一般的消费者而言多么吸引人，民族生活中的这种政治领域和社会经济领域的脱离都预示着90年代中国民族主义的根本局限性。民族因此丧失了大众参与的政治基础，物质财富和个人自由失去了社会意义，"高等"文化和大众文化之间隔断了联系。就此而言，具有"失落"危险的并不是高级知识分子的"人文精神"，而是对于政治民主和文化民主的集体热情。

　　批判知识分子在承认迈向进一步的生产力解放的关键一步，以及承认日益增加的社会自由的同时，也在他们各自不同的立场上经历着需要面对的相同挑战（尽管是以他们各自的方式）。不得不说，国家所诉诸的社会欲望渐渐忘却了曾经给予改革计划以历史视野的政治理想。后革命时期的大众坚定地奔小康——中国版的中产阶级社会，而知识分子作为一个社会阶层正在社会、意识形态和政治上经历着前所未有的分化。有些知识分子在边缘观望并感到被异化所吞没，其他的一些则忙着在新的社会空间里航行，以寻找新的阶级依附。知识分子还远没有从1989年的冲击中恢复过来，如今就面临着市场更加无情的力量，这力量对于许多普通人——当然不是全部——来说是解放的力量和授予他们权力的力量。他们正全体一同成为消费者，这并不表示他们有了选择；正如虽然他们从来不曾有过选择，但并不意味着他们不想成为消费者。然而精英知识分子如今或许有一种非常真实的反讽感和无助感：民众和国家仿佛已经指出了他们的根本目的——把住权力,快点致富(两者都是邓小平留下的遗产,都承诺将在未来实现)——没有人有耐心听知识分子饶舌。他们可能已经读过黑格尔,但他们似乎未曾留心黑格尔的悲观预期:现代性不可避免地会带来"粗鄙"(在后现代被放大并稍稍漫画化了)。更糟糕的是,不比他们的第一世界同行们,当中国知识分子遭受市场化、私有化、财富不平等、商品化、意识形态的剧变侵袭时,他们没有一个充分体制化的专业领域以全身而退。

随着经济腾飞、世俗民族主义的兴起以及90年代早期与中期的消费文化宰制性的局面,邓小平时期的中国最终合乎逻辑地完成了在意识形态上与毛泽东时期乌托邦的决裂,尽管在那个时候,这两个时期之间真正的连续性在更深的历史层面上从未被厘清过。在整个90年代,当世界向新世纪靠近的时候,中华人民共和国正迅速地转变为不过是由19世纪(而非20世纪)所规定的又一个民族国家,而国家内部的理性化过程和对同质化的全球意识形态的颂扬——颂扬每一处有意义的政治生活的凋零——共同巩固了这一转变趋势。

新时期知识分子崇高的人文主义与现代主义修辞的死亡,终结了作为民族文化话语范式的高等哲学。脱离了民族精英的文化主义统治,日常世界开始涌向文化主流,将自身呈现为表现社会生活的主要方式,即表现日益多样然而平庸、灵活然而模式化的生产和交换活动。这几乎创造了——用盖尔纳的话来说——新的对于民族的理解和民族经验。把新的民族主义情景的社会经济基础单单归诸国家掌权的意识形态需要,这不过反映了那些中国问题专家的习惯思维。可以说,他们已经习惯于透过极权国家的棱镜来看待一切事物。这种思考模式同样有助于解释,为什么知识分子如此不愿意将自己的态度和立场转向社会领域,而正是在那里发生着真实的行动,也正是在那里一系列新的问题有待解答。尤其是对精英知识分子而言,投身于普世方案——可能是中国文化的普世价值(儒家)、普遍的生产力(马克思主义)或个人自由的普遍实现(自由主义)——使他们在预期更宏大的观念剧和历史剧的时候,能够把握日常生活的特殊、多元、临时以及世俗的方面。在此语境下,中国主流知识分子消极看待民族主义也没什么奇怪的。这么说不是因为民族主义作为一个理论问题框架还没有充分发展(大部分知识分子似乎没有意识到盖尔纳、霍布斯鲍[Eric Hobsbawm]、于尔根·韦伯[Eugen Weber]、安德森、格林菲德等人近来就这一主题所写的著作),而是因为民族主义被视为与现代性的普遍宣称、儒家文明或"历史终结"之后的西方(posthistorical West)不相符合。

在经济自由化和社会松弛的时代,高度的政治紧迫性正在于构想一种新的民族文化及其政治话语,以服务于大众对于更公正的国家财富分配的追求。在这个意义上,知识分子之间的话语争论决不会因为中国成为一个消费社会而变得不合时宜。相反,在日常的大众文化和共同体新想象正在形成的社会领域里,思想话语或"高等文化"非常重要,因为它们承担着政治的和文化的使命:构想民族文化的政治概念,并在经济领域讲述普通大众的崛起。在这个特殊的语境下,民族及其文化的政治紧迫性就必须在民主的层面加以理解,正如民主只有通过新的民族及其文化的想象才能被期待。就此而言,甘阳对于从经济民族中崛起的政治民族的期待(他非常担忧这个过程是否走歪了)显然呼应着他那位19世纪晚期的德国老师:马克斯·韦伯。①

(王钦译)

---

① 参见甘阳:《走向政治民族》,《明报》(香港)1996年2月26日。

# 第三章　后现代主义与全球化条件下的中国社会思想:"新时期"之后的文化政治

我在这一章里会用到两个有关"后现代"的术语,因此有必要先对两者判然有别的意义作出澄清。我用"在中国的后现代主义"(postmodernism in China)指后现代主义和后现代性这种全球话语。那些想从西方汲取理论灵感并在话语上与之保持同步的知识分子将这一话语引入了中国,而它也在很大程度上仅仅局限在文学批评和艺术批评的小圈子里面。在这个意义上,此种话语延续了80年代的现代主义潮流。它在90年代的流行暗示着消费导向的社会的出现和持续不断的全球化进程的到来。然而,这种话语的内容全然是外来的,又过于匠气,它呼应着国际经济资本和文化资本的飞地在中国极不平衡的社会财富分配中若隐若现。这种话语的审美刺激和政治刺激因素主要来自于将中国展现为(而且愈来愈多地是在日常经验层面)全球市场的一个内在组成部分。

"中国后现代主义"(Chinese postmodernism)这个非常模糊但颇具生产性的话语是本章的焦点。"中国后现代主义"与中国的日常生活相关,后者正是后现代文化的生产者。然而,"后现代主义"作为理论话语在这个语境中好像显得有些空洞,除非它能够成为一个有意为之的能指(或一个特别的替身),指向革命、现代性、国家状态和大众悬而未决的、延宕的、鲜活的、正经历重组的集体经验。在这个意义上,"中国后现代主义"里的"后"不是事情了结的意思,而有准备开始的意味——砸碎所有固定的认识论模式、审美标准、历史分期、地域等级和制度物化。因此,中国后现代主义可以被视为一种反叛"新时期"现代主义和现代化意识形态的社会话语,后者自居为摆脱了毛泽东时代的精神范式（Maoism）的"新启蒙"，也标示出了邓小平中国在现代性话语里的正当性。因此，在后毛泽东时代的中国历史语境中，现代性的核心就在于经济、官僚政治、社会等方面的理性化，这一理性化日益简化为国家所认可的融入世界市场的过程。20世纪的最后二十年里，在现代主义冲击下所产生的社会物质环境辩证地使中国知识分子有可能以更为广阔的视角来理解现代性——包括历史的复杂性和理论的灵活性，使之能够将现代性看做某个表达了他们日常变化着的感受的概念。后毛泽东时代的中国社会初步取得了经济成功，全球资本和生产则表现出了多中心状态，同时中国社会主义政府坚挺地存留了下来，这些因素都让中国老百姓感到不必成为西方人也可以过上好日子。事实上，这对于整个日常、社会、文化和政治的选择与渴望来说，都有重要的意义。就像"民族主义"一样，后现代主义在当今中国的作用就好比一个空空如也的"普世主义主导文化"大网，但是时常会打捞上沉甸甸的货物。中国后现代主义并不是把中国现实投射到无时间性的当下；相反，通过集体回忆及其突破"新时期"（1979—1989）高峰现代主义的努力，这个概念使得从未被割弃的过去能够萦绕在中国消费大众周围。更何况，中国后现代主义揭示了一个生活世界的可能性条件，这一世界迄今为止一直躲避着分析性的描述。正是国家催生了新的市场和新的消费大众，作为前者的文化形式，中国后现代主义不仅是90年代中国社会主流意识形态的重要组成部分，而且是重构社会关系和阶级关系的乌托邦空间，是关于共同体、民族和民主的想象。

　　这一章将通过四个步骤探讨中国后现代主义问题：(1)讨论其风格特征；(2)将此话语放置在后毛泽东中国语境（以及更大的语境）里的现代主义到后现代主义这一特殊转型中来考察；(3)分析这一问题所引发的政治上相关利益的问题（political stakes），即90年代思想论争所涉及的立场问题；(4)历史地理解作为社会主义社会之文化逻辑的后现代主义。

## 后现代的感觉确定性

对于中国后现代主义的讨论往往都在多个层面和多个维度进行,这些讨论仅仅是为它们自身的存在作辩护。对于那些对之持怀疑态度的人来说,或者,对于那些完全抵制中国后现代主义概念的人来说,任何有关这一主题的讨论都得提供证据、给出说明、解释那些读者所不熟悉的核心文本,而不管作者持什么意图或立场。然而,由于崭新的时尚和深刻的断裂真正成了后毛泽东时代中国社会领域和文化领域的规范,所以在通俗的、新闻报道的层次上描绘新生事物从来不是什么难事,哪怕这新生事物相当于中国80年代中期以来在审美领域或心理领域所发生的剧烈的范式突破。机械地套用西方批评和理论话语所设定的标准来衡量、清点当今中国的后现代(主义)作品乃至一切艺术,同样也不是什么特别困难的事情:新一代诗人颠覆了杨炼或江河等人的高峰现代主义原则;政治波普艺术家制作了类似沃霍尔作品的毛主席肖像;徐冰创作了"假汉字"作品;崔健开启了中国摇滚运动;在现代派电影制作人如陈凯歌和张艺谋世界范围的成功之后,"第六代"导演向纪录片风格回归;莫言和余华的反英雄小说;大批新写手"变卖"了现代主义的强度和严肃性,换来对于90年代中国日常生活毫无深度的描摹,等等。

如果人们承认,尽管过去二十年有着巨大的理论复杂性,后现代主义仍然被许多人理解为一种有着欧美血统的文化—审美时尚,那么,第一步自然就是(虽然不那么令人信服)设法证明在中国的后现代时尚与其欧美原型之间存在可信的、充分的相似性。说这一步"自然"是因为不靠借来的名称,就没有别的方式进入这个话语体系或象征体系;说这一步"不令人信服"是因为中国后现代主义的问题产生自下述悖论:当代中国文化与社会在技术层面上的后现代特征一般而言并未将前者界定为后现代,反倒是突出了某种反讽感,这一反讽正是来自经济现实与其在象征领域和想象领域内的形象或自我形象之间的断裂。因此,任何为中国后现代主义所作的辩护就必然成为辩证地联结起对立面的努力。这一努力会在既有的、然而根本上是扭曲的经验和思考框架之间进行中介，以便从中表述出某种本质上的新东西。就此而言，后现代主义作为一种观念和话语——其不稳定的性质在介入到中国的文化生活和知识生活时会显现出侵犯性——可以被视作连接某种无名现实和命名系统的理论枢纽，这一枢纽会将不平衡的、往往是非连续的历史时间和空间联系起来。

想在后现代主义的地盘上（它无比多样、非常广阔、常常具有折衷性，而且能够迅速繁殖和撒播）列举出某些根本特征或性质（不管是正式的还是非正式的特征）来证明一个人的本真性（这种观念本身就被大家所采用的概念所消解），似乎意义不大，甚至会使人误入歧途。实际上，大多数中国的后现代主义批评家和理论家似乎仅仅满足于某种宽泛的家族相似性，后者会将中国后现代主义的论争正当化为某种文化和政治问题。自从杰姆逊关于后现代主义与消费社会之间联系紧密的说法——后现代主义的观念是"晚期资本主义的文化逻辑"——在80年代后期的中国知识界流行开来的时候，后现代主义已经被它的中国"学生"看做最主要的社会历史变迁了，只不过这一变迁是在文化上的表现。杰姆逊的命题在中国成为特殊的问题框架，这是由下述条件决定的：第一，存在一种高峰现代主义的民族话语，而新崛起者正是要挑战和颠覆这种话语；第二，中国经济迅猛发展，而且根本上采用的是混合的生产方式，虽说还没有整个融入全球资本主义市场，但是已经与之纠缠在一起了。上述两方面为一般意义和最低意义上的后现代提供了物质、象征、人口等条件。就此而言，人们会发现当今中国艺术和文化中的那些后现代形象和标识，并不是某些绝望地追赶国际潮流的人们的幻梦，而是彻底商业化了的中国城市景观的内在组成部分，这些景观包括麦当劳餐厅和星巴克咖啡店、卡拉OK吧、好莱坞大片的盗版DVD、购物中心和大卖场、国际品牌的广告，以及无处不在的消费群体。

但是，这是否意味着后现代主义在中国真的存在？有关"实在界"（the Real）的问题——说得更准确一些，就是"真实"已经反讽地成了一个问题——可能是我们实际处理"后现代"问题时最有把握的标记之一，现实和历史几乎都在"后现代"之中（或对于"后现代"来说）消失了。当然，我们不应该因此偏离某些议题的特殊性,这些议题同中国后现代主义暧昧的理论问题纠结在一块儿。即使今天的媒体和学院将后现代主义广泛地理解为某种——在反本质主义的意义上——根本上无深度的表面、无限制的再生产能力、激烈的去中心倾向,依靠讨好无处不在的消费大众而得以维持的东西,而且是——如鲍德里亚(Jean Baudrillard)所说——某种实际上与现实没有任何关系的东西,这也并不表示我们应该不断关注中国大街小巷那些花样百出的时尚。实际上,那些反对后现代主义这个术语在中国出现的人坚持认为:中国后现代主义及其提倡者们通过借用或(再)生产那些(源于西方的)拟像(simulacra),正在危险地遮蔽中国社会、经济、政治的紧迫感,他们将后者视为现代性。基于他们各自对"现代"的理解(这些理解有着强烈的政治性,尽管通常隐而不显),后现代主义的反对者们继续发出常常显得自相矛盾的批评,他们批评中国后现代主义的颠覆性(破坏社会主义国家的价值体系)、自以为是(通过肯定、颂扬处在国家意识形态控制之下的商业性日常文化来为国家提供正当性)、太西化(尾随西方理论的学术时尚)、太中国(怀揣着傲慢的本土主义和民族主义)、太左倾(批评资本主义、破坏现代性的普遍真理)、太右倾(颂扬欲望和商品),等等。

在中国语境中,人们会倾向于承认:有时候,研究如何抵抗和驳斥后现代主义要比细数其审美成就更为有趣;另一方面,围绕中国后现代主义形式创新问题展开更具生产性的讨论,迟早会走到政治这一步。我们必须将那些猛烈而辛辣地反对后现代主义概念的声音视为某种话语,它正是中国后现代主义的一个组成部分;我们必须将这种反对之声在意识形态和政治上的抗辩和挑战理解为习以为常的感觉丰富性的一部分,没有了它,"中国后现代主义"这个术语就会显得过分抽象或者过分具体。要为中国后现代主义提供历史或理论上的感觉确定性,人们必须从广为人知的看法——或者说信念——开始,即至少在中国,现代还远没有结束,或如某些人真诚地相信的那样,甚至尚未开始。我们同样需要切记,如同另一些"某某主义"或"某某学"一样,后现代主义也是西方的舶来品。耐人寻味的是,作为从异域传来的最新的、最没有历史的理论话语,后现代主义被挑了出来迎受人们的质疑甚或敌意,这些人或是越来越挫败于紧贴西方屁股,或是憎恶西方话语和理论的特权与霸权,尽管他们眼中上等的、牢靠的和真正的中国知识往往也不过是诸如实证主义、经验主义和历史主义这些19世纪欧洲的舶来品而已。知识分子的失落感一方面反映了他们作为一个社会群体在面对剧烈的全球化进程时十分无力,另一方面也反映了消费大众在文化和政治上日益增长的自我确证需要。就像以往几代中国启蒙知识分子一样,他们再一次发誓效忠于现代,并藉此将后现代谴责为某种危险的背离,或至多只是西方同代人送过来的一件不成器的因而百无一用的礼物。然而,正是在这种对于后现代的抵制之中,我们可以看到中国的现代本身并不是一个整体,而是分化的、破碎的、自相矛盾的经验。中国"现代"长期的话语和意识形态统一性并不是某种历史前提(historical given),而是某种历史偶然性,正是中国社会真正的"前现代"因素(贫穷、无知、迷信、混乱、压迫,以及极端保守分子的激烈反弹——他们不但反对1919—1949年间的革命,而且反对1911年的辛亥革命)的持存使之成为了可能,在更晚近的时候,则是社会主义与资本主义之间持续不断的、变了花样的对抗使之成为了可能(也就是在后冷战时期的中国,两种关于现代性的意识形态主张相互竞争)。这恰恰提醒我们,中国后现代主义的真理内容或许正在于它所提出的知识和政治利益相关性之中,所有处在"有中国特色的社会主义"这一历史形势中的派别都面对着这个利益相关性;其真理内容也在于:当改革共识已经在国家、知识分子和大众那儿解体,也在精英知识分子内部解体的时候,后现代主义瓦解了、去神秘化了日益分化的文化和社会领域中诸种根深蒂固的立场。

在那些接受中国后现代主义观念并认为它有着复杂深远的含义的人看来,对于"在中国的后现代主义"的仔细描述几乎马上就会转为分析各种形式、话语和历史之间眼花缭乱的叠合,同时变成某种必然更具有历史性、理论性、最终是政治性的方案,其政治性远远超越了原本所设想的程度。为了搞清楚中国后现代主义的意义,我们必须在历史情境中将那些中国形象——如果这些形象在每一方面都如其西方"原型"那样具有真正的后现代特征的话——或中国拟像,呈现为某些由不断变迁的生活经验和生产方式所生产的东西,呈现为某些依次给出关于社会经济关系的图景、叙事以及意识形态证据的东西,而不是符号通货膨胀和商品拜物教这个全球镜像屋(mirror-house)中的幻景。这就意味着,哪怕想了解中国如何接受后现代主义,也必须说明中国如何生产后现代主义。一个有意义的中国后现代主义概念,必须自在自为地与中国的现代性达成历史的妥协,中国的现代性是一项公认未完成的方案,但其正当性、合法性和普遍性主张已然——不论这是好是坏——开始受到攻击。现代性作为一种组织原则、一种无所不包的意义框架,正在渐渐丧失对于中国日常生活的把握,而感知、经验乃至焦虑于这一情况,正是中国的后现代主义话语的核心所在。

## 走出现代主义

90年代中国出现的各种艺术、文学、理论的风格不仅缘于作为国际话语的后现代主义,而且其兴起更是特别针对了80年代中国的文化与思想主流,即"新时期"所谓现代主义与人文主义范式。"八九风波"发生以前,高峰现代主义已经在中国大城市里成了某种知识制度和形式制度,然而这种现代主义却在90年代被市场和意识形态国家机器合力摧毁了,同时新兴的文化民粹主义和民族主义在这一过程中亦扮演了关键角色,这两种"主义"与雏形中的城市中产阶层密切相关,与他们的经济利益、日益增长的文化和政治要求密切相关。比如,在文学领域,后毛泽东时代的形式创新浪潮——从朦胧诗到寻根文学、再到实验小说或先锋小说——所建立的现代主义典范尽管很大程度上依赖国际承认而维持了自己的声望,但实际上已经被一个庞大的文学市场所淹没,这个市场迎合的是新兴的、富裕的、彻底去政治化(除了渐增的民族主义情绪)的阅读大众,他们没有耐心忍受形式实验和横跨历史的沉思。后毛泽东时代中国思想话语的标志,也就是按照海德格尔或本雅明的方式说出的行话。那些形而上学的视野,如今要么是被一种新闻体——它只是为了博取媒体曝光率和消费者满意而无他求——所取代;要么是被一种专业化转向所取代,即朝向学术生产和职位晋升的标准化和正规化。所有这些对于先前文化霸权否定性或侵略性的摧毁符合欧美后现代主义的情况,后者形成于60和70年代,打破了高峰现代主义(乔伊斯[James Joyce]、科比西埃[Le Corbusier]、康定斯基[Vassily Kandinsky]等)的成规。甚至那些毫不妥协地坚持现代主义或先锋风格的作家——比如很容易就可以想到格非——也必定需要用另一种方式来读解他们的作品,也就是把它们放到文化市场的语境中,依照特殊的风味或品牌来看待之,或是依照独特的市场卖点来看待之。作为整体的中国高峰现代主义这一短暂时刻已然臣服于学院经典化了,而且已经丧失了自身的震惊效果与颠覆性,无以抵抗一般读者与官方的主流趣味和意识形态。①

有许多理由使我们相信,从现代主义到后现代主义的转变更像是某种与社会历史分期相关的理论叙述,而不是就文学和艺术领域的发展给出某种以学科为基础的年代学描述;特别是在诸如当前的语境中,现代主义和后现代主义其实都是派生性框架。在文学史和艺术史中,从现代主义到后现代主义的范式转变使社会历史的分期显得十分清晰而又颇具说服力,但是我们不能忽视这一形式转变所暗含的错综复杂的时空关系。任何对于中国后现代主义(或现代主义,或者也可以是现实主义和浪漫主义)有意义的批判性研究,都包含两对形式的和社会的历史,而不是一对。这一双重二元关系的四个子范畴——比如,中国的写实主义与中国革命,欧洲高峰现代主义与欧洲帝国主义——每一个都在寻求历时的连续性与制度现实化的同时,不断陷入共时性鼓动与跨文化共振的泥淖之中。它们共同产生出一个强大的力场,其中一个事物很容易就变成另一个事物的寓言,并且,历史关系在其中被多元决定、多重表征,被压抑、遗忘,并最终以复仇的姿态回归。

与以往文化史上的类型不同,后现代主义似乎拒绝传统的比较方法,诸如影响研究或者平行研究等等,这正是源于后现代主义依赖瞬时再生产和

---

① 在1997年刊于《中国现代文学研究丛刊》(现代中国文学研究的主要刊物之一)的一篇文章中,有人将余华(他是80年代先锋小说写作的主将,带头"颠覆"了人道主义与现实主义写作的典范性)和鲁迅相比,而后者正是现代中国文学史上最具经典性的作家;两者都被视为对现代中国文学的范式发展贡献良多。参现耿传明:《试论余华小说中的后人道主义倾向及其对鲁迅启蒙话语的解构》,《中国现代文学研究丛刊》1997年第2期(总第73期)。

散播的技术(事实上与之共生),这些技术使得传统的比较方法不再有效也不再必要。当然,这只不过使"形式比较"陷入到某种对于文化流动性的艰辛分析之中,而多样的社会经济语境和意识形态语境正是这一流动性的前提条件。至于形式和内容的辩证关系,我们可以说,阿多诺基于自己对于欧洲古典音乐的研究而提出的命题——每一种新的艺术范式,只有在针对其内在的形式史张力所生产的审美解决中,才包含面向时代的社会与道德困境的解答或者表述——仍然有效,尽管我们需要在一个更为广阔的历史视野中来看待这个命题,当然还需多一份对于截然不同之他者的认识。①

仔细观察的话就会发现,许多关于中国后现代主义的讨论事实上说的都是后现代主义本身如何登陆中国、建立据点,然而,读者和作者往往会把这种努力混同为另一种尝试,不同于前一种努力,后者力图以中国特有的方式表明:某种特殊的中国文化形式已经出现,而且开始传达和表述那种由全球决定但却是由地方调节的社会经济现实。甚至那些中国后现代主义最粗暴的对手也能辨识这种文化类型与某种社会经济现实(不管怎么说都不止是"经典的"现代那个样子)之间内在的因果关系,由此他们就打发了中国后现代主义,认为它没有根据地提倡后工业社会(或信息社会、消费社会)——对此这些批评家们并没有争议——才配享有的快乐、自由和声望,这对一个经济和技术上都相当落后的社会来说是不足取的(或者说无法承担的)。但是如果我们关注启蒙和现代性之中的道德、哲学、政治体制的瓦解(它们长期被视为现代帝国主义和殖民权力的核心价值和秘密武器),而且考虑到这一瓦解在发展并不均衡的世界体系中对于边缘地区所起的作用,很容易就会发现,现代主义向后现代主义的转变为新的话语和意识形态框架提供了可能,我们可以藉此继续探索替代经典现代性蓝图的方案。就此而言,在一个十月革命几乎已经不可能和不可欲的时代,后现代主义作为一个事件或许携带着革命的信息。因此,思想摆脱现代化的意识形态必然包含着一个内在的选择:鉴于中国的社会主义现代性经验,"后现代"所指

---

① 参见 Adorno, *Philosophy of Modern Music*. Trans. Anne G. Mitchell and Wesley V. Blomster. New York: Seabury, 1973。

向的视野必定超越了我们所知的社会主义。然而，与此同时，后革命中国或30年代以及更早时候的那种"被压抑的现代性"，与全球化时代的"世界新秩序"(the new world order)重新结合，这本身已经成为"后现代"试图超越的历史规范。也就是说，它往往通过迥异于资本主义的传统、记忆、社会价值和基础之全新配置来复兴社会主义的替代方案，从而实现超越那种历史规范的企图。就此而言，在中国情境中，社会主义和后现代主义之间就有一种选择上的亲密性，在下文中，我们还会再回到这个问题上来。

这种亲密性与其说来自理论上的机会主义，不如说来自更加广阔的历史视野，因为中国后现代主义话语只要想存活下去，就必须尽力打开中国现代性内部的分期和矛盾，以一种共时性的方式在新的环境中设置彼此对抗的不同时刻(moments)。如果说革命、社会主义和大民主都从根本上否定了1949年以前中产阶级式的工业化和国家建设方案，那么邓小平时代的"新时期"就是通过韦伯式的理性化来建立国家监督之下的市场经济。① 在20年代，若稍换标准，甚至最激烈的文化保守派也是现代主义者(除了少数极端例子，比如王国维和辜鸿铭，其他人都支持工业化和共和政体)，那些试图通过重访文化传统来规定中国未来的文化保守派，可以囊括进宽泛定义下的中国后现代主义话语，他们与之相处得十分融洽。中国后现代主义的文化、思想、政治内涵在很大程度上依赖于它试图超越/回归的特殊的"现代"。不管怎么说，中国后现代主义将自己呈现为尼采所谓的"所有历史之名"(all the names of history)的文化竞技场，以便再次提出关于未来的主张。

如果"后现代主义"意味着——如日语假名对这个术语的翻译，即"脱近代"所传达出的字面意思——离开、摆脱、走出、脱离、解开、退出、从经典的现代(这是东亚在19世纪晚期和20世纪早期追赶现代化与军事独裁的

---

① 在此中国遵循的是日本、新加坡、韩国和中国台湾地区的发展模式。社会主义的标签"国家控制"往往被更强势的"东亚模式"或"儒教资本主义"等措辞所忽略，这种情况一直延续到1998年亚洲金融危机。中国政府对全球金融投机的严格控制不仅保护了中国经济免遭国际金融巨鳄的侵袭，如乔治·索罗斯的量子基金；同时也帮助整个东亚稳定了金融和经济环境。经济界普遍认为，中国在亚洲金融危机期间以及之后成了这个区域事实上的经济领导者，它因为未采取美国的自由放任经济从而缓解了危机。

年代里的主流意识形态)中解放出来,那么中国后现代主义在挑战80年代转瞬即逝的高峰现代主义的同时,不太巧妙地将现代主义和现代性的认识论边界和经验论边界扩展到了现代中国的整个历史之中,而后者的核心乃是革命经验和社会主义经验。中国后现代主义藉此暗中解构了社会主义现代性与中产阶级或反革命的替代方案之间的意识形态和简单化的对立,将这种对立复杂化甚至历史化——尽管"自由主义"(或在这个意义上,现代主义)的立场意在将革命和社会主义中国凸显为现代性的普遍经验之外的异类,而规定这种现代性的普遍经验正是后冷战西方的意识形态霸权。

通过参与当代的术语和话语流通,"中国后现代主义"恰恰揭示并动摇了嵌在前现代—现代秩序中的意识形态假设,而现代中国的奠基性话语都是围绕这些假设生发出来的。换句话说,中国后现代主义一词的出现,如其日语对应词扎根在日本这个亚洲的过度工业化国家,"与其说证明了一个阶段向另一个阶段的转移,不如说证明了我们话语的转变或改变,其结果是被设想为不容置疑的历史和地缘政治的对子(前现代和现代)开始变得愈发成问题了"①。就此而言,中国后现代主义不管是现实还是虚构,为反现代主义的现代主义传统——包括各种形式的文化传统主义、本土主义、乡村社会主义、民族主义、民粹主义,它们的历史同现代性在中国本身的历史一样长——平添了几分新的曲折与微妙,也为之增加了某种新的表述。日本在太平洋战争期间出现了挑战西方现代性并进而寻找某种替代方案的冲动,这集中体现为"近代的超克"这一形式。而在中国,社会能量和想象却在社会主义中得到了政治上的落实。在毛泽东那里,社会主义能够解决非西方现代性的困境——即如何在时间的进步意义上表达地理空间上的不平衡,同时把迄今为止在民族—政治意义上被创造出来并内在化了的普遍时间构造(universal chronology)吸纳进去。②

---

① 酒井直树:《现代性与其批判:普遍主义与特殊主义的问题》,白培德译,《台湾社会研究季刊》1998年6月号。

② 对于日本"近代的超克"话语的出色分析,可参看 Harootunian, "Visible Discourses/Invisible Ideologies." In *Postmodernism and Japan*, special issue of *South Atlantic Quarterly* 87 (1988):63-92。

中国现代性的社会主义经验是中国后现代主义话语核心的历史决定因素。在"前现代—现代"的时间序列里加入第三项或第三个阶段,意味着应该将现代自身从诸多意识形态和社会的想象中解放出来,使之进入到更为广阔的历史格局中去。同时,不同的社会立场所建构的不同叙事都致力于打破欧洲定下的现代观念,这就使得非欧洲国家可以想象一种让人觉得熟悉又切合当下的"本土"或现代(概念)。所有这些预想都基于以下观念:现代性是一个开放的过程,它自行散播、取舍、颠覆与反转,并由大众媒体进行推广。因而后现代主义所说的非连续性时间让人们得以关注空间的非连续性或"现代"的不均衡展开。因此,世界图景、个体感与集体归属,这些都逐一开始出现,并产生了两种后现代主义之间的内部紧张:一种后现代主义是全球标准化的无情力量,另一种则是一个多元体系,它宽容甚至欣赏时间和空间的差异;各种地方建筑或时尚风格,以及显见的后现代怀旧,都是明证。

只有在后现代怀旧的语境中,我们才能理解如下现象:毛主席像章大肆回归;"文革"歌曲传唱大街小巷;一些中国社会主义现实主义经典影片风靡一时;消费者对于记录毛泽东时代简单日常生活的泛黄黑白照的喜爱;大量由"文革"期间下乡知青所写的信件、日记、回忆录构成的书籍颇为畅销;所有这一切都在无意中跟另外一些膜拜性的怀旧意象潮混合在了一起,这些意象来自前革命时期中国最近的过往或刚逝去不久的岁月。① 甚至可以认为,只有在后现代和全球化条件下的中国社会主义国家制度的崩溃或兴盛(取决于各人的视角)中,毛泽东时期的中国才获得了其死后的生命:史诗般的不朽丰碑、庄严崇高的帝国。② 这些怀旧意象或者说情绪——作为消费导向的文化时尚——应该引起我们的警惕和担忧(且不说政治谴责),

---

① 参见 Dai Jinhua. "Imagined Nostalgia." In Arif Dirlik and Xudong Zhang, eds. , *Postmodernism and China*. Durham, N. C. : Duke University Press, 2000, pp. 205-221.

② 斯维特拉娜·博伊姆(Svetlana Boym)在《共同场所》(*Common Places*)中起初认为"怀旧情绪是古老的,大致可以追溯到荷马史诗"(p. 247),但她后来承认"惊讶地发现,事实上'怀旧'一词是 17 世纪的发明,大致出现于著名的古今之争中,因此也就只有伪希腊人,或怀旧的希腊人"(p. 290)。Boym, *Common Places: Mythologies of Everyday Life in Russia*. Cambridge: Harvard University Press, 1994. 怀旧在 90 年代的中国是种文化时尚,因此无疑也就是后现代现象;要是记忆和往昔没有在快速商品化过程中消失,那么怀旧现象的出现也是不可想象的。

它提醒我们过去的幽灵并没有远去,毛泽东时期的中国在当代国家体制、社会大众和知识精英的集体无意识中仍然是巨大的存在,它能够激起不受控制的想象,最后但并非最不重要的是,它提醒我们,按照经典的自由民主方式来界定中国的现代决非一个长期稳定、充分制度化的传统。同时,从现代之中解放出来的后现代主义也把(作为一种话语、一种发明、一种意识形态的)中国真正暴露在扩大了的时间谱系和地理版图之中。哪怕在"文化中国"内部,中华人民共和国也很容易被插入前革命中国与后革命中国挥之不去、悬而未决的历史并置之中,从地缘上讲,就是被插入另外一些常常更为丰富而且极其反共的中国制度、社会和流散社群的语境之中。因此,离开"现代"或许也暗示出中国政府正经历着正当性的转变。

中国民族主义者和全球资本主义的批评者想要强调:中国的经济转型需要强化民族国家并对社会主义遗产采取实用态度,而对于全球自由市场的热情拥护者来说,一条通往未来的康庄大道已经毋庸置疑地出现了。90年代下半段美国强势的技术创新和金融投机(以风险资本的形式在华尔街大行其道)不仅为经济持续增长(以及恒定的意识形态)定下了基调,战后数十年里日本的崛起,以及随后东南亚地区新兴工业国的崛起——这一崛起无非是受保护地参与到霍布斯鲍姆所谓20世纪资本主义的"黄金时代"之中——同样证明资本可以是多中心、多民族、多文化的。后现代(作为晚期资本主义的象征秩序)与前现代(传统,更确切地说是前革命)之间有着千丝万缕的联系,双方都与新儒家、儒教资本主义或东亚价值的措辞有关,在某种程度上,这让人想起弗洛伊德的著名论断:"超我"和"本我"会联手反对意识。在现实中,它们不倦地在社会主义那里寻找共同的敌人,而后者正是中国启蒙和现代性的继承者。

鉴于中国社会主义经验是对西方资本主义霸权(应该添上"社会帝国主义",这个词在"文革"期间与后"文革"初期曾被用来描述苏联的国家利益)艰难的替代和绝望的反抗,我们也就不难理解,不期而至的"后现代主义"仍然带有某些社会主义想象和实践的痕迹。事实上,只有当后现代主义成为激烈的公共论辩之意识形态与话语平台以后,它才在舆论中博得了美名或是骂名,而这一辩论正是围绕90年代中国经济、政治和社会发展展开的。也正是在这个平台上,所有先前关于中国现代化、社会主义道路等问题的争论都在初步兴起然而确凿无疑的全球格局的背景下得到了重演。我随后还会讨论这个问题。

  同时并存的参照框架导致了中国后现代主义多变的特征,因此许多对之持同情态度的旁观者也往往为之感到怅惘。比如,如果中国后现代主义被视为某种对于高峰现代主义既定规范的特殊反动,那么我们就需要考虑到,现代主义作为一种具体的历史和美学形式在现代中国历史上从来没有成为"既定规范",反而往往只是某种文化和思想努力,只是昙花一现、四面楚歌的脆弱运动,比如80年代中后期北京的现代主义,以及与之同样短命的30年代上海的现代主义就是明证。① 更何况,转瞬即逝的中国高峰现代主义——即中国(资产阶级或社会主义的)的现代性和现代化——的社会经济条件广泛被视为一项正在进行的方案,它尚且有待于在中国历史和世界历史中充分展开自己。大多数对于中国后现代主义(及其道德和政治强度)的批评源于对未完成的中国现代性方案和民族国家方案的绝对忠诚,这一事实指明了某根时间轴线,它彻底将中国独特性的话语打散到(自由主义或马克思主义的)普遍进步话语之中,使之堕落为世纪之交以来的某种意识形态信念或话语实践。与那些体现在启蒙运动之中的普遍价值和制度——在中国还有待充分实现(或者在西方也是,如哈贝马斯的著作所说)——相比,任何颂扬或浮夸地宣称事物"终结"的言论,都得打上很大的问号。我们必须意识到这种"终结"是"反历史的"。弗雷德里克·杰姆逊在《后现代主义理论》一文中提醒我们注意"无法普遍化"(ungeneralizable)的民族情境,正是在这一情境里,哈贝马斯捍卫高峰现代主义以对抗后现代主义的意识形态袭击。杰姆逊或许会同意哈贝马斯的下述看法:直到今天,就算是在老牌西方民主国家,古典欧洲的市民阶级(Bürgerlichkeit)或中产阶级公共领域仍然只是部分实现的理想。然而,这并没有阻止杰姆逊去分

---

  ① 对于80年代以北京为中心的中国现代主义的批判性考察,尤其是它在形式和政治上与社会主义现代性及全球资本主义的相互关系,参见张旭东:《改革时代的中国现代主义》,北京:北京大学出版社2013年版。对于30年代和40年代早期以上海为中心的现代主义和中产阶级城市文化的历史性研究,参见李欧梵:《上海摩登》,北京:北京大学出版社2001年版。

## 第三章 后现代主义与全球化条件下的中国社会思想:"新时期"之后的文化政治

析前德意志联邦共和国特殊的政治压迫和意识形态压迫,麦卡锡主义曾经在那里横行霸道,而联邦德国"对于左翼的思想威吓、让左翼文化(在很大程度上西德右翼把它同'恐怖主义'联系在了一起)保持沉默,总体上做得比西方其它地方更为成功"①。当今中国自封的自由主义者们尽管不懈地鼓吹哈耶克的教条——建立在私有权个体之上的自由市场具有无边无际的力量——他们还是很快采纳了哈贝马斯的公共领域模型。自由主义话语通过在政治上颠覆社会主义现代性话语,不仅将某种道德紧迫性牢牢攥在了手里,而且获得了一种"前进"的姿态(前进的目标无疑就是福山式的"历史终结")。这也促使自由主义把后现代主义看成保守革命之激进意识形态的主要威胁,毫无疑问,此革命无非是想让中国重新回到普世现代性的进化链条之中而已。

如果说,不管中国还是其他地方的后现代主义都意味着某种对于全然"新"的事物的感觉,或用社会政治和历史哲学的话说,后现代主义悖论性地指明了命运或方向的失落,那么,对于大多数注视着一幅日见清晰的世界历史图景从地平线上冉冉升起的人来说,这个术语会给他们造成麻烦也就没什么好奇怪的了。那些激烈反对中国社会主义的人想要踏出"另一条道路",也就是搞出一套关于现代化和现代性的反革命话语,这套话语建基于完全自由市场的准则。对于这种保守乌托邦,及其要求意识形态上的清晰性、技术上的确定性与道德上的强度而言,中国后现代主义的罪过肯定就是搅浑了清水,模糊了边界,制造出太多令人分心的事物,而所有这些似乎不仅有助于中国现存体系的持存,而且有助于位于现存体系之下的体系的持存。中国现代性的支持者不愿承认或未能看到的棘手事实正是:中国后现代主义的"虚构"实际上揭示出现代性本身的历史前提和目的论,并由此在20世纪末新的社会经济和文化状况中暴露出了中国现代性的问题——诸多的断裂、遗漏、不连续性和跳跃性。对于某些人来讲,"现代"社会文化制度的所有顶梁柱——从"民族国家"到"主体性",从理想社会(或社会空

---

① 参见 Jameson,"Theories of Postmodernism." In *The Cultural Turn*. New York:Verso,1998,pp.25-26。

间)的乌托邦设计到完全自由市场,从欧洲中心的普遍秩序到毋庸置疑的文化与种族中心主义的(自我)肯定——如今都被拖入到无止境的解构之中,这不免让人感到惴惴不安。然而,人们几乎无法令人信服地说明,忽视新事物要比遗忘旧事物更有历史感,同样也无法令人信服地表明,如果不先建立19世纪式的资产阶级经济特权和政治制度,中国90年代兴起的消费大众就不具有自身的民主内涵和历史意义。

## 政治相关性

确实,中国后现代主义的内在悖论正在于:它通过宣告某个时期的终结,创造了某种从过去之中解放出来的感觉,因此也创造出某个不受束缚的、尚不确定的未来;另一方面,由于后现代主义(不管是新奇、创新还是审美诉求)把自己放在它所欲超越的事物之后,所以我们只能在它反抗既有主流规范和制度的时候来经验它或是评价它。在这个意义上,后现代主义继承了现代主义所有内在的和历史的歧义性,也因此成了后毛泽东时代中国正在变迁着的社会政治空间的某种譬喻(trope)。一般意义上的后现代主义就像现代主义一样,只是某种力图成为并且保持永恒的"新"的无尽斗争而已,而且往往还会弄巧成拙。后现代主义会把自己的形式转借给自己最明确的对手,这与现代主义毫无二致:所以会有"后现代"的反后现代主义,也有会反革命的革命者。后现代主义会催生出不同的社会经济和政治运作以及立场,同时也受到这些运作与立场的影响,就此点而言它也跟现代主义如出一辙。后现代主义包括了极不相同的社会理想和政治意识形态,这同现代主义也是一模一样。然而,后现代主义与现代主义无法握手言和的一点在于:它并不将任何事物看做普世主义、英雄主义式的"新",与之相反,后现代主义的"新"与"创造"的概念倚赖某种老于世故、几近犬儒的见地,即所有处于最极端状态的善与恶已经在曾经的某个地方某个时候以某种方式被尝试过了,对于今天的男男女女来说,剩下的东西只是机智的、偶尔也会显得非凡的折衷主义、综合、复制以及字面意义上的再现而已。在这一点上,没有比时尚或关于什么是时尚的概念更能体现出后现代美学的特征了,后现代美学正如时尚一样在根本上是循环的。从线性时间(进步)和独一的空间(欧洲)松动出来(倘若还不是解放出来的话),能够创造出新的分裂、断裂和起伏波动,因为正是它动摇了我们关于历史、自我、意义甚至是所有一切的概念基础。当这些转变发生在某个现实历史语境之中的时候,它们就会产生出深刻的政治意义。

中国后现代主义非常引人好奇的情况之一就是它的自由主义—人文主义批评者们给它贴上了"新保守主义"标签。身在伦敦的文学研究者赵毅衡最先抛出了这一说法。"新保守主义"被看成是中国后现代主义的某种属性,这几近喜剧式地表明:当那些生在西方、长在西方的范畴被中国政治和文化政治战事征用的时候,它们是如何被滥用,进而引发误导性效果的。尽管哀叹后现代主义狂热地用政治取代了美学与"终极真理",可力挺改革和现代主义立场的人却拿不出任何文化洞见,更不用说提出理论了,而只有理论才能将关于主体性的文化行话转化为某种切合正在出现的社会矛盾和正在展开的社会变迁的历史记录。① 赵毅衡在这儿用"新保守主义"所指明的情况,无非是后现代主义断然为现状辩护而已,或者更确切地说,那些用西方"后学"理论话语武装了自己的中国知识分子对于抛弃既有体制及其文化遗产这一点不情不愿、犹犹豫豫。在这儿,赵毅衡认为"保守主义"紧抓落后不放的倾向主要表现为两种情形(正是这种倾向必然会给这种定义合格的地位):首先,(后现代)知识分子已放弃了独立于国家权力并对之进行不懈批判的精英立场,因此这促使他们颂扬中国的大众文化与日常生活,但是两者其实同时受到(不纯净的、不发达的)市场和(手段更柔和因而也渗透更深)政府的操纵。其次,大众文化肯定日常(现实),或明或暗地包含了民粹主义、民族主义甚至是社会主义的倾向,这干扰甚至阻碍了中国启蒙与进步的前进步伐。启蒙与进步在赵毅衡的语境里成了"市场民主"政治理想的符码,正是从这个优势论点出发,中国日常现实必然会被描绘成"保

---

① 在这个特殊的意义上,"新保守主义"的标签让我们想起了在20年代晚期和30年代早期民族主义者(国民党)将"共产主义者"称为"反动派"。

守的"。赵毅衡表达出来的政治情绪和意识形态信念实现了1989年之前中国那些以"未来学"现身的幻想形式,现在它已经进化为某种由后冷战西方世界所代表的、已经实现了的普世真理。

如果不顾及邓小平中国具体的意识形态构造,那么我们就很难理解何以"放弃精英主义立场"会被用来当做某人属于"保守主义"的证据。显然,赵毅衡用"精英主义"指的是新时期的知识分子与官僚之间的共识,正是"新权威主义国家"贯彻了这种共识。只有当那些社会工程师从围绕中国现代化和现代性的群众辩论、地方辩论和民主辩论脱身而出,进而手操大权的时候,这种瞄准全球市场和作为国家语言的现代主义之普遍命运的表达才会一帆风顺。稍作回顾,我们也就可以解释为何中国现代主义对于那种持有贵族立场或在政治上相当反动的现代主义者——诸如 T. S. 艾略特、庞德(Ezra Pound)、海德格尔,以及那些20世纪俄国的宗教哲学家——如此迷恋。当然,这种心怀大义的高峰现代主义所传达出的政治经济信息误了期限,它在当代中国知识生活里的后进者(诸如哈耶克)那儿寻找信息接收人,尽管在经济和政策竞技场里,新自由主义神学的渗透发生得更早,也更加彻底,而且还受到了另一个精英知识分子阵营,即"新权威主义"的提携。中国高峰现代主义在"新时期"上演的情感剧无意中走上了社会学家卡尔·曼海姆曾经描述为另一种资本化路线的历史道路,曼氏在谈论这一路线时并没有过多的情感投入。(曼海姆随即补充的东西并不总是必然与推动工业、军事、金融和行政部门现代化的主要动力保持意识形态上的一致。)①然而,对于这些"后现代主义者"来说,资本化、市场化、私有化以及其他一些社会理性化的形式都是日常现实的一部分,因此需要用批判性的怀疑主义来审视它们,而不是过分热情地重新肯定它们。即使现代主义与后现代主义的冲突或明或暗都依据的是经济,但是这条战线并没有被清晰地划定出来,反而是趣味、"常识"以及意识形态信念规定了这一战线。比如,

---

① 对于曼海姆的看法颇具启发性的讨论,可参看 Ringer, *The Decline of German Mandarins: The German Academic Community, 1890-1933*. Hanover, N. H. : University Press of New England, 1990, p. 2。

## 第三章 后现代主义与全球化条件下的中国社会思想:"新时期"之后的文化政治

没有多少中国的现代主义者或曾经的现代主义者热心于"哈佛帮干俄国"(Harvard boys do Russia)或是"芝加哥帮玩智利"(Chicago boys do Chile),尽管米兰·昆德拉和瓦克拉夫·哈维尔(Vaclav Havel)依然是他们心目中的当代英雄。

显然,只有在特定的意识形态环境中,指责中国后现代主义为"新保守主义"(前缀"新"指的是"后"——"后现代"、"后民主主义"、"后新时期"等等)方能被人理解。寻求大规模、全盘性社会经济变革的那种自上而下的急进改革方案在这种意识形态环境中大受欢迎。这场力图坚决根除革命与社会主义的保守革命可以在俄国"五百日方案"那儿找到自己的模板,这个方案更为人所熟知的名字叫做"休克疗法",一群哈佛大学的经济学家开出了这个药方,为的是把苏联计划经济体制转变成自由市场制度。通过将正在变迁的文化表现以及转型时期中国极为异质的现实说成具有"保守主义"性质,赵毅衡暴露出自由主义者拥抱全球后冷战意识形态的狂热。这种在里根—撒切尔时代培育出来的意识形态,随同华尔街上不断攀升的股票指数一同迫近。然而,若没有"新权威主义"政府及其精英知识分子,那么这种在今日中国寻求实现自身的乌托邦姿态就是不可想象的。尽管假装着鼓吹民主,此种保守主义乌托邦在广大的第三世界、在诸如中国这样存留下来的社会主义国家里当然只能是精英主义的、"独立的"以及反民主的。尽管许多中国后现代艺术作品和理论话语明显无助地同今日中国混乱的经济和社会关系联合体共生在一块儿,但是那些后现代主义的批评者显然没有这么多耐心,也并未被其感动,他们似乎酝酿好了某个轮廓鲜明的全盘性方案,就"变什么"、"如何变"都已成竹在胸。如果没有身处国家官僚政治要津的强而有力的利益集团的认可,这一方案的执行(即私有化国家财产)就是不能想象的,尽管"自由知识分子"总是试图把自己定位成现实或潜在的政治异见者。① 在这种(保守)新制度被从无到有创设出来之前,任何想

---

① 对于中国自由主义相当透彻的分析,即将之看做反民主的保守主义,可以参看甘阳《自由主义:贵族的还是平民的?》,见李世涛编:《知识分子立场:——自由主义之争与中国思想界的分化》。

要生活和工作在"社会主义市场经济"的人都会冒险成为现状的辩护者。在这里,"现状"就像它的官方说法"社会主义市场经济"一样,可以代表无法简约的混沌的能量,而中国后现代主义正是从中发展出某种文化形式。

在今天彻底商品化的环境中,在今日共识只是被捏造出来的情况下,赵毅衡"坚持精英立场"、"批判粗鄙的大众文化"这种自我特权化的感伤主义姿态,反过来揭露了80年代中国高峰现代主义那里深刻然而曾经隐藏着的划分。尽管中国现代主义(从朦胧诗到新中国电影)风格上的强度和形式上的自律悖论性地使得对于毛泽东中国的唯意志论(voluntarism)和集体乌托邦进行身后表述成为了可能,这些现代主义的特征同时也预备了某种形式与话语的制度,在1989年之前的中国,它们暂时作为意识形态真空等待着中国最终融入世界资本主义的进化链条,藉此在物质和政治上实现自身。虽然中国现代主义本可以成为某种集体性的高等文化形式,也的确有过这种形式,特别是早期朦胧诗里第一人称复数"我们"与早期"第五代"导演的社会政治定位都指出了这种形式,然而,历史地说,现代主义的确也是全球现代主义与现代性想象性在场中的特权个人及其膨胀的主体性之审美老巢,在那儿,集体代词揭示出现代主义者在国家自我转型和文化重生之中占据主体地位和领导地位的自信。① 然而,中国后现代主义的语言形象绝然是集体性的(倘若不是无私的话),新一代的游吟诗人群落和新现实主义小说,比如谈歌和刘醒龙的作品都是例证,这些也是后现代主义文学批评家领袖张颐武非常喜爱的分析对象。包括了新马克思主义者、女性主义者、民族主义者和后现代主义者的"新左派"(这个带有轻蔑意味的标签拜他们的意识形态和理论对手所赐)同"新右翼"之间最终的分裂,生动地揭示出中国现代主义和现代性精神分裂状的政治无意识,在这个意义上也标识出后毛泽东中国知识分子在政治上开始登场。这或明或暗地同处于信息时代和全球资本时代的中国社会主义问题缠绕在一起。

---

① 关于中国现代主义既是集体主体性、又是个人主体性的表达工具这相当悖谬的一点,可参见张旭东《改革时代的中国现代主义》一书中关于朦胧诗、格非与实验小说的讨论,以及关于"第五代"导演电影的相关章节,尤其是第十章"陈凯歌《孩子王》的批判解读"。

## 第三章 后现代主义与全球化条件下的中国社会思想:"新时期"之后的文化政治

在 90 年代的中国,本土潮流和各种知识、文化"去殖民化"形式很快就拾掇起对于欧洲中心普遍性的后现代式解构。这种社会文化转向在理论话语中表现为海德格尔、T. S. 艾略特、俄国象征主义者、西方马克思主义和维也纳学派的消失,要知道这些曾经都是中国知识界的知识与文化参照点。这些面孔在公共舆论中迅速被萨义德、后殖民主义、文化研究和后殖民主义所取代(对于中国人来说,迄今最为权威的后现代理论家杰姆逊是强调在知识上尊重现代主义和后现代主义中的每一方,并高度注意两者意识形态切关性的少数人之一)。然而,中国后殖民姿态的出现之社会学意义,或者说政治经济含义尚未得到厘清。尽管它将显然是进步性的、批判性的利刃指向保守的普遍现代性概念——后者如今表现为自封的中国自由主义者所鼓吹的自主自由市场的新自由主义理想,但是这一姿态同样也暴露出新的国内与国际阶级重组中另一种权力精英的出现,正如德里克提醒我们的那样,这些精英虽然会在某些方面对自己所批判的现实权力感到些许异样,然而在另外一些方面也会分享抑或依赖这种权力。① 就今日的后殖民话语从早期反殖民与民族解放运动的斗争中脱离开来这一点而言,德里克的观察特别切中要害。在中国,半世纪之久的社会主义革命早已使对于帝国主义和殖民主义的记忆变得模糊,使之失去了任何具体性,然而,上海与香港之间的比较却流行开了,催生出极其市侩性的一厢情愿,即遗憾殖民主义本可以为个人生活之安逸提供比社会主义更好的路径。但是,除了某些香港和台湾的学者颂扬那些关系到国际流动性且如今被视为某种特权与成功标志的"居间性"(in-betweenness)、杂种性和无根性之外,这些东西倒并没有抓住中国的后殖民主义,就此而言,也没有抓住一般的后现代主义。更重要的是,中国的后殖民批评家们跟其他人一样深深地觉得对于启蒙与现代化这个(终极)目的负有义务,然而,他们开展现代性批判性反思的那个合宜的知识空间趋向于被诸如族裔、种族、性别与"文化"所界定,而这些概念恰恰限定了他们更加全面地在理论上和政治上挑战现代的意识形态。这或许就

---

① 参见 Dirlik,"The Postcolonial Aura." In *The Postcolonial Aura: Third World Criticism in the Age of Global Capitalism*. Boulder, Colo.: Westview,1997,pp. 52-83。

是后殖民话语在大部分中国知识分子那儿可以同另外一些理论立场,诸如女性主义、文化研究等毫无困难地关联在一起,并且倾向于蔑视马克思主义的总体性修辞及其"宏大叙事"取向的原因。与之相反,更具民粹主义与乌托邦特征的中国后现代主义跟中国日常生活世界紧紧联系在一起,丝毫没有此种倾向。

然而,就老左派和新右翼遭遇中国后现代主义的下意识反应而言,他们的态度倒相当一致。两者都出于对作为通向"普世真理"唯一道路的物化制度和教条之忠贞,因而极不信任这种新的未知事物,且对之极为恐惧。在这个意义上,中国后现代主义的理论话语自身有着意识形态上的歧义性,却似乎触及了某个庞大的然而迄今为止尚未命名的历史领域,即中国消费大众及其初生的生活形式登上了历史舞台。在这个意义上,那些反对中国后现代主义的争辩已经有意无意地转为对这种新出现的风格及其社会代理人提出自己竞争性的观点,并为之展开争夺。老左派将后现代主义看成违背并破坏启蒙、革命、社会主义和党政一体化的国家形态话语基础的罪魁祸首,而新右翼则将新兴的"社会主义市场经济"在意识形态上占据中心地位看成是对多种老旧形式的不祥回归,这些取向包括文学和艺术上的现实主义(批评家为这种反现代主义的体裁贴上了"新现实主义"或"新写实主义"的标签),一直到政治领域的民粹主义和消费者民族主义。事实上,老左派感觉到了今日中国变幻不定的时尚和毫不致歉的个人主义其实指示出全球资本主义对于中国社会的影响;与之不同,新右翼发现不加抑制的国家权力与后现代艺术作品和理论话语所体现出的肯定性及戏谑性之间存在令人惊恐的同谋性,他们认为后者通过颂扬处在国家支配之下的大众文化与日常生活规范化并且正当化了国内的霸权与压迫机制——即国家。在这个方面,90年代中国的保守主义批评同样从自己的西方对应物那里得到了暗示,后者如今常常会使用左派的战略、战术与修辞,如此一来便可以既表明自己批判国内权力的知识分子职责,同时提出右翼的议题。

后现代主义,或仅仅是关于后现代主义的讨论,已经为栖身于中国现代性的两难之境提供了某种新的话语、意识形态和文化环境或氛围。但是这并不意味着中国现代性的这种处境如今可以由某种可以证实的——即形式上的、肤浅的后现代时尚来表达或解决。这是因为我们所知的后现代主义的"文化"核心所在正是某种假设：即意识形态、人类经验和历史本身已无关紧要，也不再存在，这一假设突显出许多后现代文化认同（族裔或性的多样性）的兴起，或是学院政治的兴起，而往往缺失了诸如阶级或民族这样的经典政治范畴。重要的是注意到：今日中国可以找到的在知识上反对后现代主义的最强形式，几乎完全是根据民族国家的政治生活来定义的。这种反对之声指责后现代只是一种关乎幻景的话语，以此来捍卫中国改革的"启蒙"议程。而这一议程恰恰是在今日全球意识形态环境中，在自由市场、国际权力结构和消费社会里实现了自己。所有这些以描述或分析后现代主义的名义纷至沓来的讨论，其文化心理积淀或者说认识框架其实都是后现代激进理论想要颠覆或破坏的东西。通过"揭发"那些激进的后现代理论家，诸如福柯、德里达、克里斯蒂娃、罗兰·巴特、阿尔都塞、布迪厄、杰姆逊等同 60 年代这个全球激进化时期之间隐藏着的亲缘关系，以及整个 60 年代同中国"文化大革命"（改革政权的官方意识形态彻底固化了这场革命）之间的亲缘关系，中国后现代主义的对手们想说的是：中国的后现代主义不仅轻浮地模仿了西方学院话语，更是毛泽东中国的革命与"文化大革命"的转世重生，是一种用新潮姿态来伪装自己的古老政治幻象的幽灵。①

在后 1989 中国的知识政治语境里，敌视中国后现代主义成了某种东西在心理上和哲学上的替身，这种东西相当古老，也从来没有跟中国革命与社会主义这两个中国现代性的根本要素和平共处过。② 对于中国后现代主

---

① 粗暴地指责中国后现代主义为西方理论传声筒，这种批评跟邓小平时代政权对于"文化大革命"的批判密切相关，这一典型可参见郭建的《文革思潮与"后学"》，见李世涛编：《文化大革命：事实与研究》，香港：香港中文大学出版社 1996 年版，第 347—356 页。郭建没有费事地去区分后结构主义受到中国"文革"影响与它回应 1968 年全球性事件之间到底有何差别。其实后一个革命有其自身的存在理由，有其极不相同的社会和文化语境。他同样也觉得没有必要去讨论植根在这一语境之中的理论同某种被特殊的中国话语挪用来回应自身处境的理论之间的差别。关于对后现代主义作为某种失败之哲学的讨论，可参看 Eagleton, *The Illusion of Postmodernism*. Oxford: Blackwell, 1996。

② 分析后毛泽东思想话语在政治上产生分化的论文集，可参考张旭东主编的 *Whither China? Intellectual Politics in Contemporay China*. Durham, N. C.: Duke University Press, 2001。

的攻击确实揭示出某种与"文化大革命"不懈的对抗,这一对抗在"回归"普世规范的思想冲动那儿获得了自身的急迫性,它其实想"回归"的正是迟迟未到的建基于私有产权和议会民主的资产阶级现代性,然而这种"常识性"的回归运动却被后现代主义意识形态上的暧昧性及其不停的解构行动搅了局。只要来自西方的文化时尚(不管是原本的形式还是借用来的形式)不干涉、不问题化、不破坏进步的世界图景以及那种受到信仰的普世正确性,那么后现代主义的中国批评者们往往就会漠然处之。在同一枚硬币的背面,或同一种逻辑的反面,我们却可以看到这种说法:毛泽东时代的思想意识形态从60年代激进主义的后门悄悄溜了进来,成了潮流,实际上说的是后现代主义。这也表明了中国知识分子讨论西方马克思主义寻求对当代资本主义进行文化批评的时候,出现了短路的情况。这种说法轻易地遗忘了:毛泽东作为一个社会主义国家领导人所面临的经济、社会、政治、文化与国家情境与栖身晚期资本主义学院之中的西方马克思主义者、后殖民主义者、女性主义者们是多么不同。

但是,只要作为日常或大众文化现象的后现代主义似乎在孕育某种消费大众的社会与意识形态共识(我稍后会讨论这个问题),只要作为某种思想话语的后现代主义正在审问"普世真理"自身的假设、等级和权力关系,那么它就会继续与全球化条件下的中国社会经济文化形态缠绕在一起,也正是通过这种缠绕,给予了后者某种正当性。在这个意义上,那些在中国后现代主义那里寻求快乐、自由和激进的同时性的人们将会继续受到"文化大革命"幽灵的纠缠,会继续受到他们想要克服或遗忘的东西的纠缠。

一旦中国后现代主义话语同现代化、现代性和现代主义这个神圣的三位一体产生了竞争关系,那么它审美上的新奇性与文化上的愉悦性也会倾向于驱散政治和潜在意识形态所组成的稠密云层。后现代主义同时面对着左右夹攻,这并没有什么好大惊小怪的。在后毛泽东时代,现在则是后邓小平时代的中国,定义右派要比定义左派容易得多,前者主要由那帮子新自由主义正统学说的"跟班"组成,他们支持大规模的市场化和私有化,而后者占领着与众不同的地带,或多或少在日常生活领域占据着意识形态中心。对于那些信仰启蒙、现代化和国家律令的人来说,后现代主义不仅仅是反抗官方或官方所认可的新时期思想话语的异端,更重要的是,它在大众文化领域提出了替代性的文化生产的模式,恰恰是这一点威胁了国家的意识形态与话语霸权,威胁了这一霸权的凝聚性,这一霸权的组成包括了从事改革事业的技术官僚和知识精英。通过自封的"自由主义者"(诸如徐友渔、朱学勤等)之呼声,知识精英早已特别严厉地谴责后现代主义,而完全把自己的权威主义与教条主义掩藏了起来。

## 后现代主义与"有中国特色的社会主义"

这种针对中国后现代主义的保守主义批评充斥着意识形态上的自以为是和强烈的道德家心态,它常常使关于后现代的争论陷入某种绝境,即逼迫它在社会主义和资本主义、专制和自由民主、国家调控和自由市场、"官方"和"非官方"、大众文化和精英主义、正确和错误之间作出简单的选择,以此来驱逐此种争论。为了表明后现代论争的复杂性和动力性,或许不以左和右来思考,而是依照高与低来思考会更有生产性,即依照90年代中国社会与文化的结构转型来思考,这得以使我们将混乱失序、分裂开来的思想话语看做某种对于当代中国日常生活世界及其互相竞争的文化和意识形态潮流的回应。

如果说以下观察是正确的话——即关于中国后现代主义的争论跟当代中国历史情境的关系要比同全球文化风潮一般的形式特征关系更为密切,那么试着理解80年代晚期以来中国社会的社会经济状况,以便将这一特殊的后现代主义招牌放到这一状况之中,看来就是最最符合逻辑的做法了。就算一个马克思主义者也未必能够注意到:只要中国经济仍是短缺经济,只要普通中国公民仍在极其抽象的层面上感受自己的祖国和发达工业国之间的财富差距,那么19世纪神话般的、形而上学的现代性概念——这个带着所有目的论与等级制的陷阱,以及所有"在场"、"起源"和"中心"神话的现代性概念——就仍然完好无缺,而且同时全面得到中国国家和社会里社会主义和反社会主义成分、精英主义和民粹主义成分以及民族主义和世界主义成分的热情拥护。中国的后现代主义并不仅仅以更充分的工业化、市场经济、最终是商品或消费社会为条件,但是中国后现代主义自身的命名必须被看做某种文化和政治事件,正是当代中国社会经济变迁和意识形态律令使得这一事件成为可能,甚至是在呼唤这一事件的到来;看来这一点应该是明白无误的。只要国内经济现实仍旧需要未分化的关注和现代化的意识形态稳定剂,"一根筋"的现代主义及其话语性自主的偏颇之见,并不会——也的确没有在新闻报道和电视形象大肆宣扬后现代世界面前分崩离析,更不用说面对后现代宾馆或办公大楼出现在我们孩提时代居住过的街道上了。整个80年代,这种现代主义受到哲学人道主义、文学现代主义和文化话语里传统复兴的多面夹击,但是仍然因为与激进的现代化或改革方案心灵相通而得以维持下来。中国后毛泽东时代的第一个十年同(已然后现代的西方,考虑到跟日本、中国香港地区和海外的中国投资者和观光客之间关系紧密,又已然在地理上具有"多中心"意味)西方相遭遇,受到了所有社会、文化和思想生活领域真正现代化和现代性展开之紧迫性的宰制。而改革政权里功成名就的技术官僚和知识精英及其高等文化话语仍然控制着这一现代化进程。说得简明些,一定程度的物质富足和保障是某种更加松弛、更少"一根筋"意味的现代理想形成的前提。正是物质富足和保障产生出一定程度的自由和颓废,使得企盼另一条道路,或是彷徨流浪,或是探索、单纯接纳不同的选择变得可能,也就是说,使依照"文化"而不是必然性来思考得以可能。在这一时刻到来之前,无人能够察觉现代性意识形态对于那些信仰者残酷无情的掌控,更不用说谈论它了。邓小平的经济改革和他所创造的"小康"社会不仅为毛泽东时代乌托邦精神的瓦解铺平了道路,也为20世纪早期的现代化意识形态类型的消散打下了基础,可以说毛泽东和邓小平的思想里多多少少都有这种现代化意识形态的影子。"有中国特色的社会主义"标出了"现代"的宏大叙事里面中国社会模棱两可的地位,这一地位从没有离开过我们;而后现代主义指明了某种正在出现的生活形式想象,它给这一经济现实带来了文化上的肯定。

无论如何,如果没有快速有效的商品和资本(包括象征资本)流动,没有建立在已经发生变化且还在变化着的物质环境基础之上的新的日常经验,中国后现代主义就是完全无法想象的。在那些曾经跟资本主义世界体系隔绝开来的社会里,神话式的财富概念依附于具体的膜拜对象(从耐用的消费品——电视机或电冰箱直到当代资本主义的经济、政治和文化制度),处于改革初期的中国正符合这一情况;而对于一个紧密关联于全球市场的生活世界而言,这一神话主要聚焦于某种"感觉的抽象"(借用保罗·瓦雷里的说法)——货币,1992年之后的中国正符合这种情况。在后毛泽东中国,社会性地、集体性地承认货币是财富、成功、自由和幸福普遍的匹配标准与中国后现代主义的出发点是一致的。因为在货币之下,经验世界再一次被统一了起来,得到了重新组织,被赋予了意义;不是通过对于具体、随意的对象和制度的实物崇拜,而是经由某种普遍可应用的、抽象的概念,这一过程才得以完成。这一强化了的抽象程度提升了社会和资本的移动性,因此也加剧了不平衡性。但是这一抽象同时也削平了基础,允许国家或地方资源和力量进行全新的配置,并正当化了建基于地方或国家共同体利益之上的政策和战略。

作为当代极端复杂的经济关系的具体抽象(concrete abstraction),货币正是统一不平衡的社会经济地形主要的平衡器。一旦金融资本的逻辑和实践成为理解世界与组织集体和个人经验的条件,以前被视为同现代化和现代性无法相容的文化、心理和社会要素,只要依据它们的市场价值就可以跟整个制度合并在一起了。比起任何其他东西来,这更能给予仍然和社会主义交织在一起的中国生活世界的文化和社会主张某种历史性的自信,并且赋予后者(也赋予前社会主义和前资本主义历史时期,因为中国现代性从来就没有把它们消灭掉)加入全球经济增长永恒此刻的成员资格。因此太平洋("大中国"越来越成为自由流动的资本、商业和专业人士的暧昧帝国)似乎已经取代了"西方",成为民族想象的支撑,在这里,东亚"小龙"、"小虎"们的经济奇迹成了光彩照人的榜样,(欧洲)工业化漫长而血腥的世纪被认为不再必要了,因为前者已经找到了通往美国时代的道路。

一旦中国动用自己巨大的(即便是原始的)工业力量、教育能力、官僚网络和技术基础使自己变成世界廉价商品制造商中的领军者,它很快就取代了南亚近邻的地位,成为面向西方(主要是美国)最大的出口者,正是美国进口大量中国货帮助中国工业在整个 90 年代维持高速发展。中国外汇储备的增加（在 2005 年超过了 4000 亿美元）和全国储蓄的增长（2005 年达到 10 万亿，相当于 1.2 万亿美元）与其说表明中国经济增长的迅速，毋宁说凸显了产品、服务和资本的大量积累（所有这些都越来越汇入全球市场）同贫困、平民百姓（劳动力、国内市场）之间惊人的差距。诚如诸贤所见，1988 年过热的经济和物价控制的解除所造成的高度通胀或许是造成社会动荡的原因之一；十年之后，中国政府面对的挑战却是如何扭转顽固的通货紧缩，如何减少数目庞大的工业存货，如何鼓励中国消费者购买任何东西——从摩托、股票到住房。在这一进程中，核心仍然是社会主义或国有的中国经济成为了剩余经济，工业生产能力过剩和国内消费不足折磨着它。鉴于这一经济庞大的出口导向结构，鉴于低工资和低生活水平，鉴于因为劳动人民日趋强烈的不安全感所造成的储蓄量攀升，可以想见这种生产能力过剩就跟它对于人民的误导一样真实。一旦出口量因为国际市场的价格波动或美国和欧盟加大贸易保护而滑落，大量的商品就像潮水一样涌入了国内市场，可国内市场是不可能吸纳它们的；造成这种状况的原因可以列举如下：通货紧缩，工资基础极低而工资增长相对缓慢，出于土地投机的目的人为哄抬房地产市场，最后是普通消费者决定在一个国家福利和劳动保障体系变得不确定、欠发达的时代把现金留在口袋里。这似乎就是虚幻的"后工业"繁荣在中国被创造出来的方式；仍旧不高的平均收入和有限的消费能力是这一"繁荣"的特征，然而它还有另一种特征：由过度投资、过度生产、夸耀性消费所组成的膨胀的超级真实——新富人和腐化的官员是其始作俑者；全球化的飞地诸如经济特区、奢华的酒店和精品店、面向观光客的服务业、奢侈品——这些都迎合了新兴的城市中产阶级等的胃口。

形象、符号和话语的泡沫经济当然会伴生于商品和资本的剩余。媒体和大众文化工业的渗透、国际时尚和广告不停歇的流动，由于数字技术和因特网，对于最新的 MTV 或好莱坞大片的消费真正跟美国城市居民取得了同步，所有这些都加强和丰富了这样一种印象：今日中国的日常生活已经成为全球化进程无时间性当下的一部分了。中国已成为世界上影碟播放器的头号生产者，这并没有什么好惊诧的。这种廉价的电子硬件在中国非常普及，而在西方连影子都看不见,因为它的软件支持几乎完全依赖盗版。首先是托VCD之福,后来是因为盗版DVD,许许多多中国城市消费者现在分享着后现代西方最新的视觉文化盛宴,相比之下付出的价格却极其便宜。曾经谣传《泰坦尼克号》的VCD版在北京和上海街头叫卖要比电影在美国上映还早上好几天。尽管中国政府不停地承诺要根除盗版,保护美国的知识产权,可是在21世纪的头几年里,在中国某个城市的街上看到标价一美元以下的好莱坞大片盗版DVD实在是家常便饭,要知道这些影片同时正在洛杉矶和纽约上映呢。中国后现代主义就像这一文化趋势的亚种一样,几乎完全依赖复制和再现的技术才得以可能,而不是依赖生产的技术。中国已经赢得了世界最大的劳动密集型、高污染的工场之名声,而不是推进当代科技的一员。在这个意义上,说中国是个被判了缓刑的真正的后现代社会,倒也并非很不精确。

处在日常生活同新兴市场的超级真实之间巨大的不一致,使中国社会保持了经济动员和意识形态说辞的不成熟状态。同时,市场已经使社会主义制度的持久性和崛起中的消费大众的无意识话语变得可见了,这些无意识包括他们的挫折、恐惧、怨恨以及新近实现的自由和权力感,他们对于此刻、当下的执迷,以及他们对于新的集体认同和社会理想的需要。政府始终介入其中并着力称颂的市场力量已经创造出某种高度混合的生产方式。私人、集体、国有和中外合资的所有权关系,就业机会的不同形式,乡村经济和国家福利体系的局部残留(许多人希望回到这上面来),使经济生活中的抉择、选择和可能的最佳组合变得可见了。用经济学和社会学的话来说,正是多种引人注目的生产方式、社会结构、政治表述、意识形态话语和价值系统之间的重叠和共存,而不是增长率自身,为中国后现代主义创造出可能的条件。

当然,由国家调控的市场经济和混合的生产方式对于中国来说,都没有什么特别独特的地方,但是记住这一点却非常重要:中国的"社会主义经济"不仅以自己在全球化环境中的地位为条件,也以它实际存在的、建基于前几十年革命与社会主义实践的社会经济基础为条件。改革逻辑内在的歧义性——在这个事例中,就是正在展开的社会主义历史实验的逻辑——存在于某种双重姿态之中：即一方面通过拥抱当代资本主义生产方式来超越教条的社会主义，然而另一方面，在理论和实践上通过破坏和重组一系列旧有概念、权利和物质力量的创新性的、前所未有的方式来超越教条的资本主义。隐含的"后发优势"逻辑让人联想到两次世界大战之间中国知识分子对于社会主义的历史诉求，这一"优势"也预设了发达资本主义社会的制度安排有时只是"次好"，并且因其内在缺陷而变形走样。在俄罗斯、巴西和东亚最近一系列危机中，引发了人们对于自由市场资本主义的警惕心，这一资本主义可以在后现代主义里最后找到自己的文化和理论表述，其中所有意识形态种类——从反社会主义、反启蒙的保守主义一直到超级资本主义的未来主义——只能在去本质化的流行风尚中找到自己的小神龛，也正是在这种后现代主义中，社会主义就像中国后现代主义一样穿越了所有意识形态界限，而不是规规矩矩地固守于一种意识形态来反对另一种。

我们似乎有理由认为，为了赶超西方，中国引为参照的比较框架往往不是西方自身而是中国的邻国：韩国、马来西亚，以及印度和俄罗斯，当然后两者与前两者有着不同的意义，也带来了不同的意识形态和心理效应。在80年代和90年代，中国经济几乎达到两位数的平均增长率，这迫切需要我们作出理论上的解释。在80年代，人们普遍认为经济改革的成功要归因于拥抱市场机制。然而到了90年代，中国经济的持续增长却同俄罗斯的经济崩溃和东亚的经济萧条形成了鲜明的对照，而造成这一恶果的正是国际资本的投机性攻击。俄国的处境揭示了某种乌托邦教条的破产，这种乌托邦表现为绝对的私有产权，以及与腐败权力共生的自由市场；而东亚经济危机则揭露出不加抑制的全球金融资本所具有的毁灭性的掠夺本性。[①] 在这两个

---

① 据说俄罗斯经济在1991年和1999年之间缩减了50%。1998年头几个月，当人为抬高的房地产和股票市场在自由流动的国际金融资本蓄意攻击下崩溃的时候，几乎所有东亚的新兴工业国也突然经济不景气起来。七个月之后，"亚洲传染病"抹掉了泰国、马来西亚、印度尼西亚、韩国和中国香港地区"奇迹经济"30%到50%的货币和股值。新加坡和日本同样受到严重的冲击。马来西亚首相马哈蒂尔·宾·穆罕默德严厉指责国际金融大鳄索罗斯，说他抢劫了全国所有人的储蓄，使国家经济发展倒退了几乎三十年。有人估算，东亚经济（除了中国大陆）的市值损失等于整个欧洲在第二次世界大战中的经济损失。

案例中,正是中国经济的社会主义特性,正是这种特性在全球体系和国家指导的颇为慎重的"改革"之间的中介关系,才维持了中国的经济发展。到了90年代末,越来越多的学者愿意将中国经济视为正在形成的经济、社会和政治的另一条道路,一种临时被证明可以成为典范的实验,而不是某种特别的、修修补补的、权宜性的自由市场经济,也不是某种混乱的、腐败的、正在衰败的计划体制。这种思考方式在崔之元呼吁"思想解放"以及批判"制度拜物教"中获得了最为响亮的表达。

崔之元曾经和另外一些中国学者合作调研过河南省的南街村。在这一研究基础上,他提出:通过建设某种经济发展的集体合作模式,社会主义基础——不管是经济基础还是其他基础——可以被创造性地转化。通过团队激励和互帮互助,集体合作经济里的"集体理性"和"个人理性"可以达到最优平衡。① 这一个案只是崔之元阐述新的中国乡村经济理论的努力之一,这一理论将中国乡村经济(首先是乡村工业)的增长现象归功于灵活生产和分工、财富的共同所有和民主分配,以及乡土中国和工业化的有机整合等一系列创新性的制度。崔之元以此追随了费孝通一生的努力——理论化乡村工业,费老的想法是促成现代工业技术和去中心的、灵活的、合作式的乡村生产网络相兼容。黄宗智曾经提出这样一种理论:工业的乡村化为摆脱过去几个世纪中国乡村经济的"内卷化"提供了某种出路,建立在这一理论之上,崔之元强调社会主义集体化、社会主义积累和初步工业化为在当代市场环境里实现乡土中国铺平了道路。②

---

① 参看崔之元等:《南街村》,北京:工商联合出版社1994年版。崔之元的观点在中国遭到了广泛的批评,他被描绘成"文化大革命"的捍卫者。
② 参见费孝通:《江村经济》、《乡土重建》以及《中国乡村的发展》(*Rural Development in China*);黄宗智:《长江三角洲小农家庭与乡村发展》。通过揭示乡村经济发展的关键点不是农业生产的增长,而是来自乡村工业,后者要求更高程度的社会组织、分工和资本集中,崔之元批判了那种盛行的观点,即乡土中国的经济活力是去集体化和重新恢复私有产权或"家庭责任制"的结果。崔之元也拒斥了另一种流俗观点,即乡村经济改革只是意味着地方政府法团主义的出现。这种观点尽管承认乡村工业的巨大生产力,却因为国家和地方政府的始终在场以及后者对于资源、生产、人口流动和经济机遇的调控和掌握而哀悼私有化或市场化的无效。此种观点的一个例证,可参看 Jean Oi, *Rural China Takes off*. Berkeley:University of California Press,1999。

对于崔之元来说,中国乡村工业的创新之处在于它是一种实际的"灵活分工"和"灵活生产"制度。乡镇企业里的工人也是农民,仍然在契约制度下持有自己的土地——即他们作为工人和农民的双重身份,这一事实提升了乡村工业在流动性的市场环境里的竞争性。因为有乡村和村社的支撑,所以乡镇企业得以发展出高度灵活的技术性的、组织化的劳动和操作安排,因此当需求不很确定的时候,它们通过有效的生产取得了优势。借用查尔斯·萨贝尔的"莫比乌斯环"概念,崔之元积极地思考了企业与社区、私人和集体所有权关系之间模糊的、往往是凌乱不堪的界限,而在新古典主义经济学看来,这些往往是私有化不成熟或无效的恶兆。崔之元特别关注中国农民/工人自己发展起来的股份制,这一制度并不是分割或私有化以前人民公社的集体财产,而是将集体资产转为"集体股份",后者独立于劳动者的个人股份。而当地共同体(乡政府或镇政府)的代表仍然是法律上的所有者,通过它来协调乡镇企业雇员和另外一些当地居民的利益。

崔之元把他关于灵活生产(或译为"弹性生产")理论拓展到了中国经济的许多其他领域。不过,他选择乡村工业化作为切入点反映了这一议题在今日中国具有理论上和政治上的重要性。乡镇企业不仅占了中国国民生产总值的近40%,吸纳了超过1亿的中国农民,是提升乡村人口生活水平最主要的推动力,而且试图提供另一种工业化和城市化的模式。对于以后现代性的形式来思考中国社会主义来说,这种结合了乡村选举制度的工业化模式意义深远。崔之元著作里涉及中国后现代主义理论的主要是他的两个概念:"思想解放"和"制度拜物教"。他用"思想解放"来指从传统的二元对立诸如私有/国有、市场/计划、改革/保守、中国中心/全盘西化中解放出来,用更加成熟的方式来拷问这些二元对立。用崔之元自己的话来说,这种思维方式"着重在扩大制度创新的想象力空间,它将不再留恋于非此即彼的两分法,而将以经济民主和政治民主为指导思想"①。崔之元在呼吁此种受到诸如分析马克思主义和批判法学等创新性理论启发,当然首先是变迁中的中国现实所启发的思想解放时,也批判了多种"制度拜物教"的形

---

① 崔之元:《第二次思想解放与制度创新》,第13页。

式,它们"将某种具体的制度安排直接等同于抽象理念。例如,有人将美国公司制直接等同于'市场经济',将两党制直接等同于'民主'"。对于崔之元来说,这种思维方式给了特定历史条件下的具体制度安排以超历史的神秘的"必然性",因此将这些制度拜物教化了。① 当然,这一批判性思维主要攻击的是那种将私有产权等同于市场、将两党或多党制的议会政治或是可靠的中产阶级的出现等同于民主的主流神话。在这方面,崔之元的理论思考受到了亚当·普热沃斯基(Adam Przeworski)的启发,后者将社会主义看做某种结合了经济民主的政治民主形式。崔之元还从乔恩·埃尔斯特(Jon Elster)那里受益良多,后者将当前自由市场资本主义的制度安排仅仅视为发展生产力的"次好"制度。此外,崔之元广泛说明了复杂的、多样的、在历史上发展并不平衡的现实,他认为这一现实具有某种明白无误的"后现代主义"标记,也正是此种"后现代主义"将以前得到支持的总体性拆解成一系列可分的特质和关系——后者为新的历史环境中的重组提供了准备,并且以某种建基于差异、类比和自由联想之上的更为灵活、更为暧昧和辩证的思维驳斥了经典现代主义的同一性逻辑。②

虽然崔之元致力于通过理论思考揭示当代中国生产方式中的内在活力和制度创新的可能性,但相当多的"新左派"知识分子却几乎将他们的全部精力都用在描绘新兴的中国日常生活及其文化表现上了。但是崔之元对于中国经济民主和政治民主热情的承诺,以及他那种通过思想解放和制度创新在既有的资本主义制度之外创造出作为现代性替换方案的社会主义的信仰,证明是某种非常重要的(对许多人来说过于激进了)思想准绳,它可以激发出作为超越普遍的"制度拜物教"的思维方式以及在社会主义历史条件下的后现代性论争。私有、共有、集体所有和国家所有的多个层次被创造了出来,将生产力从准军事国家组织化的计划经济中解放出来亦获得了正

---

① 崔之元:《第二次思想解放与制度创新》,第13页。
② 崔之元在这里暗指的是墨子的哲学,从而凸显出他的立场:"第二次思想解放的努力之一就是重新发现中国古代思想的当代意义。"顺便说一下,布莱希特在戏剧《墨翟》中也描绘了这样一个传奇人物,新近对布莱希特的研究可以参看 Jameson, *Brecht and Method*. London: Verso,1998。

当性,个人、集体、地方和企业自身在这个新的经济、社会和政治环境中成为了股东和利益相关者。许多学者,特别是那些西方学者,常常并不去分析社会主义作为一种替代缺乏经济民主的现代资本主义的制度是如何被重新激活的,分析它如何以其更加去中心、去本质化的灵活形式成为中国经济、社会、政治和文化生活的日常现实不可缺少的建设性成分。

中国后现代主义在政治上的论战性只是混合生产方式的某种暗示,只是缠绕在一起的社会史和文化史多样的表现,只是这一社会和文化史许多被压抑和没有实现的部分和环节的呈现,我们从中看到了这些部分和环节的记忆,看到它们参与进了当下社会和文化力量新的构型。出于同样原因,中国后现代主义同市场所养育的极具中国特色的大众文化一同兴起。它有意识地跟以前的现代主义高等文化风格决裂。对于那些想让中国继续追逐19世纪"经典"现代性幻影的人,或者那些不加批判地就将后现代主义看做某种宣告现代化强制过程的完结以及奔向无时间性当下的单程票失效的人来说,中国后现代主义的主题不是威胁着要让现代化的民族话语流产,就是给了中国过度的声誉和危险的幻象,让它觉得自己已经超越了现代的折磨和考验。在90年代的中国,后现代主义作为某种社会文化问题源于多个方面,现代的意识形态在里面越来越无法成为仅有的时间与经验的秩序和终极的历史视域。对于中国后现代主义的支持者和反对者来说,它作为某种文化观和社会意识形态总是跟中国经验纠缠在一块,我们所熟知的社会主义和资本主义似乎都无法为这种经验提供令人满意的答案。这也就关涉到这样一种信念:迫切需要一种创新思维来理解何以中国经济、社会和政治结构能够挺过来,它是如何挺过来的,花了多少时间挺过来的;这种创新思维最终是要表述出适合于新的社会制度、新的民主和新的文化知识方案的新理论。西方理论话语所给出的现代主义和后现代主义之间的断裂提供了某种象征框架,通过它可以来重新审查时空的连续性和不连续性,以此找到后现代主义在传播中显现出来的知识努力,即表达出某种文化和意识形态的重新定位。当然,这一重新定位的意义在当代中国总是更具政治和社会经济意味,而不是直接的"文化"意味。

即便社会主义就像霍布斯鲍姆或者像来自政治光谱另一端的白鲁恂

(Lucian Pye)所认为的那样是一种独特的民族和文化(或"文明")方案,我们也必须在这一文明国家的"反历史"空间里发现根本上属于历史的东西。① 也就是说,如果中国社会主义的政治意义和历史意义不能被轻率地视为只是充当某种复兴和维持某一"文明形式"的一次性工具,那么我们就必须准备好同今日中国变迁中的政治经济关系展开缠斗。在中国后现代主义的语境中,这些关系指向了"社会主义市场经济"的理论可能性及其社会文化意义,指向了另一种工业化模式(凭借后工业化)的理论可能性及其社会文化意义,同时指向了当代中国消费大众的物质文化和政治文化。当中国经济深深卷入世界市场之时,全国/民族市场的形成已经创造出了切实的民族边界,这一边界可以依照群众的利益和国家势力的延伸来确定自身;民族市场的形成也在中国消费文化的精神地图上创造出了某种想象,中国同西方媒体中僵化、歪曲的中国形象令人不快的遭遇强化了此种想象,在这个"中国",正在出现的城市中产阶级现在有了筹码,他们要提出自己关于"中国"的主张了。②

这一历史或复数的历史只有在后现代主义那里才能找到自身新模式的适宜表达,找到某种由内在的精神分裂标记的风格,找到那种在自己的构造中包含了已往的和异化的体裁、风格、形象和语言的拼凑画。中国后现代主义的历史正当性既来自全球资本这一现实,也来自"有中国特色的社会主

---

① 在《极端的年代》关于"短暂的20世纪"的讨论里,霍布斯鲍姆认为二战之后中国共产党势如破竹的胜利或许应该归功于这一马克思—列宁主义的政党组织"足以通令全国,建立一个全国性的严格体系,从中央开始,一直到庞大国土最偏远的乡野——在多数中国人的心里,一个像样的帝国就该如此"。参见 Hobsbawm, *The Age of Extremes: A History of the World, 1914-1991*. New York: Vintage, 1995, p.465(中译参见郑明萱译《极端的年代》,江苏人民出版社1999年版,第692页)。霍布斯鲍姆的看法是:中国社会主义从中国历史巨大的连续性中受益匪浅,而且它可能作为一种民族意识形态而存留了下来。这可以看做霍氏早期《民族和民族主义》一书民族和民族主义理论的发展,那本书关于中国的讨论只有只言片语。白鲁恂则从某个相反的意识形态立场出发,他的思想前提是实现普遍现代性首先需要实现现代资产阶级民族国家,因此他认为中国实际上"是一种伪装成民族国家的文明",它仍然需要依从经典的欧洲模式把自己从一个政治恐龙变成一个合格的民族国家。参见 Pye, "How Chinese Nationalism Was Shanghaied." Amherst: University of Massachusetts Press, 1993。

② 对于由市场所造成的中国民族主义(全球媒体是它的助产婆)的讨论,参见本书第二章。

义"这一现实,它想象性的自我肯定常常通过某种对于历史叙事、记忆和欲望的魔幻现实主义重演表达出来,这些东西从来不想错过任何抓住闪烁形象和当下标记的机会,从而将自己转化为另外一些事物的寓言式经验。在这个意义上,我们只有将后现代主义看做历史事件,除此之外别无理解它的途径。

## 后现代的历史性

只要浏览一下中国现代史,我们就会清楚地看到中国走向现代的特殊道路充满着苦痛。为了重新定位很大程度上是自主的、强烈以自我为中心的文明,中国知识分子可能实践了现代文化史上最为激进的集体理性化形式。他们依凭某种欺骗性的价值无涉逻辑,即采纳和鼓吹进化论和实用主义,发动了一场(反传统的)"文化战争"。这就是胡适在20年代定义白话革命(Vernacular Revolution),以及为之正名的方式,也就是一种创造出朴素的、不会挑起情感的实用之物的企图。① 因此,中国现代知识分子和中国现代文化的媒介,即白话文,在历史上不仅仅作为某种意指结构被构筑出来,也作为一种表示某种时间性元语法的结构被创造了出来。中国知识分子正是在欧洲权力和工具理性铁律所支配的世界里领会了这种"语法"。在这个意义上,五四运动(1919—1927)分享了一般启蒙运动的内在辩证法和两难处境:以培育新文化来构筑新国家来看,这次运动是精英主义的,而就诉诸方言俗语而言,它又有反精英的一面。接下来的历史时刻——从中国1919年的启蒙运动一直到中华人民共和国成立这一中国革命的高潮——其实只是现代逻辑在所谓"中国"这个物质和文化空间中实现自身的时刻。进一步说,如果对于强有力的现代中国历史—知识谱系不加分辨,那么后现代主义对于这一谱系的挑战就不可能得到有效的分析。显然,在这个谱系里面以及在这一谱系所面对的挑战里面,有种东西严格地平行于西方现

---

① 胡适:《逼上梁山》,见《中国新文学大系·理论建设卷》,上海:良友图书公司1935年版,第3—27页。

代—后现代历史。正是这种平行性生动地说明了中国在何种程度上已经成为了世界的一部分，而这个世界却处在现代性越来越收紧的掌控之中。此种现代性正在失去它的欧洲特殊性，它凭借胁迫、强力和暴力，同时也凭借内在化对象和吸纳对手，开始成为真正"普遍"的东西了。然而，也确确实实有着某种民族性的东西（如果不说"地方性"的话），它源自中国面对现代西方影响所具有的那种特殊的、虽然称不上独一无二的回应，这种回应总是渴望"回归"自己的认同，"回归"筹划中某个未来时刻的持久不变性，这个未来时刻处在异化的变迁过程的另一端。的确，将"现代"不仅感知为不断的新与变，也最终感知为临时性的、仅仅过渡性的存在——如果没有漫长的历史记忆，没有残存着的、根深蒂固的文化种族中心主义（cultural ethnocentrism）的指引，这一感知就不可能发生——规定了中国的现代总是向外寻找某种后于"现代"而生的东西，或者说，寻找某个更为多元的世界，只有处在这样一种世界里，它才既觉得现代，又觉得亲切熟悉；这一感知也规定了中国的"现代"是在寻找某种从现代性律法中彻底解放出来的当代认同。我们可以在当代中国文化的后现代转向里面看到这种根深蒂固的文化无意识。此种"转向"正是从英雄式的创造（经典的现代主义情结）到享乐、快感以及怀疑任何压迫或（不管是国内还是国际）强加一致的范式转变，特别是第三个因素可以解释为什么中国极其反对、在情感上极其反感北约对于前南斯拉夫的"人道主义"干涉，原因正是北约的这一举动粉碎了中国新兴的城市中产阶级对于某个更为多元的世界的期待，同时也揭露出某种新的世界秩序，它不禁让人联想起那种老是把持着"胜者为王"道德公理的世界秩序，正是这一秩序将中国推向了激进民族主义和社会主义的革命世纪。

　　这种将现代性感知为异化时刻的文化集体无意识——尽管中国知识分子实际上意乱神迷地拥抱了从工业化到社会理性化等现代原则——或许可以帮助培育出某种更容易受到各种可能性（包括折衷主义、综合、另类选择、多元主义和否定性）影响的民族意识。当现代的理论基础受到质疑时，对于进化（论）和实用主义的信仰虽然自身就是现代意识形态的产物，却会将现代性方案呈现为某种功能性的效率问题，而不是深深的情感依恋。中国共产主义（运动）无疑是中国现代性最激进、最无情的形式，可是它从来不是透明的统一体，有的时候甚至表现为一系列矛盾的理想和信念。中国社会主义成熟的、理论化的形式——毛泽东思想——自身就是一种关于矛盾和实践的"方言土语"。作为马克思主义的中国化，毛泽东思想是错综复杂的、高度辩证协商的结果。这种协商谈判不仅在东西之间展开，也在雅俗文化之间展开。鉴于毛泽东思想怀有服务大众和不断创新的内在激情，并且意味深长地鄙弃了话语或制度性的物化，它或许是后现代转向的意识形态哲学之一。毛泽东时代价值观的乌托邦真理内容在90年代早期商业化的"毛泽东热"这种市场意识形态中发现了自身的正当性，也看到自身遭到了歪曲。进言之，中国后现代主义作为一种以新的社会经济关系为条件的解放力量，宣告了某种意识形态和政治禁忌的终结。只要"另一条道路"或"被压抑的现代性"仍然是未能实现的资产阶级渴望的缩略语，那么自由主义话语就不会情愿、也不能够应付后现代和全球化条件下的当代中国主流意识形态的出现。然而，这种情况却从否定的方面给了中国后现代主义某种乌托邦的、历史性的意义，后现代主义在这个时候已经无法藏匿这种意义了——即作为登上世界历史舞台的第四等级的文化。

因此中国后现代主义最终可以被视为某种工具，我们可以用它来给现代中国社会史、文化史和思想史分期。我们也可以视之为某种标记现代观念史发生范式转变的方法，这主要是因为它以锐利的永恒当下感瓦解了所有（历史）时期及其形而上学特质。这种没有教条和禁忌的时间结构反过来会带给我们某种更为有效的分析框架。凭借这种框架，我们可以将中国后现代主义政治上的歧义性解析为某种思想话语和表述集体经验的方式。依据对于名词形成年代的仔细考察，我们会发现"后现代主义"的流行跟另一个更具历史性的标志，即"后新时期"无法分开。文学批评家张颐武创造了这个术语。张颐武是个善辩多产，有时又流于粗糙肤浅的中国后现代主义理论家。"后新时期"是个挑衅性的措辞，标志着意识形态、思想和（就趣味、习惯、行为而言）文化同新时期及其高峰现代主义——人道主义的话语主流与霸权进行了决裂。他颂扬了这个大众的时代、大众的日常文化兴起的时代，而为了反对这种土气的、粗鄙的颂扬，知识界出现了"怀"新时期之"旧"的知识、文化潮流，即"怀"关于"改革"在意识形态、政治和知识上取得共识之"旧",同时也是对中国现代主义者往日那种受到保护的自由与"内在性"(inwardness)的怀旧,对于处在西方凝视之下的后毛泽东中国自我异域化的怀旧。

针对这种凝视和怀旧,中国后现代主义抛出了某种因熟悉的商品和市场所带来的无情的"陌生化"(estrangement),以及某种因为不可撤销的世俗化、平民化和大众化所招来的激烈世俗化或去神秘化。然而,这里的后现代主义不再仅仅意味着一种90年代的中国思想话语,而是指示出它自身的可能性条件——首先即是消费大众及其文化生产和文化消费模式的兴起。

理解中国处理市场的方式的时候,保持一种历史视角非常重要。对于中国知识分子和国家精英来说,这种方式始终关乎理性选择和社会设计,也是继续开展启蒙的真正内容,这一点在新时期的思想—社会共识方面表现得十分明显。然而市场和消费导向的日常生活世界的扩张,市场力量那种非人的、自主的活动很快就让以下事情变得清楚了:那些"人民的代言人"和启蒙的先锋并没有控制这个系统,而是绝望地被那个按自己规则出牌的系统控制、操纵,并且被它边缘化了。许多中国高级知识分子面对市场的日常体验正是主体在后人文主义、后结构主义条件下毁灭的典型,有如教科书上的案例一般。因此抵抗"后现代"90年代隐含的一种知识政治和文化焦虑——这种政治和焦虑出于某种自我特权化的道德英雄主义——往往牺牲了对于"新"的分析,而那种英雄主义却跟多种意识形态有瓜葛(中国文化传统主义、自由启蒙、对于毛泽东乌托邦理想主义的怀旧等等)。

但是那些向正在兴起的消费大众文化及其鄙俗性宣战的人似乎忘记了这样一个事实:"后现代"文化仅仅是一种跟新的经济、社会和政治情境达成妥协的方式,这种腐败的新文化只是某种占据社会空间(也是某种隐含的政治空间)、面目不明的新阶级的自我肯定、自我欢呼、自我放纵和自我投射,因为这个社会空间曾将他们拒之门外。诸如张承志、张炜和韩少功等作家喊出了"站在世俗的对立面"和"拒绝投降",而上海一群学者则呼吁"重建人文精神",与此相反,中国后现代主义者摆出一副捍卫日常生活领域的姿态。对于张颐武来说,某些中国知识分子在反对中国后现代主义鄙俗的文化狂欢时所表现出的道德愤恨,揭示出某种"对自由的恐惧"和"现

代性的焦虑"。在他看来,这种焦虑植根于"现代性的内在矛盾":

> 现代的追求的东西实际上相当具体,相当实在,日常生活的改善实际上是极为世俗的目标。但这个目标的实现的过程极为伟大。……如果看到人类追求的目标的世俗性,那许多人是会失望的。一句话,"现代"就是以伟大崇高来追求平凡。目前,中国的社会正是在一种世俗氛围中走向生活的进一步改善,这造成的失落与反抗也的确厉害。①

在他和作家刘心武的对话里(张颐武认为刘心武"写出了一种随着市场经济转型形成的市民社会从隐到显的发展过程",因此"是市民社会的历史的见证人"),张颐武热切关注90年代的大众从"人民"的政治阴影中摆脱出来的过程。这个过程其实可以追溯到新时期的经济改革和社会改革,尽管这一改革本身执迷于用崇高和整全的方式解决所有问题。由于看到了新的大众文化渗透进国家媒体并与之共存的方式,由于看到了这种文化从边缘走向中心,张颐武捕捉到了国家和市民社会之间某种"新型的关系"。在他看来,两者"分享的社会空间",即两者之间的合作、纠缠和对话是"后新时期"文化兴盛起来的独特环境。张颐武认为,当国家的宣传功能开动的时候,这种分享的社会文化空间传递出了消费大众的文化需要和想象。这种安排不仅可以让人清晰地听到来自"市民社会"的声音,也可以协助培育扩大的、发达的"公共领域"里"无价的社会共识"。相比于80年代晚期不成熟的中国市民社会,即这种似乎总让人觉得会跟国家相冲突的市民社会,今日成熟的市民社会具有不跟国家"对抗"的特征,尽管两者有着不同的利益,有时也会发生冲突。然而对于张颐武来说,新的大众导向的、民主的和具有文化共识的范式无疑正在孕育之中,而新时期的知识精英却无法控制这一日趋繁荣的领域。②

尽管遭到诸如迎合政府、迎合主流这样的指责,张颐武显然持社群主义、民粹主义和本土主义的立场,而非明显在政治上对抗资本主义。事实

---

① 刘心武、张颐武:《刘心武、张颐武对话录》,桂林:漓江出版社1996年版,第40页。
② 同上书,第56—57页。

上,正是中国后现代主义核心群体——当代中国的消费大众——在政治上的含混性规定了既作为文化范式也作为社会现象的中国后现代主义根本的历史歧义性。张颐武往往十分信服地呈现给我们的,正是新兴大众的想象、趣味和需要是怎样与国家官僚政治和意识形态运作,以及国家和中国"市民社会"在彼此之中找到自身(文化或政治)的表达方式融合在一起的。但是这幅图景中错失的东西正是对于中国市民社会这种可疑的、权宜性的范畴的有力分析,这种分析要求依照阶级利益和意识形态来讨论消费大众的分裂,即要求关注作为共同体、生活方式、文化,最终是作为某种政治力量的新阶级。在这个语境里,比起张颐武那种"市民社会"从国家体制外部和边缘崛起的叙事来,他的对话者刘心武倒偶尔能说出更为详尽、复杂的故事,也就是说刘心武认为支撑市民社会地位的其实是大量增加的财富和新的社会意识形态。但是这也只会让当代中国的市民社会概念变得更为模糊,使它的文化和政治影响显得更加夸张。假使这种"市民社会"如刘心武所见一开始就由那些"在过去的历史进程中找不到任何影子"和作为"社会的填充物"而存在的人们所组成——即失业人群、当代工人以及另外一些无法分类的人群(社会主义经济和社会组织无法吸纳他们),那么这一社会群体戏剧性的崛起以及它在市场里获取大量财富这一事实,似乎并没有对整体经济和社会结构造成什么主要威胁;尽管对于收入相对来说有所降低或者停滞的国企员工来说,这一"崛起"给他们带来了某种显见的——如果可以说创伤性的话——心理影响。① 实际上,"市民"这个词无意中泄露出了自身的确切含义——同那些依赖国家体制生活的人们相对立的"市场人"和"流民",他们的活动建构了某种社会"生物圈",无法再用老旧的(许多中国学者依然坚持的)"官方"和"非官方"二元对立来描述,更不说分析了。②

---

① 刘心武、张颐武:《刘心武、张颐武对话录》,第三章"市民社会的成长",第43—61页。
② 两本新书,即达顿(Michael Dutton)的 *Street Life China*(Cambridge:Cambridge University Press,1998,一本极富理论启发性的社会学研究著作)和白杰明(Jeremé Barmé)的 *In the Red:On Contemporary Chinese Culture*(New York:Columbia University Press,1999,一份亲切的文化新闻提纲)是英文世界中首次尝试捕捉当代中国社会和文化生活里那些难以分类的元素(诸如"流氓")的著作之一。

可是如果市场被看成是中国"市民社会"的真正内容,那么后者的概念就丧失了"资产阶级社会"大部分经典性的社会和政治意义了,而这些意义实际上牢牢嵌入在欧洲"市民社会"概念的起源之中。此外,它也丧失了最想得到的(在哈耶克的中国追随者看来)、最为直接的政治提议:存在某种建基于市场原则并且受其调节的自主"社会"。张颐武和刘心武关于90年代中国文化的讨论最为创新之处就是承认了今日中国整个市场环境都是国家运作的产物,而且国家分享了在市场中被创造出来的新的经济、社会、意识形态和文化空间。在我看来,只有这种讨论才呈现出"有中国特色的社会主义"和"中国后现代主义"崛起的与众不同的含义。

因此以前的"社会填充物"阶级,或者以前处在社会主义等级底端的平民之崛起,以及他们表现在中国大众文化作品里面(特别是90年代的电视连续剧)的文化主张,可以被视为整个当代中国在经济和意识形态方面进行重新定位的社会隐喻。因此颂扬大众及其文化的崛起而不质疑它们隐含的意识形态隶属关系,在理论上会很成问题,至少我们需要批判性分析它们所具有的可能性。所以对于那些更加着意于批判全球化进程以及国家在这一过程里所扮演的角色的中国知识分子来说,中国后现代主义往往意味着颂扬现状,因此是通过对社会欲望作民粹主义式的肯定来隐含地认可商品化的意识形态。① 从左的方面来批判中国的后现代主义跟来自右的批判构成了对称关系,这一事实也揭示出某种政治焦虑。

大众文化的兴起跟某个社会阶级向上的社会流动遥相呼应,也正是在这个过程中,某种中产阶级的渴望平稳地取代了平民式的文化想象。尽管这些都是明明白白的事情,可是新兴的"社会共识"或意识形态主流在政治和历史方面远为复杂。尽管后现代主义大众文化似乎与生俱来地排斥中国知识分子的启蒙意识形态,但它实际上又比中国现代史上的任何其他文化思想形态更不墨守成规,更多维。在生存性的层面上,作为90年代中国大众文化和日常生活形式代言人的中国后现代主义表明它将地方(社区)和共同体看做集体生存、安康的唯一空间或场所,这跟中国新时期那种拥抱普

---

① 汪晖:《九十年代中国大陆的文化研究与文化批评》,《电影艺术》1995年第1期。

世现代的乌托邦念头,并且自我投射到这种"现代"之上的特征形成了尖锐的对比。某种重获的在家感尽管容易受到本土主义(nativist)、民族主义和传统主义冲动的影响,却有助于培养对于特殊性、地方性、折衷性和多元性的激赏,同时也有助于使人们养成鄙弃任何教条和激进事物的习惯,激发他们对于后者的深深怀疑。因此这种家园意识或自在感(sense of home)同时使哈耶克式的市场支持者和反对鄙俗的金钱社会的人文精神战士感到沮丧泄气。表现在90年代中国大众文化里面的彻底世俗的、去浪漫化的、平民式的"社会共识"同样也指示出整个民族继续执迷于某种现代性,如今用"后现代"的行话来说,此种现代性成了"后启蒙"、"后乌托邦"、"后知识分子",等等。这种执迷不断地提醒我们:探索不同于"市场民主"所描绘的世界图景之道路的意愿在后冷战世界往往会被视为异端;如果中国后现代主义想要成功,它就只有在荒野里开出一条路来,因此必须创造自己的生活形式、自己的文化、自己的意识形态、自己的知识和美学话语。在这个意义上,中国革命、毛泽东将"马克思主义中国化"的创新之举仍然是我们强有力的信心源泉,尽管这些还只是被压抑着的集体无意识。苏联的解体似乎并没有动摇反倒是加强了这种信心(因为"不要重蹈俄国道路的覆辙"已经成了民族共识)。只需看看它活跃的想象力,我们就可以说,这种在晚期资本主义时代展开的"后发"现代化一定会是"后现代的",特别是这种想象力重新唤起了古老的东西和历史之物(the old and the historical)。对于甘阳来说,我们必须这样来理解中国的后现代主义:在中国现代性历史到场的语境里,即乡土中国"自我转化"开始之时,数亿中国农民工进入了历史,并且开始重新书写这段历史。① 在这个方面,正进行中的、如今正全神贯注于经济和文化领域的中国革命,不仅在俄国革命那里,也更为中肯地在法国革命和美国革命中看到了自己的历史先驱。对于崔之元来说,后现代主义或许会是新的社会系统的文化表达,这一系统将经济民主和政治民主结合在一块儿,就算是发达资本主义社会也没能创造出这种制度。当然,这还只是说明"有中国特色的社会主义"这个空洞的能指只能由当代中国经验和现象的

---

① 甘阳:《社会与思想丛书缘起》,见崔之元:《第二次思想解放与制度创新》,第v—vi页。

丰富性来填充的另一种方式而已。

中国后现代主义就像中国的"后新时期"一样，随中国社会令人焦头烂额的分化与分裂而生。当全球化浪潮已经创造出新的民族主义和阶级意识，因此也在国内创造出新的张力时，坚持社会主义和国家主权使中国在"后意识形态的历史中"变得像个异类，也产生出同美国这个自封的后冷战世界警察之间仿佛无休止的外交谈判、摩擦和对抗。使那些自新时期以来享受了二十多年经济快速增长成果和相对稳定的国内外环境的人感到不安的是，那些陈旧而沉重的词语，诸如阶级、剥削、压迫、帝国主义、殖民主义、霸权和权力又出现了，而中国后现代主义正极力谴责这些术语的重现。然而，这里暗示出的与其说是旧的政治社会的回归，还不如说是某个政治新时代的到来，这一时代对于财富、权力和社会关系的构造要求解构并且重新概念化以往的历史时刻及其意识形态平衡系统。在某个具有历史普遍性的层面上，霍布斯鲍姆观察到："所有的'后现代主义'都有一个共同特色，就是对客观性现实的存在存疑；或可说，对以理性方法达成共识的可能性持有某种本质上的怀疑主义。他们都倾向于一种激进的'相对主义'，因此，它们也都对一个建立在相反假定之上的世界的本质，提出挑战——换句话说，它们质疑的对象，就是这个被以此为出发点的科技所转型的世界，以及反映其本质的所谓进步式意识形态。"①在中国语境中，这种"本质上的怀疑主义"被引向反对社会主义和资本主义某种神话化了的客观性、反对"历史必然性"的多种版本。显然，那些认为自己的那一套已经成功取代了社会主义现代性这种官方意识形态的人，会感到这种怀疑主义的批判利刃（如果说是激进的相对主义的话）尤其锋利，他们本来一直宣扬存在于历史悠久的自由主义、自由市场资本主义常态中的普世真理，现在却感到了这种"怀疑主义"的锐利。在这个特殊的意义上，只要所有这些集体经验和集体记忆的不同层面仍然固着于中国社会主义留存下来的"现状"，中国后现代主义表面上反历史地肯定"新"，却可以维持而不是排斥某种对于时间和历史的

---

① Hobsbawm, *The Age of Extremes: A History of the World, 1914-1991*, p. 517. 中译本参见第767—768页。

独特感觉,维持一种对于独特的时间和历史张力的感觉。换句话说,中国后现代主义作为一种在20世纪末看待"新"的中国式方式,无意中成了一个供人喘息的空间,构成了一种反对更加激进的主张的氛围和缓冲地带,这种主张正是通过鼓吹绝对市场的普遍性来否定中国现代性的历史经验。根本性的反讽也正在于此:通过赋予某种日常生活形式和文化话语以"现状"的地位,中国的后现代主义成了体验和见证历史及其内在矛盾的一种方式,而不是使这种历史脱离开具体的日常经验以至于枯萎。也正是通过与矛盾共生,通过保持住这些矛盾,中国的后现代主义保有了某种辩证法。这一辩证法在肯定中蕴含了否定,在反政治中表现出了政治性。

(朱羽、王钦译)

第二部分

# 文学话语:全球化时代的叙事可能性

# 第四章　上海怀旧：王安忆90年代文学作品中的悼亡与寓言

## 小引：停顿中的城市

在张爱玲那部写于1943年、如今已成"经典"的小说《封锁》中，上海，这一中国城市现代性的缩影，陷入了停顿之中。故事一开头，当这座城市五花八门的景象聚焦在一辆正在行驶的有轨电车上并以此引领我们进入了似真似幻的城市空间时，这个繁忙的、不眠的远东商业中心似乎已然确保了自身永恒的流动与能量，确保了某种理性与时间秩序，正是这一秩序凸显出这座现代大都会的激情与混乱。现代上海的节奏似乎是确定的，它的进程也像是预先规定好的，就像有轨电车的铁轨，在阳光下闪耀着，向前无尽延伸。叙述者提醒我们，"如果没有空袭，如果不碰到封锁，电车的行进是永远不会断的"。然而，小说快结束的时候，我们或许会好奇，这座城市是否存在过？是否那个有着所有物质上的丰功伟绩与世俗具体性的"现代"，只不过是种飞逝而过的多愁善感，某种赝品而已。在这次"封锁"中到底发生了什么？张爱玲的区区十几页到底在这一短暂的时间里捕捉到了什么？

当警报拉响之后，生活的洪流被打断，并凝结在某个框架之中；都市的广阔空间现在被塞入了一辆有轨电车里，"运动、流动性和无休止"这些城市的特性让位于"凝固和断片"，城市空间的开放性被堡垒般的城市所取代。在经济、社会和等级关系等方面，城市内部的"碎片"状态由它的居民的自我保护本能表现得淋漓尽致。故事一开始，城市从无休止的喧躁到令

人不安的寂静这一超现实转变,就由小说开头的寥寥几段表现出来了:

> 街上也渐渐地安静下来,并不是绝对的寂静,但是人声逐渐渺茫,像睡梦里所听到的芦花枕头里的窸窣。这庞大的城市在阳光里眠着了,重重地把头搁在人们的肩上,口涎顺着人们的衣服缓缓流下去,不能想象的巨大重量压住了每一个人,上海似乎从来没有这么静过——大白天里!一个乞丐趁着鸦雀无声的时候,提高了喉咙唱将起来:"阿有老爷太太先生小姐做做好事救救我可怜人哇?阿有老爷太太……"然而不久他就停了下来,被这不经见的沉寂吓噤住了。①

如果人们相信一次偶然的事故其实无法让现代大都会精巧的肌体陷入瘫痪,就连太平洋战争同样也无法做到,那么这场使城市暂时陷于停顿的空袭看上去就像一次消防演习,这演习由一位目光敏锐的、顽皮的作家所导演,而她的目的不过是在她的文学速写本上添上新的一页。然而,在张爱玲笔下,打断的瞬间突然生成了某种震惊,读者,包括小说里的人物,被迫面对时间的深渊,更确切地说,面对另一种时间维度,在那儿,我们借以组织我们感觉世界的经验和意识形态秩序突然间岌岌可危起来,它很快溃散成某种凝固的超现实主义景观。在停顿的城市里,现代性在中产阶级白日梦破散的时候,也就是在男性虚伪的光辉形象面对女子羞赧的红脸碎成粉末的时候,找到了自身鲜活的寓言。然而,张爱玲关于上海的书写绝非感伤主义。一旦空袭警报解除的时候,城市依旧回归了寻常的繁忙。在经历过了想象中的罗曼司之后,小说主人公吕宗桢走回了自己的座位。想到她所知道的那个电话永不会来,年轻的女士(同时读者也一样)意识到封锁期间发生的一切实际上并没有发生过。上海只是打了一个小盹;它偶尔做了一个不切实际的梦,生发了一次自我沉醉的幻想而已。

我们应该记住的是,上海经过了早期的人口膨胀和经济增长之后,到了1942年,已经无可争议地崛起成为中国贸易、金融、生产、消费和娱乐中心,

---

① 张爱玲:《封锁》,见《张爱玲文集》第一卷,合肥:安徽文艺出版社1997年版,第97—98页。

并成为远东最重要的都市。它的生活时尚和步伐紧跟伦敦、巴黎和纽约,它的日常生活与其说与中国其他部分相连,不如说同西方现代都市文明息息相通,也就是说,上海似乎只是偶然在地理上属于这个国家。和上海的世界性魅力以及豪华奢靡相比,东京像是一个省城,而香港还仅仅是一个沉睡的渔村。① 20 世纪三四十年代,中国的现实主义作家(其中最有名的是茅盾)曾试图抓住这个城市庞大综合体的社会整体,抓住它的政治经济逻辑,并取得了不同程度的成功。新感觉派作家(如穆时英、刘呐鸥和施蛰存)则全力寻找上海风景所产生的感觉上的光和声,以及心理—审美的戏剧或它带来的震惊效果。这两派都以动态的城市来构造情节,甚至都必须由它来引导情节。他们试图提供一幅城市的全景图,表现出这一远东大都市最活跃、勤勉的状态。和这些现实主义和新感觉派作家全都是外来的不同,张爱玲这个 22 岁的少女,出生在上海,并一直生活在上海。她好像决心要抓住上海的内心,也就是说,当上海处在不设防的、停业的、心不在焉的、梦幻的状态时,当一些偶然的事件(如战争和暂时的封锁)使城市遭困和孤立无援的时候将它一举捕获。换句话说,对于张爱玲的叙事雄心来讲,现代性只能呈现在自己的梦幻世界里面,也就是在它被剥去了熟悉的机械时间秩序之后,被放逐到寓言的旷野中的时候。

因此,想捕获这座城市,就需要在城市打盹时,悄悄溜进它的潜意识里,查看它的睡梦。张爱玲没有在如今已石化了的城市空洞的内部风景(interiority)上浪费时间,在电车的封闭空间里,互不相识的乘客近在咫尺,面面

---

① 到 40 年代末,上海人口超过了 500 万,成为中国最大的城市、世界最大的城市之一。与此同时,租界面积从 1843 年的 330 亩逐渐扩展到了 48653 亩(8.67 平方公里),十倍于老上海。(参看徐润:《上海公共租界史稿》,上海:上海人民出版社 1980 年版,第 13、16 页。)在 1937 年抗日战争爆发前,中国 81.2% 的对外商贸、79.2% 的外国银行投资、67.1% 的工业投资以及 76.8% 的房地产投资集中在上海。在同一时期,上海贡献了中国(不包括香港、台湾和满洲)一半的工业出口,工人数和资本价值也占全国一半,金融业占全国四分之三。(参看唐振常编:《上海史》,上海:上海人民出版社 1980 年版,第 9 页。)1933 年,租界里有 3421 家工厂和 34000 家店铺。(参看张仲礼编:《近代上海城市研究》,上海:上海人民出版社 1992 年版,第 171 页。)在 20 世纪头几十年,中国 85% 的书籍出版于上海,12.5% 居住在租界里的中国妇女据说是妓女。(参看上海历史学会编:《上海史研究》,上海:学林出版社 1988 年版,第 131 页。)

相对,然而互不理睬,他们奋力躲避着那种让人发疯的空洞时间的延续,因为这一时间缺乏寻常世界的活动。电车成了城市甚至工业现代性的某种精妙象征,它从某种行驶于城市中的机械,变身为体验现代都市时间—心理(tempo-psychological)结构的机器。这不仅仅是提供西美尔式的对于城市的描绘。我们可以看到,乘客们来自各行各业,有商人、股票经纪人、银行会计师、医科学生、教师、家庭主妇和小店主,他们都毫无疑问地陷入到这一令人不安的、毁灭性的无聊当中,为了躲避破坏性的、创伤性的寂静体验(Erlebnis)和城市的静止状态,他们都在努力填充着俗常经验(Erfahrung)的空白。他们什么都读,从报纸的残片到发票、名片和街头标志,只求不堕入无聊之中,不跌入陌生的时间性之中——即某个反物质的颠倒世界之中。

张爱玲的城市文学照相术采用的是"反片印刷",这在小说里有着写作上的对应物。在《封锁》中有一个值得记住的细节:穿着时髦的银行会计师吕宗桢在电车中无事可干,只好察看裹在报纸里的菠菜包子。当他把报纸撕下来的时候,包子上印了铅字,"字都是反的"。因此,对于现代生活十分"必要"的实用主义"通告",就变成了一个"玩笑"①,成了让人浑身不自在的提示,它告知人们熟悉的秩序也可以被颠覆;现实有着某种阴影般的、鬼魂似的对应物;象征链上的些许断裂都会让表面上安然无恙的主体位置失去平衡,并揭示出它们的不稳定性甚至是荒谬性。玩笑,毕竟是心灵的无意识作品,是另一种语言的躲避意识。在这另一种语言之中,没有意义的事件可以变得有意义,另一种时间性会打碎编年史,用叙事和寓言来取代前者。②

在《封锁》里,上海梦幻般的内部风景作为城市的无意识而现身。这种无意识就像拉康"大他者"的语言一样运作。当这一大他者(在颠覆性的寓言家所构筑的形象中)将石化了的现代性历史视为处在停顿中的城市之时,现代城市凝结的时间和形象将会流入某个开放的历史地带。通过这样

---

① 张爱玲:《封锁》,第98—99页。
② 尽管张爱玲的晚期作品创作于国外,那个时候冷战刚开始(有一些同粗糙的反共意识形态走得很近),许多人还将她在孤岛上海"惊艳"地登上文学舞台的那段时期,视为她文学生涯的顶点。随着夏志清的《中国现代小说史》的出版,张爱玲成了被中国的媒体抹掉的文学遗产之模范继承人。

一种他者的语言和寓言家的形象,张爱玲同晚生的一代上海作家联系在了一起,她甚至在期待他们的诞生。由于怀旧成了某种文化时尚和历史想象方式,而上海正藉此试图重新联系起自己的过去,奋力在90年代的国家市场和跨国市场中找到自己的位置,上海和中国的现代性(上海将其结晶在自身世俗的具体性之中)注定会呈现在这种寓言化的历史空间之中。

## 书写上海的政治

在20世纪80年代,张爱玲进入中国现代伟大作家之列的时候,中国现代文学史正在经历彻底的"重写"。这一场现代中国文学研究的修正主义运动,本身就是重新思考中国现代性的历史经验这一更大工程的产物之一,这一现代性过去是以启蒙、革命和社会主义这样的分期和范式来界定的。这种反思试图从陈腐的官僚主义套话中脱离出来,挑战中国现代史线性的、目的论的观念,拒绝把它的社会—文化经验教条主义地简化为主流意识形态的正统解释。新的话语和叙事出现了,带来了一种更为复杂的理解过去的方式和一种更加多元的文化生产空间。现代化的民族优先性,以及受到西方的形式、风格、技术、话语和理论创新的刺激,并进而吸收之的特点,产生出一种新的现代主义文化语言,这反过来又给融入普遍历史的集体欲望带来表述的明晰性和复杂性。

张爱玲自己或许会吃惊于自己过世之后如此受到中国文学圈子的崇拜,吃惊于被那些试图在中华人民共和国官方谱系之外确认现代中国文化遗产的人"拜物教化"(对于他们来说,比起中国革命和社会主义所主张的现代性来,上海所代表的现代性更为"普遍")。张爱玲在《封锁》里描绘的城市,很快就受到了那一代忙于怀旧的修正主义者们的追忆,被他们重新发明出来,复制出来,然而再也不带有一丝一毫她那令人目眩的反讽感觉了。①

---

① 对于修正主义文学史编纂的批判性分析,可参看张旭东:《改革时代的中国现代主义》,第105—125页。

在 90 年代的中国,由于怀旧同拥抱全球资本及其意识形态的乌托邦/去乌托邦狂热纠缠在了一块儿,"上海摩登"现象和常态进入到了知识和商业流通之中,成为了历史记忆的标准版本。这种中国解放前不成熟的资产阶级现代性(这一现代性如今以发展主义的方式从殖民主义和帝国主义那里自由地借来了感官上的迷惑力,显然是将后两者彻底地去政治化了)和后冷战时代资本主义超(后)现代性的欢欣感之间的短路,催生出某种文学批评上的紧迫性(国内外皆是),即需要我们在张爱玲和当代关于上海的文学话语之间建立某个谱系。通过将张爱玲的书写确认为某个特殊的文学生产方式,通过将她的作品中所呈现出的复杂的内在冲突简化为某种肤浅的东西,当前的张爱玲热(以及对于张爱玲那个"上海"的狂热)成了某种压迫性的意识形态话语,这一话语折射出自由市场教条主义,以及对于资产阶级普遍历史的移情(正是这一移情构成了怀旧这种文化时尚的快感所在)。

后毛泽东中国的社会和文化领域深刻的歧义性正来自于这种愈演愈烈的思想斗争,即试图跟某种中国现代性的起源达成妥协,这种现代性同中国革命的历史纠缠在一起,但没有完全落入其中,也没有为其所耗尽。中国的"后现代"阶段,如果说这个标签是公允的话,正是同"告别革命"的特殊日常经验相呼应,即市场导向的改革及政治意识形态结构的相应变化。"某物终结"的无方向感已经创造出重新定义中国的机会之窗,即把过去重新置放在某个得到全球意识形态语境滋养的未来身旁。① 上海及其重新书写,对于这一更大的文化意识形态重新结盟和重新配置来说,成了焦点事件。②

上海揭露出某个中国现代性的环节。它与整个国家其他地区之间的张力,它同世界资本主义力量场域之间的紧密联系,以及它那种都市的"世故"和建立在消费基础上的日常生活仪式,规定了这种现代性的特点。人

---

① 关于中国后现代主义及其政治内涵的探讨,可参看张旭东:《改革时代的中国现代主义》,第三章。
② 关于社会主义现代性和改革时期的现代主义之间辩证关系的分析,可参看张旭东:《改革时代的中国现代主义》,第十章。

们常常期待上海可以提供关乎城市的物质、社会和日常生活文化的现代性经验,这个城市因为自主的个人而变得生机勃勃。这种经验截然相反于某个思想方案或政治谋划,相反于革命和社会主义那种大众动员和唯意志论。因此,某种对于在地性、特殊性和"根"的渴望,以及在文化上确认现代的欲求,即反历史地仪式化中国现代史上半殖民阶段的消费和日常生活形式,正是处在当前上海文学那种世界主义的灵晕(aura)下面的东西。

换句话说,如果不考虑到全球资本与意识形态在后革命中国杀回老家(不管是想象的还是现实的)这一情况,上海怀旧就是不可想象的了。因此上海在中国经历了革命世界主义阶段之后(列文森曾经热情地描绘过这个阶段[①]),开始将资本主义普遍性的本土化和国家化引为自身的象征了。外国银行回到了黄浦江沿岸的旧址,和平饭店(西方人所知道的华懋饭店)小心翼翼地恢复了20年代风格的大厅和爵士乐传统。上海拥抱美丽新世界的做法,伴随着某种优雅的殖民式的老练和自我怜惜的意识,这在深圳或北京的新商业区里是看不到的。在殖民主义/帝国主义制度下"重新发现"这座城市过去的荣耀,完全占据了对于全球现代性的想象,也耗尽了这种想象,由此,它暗示出某种集体性的精神眩晕,我们或许可以合适地把它描绘为后革命的忧郁。所以说,怀旧已经成了上海居民在文化上吸纳社会经济震惊的方式了,透过过去的形象这一朦胧的面纱,他们才看到了商品和消费大潮。老照片、旧年历、明信片、香烟盒和老广告的蜂拥而出使得这些过去的形象变得鲜活可知,它们都被冠以"精品"之名,被考究地翻印出来,在市场上出售。

当代上海怀旧的确是同当代中国城市消费大众及其全球化想象一起出现的,后者时刻对于寻找某种中国资产阶级现代性的经典痴迷不已,而这种现代性的封建和殖民标记如今已经不可辨识地跟商业标识和符号混合在一块儿。作为中国新兴的大众文化工业在商业上十分活跃的时尚,同时作为90年代半自主的思想话语的情感稳定剂,怀旧可以被视为中国对于全球意识形态感伤主义式的回应。这是这样一种应答,它的独一无二性恰好存在

---

① 参见 Levenson, *Revolution and Cosmopolitanism*. Berkeley: University of California Press, 1971。

于那种渴望某个未来学式乌托邦的乡愁之中,这个乌托邦依赖某些更早或更为经典的世界资本主义阶段,依赖某些上海曾经有过或本该具有的东西。在中国的语境中,后一个倾向试图取代中国现代性未完成的、尚不确定的、开放的中国现代性,它移情性地将当下投射到更久远的历史时代之上,将两者并置在一起,一举抹除了革命和社会主义,将其视为暴力性的打断而悬隔了起来。这就是张爱玲,这个中国"半封建半殖民地社会"的无情讽刺家被挪用为城市守护天使的语境。仿佛在她的守卫下,这个城市的物理空间和日常密度成为某种历史时间的秩序的提示物,这一时间秩序丝毫受不到革命的干扰。然而,某种寓言式的解读揭示出社会、政治、心理和象征力量相汇聚的情况,这一解读可以使我们不仅仅看到"资产阶级文明的丰碑,在它还没有树立起来之前就已经倒塌了"(本雅明在论文《巴黎——19世纪的首都》最后一页如是写道),也可以让我们看到某个劳作的过程。随着时间的推移,凭借这个过程,这些纪念碑在世界其他地方被象征性地模仿、重建,也正是凭借这个过程,随着"市场经济的潮起潮伏"①,资产阶级终于在全球化条件下的"社会主义市场经济"找到了自己政治上的来世。

## 混乱的城市:阶级和历史的连续性

王安忆在90年代关于上海的书写,可以看做是对于张爱玲写于半个世纪之前关于这座"孤岛"的作品的有力回应。然而,只有断然拒绝了两者表面上的相似性和主题上的延续性,这一亲缘关系才会变得富有意义。王安忆自己非常敏感于这种差异。对于媒体拿她和张爱玲相比——特别是有一些批评家给她贴上特定上海文学风格"继承者"的标签,她直白地回应道,自己的个人和文学经验是在共和国集体历史里形成的:当代中国文学出于

---

① Benjamin, "Paris: The Capital of the Nineteenth Century." In *Charles Baudelaire: A Lyric Poet in the Era of High Capitalism*. Trans. Harry Zohn. London: Verso, 1983, p. 176.

某种原因必须得与自己在新殖民世界体系里的地位相妥协。①

在张爱玲的小说中,中产阶级意识的纷乱和毁灭是在停顿中的城市这一意象中捕获到的。在王安忆1993年写的短篇小说《"文革"轶事》中,我们可以发现这一逻辑被以一种不同的秩序重新概括和展现了——这就是阶级代码的瓦解,而这种瓦解恰恰证明了阶级作为社会政治主体的存在,也揭示出在上海陷入"文化大革命"漩涡的时候,表面上僵化了的日常世界具有某种真实的社会政治动力。把张爱玲和王安忆联系起来的,不是怀旧感,也不是有关这个城市迷人的颓废的文学救赎,而是一种具有寓言性的观察,一种持续不断的叙事构筑,它们将石化了的历史的沉默,转化成了具体历史时间的绵延(dureé)。

在《"文革"轶事》里,上海再次被迫进入了一种打盹的状态。它瘫痪了,失去了往昔的光彩。这一局面的产生不是由于战争,而是由于信仰毛泽东思想者的革命狂热在1966年发动的政治风暴。这是"东方的巴黎"被陈毅元帅指挥下的人民解放军攻克十七年后的事。但是这座城市,就像王安忆小说中少数怀旧的彷徨者所发现的那样(虽然他们自己也不敢相信),拒绝向时间、衰老或厄运的结果屈服。上海始终以某种坚韧的形象,经常在最出人意料的时刻,在整个故事中出现和再现。当然,这座城市不可言说的故事可以用另外一些人的语言重新组织起来,它真正的实践经验会再现于另外一些人的时间之中。在王安忆那儿,上海的城市无意识就像语言一样被结构了起来,这是同城市自我怜惜的集体意识十分疏远的他者之一:即以阶级为中心的社会经济史。

在新事物中意识到旧的东西,或者确切地说,把握住不同的历史时间混杂而且共置于上海日常生活结构中的方式,在这方面王安忆显得无与伦比。《文革"轶事"》开篇用一种巴尔扎克式的方式介绍它的男主人公赵志国和他的未婚妻张思叶——一个前资本家的女儿:

赵志国是那种小弄堂里的精英,尤其在七十年代灰溜溜的上海街

---

① 王安忆:《王安忆眼中的当今文坛》,《生活时报》1999年6月2日。这让人联想起70年代某些台湾本土作家的立场。

道上,他带有一种平地而起的味道。他好像突然出现似的,以他一米八十三的身高,骑一辆三飞的自行车,疾驰而过。他的发型是那种经过革命而显得含蓄的"飞机头",隐约透露出上一个时代的摩登气息。他的脸形有点像美国好莱坞明星马龙·白兰度,也是含蓄化了的。当他走在工宣队的行列里,进驻到上海一所师范学院时,张思叶对工人阶级的面貌增添了新的看法。(第425—426页)

不像学校教科书里所描绘的无产阶级,在上海,一个"青工"可以买得起自行车,过一年可以买手表,而且穿着十分时髦;可在其他省份,他或许只不过是一个缺乏教育,甚至没有志向的普通人而已。除了在当前的社会条件之下,张思叶做梦也不会想到自己会和一个青工有什么瓜葛。[①] 当然,这些依旧存在着的经济和阶级关系是新社会的意识形态性的"乌托邦理想主义"试图排除的东西。但恰恰是这些关系建构了这座城市的无意识,它使王安忆那双敏锐的眼睛将这一无意识转变为了某种叙事,在那里,阶级——它的压制、曲解、记忆和恢复——成为看不见的城市用来揭示自己的内部风景。在这个方面,王安忆证明自己是张爱玲的继承者。阶级阵线的交叉,不同阶级成员位置的交换,都被表现为一种混沌状态。这种混沌使一种想象的秩序,一种世俗的乌托邦变得栩栩如生。王安忆用一种现象学的方式把"青年工人"变成消费者,并以此开始故事,这十分合适。在她对于中国工人阶级正统形象的直率颠覆之外,这一段落的力量也在于王安忆十分谙熟90年代的消费文化及其心理与意识形态。通过解码上海日常生活以阶级为基础的语言,王安忆让我们看到了这座城市社会史的考古学地层。

当阶级被作为王安忆上海寓言系列切入点的时候,阶级分析就成为一种文学视角。这种视角揭开由记忆和怀旧产生的这个城市多愁善感的外表。像张爱玲小说中的电车及其空间内"非理性"的时间一样,在王安忆这里,阶级意识即上海小资产阶级的自我意识把这个城市从里向外翻转过来,

---

[①] 王安忆:《"文革"轶事》,见《香港的情与爱——王安忆自选集之三》,北京:作家出版社1996年版,第425—426页。

也把上海重新同另一种更古老更持久的秩序连接了起来。这一秩序正是那些怀旧的支持者所想象出来的秩序，在他们看来，它要比阶级意识更为古老、持久，而它最厉害的对手、令它头痛的混乱，都以"文化大革命"的形式展现了出来。在张爱玲的作品中，停顿中的城市摧毁了运转中的现代大都市中产阶级的常态和"理性"；在王安忆的作品中，混沌中的城市以一种苦恼意识与一种不停歇的、喜剧性的嘲弄和讽刺返回到自身史前史和精神性的地下基础之中。

到20世纪60年代，上海完全转变成为中国社会主义庞大的生产中心，它有着规模最大、受过良好训练、组织最佳和最有政治觉悟的工人阶级。① 在"文化大革命"中，上海再一次变成了一个激进政治和大众运动的中心。当毛泽东在北京跟国家官僚主义作斗争的时候，就理论上保卫毛泽东思想来说，上海走在了前列。上海为以后的革命准备好了一个由激进知识分子和工人组织头头联合组成的班子，这班子后来占据了中国共产党的权力中心，动员了成千上万的工人和学生进行不断的革命。在"一月革命"打倒了市政府和党委之后，上海公社在1967年成立了。但是，王安忆并不关心上海作为共产主义中国的"大工场"在统计学上的真实，也不在意上海作为工人阶级激进主义中心的地位。相反，她关心的是上海居民如何使自己深深地嵌入在消费主义和对于消费者日常生活的怀旧之中——尽管上海已经从一个中产阶级消费者的城市变成了生产者的城市，从文化中心变成了政治

---

① 根据最近的研究，上海在1953年到1957年间经济增长率达到8.8%，这和目前盛极一时的观点正相反，后者认为由于毛泽东不断进行群众运动，而且采用僵化的斯大林中央计划经济体系，因此那时上海的经济是萧条的。具有讽刺意味的是，在改革开放时期(1979—1990)，整个城市7.5%的增长率要低于同一时期的国家平均水平。一般认为，新时期相对缓慢的经济增长是上海"成为改革后卫"的结果。由于有着最集中的国有企业，上海被迫采取保守的经济政策。到了80年代晚期，只占中国人口1%的上海，还一直为中央政府承担大约15%的税收。1992年之后，邓小平推行了更为大胆的改革，上海被给予更多的金融自由，国内外投资猛增。1993年，浦东(黄浦江东边的地区)成为最新最活跃的经济特区。上海出现了有史以来最为迅猛的城市建设。商界和管理精英现在开始把这座城市想象为未来的东亚经济中心。关于"复兴上海"的公共言论表明，新上海是从旧上海，即解放前的上海那里获得了自我形象。

中心。① 正是凭借这种消费者的怀旧，上海成了一座对抗国家的城市，一种抵抗"政治"的文化，一种抵抗社会总体性所施加的乌托邦设计的历史叙事。正是这种对于肤浅和琐碎事物的爱好，使得王安忆能够深掘到上海那呈现为私密的内部风景、梦幻和怀旧乌托邦的内心。在王安忆的上海书写中，上海反集体、反政治主体性的反讽和悖论以自身最充分的戏剧性激情和强度被揭示了出来，这一激情与强度是中国现代性的后革命叙事的寓言原型，而这种现代性投影在了全球资本的自然史背景之中。

在 20 世纪 80 年代，第五代电影导演在试图捕获中国社会的"物理现实"的过程中，把目光转向中国乡村贫瘠的黄土地寻找灵感。对他们来说，由于那时中国缺乏发达的都市和市场经济，乡村比城市更能提供现代主义审美性逃逸的环境。然而，到了 90 年代，文化—思想的焦点明确地转移到了城市。和早期张艺谋或田壮壮巴赞式的摄影本体论的内在紧张比较起来，王安忆书写上海的方式明显是普鲁斯特式的。我们在前者的电影里看到光秃秃的群山绵延地在天空下伸展的地方，王安忆的小说中取而代之的是机巧的对话和无情的流言蜚语填充了城市的大街小巷，还有精致的着装和就餐方式，公私场合所必需的繁难的形式与礼仪（特别是涉及红白喜事的时候）。取代 80 年代文化热中人为制造的哲学苦行，王安忆通过文学和社会学的具体性，通过构成物质和精神生活世界（小说里的人物无私地忠贞于这个世界）的"琐碎的细节"，传达出一种历史感。由于始终在和上海居民那种训练有素的、仪式化了的光滑、错综复杂的外表"搏斗"，所以王安

---

① 和流俗的文化将"文化大革命"描绘为"十年动乱"相反，上海在那一时期其实保持了很高的生产能力，经济持续增长，也时有技术创新。教育体系保持了良好的运作，以群众为导向的文化生活也很活跃。事实上，正是社会主义工业化的成功，摧毁了旧上海。资本主义经济彻底的社会主义国有化是在 50 年代完成的。值得注意的是，毛泽东时期 54% 的经济增长是由技术革新带来的，而这在新时期仅仅只有 19.3%。不过，最能说明上海经济体制转变的，是重工业比例的提升。它从 1952 年占上海总产值约 52.4%，上升到 1978 年的 77.4%。与此相应，服务业从 1952 年的 41.7%，下降到 1978 年的 18.6%。这些数字清楚地表明，在毛泽东时代，上海变成了社会主义中国的大工厂。这一快速的增长，伴随着以前外国租界的基础设施和优雅建筑的逐渐衰败，使上海整个 80 年代在许多怀旧者看来显得"土气"、"庸俗"和"没文化"。参看汪晖、余国良编：《上海：城市、文化与社会》，香港：香港中文大学出版社 1998 年版，第 79 页。

忆从未失去那种深入这种生活形式的深层(和它琐碎的表面)的穿透性直觉。这使得她的作品在90年代的中国文学领域显得特别的与众不同,90年代的文学是由当下的现实的闪光假象所笼罩着的,其中就有"怀旧"的文化时尚——包括它所发明出来的膜拜对象。

但是对王安忆来说,如果不了解上海的阶级代码(class codes),不了解上海对世俗满足的琐碎细节怀有的隐藏不住的感情,是不可能了解上海的。城市的"深度"表现在它的中产阶级渴望之中(这种渴望以追忆和怀旧的形式投射回来),在这一想象性的身份同自己接连不断的罗曼史里,也在于对曾经存在过但现在已经逝去了的生活形式的忠诚。所有这些可以解释为什么上海居民对社会主义国家政治经济现实表现出明显的漫不经心,这种冷淡与"文化大革命"中的激进主义构成了刺目的对比。对于王安忆笔下典型的上海居民来说,民族国家是个神秘的、以北京为中心建立起来的官僚、权力和政治网络,在这个网络里面,上海是个不怀希望的俘虏。就北京规定了整个国家的日常生活而言,上海就是常年处在白日梦和精神分裂状态之中。现实与梦之间的沟壑不仅可以用上海同其他国家的城市之间的疏离来度量,甚至也可以用它同那些不发达的、普通的、粗鄙的、没有定型的省会之间的距离来度量(更不用说乡下了)。①

因此,把上海作为城市阅读,就是阅读它残留但实际存在的中产阶级文化/日常领域和中国社会主义的抽象概念及话语之间勉勉强强、摩擦不断的婚姻关系。《"文革"轶事》开始的介绍段落,马上就展开为更巴尔扎克式的对来自不同阶级背景的两个人的婚姻进行阶级分析和政治经济学评估:赵志国的工人阶级背景为张思叶提供了保护,使她这个即将中专毕业的学生留上海更容易些;而张家藏着的旧货币和残留着的社会声望,让赵志国那种做回自由自在个人的念头如归故里,也为他寻找社会主义工业化之外的上海认同提供了意识形态的正当性。尽管张思叶的资产阶级家庭没有政治上

---

① "做外地人是最大的不幸",王安忆《长恨歌》里的一个少年这么想,见《长恨歌》,北京:作家出版社1996年版,第276页。

的屏障,但它的象征性声誉就像位于上海"上只角"的房产一样是真实存在的。① 这一声誉受到了共产党政府"新民主主义"政策的保护,它允许前"民族资产阶级"(与殖民或官僚资本家相对)获得自己已经国有化的企业的利润分红,因此活得是相当舒坦的。唯一"遗憾"的事情是张小姐长得像"普通人家的女儿",而相反的是,赵志国"像是个资本家的漂亮大少爷"。马克思主义的社会学似乎受到了赵志国阶级转变的冲击,可是作者似乎在告诉我们:这一转变仅仅指明了某个稳定的社会结构,新社会从来无法将其连根拔起。这种意识形态结构和天衣无缝的经济理性之间可预知的因果关系戏剧性的纠结在于:后者完全建立在混沌之上,建立在社会主义日常生活常态的毁灭之上。这桩婚事之所以看起来很合乎逻辑,仅仅是因为时代本身就是混乱的。"张思叶能和赵志国做成一桩好事,全是钻了这时代的空子","也不过是为这乱哄哄的世道再添上一宗乱罢了"(《"文革"轶事》,第 426 页)。

值得注意的是,王安忆的写作经常是从底层入手的,也就是说,使自己的叙述视角和普通上海居民眼里看出来的几乎没有差别。结果,无情的反讽感揭露出了异化生活的深度。尽管赵志国在"领会生活的精华方面无人能比",并且"能一针见血地将它发掘出来",当他第一次面对张家的女人们时,仍感到拘谨。当他意识到自己多么确切地知道"他自己好像面对整个敌对的阶级阵营似的,这真是一场阶级斗争啊"(《"文革"轶事》,第 429 页),某种不经意的笑容浮现出来。在这场(阶级)斗争中,他并不孤单。张思叶的大嫂胡迪菁马上认出了赵志国俊秀面貌下的"下等人"本色,之所以这样,部分是因为她自己相比于张家略显卑微的中产阶级出身,以及她在张家并不稳固的地位。这种互相认可使他们结成了联盟,而且很快就变成了"不道德的纠葛"。然而,尽管胡迪菁觉得赵志国有吸引力,可这并没有阻止她最后施予他决定性的一击,把他从张家赶了出去,因为赵志国是她丈夫遗产继承权的潜在威胁。赵志国最后同时成为了工人阶级和资产阶级上海

---

① "上只角"指的是上海西部前法租界那些时髦的、高贵的街区。"下只角"指的是城市广阔的北部、东部和南部区域那些下等人和工人阶级的居住地。1949 年之前,这两个"角"的房屋和公寓的租金可以相差十多倍。参看罗小未、伍江编:《上海弄堂》,上海:上海人民美术出版社 1997 年版,第 6 页。

的局外人。他不属于上海的工人阶级,他自己使自己与之保持距离;他也不属于上海的中产阶级,因为这个阶级从来没有接纳过他。故事的结尾,赵志国日夜在城市漫游,最后他意识到,在这个他原打算留下的城市里,没有他和他妻子张思叶的容身之所。他们终于离开了这个城市,到了数百公里以外的一个小城去工作。

正是在这种叙述框架中,上海以怀旧的对象现身,它同时也是一种过剩的感伤和忧郁的失落。以此看来,这个城市重新成了一座冰冷、排外、打上阶级符号的城堡。它既是一个阴谋的网络,也是集体一同追求过往的场所。相比于赵志国和张思叶之间无爱的婚姻,赵志国与胡迪菁之间谨慎的通奸关系占据着这出戏剧的中心。他们两个都在老上海最后的时日里度过了自己的青春期,好莱坞电影塑造了他们关于浪漫的定义。他们忘不了舞厅里的舞步,在家庭聚会上,当他们重新在厨房里实践这一舞步的时候,记忆很快全都涌了出来。正是通过这种互相吸引和背叛的关系,使这座城市看起来像是"上演外国戏剧的巨大舞台",这是"一个什么事情都到了最后的年代"。就在这个时候,有许多孩子正准备着离开这个城市,去往遥远的农村。在"文化大革命"当中,往昔作为渴望和踪迹而存在,"这还是一个送别往事的年代","是欧式房屋上爬山虎长得格外茂密的年代"。(《"文革"轶事》,第 443 页)

对张思叶和她天真的妹妹来说,她们沉入了噩梦。而赵志国同样与这个时代格格不入,他在城市的废墟上来回游弋,向上海这个全球现代性的迟来者献上了敬意,他对这个城市经久不衰的魅力产生了由衷的敬畏,而不是威胁着要把中产阶级的价值炸成碎片。在他移情了的忧郁中,外部和内部结合在一起:

> 这房子布满遗迹,就好像一座繁荣时期留下的废墟。壁炉架上欧洲风景的瓷砖画,浴缸上生了锈的热水龙头,积起灰垢的热水汀,裸着的电话机插孔。这些遗迹流淌出典雅的气息,这气息对赵志国既是打击也是安慰。这些遗迹就好像是一个破落贵族的光荣的徽号,它们叫赵志国又悲又喜。赵志国走进张家这房子可说是他首次体验这城市的繁荣景象,却已是这景象的凋零之秋。他无法排遣他的虚浮之感,似乎

不在现实之中。(《"文革"轶事》,第437页)

张爱玲小说中的"电车"主题在这里找到了它的变体。如果没有和真实年代的疏离感,王安忆笔下许多上海人的存在方式就是不可思议的。王安忆的上海,如同波德莱尔笔下的巴黎一样,不仅可以从一个闲逛者(flâneur)的视角来审视之,它也沉浸在某种历史恐怖的不祥灵晕之中。隔着这么一段心理的距离,而且投下如此忧郁的光亮,现代都市的物理网络和文化体制看起来就跟深埋在地下的考古点一样古老。在波德莱尔(依照本雅明的看法)那里,异化之人的诗学视角可以捕获资产阶级文明的寓言性真理;与之不同,在王安忆那儿,社会主义现代性时间秩序的瓦解,在城市的回眸凝视之下变得易于察觉了——这座城市是如此坚决地躲避革命,想要比革命活得更长。两个人都揭示出历史在变化之下的不变,揭示出暂时之中的永恒。然而,通过寓言的方式,王安忆的书写对于历史有着现代主义式的执拗,她造成了某种反讽感,这种反讽感与90年代中国的怀旧时尚格格不入。

在王安忆的小说里,上海既擅长隐藏自己的秘密,又擅长以最琐碎敏感的方式和近乎宗教性的严肃来揭示这些秘密。正如王安忆另外一些写于90年代的小说一样,在《"文革"轶事》中,她召唤出了一种超越阶级和社会盛衰变迁的城市生活的神秘性;召唤出了精致的世俗日常生活,它用自己的怀旧增补物,即一种消费方式(而非生产方式,如今已被奉为"生活的艺术")瓦解和吸纳了历史的震惊,取代了它的"宏大叙事"。某个赞美中产阶级厨艺的段落是这么开头的:"这里的每一件事情都是那样富于情调,富于人生的涵义。"而它的结论是这样的:"上海的生活就是这样将人生、艺术、修养全都日常化,具体化,它笼罩了你,使你走不出去。"(《"文革"轶事》,第437页)

日常生活领域是躲避历史的最后避难所,它也是练习跃入想象中的普遍性的训练场。这一普遍性在弗朗西斯·福山的"历史之终结"那里找到了自身的流俗版本。① 赵志国的悲伤既反映出自己不稳定的处境,反映出

---

① Fukuyama, "The Blue Kite." *Chicago Sun-Times*, September 16, 1994. 雅克·德里达认为福山"太粗枝大叶,往往对无法决断的东西心怀不安"。参见 Derrida, *Specters of Marx: The State of the Debt, the Work of Mourning, and the New International*. Trans. Peggy Kamuf. New York: Routledge, 1994, p. 56。

他在由阶级决定的社会空间中的无家可归,同时也是一种不成熟的、注定要走背运的祈祷——呼唤全然的消费时代,即我们当前时代的实际现实,而他那个时候已经通过某种朦胧的、审美的暧昧性,体验到了这种现实。在曾经的"哈同花园"——现在是一座塔形的俄式工业展览厅,那个原有的名称让他觉得"带有上海这城市起源的味道"。雾夜中俄式建筑顶上的红星,不知为何失去了直接的政治含义,而让他想到"这城市衰败成了这样,却还那么情意绵绵,空气令人销魂"(《"文革"轶事》,第468页)。

可以肯定,这种怀旧的目光寻找的不是这座城市残存的虚荣,而是那可触的、物质的证据,以此表明资产阶级/中产阶级的生活世界的确曾经存在过,而且在革命的漫漫长夜里,它就像"这城市上方浮动着的微明的市光",仍然坚持了下来。赵志国的多愁善感既呼应了那个世界不可否认的(曾经)在场,也呼应了它不可否认的衰败。他只有在这种怀旧的乌托邦里才感到回了家,在90年代中国的文化市场里,这种乌托邦作为未来的标准形象之一,被大批量生产出来。赵志国并没有考虑到他所属的那个暧昧的阶级范畴的社会经济现实,因为他觉得这个阶级让他感觉无家可归。

事实上,赵志国和老上海之间模糊的社会学意义上的联系(或者,扩大些范围,在老上海和它的当代转世之间的联系),就是一种消费主义而已。作为一种社会意识形态,消费主义呈现为某种文化形式,个人消费者于此可以拥有一定程度的自由,这在经济或政治现实里却不易获得。在这种意识形态里,一个人不是由他所属的阶级,而是他的消费来规定的。换句话说,在消费主义意识形态及其"审美"灵晕里,后革命大众中的成员不再是非人格的社会劳动组织中微不足道的一员,而是自我形象、自我生产和再生产、自我"认同"的主人。这种依凭消费的自由观念规定了上海市民某种反政治举动的政治内涵,即除了受消费规定之外,他们从国家政治和任何集体性概念中抽身而出。在上海怀旧中,这一文化的内在一致性和持久性往往会转变成某种超自然的纪念碑,在这个纪念碑上面,过去和未来汇聚成了历史多变的并置。

1990年,在哈同花园的旧址,一座更为奢华的酒店建起来了:48层、五星级的上海波特曼酒店,鼎鼎大名的约翰·波特曼的儿子约瑟夫·波特曼正是它的设计师。它要比坐落于外滩的国际饭店(在西方被称作花园饭店

[Park Hotel])高一倍。这座新酒店将上海作为亚太地区未来金融中心的形象带回了这里。① 一位年轻人为写一本关于上海都市文化变迁的研究专著,在一个个豪华的饭店间漫步。他惊异于它们属于另一个世界的豪华,这豪华很快就成了 90 年代上海的都市传奇。作者想象从花园饭店价值 1500 美金一晚的 42 层总统套房的窗户望出去,这城市会是什么样。房间里面"一切都是进口的","这情景只有在有关上流社会生活的西方电影中我们才可能目睹",而"从总统套房朝外瞥去,映入眼帘的是一个广大的、灰扑扑的上海,它活似某水泥厂的作业区。二氧化碳大规模地毁坏着上海的能见度。而单调、粗糙、毫无想象力的工房群落则超大规模摧毁着上海的空间感"。②

从 90 年代上海全球(后)现代性的现实空间出发的视点,以其粗鄙的对称性和互补性,看到了赵志国这个 60 年代末的上海工人阶级青年曾经于此寻求怀旧性崇高的物质环境。然而,上面提到的那位当代新闻记者不可能保持这种视点,他发现自己"无法确定饭店与这座城市的关系"③。从赵志国先前的视点看起来模糊的城市图景,现在变得更为模糊了。当上海狂暴地拆毁自身、重建自身的时候,污染和过度建设取代了上海怀旧。回想起来,当赵志国透过朦胧泪眼发现了前哈同花园原址上的中苏友好大厦上的红星的时候,这一屋顶上的伤怀时分也许是老上海仍然依稀可见的最后时刻。当全球化时代的消费大众出现在地平线的时候,上海终于丧失了自己的认同,波澜起伏、紧张跌宕的历史让位给了平淡单调的后现代感,也正是在这个时候,经由怀旧消费,过去消失在了未来之中。在这个意义上,王安忆的上海书写不仅仅是讽刺性的,同时也是一种拯救的努力,一种救赎这个城市的尝试,因为这个城市已经瓦解在本雅明所谓"空洞的、同质的时间"之中了,这一时间仿佛只能由股票市场的波动来衡量。

---

① 国际饭店建于 1934 年,在之后的五十年里,一直是上海最高的建筑(83.3 米)。可是在 80 年代,它却成了城市停滞的象征。到了 90 年代晚期,它消失在了庞大、永不停歇的建设工地里——上海已经成了一个大工地。
② 王唯铭:《欲望的城市》,上海:文汇出版社 1996 年版,第 64 页。
③ 同上。在 1990 年,上海一个大学生毕业后大概一年能拿 250 美金(按当时的汇率)。那个时候,上海人均居住面积大概只有 4 平方米,只有花园饭店总统套间卫生间的十分之一。

## 上海弄堂，或作为自然史的城市

"弄堂"，用上海当地话叫做"里弄"。"弄"的意思是巷子，"堂"指的是重要建筑或房子的前屋，"弄堂"既意味着一条连接房屋的巷子，也指通过很多巷子连接起来的房屋群。根据解释，"弄堂"可能没有"里弄"的意思那么清楚，"里弄"中的"里"意思是邻居，住在一条弄堂里的人确实就像邻居那样。

——《上海弄堂》

世界上许多主要的大都市，如伦敦、巴黎、北京和东京，都在尽力明确它们的中世纪或古代的起源，而上海的身份则是完全现代的。它的记忆不会早于它变为贸易口岸的时候，这本身是19世纪世界资本主义全球扩张的标志性事件。另一典范性的现代城市纽约最初是以荒野和边远地区为背景在新世界的语境中定义自身的，由此参与新国家的建设。与之相比，如果不否定国家的概念，如果不在意识形态上将这个国家的其他地方视为落后和混乱，上海的自我意识就是不可思议的。与另一个重要的参照城市圣彼得堡不同，上海不像彼得堡那样是由于俄国君主试图赶上西方，在不能住人的沼泽地兴建起来的。它是外国商人在永久出租并且超越中国法律管辖的土地上建立起来的，后来由被农民起义、国内战争和自然灾害驱赶而进入拥有"武装中立"的安全避难所的中国移民所充实。从一开始，就是那些忙碌、精明甚至铤而走险以至于不顾及所谓"华夷之辨"的人将上海视为老家，他们看到的是这座城市的物质诱惑和机会。最后，上海也不像东京，它从来没有以帝国权力去实行一项国家现代化计划。更确切地说，它多多少少是被天朝政府丢给外国鬼子的，为的是满足他们的贪婪和权势，把他们隔离在中国世界之外。但当中国其他地方陷入无尽的混乱的时候，上海却兴隆了起来。它的秩序是由自我管理、自我控制的市议会所建立和强化的，市议会由富裕的、占支配地位的外国纳税者组成。他们利用半殖民地权力真空，毫不费力地就建立了国中之国（*petit Etat dans l'Etat*）。尽管中国居民在租界里只是二等公民,"十里洋场"还是建立起某个外在于王朝更替的时空,尽管(或是由于)随同现代城市基础设施建立起来的安全、法制、便利和自由总是由明显偏心的西方人操控在手。对立于古老中国的乡村或前资本主义的背景,对立于这个前现代的沼泽,上海的城市丛林往往被它的华夷居民视为历史的保护者、文明的岛屿,最终是现代性真正当下状态的化身。对立于某一腐败的历史,上海的活力被视为某种自然的力量,可以期待它的爆炸性能量和转型的力量去强行将中国——或中国的某个特殊群体——拽出传统的丑恶循环。

这种群众心理和思想话语机制已经凭借现代资本主义体系的力场,将上海所受到的多重决定转译成了自发的自然能量之不可思议的作品。因此,资本主义自由市场的古典阶段在这个"冒险家的乐园"里谱写出自己的童话。站在前台的男女英雄们——金融投机商、强盗式资本家、赌棍、妓女、流氓阿飞、生意人、新闻记者、作家、电影明星、花花公子和追逐时尚者——都将自己的一切献给了城市丛林的永恒战争,同时,中产阶级上海人为其搭起了这出戏剧安静的背景,他们成了这一自然史戏剧沉默的观众。这一剧场效果反过来催生出某种感伤的稳定剂——某种建基于新的生产方式的世俗物质文化的稳定剂,仿佛某人可以自然化,或者说内在化最具人工性的东西,即把它变成某个景观、某种膜拜对象。这个社会—文化温室阐明了某种迷你的崇高,上海的相爱者永远不会在琐碎的世俗性和城市隐蔽着的"自然"那儿错过这种崇高。换句话说,上海的自然史"崇高"只有作为从有力而非人的东西那里、从个人所敬畏的东西那里取材(对他来说,活生生的政治经济力量是不可见的)的图画,才是可得到的。在王安忆对于上海崇高短暂瞬间的把握之中,自然史成了一面镜子,忧郁的主体在镜子里看到了自己社会学上特殊的自我形象,即处在商品拜物教之中的消费者。只有在商品拜物教的实践中,我们才可能根据纯粹的文化方面来把握社会。因此,如此规定的文化被证明更具"自然"意味,也就是说,比自然自身更具施加限定的力量,因为自然在实践上已经遭到了废黜。这就是王安忆从来不犹豫将上海投入自然奇迹的原因,因为为了反对自然史宏大的背景,日常生活细微的运作不屈不挠地占据了舞台中心。

对这城市日常活力和建筑奇迹的观众来说,现代大城市就像雄伟的自然现象那样展现开来。无限的、所向披靡的、热情的、拥有想象不到的能量,一如"崇高"的古典美学定义所说,这是令人感动的伟大,它是混合着恐怖的美,唤起了狂喜、恐惧、敬畏和爱。于是,它为那些微小而脆弱、无根、自由漂移且又卑微的居民提供了精神宣泄。这就是赵志国崇拜的对象(如果说还不是某种宗教的话)。作为崇高对象的(资产阶级)城市的衰亡,正是赵志国忧郁症的社会和心理原因。上海作为崇高对象的失落威胁到资产阶级文明自封的普遍性;而正是这种预设的普遍性为中产阶级的生活世界灌注了意义,并把这种生活形式放入历史时代的大框架中。这座城市是一座象征的堡垒,在这里,上海市民阶级日常生活形式的历史特殊性被固定了下来,得到了升华。在这个语境里,升华指的是理性化那种相对于自然的整个劳动组织,后者现身于现代工业城市之中。这一升华的意识形态功能——通过城市规划、宣传、再现策略、旅游,首先还是消费——变得极其重要,准确地讲这是因为都市生活有意要把自己同自然,同广阔的、多种多样的人类共同体和人类经验绝对地隔离开来。

在90年代的中国文化市场上,怀旧是一种时髦,它试图通过回到过去,通过重新创造出某种物质—文化氛围,重访、重新激活这一崇高的上海,从而克服在影像和拟像的虚幻世界中遭遇到的失落。作为一种全球化条件下的市场社会主义现象,怀旧对于支配历史经验与历史再现的意识形态斗争、政治斗争的冷漠,遭到了1989之后中国"自由主义"知识界激进的保守主义的侧翼包抄,他们叫嚷着要基于普遍的、"一贯正确"的自由市场原则来彻底反省中国的现代性经验。探讨后革命时代中国市民社会和公共空间,寻找没有(社会主义)民族国家的历史,高调地思考基于"权力市场化"的新权威主义民主,这些都是思想和意识形态语境的一部分,它们直接或间接地预见了这座城市新的表现。

在这个意义上,王安忆1995年写的小说《长恨歌》开辟了一个新局面,它也是中国90年代以来最重要的文学作品之一。这个故事的主人公是王琦瑶这个前上海小姐(她也是一位有权势的国民党官僚的外室)。她经历了1949年,在上海过着一种平凡、略显压抑的生活,并这样度过了毛泽东时代和邓小平时代初期。王琦瑶在老上海的最后日子里已经定型了,她从来没有完全被新社会所接受,她生活在自己的梦幻和怀旧的世界里,与几个怀有像她那样心情的人举行没完没了的派对,他们也都生活在旧日的美好中,对那样一种特别的生活方式保持着自己的忠贞。经过几次不成功的恋爱并且有了一个私生女后,王琦瑶进入了中年。在"新时期",她遇到了年轻一代的崇拜者,派对好像要恢复了。但是因为谣传说那官僚给她留了许多金条,她又成了别人的目标,在一次以抢劫为动机的凶杀案中被杀害了。在她死去的时候,谋杀者发现受害人早已成了一个丑陋的老妇人。

  在《长恨歌》这部关于这座城市的纵欲和奢靡的详尽编年史中,王安忆早期小说中已有的对于无尽的闲聊和中产阶级生活复杂仪式的普鲁斯特式描写有了进一步发展。就像波德莱尔向所有现代诗人发出挑战一样,带着这种书写现代上海史诗的冲动(虽然受到了一定的抑制),王安忆试图"捕获瞬间中的永恒,或永恒中的瞬间"。一方面,这部小说是一曲红颜薄命的哀歌,这是一个永恒的主题,中国唐代伟大诗人白居易写了一首著名长诗(这部小说借用了它的题目),写的是唐明皇和他所深爱的妃子杨玉环之间的生死恋情;另一方面,这是一个关于现代上海的传奇,小说以一个活在上海的梦境、幻想和日常仪式——这些在1949年之后都不再存在——核心之处的阶级的视点来讲述,显得异常冷峻和细腻。王安忆非常执迷于细节,而且一直在努力追寻作为历史意识之结晶的上海总体性,这使她的小说与市场化/消费式的上海(那里早已显得过度拥挤了)划清了界限。此外,对王安忆来说,这座城市寻求的自我升华(self-sublimation)只能在反讽的、颓败的忧郁形式中,也就是说,在对于过去的悼亡中找到。在这种悼亡中,对于空虚所做的现象学还原,而不是对神话般过去的颂扬,证明是这座自满的、无时间的城市对于时代和历史重获敏感的源泉。这使得两样东西交织在了一起,一方面是自然史运动的全景,另一方面是对于现实的或自封的城市中产阶级细致的观察。在《长恨歌》里,这种自然史全景在一开始就通过城市里鸽子的视角生动地描绘出来了:

  黄昏时分,鸽群盘桓在上海的空中,寻找着各自的巢。屋脊连绵起伏,横看成岭竖成峰的样子。站在至高点上,它们全都连成一片,无边无际的,东南西北有些分不清。它们还是如水漫流,见缝就钻,看上去有些乱,实际上却是错落有致的。它们又辽阔又密实,有些像农人散播然后丰收的麦田,还有些像原始森林,自生自灭的。①

在这种寓言式的观照之下,一个挂在房顶下的鸽子笼是一颗"空着的心"(《长恨歌》,第6页),这就如同城市从这想象中的高处看上去是一个主人不在家的地方。鸽子在天空盘旋,俯瞰波涛连天的屋瓦,鸽子的心"一阵阵的疼痛"(《长恨歌》,第7页)。在这种痛苦的现象学中,上海日常生活的秘密被体验为某种历史的颓败,只有通过一种非人的语言,才可读懂它的沉默,这座在自然史上存在的城市就说着这种语言。在这种存在状态找到自己词语上的表达之前,大量的人类活动只能沉默地处在无法救赎的事物之中,而进入语言的世界,也只能是些孤立的碎片,就像是透过后窗玻璃看到的影像,在角落孤零零的街灯下看到的图景,或是从来没有曝露在阳光之中的潮湿木头,浑身爬满疤痕般的苔藓。在王安忆那里,这个先于语言的世界沐浴在崇高的光辉之中,"这是由无数细碎集合而成的壮观,是由无数集合而成的巨大的力"(《长恨歌》,第7页)。

从这一视点出发看到的上海,让人联想到了浪漫主义作家维克多·雨果笔下的巴黎(波德莱尔向他题献了三首题为"巴黎风光"的诗)。确实值得注意的是,王安忆经常在旧的形象中看出新的东西,从自然中看出历史。在比较波德莱尔和雨果时,本雅明认为后者的诗歌灵感经常来自自然—超自然意象——比如森林或是大海——与现代大都市意象之间"巨大的反差"。②

在王安忆的作品里,社会—审美生产的因果链往往颠倒了过来。《长

---

① 王安忆:《长恨歌》,第5页。
② 关于自然—超自然,本雅明写道:"(它们)在森林、动物王国里呈现出自身,通过汹涌的大海呈现自身,也在那些地方呈现自身,在这里,大城市的面相会在某个时候闪现出来。"(Charles Baudelaire: A Lyric Poet in the Era of High Capitalism, pp.60-61)在本雅明关于印象主义绘画的评论里,审美形式和城市经验之间的关系显得更加清楚了:"活跃的人群的日常景象或许会构成某种景观,这是人们的眼睛不得不首先接受的东西……人们或许会假设,一旦眼睛掌握了这一任务,那么他们就会有机会去检验新获得的本领。"因此,印象主义绘画"会成为某种经验的反映,这种经验是大城市居民的眼睛所熟悉的经验"(Ibid., p.130注释)。

恨歌》开始几页,叙事者正是通过那高高在上的鸽子视角来巡视整个城市,这可以看成是某种文学或审美上的预热,也就是说,为描写上海真正的英雄,那些无名的、无形的消费大众做准备。应当补充的是,这一大众概念(来自现代西方历史)审美的"史前史"相应于当代中国的社会、物质史。当代中国的消费大众登上历史舞台,这需要,也的确激活了那种历史—审美形象,后者涌入了寓言家的心灵之眼。并非偶然的是,王安忆的小说——长期以来一致被称为张爱玲40年代上海书写让人久等了的继承者,或是某种恢复历史和文学连续性的征兆——出现在1996年,这个时候"社会主义市场经济"早已将整个中国引入到资本主义世界市场生产链条和象征链条之中了。上海在80年代落在了中国经济改革的后面,而在90年代的中国,它充当了最为猛烈的新一轮全球化的急先锋。

如果我们将那些无名的消费大众视为这样一种历史形象,即他们构成王安忆的上海书写中自然史崇高形象的基础,那么也就可以理解在小说一开头,整个城市在读者面前展开的时候,人类的有意不在场以及主体性的缺乏。王安忆在这里再次试图将崇高与忧郁、神秘的自然界与更加深不可测的社会领域混合在一起。因此,在她的小说里,上海的核心象征意义不是拥有富有魅力的银行、饭店和公园的外滩,而是像蛛网一样的居民里弄,那些上海弄堂。那里正是这座城市里大部分中产阶级栖身之所:

> 站在一个至高点看上海,上海的弄堂是壮观的景象。它是这城市背景一样的东西。街道和楼房凸现在它之上,是一些点和线,而它则是中国画中称为皴法的那类笔触,是将空白填满的。当天黑下来,灯亮起来的时分,这些点和线都是有光的,在那光后面,大片大片的暗,便是上海的弄堂了。那暗看上去几乎是波涛汹涌,几乎要将那几点几线的光推着走似的。它是有体积的,而点和线却是浮在面上的,是为划分这个体积而存在的,是文章里标点一类的东西,断行断句的。那暗是像深渊一样,扔一座山下去,也悄无声息地沉了底。(《长恨歌》,第3—4页)

上海这种自然的、"崇高"的形象揭示出某种精神稳定剂,后者往往被动员起来去阻碍社会与政治的起伏变幻,由此上海可以被把握为某个文化与文明的滩头阵地。在本雅明和阿多诺那里,自然史的观念(Naturgeschichte)表明从合理性、历史主义和主观主义这些人类中心主义的铁笼中解放出来,从而来想象某种作为辩证自然的具体历史。这一概念同时也可以被马克思主义的意识形态对手使用,凭借将异化的生活方式永恒化的方式,他们想把资产阶级或统治阶级的城市乌托邦表述成一种无中介的审美世界。马克思主义关于"自然化的人"和"人化的自然"之理想——它意在超越现代"管理社会"——也会在社会达尔文主义的世界图景中找到自身保守的对应物,后者将自然与历史混合在了受到"丛林法则"支配的孤立社会领域之中。此外,本雅明的洞见,即"衰败的自然打上了历史进步的烙印",经常在1992年被挪用①。这座衰败的城市用一个煽情的概念取代了自然的位置,从而也就成了寓言的渊薮、历史灾难的废墟。如果说麦克斯·潘斯基对于本雅明自然史辩证法的重新阐释可以被转换成再现上海的意识形态语境,那么它读起来就像是对过去几十年历史的事后论断:"石化,变形,化为重复的幽灵,历史也就成了僵死的自然;湮灭了生机,自然就成了历史废墟的一部分,化为死寂沉沉的普遍性。"②

王安忆正是转向了揭示自然辩证法的具体历史。叙述者的视点下降到弄堂的世界,使自然史时代在社会、阶级措辞中变得生动可感。上海弄堂升华了的形象、那种自然史的灵晕(正是现代大都市宏大的物理广度和深不可测的日常经验宝库赋予它这一灵晕),为这一城市历史失落了的社会学解释提供了某种寓言性的替身。③ 作为一种建筑、社会和心理空间,弄堂是

---

① 关于本雅明的"自然史"观念,可参看《德意志悼亡剧的起源》(*Origins of German Tragic Drama*. Trans. John Osborne. London: Verso, 1977),特别是其中的"寓言与悼亡剧",pp. 159-235。关于这一概念富有启发性的讨论,可参看阿多诺:《自然史的观念》("Die Idee der Naturgeschichte." In *Gesammelte Schriften*, 1, Frankfurt: Suhrkamp, 1973, p. 351)。

② Pensky, *Melancholy Dialectics*. Amherst: University of Massachusetts Press, 1993, p. 120.

③ 参看罗小未、伍江编:《上海弄堂》。尽管意在迎合国外游客,本书还是提供了关于弄堂最好的社会、文化与建筑上的描述。弄堂是上海被迫作为通商口岸向西方开放后的土产。一开始,中国人不准居住在租界。后来,英国人发现仅靠那时少数的西方居民,无法挖掘上海的巨大潜力使之成为大都市。同时,中国持续不断的内战使一大批富有的中国人逃难至此,租界当局于是同意向中国人开放。但是为了便于管理,大部分居民被指派居住在由围墙(转下页)

上海中产阶级的化身,是这一阶级隐私(或没有隐私)及其物质文化(或它的"超验性")的化身。它记录了中产阶级保护自身的方式和姿态。在王安忆关于弄堂的自然史描绘中孕育出的东西,正是这一城市的记忆、压抑和暴力,它们注满了正在衰败的上海中产阶级无尽聒噪之中沉默与受到忽略的部分。

可是,没有国家在场的文化只能依照阶级,依照认同、渴望某种作为生活方式的超国家共同体来规定和理解。因此,海内外重新燃起的上海热,可以看成是特殊的阶级利益和阶级认同的复兴,它往往通过文化来重新定义历史,以此来界定自己的空间。在这个意义上,上海中产阶级的文化骄傲,它同自己生活形式之间永恒的爱恋,只是一种经过伪装的、未言明的(因为它总是日复一日地卷入捍卫自己地位的斗争当中)阶级意识。

如果对于叙述者、对于自然史景观的旁观者来说,这个城市光鲜表面背后的弄堂世界之黑暗是一种神秘的话,那是因为那张怀旧和忧郁的面纱(正是通过它,这座城市得到了揭露)同时也成了一幅屏幕,它反而模糊了这个城市迷宫般的经济和物质基础。那些以最切身、最世俗的方式生活在市场与商品世界之中的消费者,往往无法清晰地体验到市场和商品的逻辑,更不用说生产的逻辑了。他们与生产保持着距离,被现实的权力体制排斥,与贫穷保持着舒适的距离,这一切使他们的生活方式变得很"美"(如果还说不上是仪式化的话)。在王安忆的小说里,一种对于阶级的模模糊糊的意识,只以嫉妒和憎恨的方式短暂地一闪而过。薇薇在社会主义工业化的"平庸"时代中长大,她像所有生活在淮海路(以前的霞飞路,法租界里的好地段)商业中心地段的少女一样,深深地被上海商业中心的橱窗诱惑了,她仇恨那些安静的、不开一家商店的西街上总是不露脸的居民,因为那里才是这个城市真正的主人居住的地方。值得注意的是,商业巨头手里的上海易主给了共产党,这一转变压垮了王琦瑶,可是对于薇薇和她的朋友来说却已经不再那么重要。他们无知于决定自己生存方式的经济和权力结构,这也

---

(接上页)围起来的地方。这些房屋中西合璧,像兵营一样排成直线,一排接着一排,经由小巷很容易和主巷相连,而且只有经过这条主巷才能通向城市大马路。到了40年代,弄堂成了这座城市的主要居住形式,整个上海四百多万人里有将近三百万居住在弄堂里。(《上海弄堂》,第6页。)

促成了故事中怀旧的梦中人的多愁善感。小说也揭示出他们对于工人阶级这一现实存在的无知——正是后者包围着国际租界这一有秩序的飞地，更不用说他们对于黑暗的、如茫茫大海一般的中国乡村更是一无所知了，后者仿佛威胁着要吞没这个闪亮、自满的上海孤岛。

　　王安忆用自然史的方式来处理上海，不仅表现在努力把这个城市未能满足的幻念（它的闪亮外表、中产阶级仪式等等）与它无声的现实（生产规范、阶级关系等等）编织在一起，也表现为某种赋予无声的东西以语言的企图。在本雅明那儿，自然与历史之间常态的、被压抑的关系是由前者的沉默无声，以及后者占有世俗语言来定义的。但是，自然史的观念建立在这种关系的反转之上，也就是说，建立在自然能够说话这一批判性的假设之上。我们可以在《长恨歌》里听到衰败的自然或石化的历史之叹息，在盘旋的鸽子和弄堂世界之间，在这个最终使自然史之物（即现代大都市）动容的中介层面，我们可以听到这一叹息。这是个流言的世界。在这个如此痴迷自己的隐私，如此拒绝有意义的公众生活观念，如此凝神于世俗享乐仪式化风格的城市里，流言就是上海人交流、互相联系的媒介。实际上，由于缺乏发达的公共空间，大众媒体定义了他们的社群和文化。如果鸽子是"唯一的俯瞰这城市的活物"，如果天空下存在的仅仅是"一个水泥城市……一个蚂蚁一样的生命挣扎的巨大的深渊"，那么流言的王国，这一漂流的、无主体的语言的世界，就使这两个领域汇聚到了一起，不仅赋予这个城市生活形式，而且将它表达了出来。在弄堂生活里，流言"从一扇后门传进另一扇后门，转眼间便全世界皆知了。它们就好像一种无声的电波，在城市的上空交叉穿行；它们还好像是无形的浮云，笼罩着城市"（《长恨歌》，第8页）。

　　因此，"流言"之下的潜流之于上海的弄堂，就像是电车内部错乱的符号之于城市封锁之前的象征秩序。两者都呈现出现代都市人日常、理性经验之颠倒的、梦一般的逻辑；两者都给出了合法时间性颠倒的替代物；两者都揭露出作为城市日常生活暧昧的内部风景被压抑的无意识。王安忆继续写道："上海弄堂如果有梦的话，那梦，也就是流言。"（《长恨歌》，第6页）流言既是弄堂的"思想"，也是它的"话"。这就引向了《长恨歌》里历史时间的核心，由悲伤与悼亡构成的内核。本雅明曾经说过，而且潘斯基也有过简洁的概括：

> 如果大自然有它自己的语言的话，它的悼亡会立即把它带入无尽的哀伤之中。如果我们能设想自然能参与到世俗的语言中，它悼亡式的沉默将会发现自己在自然界的对应物就是悼亡。这悼亡既是它的失落和衰败的回应（自然会悼念语言本身的衰亡）；它也是拥有自己存在权利的语言表达方式（"它会悼亡"）。减轻它的缄默本性并没有减轻它的悼亡之感：由于悼亡只是将悼亡世俗性地转译成人类毫无意义的喋喋不休，所以前者也是"未分化的"，因此是无力的。①

## 城市之心：后革命时代的忧郁

通过"将悼亡世俗性地转译成人类毫无意义的喋喋不休"，《长恨歌》的核心形象——美出现了，它塑造了小说的叙事空间和时间架构。正是经由这部悼亡和忧郁的作品，这座城市的自然史形象同它的社会史对应物融合在了一起。在通俗的意义上，这部小说讲的是王琦瑶这位前上海小姐的故事。小说可以分为三部分：第一部分写的是 1949 年以前的上海；第二部分发生在 1949 年和"文革"之间；第三部分说的是后毛泽东时代，结束时间虽然作者未加说明，但读者很容易认出是 80 年代。每个部分都有四章，每一章包括数量不等的小节，小说总共有 44 节，每一节都有一个标题，例如"弄堂"、"流言"、"鸽子"、"照片"、"上海小姐"、"下午茶"、"围炉夜话"、"昔人已乘黄鹤去"、"薇薇的时代"、"老克腊"、"碧落黄泉"，这些标题都和主题直接相关，给故事的讲述和主题的发展带来颇具寓言意味的插入说明。② 贯穿这些章节的是王琦瑶的形象和这座城市的形象不断纠葛、互相缠绕，直到两者达到无法分离、无法辨识的地步。

---

① Pensky, *Melancholic Dialectics*, p. 57.
② 比如，"流言"、"鸽子"、"下午茶"和"碧落黄泉"。

那些男人和女人对王琦瑶的崇拜和热爱,仅仅是他们向这座城市及其特殊的过往所表达的审美性的、有时甚至是情欲性的尊敬。在《长恨歌》里,上海和王琦瑶一起繁荣,一同衰败:她出身卑微,在聚光灯下曾有过五分钟的荣耀,也心甘情愿地被权势占有;她对自己的处境怀有清醒、毫不感伤的洞察,这既使她可以算计着保护自己,又使她屈从于命运;她对细节有着无可挑剔的掌控,作为女性有着经久不衰的魅力;她在"新社会"里身为临时护士选择坚韧地活下去;她同那些各个时期热爱上海的死硬分子重新打成一片(他们在寻找过去的过程中发现了王琦瑶前上海小姐的身份);她在自认为粗俗的环境中,不情不愿、不可思议、缓慢但却不可逆转地衰老了。人们也许会同意,老上海就像王琦瑶一样,好比一个悲剧英雄捱过了国民党政权,也熬过了共产主义中国,却滑稽地死去了——死在新时代一个叫做长腿的流氓手中。后者是个金融投机倒把者,闯入那个神秘的老太太家里,只为寻找我们这个时代的硬通货——美元和黄金。不过,这次害了她的不是她的女性魅力。在死前,王琦瑶已经年近花甲了,但是仍然在新时代纨绔子弟中找到了自己最后一个仰慕者和情人,尽管她的新时代情人在"文化大革命"之中、之后才长大成人,但是他很快在她早已枯萎的世界中发现了好莱坞老电影、爵士乐、夜总会和上流社会。对于这样的男男女女来说,他们渴求去发现某种更为成熟、更为精细、更加仪式化的资产阶级生活形式,他们希望这一生活形式确实曾经在中国存在过,虽然只是沉入了晦暗的过去之中。

和书里面小标题所指示出的寓言意味相呼应的,正是王琦瑶的男性仰慕者及女性朋友和竞争者眼里她那种始终在变化的"美"。王琦瑶第一次作为审美对象出场——第一次把她的美作为这座城市所钟爱的镜像,印刻在它的自我意识之中——发生在某个摄影棚里,而且凭借的是摄像机这一媒介或者说技术("开麦拉",Camera,即摄影机,在小说中是某个小标题)。王琦瑶当时还是个18岁的学生,她很快就知道了导演喊"开麦拉"的时候,会打开一段短暂的魔幻时光;镜头会将现实生活中混乱和无形的现实过滤掉,使暗淡生辉,制造出一个无瑕的虚幻世界,这个世界的美丽是永恒的(《长恨歌》,第30—31页)。由于经常造访摄影棚,王琦瑶感到自己"钻进电影的幕后,摸着了奥秘的机关"(《长恨歌》,第30页)。她不仅是审美凝视的对象,也见证了都市中产阶级隐蔽着的私密日常世界被揭开了的"内里"。有一天,一场室内布景印入她的眼帘:"可里头的东西样样都是熟透的。"某人"私人生活"的日常器物成了"公共景观"(《长恨歌》,第28页)。

从开始直至最后,王琦瑶自己不仅是一个暴露在男性凝视之下的对象,不仅是这座城市的幻想机制生产出的镜像,更重要的是,她也是装上了具有自我意识的内置摄影机的对象/形象。这使她可以像一个现代主义诗人那样在城市如最深沉的梦一般的对象间游荡。只是她从来不写诗,对于同自己的环境保持一定的批判性距离毫不感冒。通过这一双重身份/功能,王琦瑶成了梦之叙事的代理人,成了描绘现代都市面相之寓言向度的工具。非常重要的是,这个有着三面墙的房间布景里被捕捉到的内/外互换,对于王安忆笔下的上海风景来说,成了具有里程碑意义的东西。数章之后,当程先生,一位专注的摄影师,王琦瑶的终生爱慕者,在"文化大革命"刚开始时跳窗自杀之后,《长恨歌》的作者再一次让叙述者在这个城市里漫游,并沉思着它的毁灭:

> 你有没有看见过卸去一面墙的房屋,所有的房间都裸着,人都走了,那房间成了一行行的空格子。你真难以想象那格子里曾经有过怎样沸腾的情景,有着生与死那样的大事情发生。……有窗没窗都一个样。门也是可有可无,显得都有些无聊。……让我们把墙再竖起来吧,否则你差不多就能听见哭泣的声音,哭泣这些日子的逝去。让这些格子恢复原样,成为一座大房子,再连成一条弄堂,前面是大马路,后面是小马路,车流和人流从那里经过。(《长恨歌》,第262页)

相似地,在它令人震惊的裸露面前,"文化大革命"中的上海看上去像"显示在阳光下的地下囚室和鼠穴的密网",弄堂的房子"屋顶被揭开了,多少不为人知的秘密暴露在光天化日之下"。从这种文学的视角来看,悲伤与其说来自美的失落,毋宁说来自内在性、隐私、尊严和羞耻心的丧失,它们被革命的暴力剥得精光,被它穿透。

那个唯一挚爱上海小姐一生的摄影师程先生(他一直没有结婚)之死,标志着旁观者投向这座城市的审美魅力最终无法挽回地瓦解了。"学的是铁路,真心爱的是照相",就这样,标题为"程先生"的部分开始了:"他的意中人是在水银灯下的镜头里,都是倒置的。他的意中人还在暗房的显影液中,罩着红光,出水芙蓉样地浮上来,是纸做的。"(《长恨歌》,第67页)这镜头里"颠倒"的形象,让人吃惊地想起了张爱玲《封锁》里印在包子上的颠倒的新闻文字。两者都处在有秩序的混乱之中,都揭示了某种秘密的语言,这一语言会把人带入城市的无意识之中。像《封锁》里的会计师吕宗桢一样,程先生成了神秘形象的俘虏,他抓住了这些形象,可并不知道如何解读它们。黑暗中的形象,在他的世界里建构出"独一的存在",这些形象像"蝉蜕一般的,内里是一团虚空"(《长恨歌》,第248页)。"程先生是一九六六年夏天最早一批自杀者中的一人"(《长恨歌》,第257页),这是合乎逻辑的。紧接着这唯美主义者之死,这城市也化为了碎片,"撕破的照片散布在垃圾箱四周,照片上这一半那一半的面孔,就像一群屈死的鬼魂"(《长恨歌》,第259页)。

　　女主人公和上海之间纠缠在一块儿,使之成了一个致命的勾引人心的女子。这一情况也许透过一定的距离,经由一个旁观者可以得到最好的阐明。阿二就是这样一个边缘然而重要的人物。王琦瑶曾经在"共产党占领上海"前夕暂居在某个小镇里,阿二是小镇上的学生。就像所有忧郁的恋人(爱恋女人和城市)一样,阿二在古代经典光彩夺目的形象里看到了自己的爱恋对象。他给王琦瑶读《诗经》,读李白的诗歌,读白居易的《琵琶行》和《长恨歌》。然而,这些有着怀旧意象与悲伤意象的诗歌,暗指改朝换代、罢官去职、流放,以及悲剧性的死亡,给他面前的女人投下了不祥的阴影。所有这些他拿来献给自己偶像的诗歌,都指向那句古老的中国俗语:"红颜薄命"(《长恨歌》,第51页)。在阿二的心里,他从来就没有把自己对上海小姐的爱同对大城市的崇拜分离开来(王琦瑶"上海小姐"的名称就得自于此)。然而,在一个乡村男孩的想法里,阿二知道"这个上海女人就是为了引诱他来的","他膜拜的真是一个不幸的宗教,不是为了永生,而是为了短暂"(《长恨歌》,第142页)。阿二想念王琦瑶,而王琦瑶想念上海。阿二不久便消失了,而且再也没有出现。

　　在萨沙身上,我们也许可以找到阿二的喜剧式的变体,不过他不是阿二那样的外省市"过渡阶级"(transitional class)中的一员,而是俄国现实主义文学里的"多余人"和中华人民共和国早期艰苦日常现实在文学上的杂交儿。萨沙有一半俄罗斯血统,但没有工作,靠"革命烈士后代"的政府抚恤金生活,可这点钱还不够他玩台球的花销。他那诱人的外表,那种带有欺骗性的孩童般的天真,对于美食的爱好,以及充足的闲暇时间,使他很快成为王琦瑶公寓里麻将桌前的常客。这个房间里浸润着一种阴柔的、家庭般的气氛。萨沙第一次体验了"精雕细作的人生的快乐"(《长恨歌》,第183页),安心地住在这个"螺丝壳里",他感觉到"物体,空间,声音和气息,全变得隔膜,模糊,不很确定"。"火炉边最温情脉脉的时刻,所有的欲望全化为一个相偎相依的需求,别的都不去管它了。……昨天的事不想了,明天的事也不想了,想又有什么用呢?"(《长恨歌》,第184页)

在这些时刻,使这些人聚到一起的阴影,也指明了时间不可逃避的流逝。仿佛是要让时钟停止转动,他们漫不经心地打发着白天的光阴,为的是带着能量、智慧、温存和亲密投入到夜晚的聚会之中。他们讲故事,猜谜语,发明简单的游戏,没完没了地聊天和吃饭。对于王琦瑶来说,"他们这就像除夕夜的守岁,可他们天天守,夜夜守,也守不住这年月日的"(《长恨歌》,第185页)。如果说派对是上海夜生活的心,那么王琦瑶这样的女人就是派对的心。或许这让萨沙这样一个漂流客,带着某种被疏离的感觉,带着一点异域猎奇的心理,带着惊奇和感激,最最充分地沉入了中国中产阶级生活的普鲁斯特式瞬间,他赞赏这种追忆的仪式,对这种还没有成熟就已经物化,已经死了很久可还在进化的雏形中的资产阶级之短暂的生活形式心怀期待。跟前上海小姐保持了一段短暂的性关系之后,萨沙在中苏关系最终破裂前夕回到了苏联。

如果说王琦瑶房间里举行的派对成了巴黎沙龙的戏仿,那么记忆王国中上海小姐的重现则表现出非意愿式记忆(mémoire involuntaire)本真性的灵晕,它同已经被认为永远逝去的过去之间重新结成了联盟。康明逊,另一位派对常客,前上海实业家姨太太的儿子,在一个昏黄的下午,终于在王琦瑶和前上海小姐之间画上了等号。很长时间以来,只要一看到晚间聚会上的优雅女主人,一种似曾相识的感觉就深深触动了他。由于出生在这个时代的转折关头,康明逊"深知这城市的内情,许多人的历史是在一夜之间中断,然后碎个七零八落,四处皆是"。而王琦瑶住的这条弄堂,"是城市的沟缝,藏着一些断枝细节的人生"。尽管王琦瑶第一眼看上去并无沉鱼落雁之貌,但康明逊却觉得"王琦瑶身后有绰约的光与色,海市蜃楼一般"(《长恨歌》,第190页)。在他们建立了更紧密的关系之后,他觉得这个女人"是上个时代的一件遗物,她把他的心带回来了"(《长恨歌》,第190—191页)。

这两个人之间的爱情故事是没有希望的。没有希望是因为他的家庭绝不会接纳像王琦瑶这种背景的女人,没有希望是因为他知道他作为姨太太的儿子,不能做任何违背家庭利益的事情。这种进退两难之境使康明逊刹那间直觉到他和王琦瑶所属阶级的脆弱和无助:"他和王琦瑶其实都是挤在犄角里求人生的人,都是有着周转不过来的苦处,本是可以携起手来,无奈利益是相背的,想帮忙也帮不上。"(《长恨歌》,第193页)

《长恨歌》里的阐释循环(事实上这一循环出现在王安忆所有的上海书写里),总是以美与爱开头,以对于经济、社会、阶级地位和利益清醒、无悔的承认收尾。作者让叙述者沉迷于美学和心理学的时间越长,故事转回到算计和实利的领域就越无情,这个领域才构成了真正的上海人自我意识的哲学核心。小说所描绘的上海小姐的女性气质和细微情绪,同她用最不自恋、最不感伤的方式守住自我意识和自怜能力是分不开的。这种能力在故事一开始就得到了淋漓尽致的描绘,当这位上海小姐还只是个19岁的学生时,她把自己的贞操作为"本来就是他的"献给财多权重的李主任之前,体验到的"只是一点点惋惜"。

从头至尾,王琦瑶对她自己在世界上的恰当位置(她的阶级地位)都有着清楚的认识。城市的秘密预设了某些人可以熬过痛苦;她是城市的心,当城市生活的具体细节已经退场的时候,她只会在黑夜里一个人哭泣。王琦瑶和康明逊在对方那里认出了自己,他们渴望某种可以共享的文化,这种文化沉淀在某个逝去的时刻,而这种渴望被封锁在永恒的悲伤感之中。

上海衰退的中产阶级在纨绔子弟那儿找到了自己的继承人,在某个颇具讽刺意味但有着社会学重要性的意义上,后者规定了80年代和90年代中国的消费大众。① 纨绔子弟在这里被反讽地定义为"这个庸俗的时代优雅的少数人"(《长恨歌》,第326页)。他们的共同名字是怀旧,虽然他们都是新人,无旧可念,可他们"看见那屏障般的乔治式建筑,还有哥特式的尖顶钟塔,窗洞里全是森严的注视,全是穿越时间隧道的。……再有那山墙上的爬墙虎,隔壁洋房里的钢琴声,都是怀旧的养料"(《长恨歌》,第326页)。

威利·塞弗(Wylie Syrpher)已经指出纨绔子弟是"失去了城堡的贵族的替身。他们是中产阶级贵族,只能在城市里找到自己的出路,而这些城市正在成为资产阶级的生存环境"②。基于这种观察,理查德·里罕(Richard Lehan)注意到波德莱尔的纨绔子弟做派既是对于中产阶级价值的嘲笑,又是它的副产品。作为纨绔子弟的诗人使他跟资产阶级价值拉开了距离,可正是这种价值制造了他的文化,拉开距离的渴望使波德莱尔去探索表现现代大都市的新的诗歌可能性,在这里,对于某种"精神家园或超越可见时间之城市的怀旧"占据要津,这种怀旧往往伴随着"颓废感和衰败感",它改变了对于城市的感知。③ 正如《长恨歌》的叙述者提醒我们的那样,老克腊及其后革命纨绔子弟伙伴们所要的东西,正是"这没有岁月的感觉,要的也不过分,不是地老天荒的一种,只是五十年的流萤"。他们是上海亲密的孩子,或用叙述者寓言式的语调来说,"真了解老克腊的是上海西区的马路"。

像欧美早期现实主义先行者(巴尔扎克、狄更斯、德莱塞等)一样,王安忆试图使城市复归于人类的均衡发展,同时,她也试图进入城市的灵魂之中,从而来梦见它的梦,在它的无意识中漫游。对于诸如波德莱尔这样的早期现代主义者来说,带着一种诗的自由来经验现代城市,就是去设定某个异化之人的寓言视角,或说得更确切一些,设定一个参与全球性商品交换之旅的对象,自己成为一个商品。在王安忆那里,上海中产阶级怀旧的内里成了

---

① 可以在老克腊和他周围的人物身上见出这一点。从字面上来说,"老克腊"也可以有"旧阶级"的意思,不过"克腊"在上海洋泾浜英语中主要是对应英文"class"一词中原有的"等级、品位"的含义。王安忆把它解释为"color"似有误。参看马学新等主编:《上海文化源流辞典》,上海:上海社会科学院出版社1992年版,第725页。
② Sypher, *Loss of the Self in Modern Literature*. Westport, Conn: Greenwood, 1979, p. 36.
③ Lehan, *The City in Literature*. Berkeley: University of California Press, 1998, p. 75。

物与商品世界寓言式的替代物,我们可以藉此获得一种历史经验的叙事总体性。这也是为什么怀旧的灵晕最终要面对自己的瓦解,就像上海最终只能在90年代勃兴的市场经济中"激活"自己的过去一样,在这个全球化时代,商品标识和消费人群已然淹没了一度空旷的街道。

鉴于这种历史灵晕已经挥散,王安忆的上海叙事与某种深刻的歧义性纠结在了一起。在王安忆所有的上海书写中,读者可以感觉到不断出现的怀旧和忧郁之作一同编织了一个紧密的寓言空间。然而,怀旧和忧郁都不仅仅是形式技术,两者都建构了某种情绪氛围,凸显了某种历史感,这种历史感从王安忆笔下人物的世俗关切和世俗奋斗中大声呼喊了出来。可是,在这些上海寓言里,人们不会找到任何乌托邦式的救赎姿态,也找不到一丝一毫的乐观主义,后者宣称中国正在崛起的日常领域已经上了正道,通过将重新发明了的过去合并进尚不确定的未来,将会创造出某种新的城市文化和政治文化。在这个方面,寓言家自己在紧迫的政治意义上成了集体忧郁、怀旧和悼亡的参与者。我觉得,这同"文革"一代(王安忆就属于这一代)、那些活在毛泽东时代的孩子们及其经验与记忆丧失了直接的过往,关系甚深。所有这一切都在世界史的时代得到了重新讲述。在王安忆那里,怀旧和忧郁在反讽的意义上,同时导向了某一过去,这一过去与资产阶级现代性未能实现的梦联系在一块儿,怀旧和忧郁从悼亡中流淌出来(或是无意识地),它悼亡的是逝去不久的年代,同时作为政治方案和生活形式的社会主义现代性塑造了这一过去。正是后者在90年代中国的政治无意识受到压抑,并不断重现,似乎震惊了这位怀旧的悼亡者。因此,王安忆上海怀旧终极的寓言形象凭借震惊,触摸到了自身的绝对他者,它本来是被召唤出来予以征服的东西。王安忆的上海书写是她个人的战斗,一场在20世纪晚期全球社会意识形态环境——这一环境受到中国二十年改革的中介——针对这种震惊的战斗。这正是一种同中国现代性取得一致的努力,对于这位悼亡的讲故事人来说,中国现代性意味着让所有在中国现代史上被否定的东西具有积极的意义。

(黄振萍译,朱羽校)

# 第五章　城市偶像批判：上海、"小文学"与现代中国神话的消解

一

在《都市感与现代主义的出现》一文中，雷蒙·威廉斯展示了现代与城市之间的共生关系怎样通过五个连续的步骤被历史地、概念性地重构出来。首先是某种历史经验的出现，即大街上涌现出未知的、神秘的"陌生人群体"，这一现象在历史上曾造成巨大的新奇感和震惊感。其次，这群人中出现了孤独的个体，他们在孤立的状态下实现着自我，这种悖论在"意识的极端性和不稳定性"，即主体的流浪中达到顶点。第三个环节是想象的客体性与新生的主体性之间的对抗，威廉斯把这种主体性描绘为城市的"隐蔽性"和"不可穿透性"，如同柯南·道尔笔下的伦敦，雾气蒙蒙、昏暗幽深、错综复杂，像一个巨大的犯罪现场，这一切通过侦探小说独到、敏锐而理性的描写得以表现。①

在第四个环节上，威廉斯对城市/现代性的分析来了个辩证的急转弯，在他看来，城市中那些彼此疏离的男男女女汇聚在一起，同样也产生了一种新的联合体，或称为"人类的团结"。从这个角度来看，乌合之众的形象变成了有民主革命潜能的"群众"和"诸众"的形象。现代都市最终成为"超越

---

① Willams, "Metropolitan Perceptions and the Emergence of Modernism." In Williams, *The Politics of Modernism*. London: Verso, 1989, pp. 39-41. 下文直接在括号里标出引文页码。

城市与民族旧观念的新的社会、经济和文化关系开始形成的地方"(p.44)。最初的陌生感似乎在"城市的活力、变化、正在释放的多样性和灵活性中"被消解(p.43)。但威廉斯的语调并不乐观,他紧接着就指出第五个环节:我们不能把大都市的新形式与资本主义的不均衡发展、帝国主义和殖民主义割裂开,后者在帝国首都那儿有着吸纳"财富和权力的磁力中心",从而使得"大都会可以拥有各种各样的亚文化"(p.45)。这一等级制度不仅表现在军事方面,而且"从发展主义的立场"往往被"理解为启蒙和现代性的进步"(p.44)。然而,所有这一切并不能将资产阶级大都会里产生的世界主义文化一笔抹杀,这是因为此种文化的复杂性和都市里错综难辨的社会关系,往往由例外性的表达自由所补充,后者为"多样性和政治异议"创造了条件(p.44)。

大都市的这种二元性特征,表现出了某种家族相似性,它将我们引向现代性的两个关键问题。一是商品、市场和资本的依然令人迷惑的运作,它们无情的野性力量和灵活的生产力产生了新的形式、欲望和意识形态;这一现象依然是历史解码学、现象学和叙事学研究的重心所在。在这方面,雅克·德里达1994年的惊世骇俗之作《马克思的幽灵》,不仅及时地暗示我们,被压抑的过去作为幽灵从未离开过我们,而且首先在知识上对这个幽灵发出来自良心的召唤,也就是说,是在召唤资本自身的幽灵学。这势必激发我们对于城市展开新的解读:如果没有对资本主义历史材料的分析,就不可能有对现代大都市富有成果的解读。① 于是便有了解读大都市的第二个问题(这一解读同时也是解读繁复而不朽的文化)。在《历史哲学论纲》(1940)一文中,瓦尔特·本雅明说:"没有一座文明的丰碑,不同时是一份野蛮暴力的实录。"②在城市的语境中,暴力远远超越了对于城市进行物理破坏、重建,使年代久远的城市颓败不已,也超越了对于城市居民进行制度化的控制或"管理"。在这儿,我们不仅要依据经济和权力关系来理解暴力——正是它们构成作为文本与文化丰碑的城市的基础——也要在城市的

---

① 参见 Derrida, *Specters of Marx : The State of the Debt , the Work of Mourning , and the New International*。

② Benjamin, *Illuminations*. Ed. Hannah Arendt, trans. Harry Zohn. New York: Schocken, 1969, p.256. 下文直接在括号里标出引文页码。

象征再现和象征组织的领域里,根据得胜的征服者有意抹除共同体、经验、记忆和叙事这样一种行为来理解暴力,正如本雅明告诉我们的那样,这里有一条连续的权力链,它不仅玷污了"文化财富"自身,也玷污了文化财富从一代人向另一代人的传递。没有另一种社会——文化人工物比大都会更贴合本雅明"人类文化遗产"的观念,一个历史唯物主义者必须对这种"文化财富"尽力保持一种"谨慎的超然态度"(cautious detachment),并且必须带着与崇敬和迷恋同样多的"恐惧"去对之进行观照。

可以说,威廉斯的反思并没有止步于这样的"迷恋"。相反,历史描述的终结处获得的城市新形式,为他新一轮的形式分析和历史分析提供了起点。这场争论的场所落到了狭义的,但也是更为关键性的文化层面——形式。对于威廉斯来说,作为形式的大都市不是社会习俗,而是字面意义和隐喻意义上的"媒介共同体"(community of medium),它由一代代"移民"或"外来者"所塑造和重新塑造。在这一过程中,对大都市进行形式历史分析,并不出于审美或其他一些目的,而是通过增强心理、艺术和语言的流动性、强度和持久性,来重演社会史的矛盾,并由此开拓新的批评界域。显然,威廉斯讨论城市最终的理论兴趣,同他对现代主义细微和无情的历史阅读交叠在了一起。这一解读的核心关注的是普遍性和变迁之间的关系:

> 大都市发展的能量不容否认。解放与异化、接触与疏离、刺激与标准化在复杂的发展过程中的刺激和挑战至今仍然强烈而有效。但是想要呈现这些特殊的、可追踪的过程似乎不再可能,仿佛它们只是些普遍之物,不仅在历史之中,而且超越历史或自外于历史。现代主义者对普遍行为模式的公式化在任何情况下都是对封闭、衰弱、挫折和失败这些特殊情况做出的富有成效但并不完美而且最终是错误的回答。只有通过对这些条件的必要否定,通过感受到新的、(似乎是)离散的社会形态刺激人的陌生感,我们才能完成向唯一的万能的普遍性的创造性飞跃;这一飞跃的影响是不能低估的,但它只能建立在对粗糙、原生的物质条件及其中介和历史过程的把握上。(p.47)

波德莱尔之类的早期现代主义者所捕捉到的东西——这也是他们对于现代

大城市做出诗性直观的中心任务——就是在瞬间中抓住永恒,在永恒中捕捉瞬间。而在威廉斯这里,这一诗性任务变成了批评、分析的命题。在他看来,新的疑问似乎是由都市经验中微妙而巨大的张力形成的,这一张力在两种同步的倾向——即解放和异化、刺激和标准化、分化和物化——中成形。现代人在社会、知识和艺术上的进退两难之境,就在这一语境下展开了,也就是说,一方面,现代人正无情地受到历史的直接性等多种因素所决定,同时他们又渴望超越这种困境。

## 二

参照威廉斯的现代政治概念,"上海"这一主题在社会经济史,尤其在符号再生产领域的出现,可以被视为某种普遍性的政治。一种较为常见的看法是:在上海这个最现代(这个词很值得怀疑)的中国城市中,不同的意识形态和物质力量聚在一处,彼此争夺物理空间和民心所向。不过,从风格上和政治上对于历史条件的讨论则较为少见,而正是这一历史条件塑造了上海城市文本的产生及其独特的强度。在写于1931年的散文诗《上海之春》里,周乐山(一位如今已籍籍无名的作家)描绘了自己与这座现代大都市相遭遇的情形,这很容易让人联想起波德莱尔的《巴黎的忧郁》①。作者采用十分简单的诗歌叙事设置,写了一个无聊、忧郁而伤感的都市人在自然消失殆尽的野蛮城市里徒劳地寻找春天。作者徘徊于城市空间,为的是把城市的异化和颓废同某种缺席的理想进行比照。这甚至在情节上也相似于波德莱尔所虚构、然而也带有自传色彩的诗人形象,后者冒着生命危险穿行在巴黎街道上寻找失落的光环。但波德莱尔的诗人最终把失去光环看做不祥之兆,而周乐山的第一人称叙事者却在市场里找到了春天的迹象。在《上海之春》的结尾处,叙事者从一个吝啬的小贩那里买了一株要价过高的

---

① 在本雅明如今已成经典的论作《论波德莱尔几个母题》最后一部分,对波德莱尔的散文诗讨论得极为细致。Benjamin, "Some Motifs in Baudelaire." In Benjamin, *Charles Baudelaire*, pp. 107-154.

夹竹桃,然后不得不步行回家,因为他已经花掉了买车票的钱。①

作者列举了各类人拒绝或阻碍自己亲近自然的理由,于是得出结论:上海人根本看不见春天。他们住在城市的封闭体内,这个封闭体使他们全然处于一连串令人眼花缭乱的事物之中——有声电影、剧院、赛马、百货大楼、赌博、舞厅派对,更不用提起起落落的商业、战争及城市犯罪了,报纸上连篇累牍的都是关于这些的报道和广告——他们的城市生活,仅仅是在孤立的个体与私人领域里无力地吸收着震惊,这种生活切断了他们与社会之间的互动,而后者恰恰是塑造城市的关键因素。作为一个渴望与更大的共同体("春天"或"自然"不过是这一共同体的寓言性替代)联系在一起的文人,作者发现他的日常生活已经萎缩成整日躺在床上读报:"还是用看小说的态度去看'本埠新闻'的最多,我就是一个。例如,看绑架案,好像看《水浒传》;看烟、赌、娼案,好像看《海上繁华梦》;男女私妍的新闻,好像看《玉梨魂》;看弃妇在法院的诉苦词,好像看《红楼梦》;看宣传书画家卖字画的新闻,好像看《儒林外史》。"(《上海之春》,第75页)作者在众多事物中独独挑出了自己阅读新闻故事的经验,仿佛觉得它们就跟旧小说一般,这一现象值得注意。这凸显出上海人吸纳现代大都市所造成的震惊经验和过度刺激的某种特殊方式——即通过在传统和现代之间建立起叙事和心理上的中介。对于社会历史时空中不连续的事物进行自由的寓言式置换,表明作为日常经验的现代上海缺乏中介,即使有也显得十分突兀,仿佛当"上海受教育阶层"被抛入上海新的物质文明漩涡的时候,旧小说仍然构成他们体验这座城市的背景。在《上海之春》中,这种不连续性(新旧之间特殊的寓言式置换凸显了这一点)呈现为极端的经济、社会、阶级甚至是种族方面的差异与矛盾。春天只在"静安寺路与法国公园的附近,那儿有美丽的园林,但那是给白种人和高等华人栖息之所,住龌龊弄堂的人是欣赏不着的呀!"(《上海之春》,第74页)显然,对作者来说,上海的"现代"不仅仅是城市人口"沉浸在一个他们不停工作的模型[机器]里",而且还有这座城市内部的

---

① 周乐山:《上海之春》,最初发表于《良友》杂志1935年第56期,收入马逢洋编:《上海:记忆与想象》,上海:文汇出版社1996年版,第71—78页。下文直接在括号里标出引文页码。

断层——它是疏离、孤立,是现代大都会已经内在破碎了的整体各部分之间完全不可兼容。

　　张爱玲的作品中也有类似凭借"旧式"意象所产生的寓言中介,不过两者指向各不相同。张爱玲在上海和香港长大(属于中国第一代现代作家),她的生活经验基本上完全在城市中形成,与之形成对照的是,鸳鸯蝴蝶派作家以及"鸳蝴派"的对手——诸如鲁迅、茅盾这样的新文学提倡者,都有着乡村或小城镇移民的背景。张爱玲对城市的极端爱恋需要一种艺术框架,一种诗学上的过滤网。通过传统趣味和感受之间反讽式的独特连续性,这种框架得以形成。在《公寓生活记趣》这篇关于个人生活的散文中,她写到自己喜欢听市声,这比"在枕上听松涛,听海啸"还要富有诗意,而且"非听得见电车声才睡得着觉的"。她以一种让人联想起普鲁斯特的方式说道:"城里人的思想,背景是条纹布的幔子,淡淡的白条子便是行驶着的电车——平行的,匀净的,声响的河流,汩汩流入下意识里去。"①熟悉张爱玲冷峻而优雅风格的人,都知道她的语言和感受性是中国"旧文学"塑造的。她的文本与后者之间的共生关系达到了令人窒息的程度,但作品中的反讽又使作者和"旧"时代保持着不可逾越的距离。这些似乎构成她对城市详尽描述的核心。正是张爱玲相当真实地观察到,上海是新旧文化交叠产生的扭曲产品,上海人不过是"传统的中国人加上近代高压生活的磨练"②。反过来,这也意味着对于张爱玲来说,每一个现代中国人在理论上都是上海人。也许做出这样的归纳并不算太过简单化:上海现代的强度与其说来自现实的现代飞地,不如说来自于这座城市初步的、不稳定的和探索性的地位。上海形象的强度似乎在于某种永恒的遭遇——一种依赖于特殊切入角度的创伤性的、然而又令人狂喜的遭遇。从茅盾的批判现实主义小说《子夜》开头几段,我们可以看到,上海已经成为极佳的接触地带(contact zone),这里的紧张感和临时性构成了这座城市的神话——即日益将它看做

---

　　① 张爱玲:《公寓生活记趣》,最初发表于《天地》杂志1943年8月第3期,收入马逢洋编:《上海:记忆与想象》,第95—101页。
　　② 张爱玲:《到底是上海人》,最初发表于《杂志》月刊1943年8月第11卷第5期,收入马逢洋编:《上海:记忆与想象》,第82—84页。

想象中的普世现代性的镜像。

上海痴迷于在整体上、在无穷无尽的细节和碎片里寻找自我形象,这在现代世界文化史中,大概只有巴黎能与之匹敌了,尽管从物质和再现两方面来看,上海的现代性远远没有达到巴黎那种精巧的水平。比如,维克多·雨果《巴黎圣母院》里的"巴黎鸟瞰"一章,巴尔扎克对于巴黎"风俗"全景式的研究,或是普鲁斯特对于巴黎沙龙里空洞的饶舌无尽的模仿,这些在中国现代文学史上找不到对应作品(尽管茅盾、张爱玲、新感觉派作家的作品,特别是王安忆90年代的创作,使两者之间的比较成为了可能)。上海也并没有像巴黎那样,被马奈、阿特杰这样的现代艺术巨匠如此彻底、细致地描绘或拍摄过。

然而,上海现代性所具有的极度不平衡性、异质性和自相矛盾性,以及它同国内其他地方之间显见的差异,它在世界资本主义体系中短暂的(倘若不说边缘的话)地位,使这座城市产生出一种永远无法满足的欲望——即寻找清晰的自我图景、本质和特性。上海渴望凭借普世现代性来界定自己的"本质"。与巴黎或纽约之"现代"的社会文化密度相比[①],上海的城市文本似乎通过物质、社会和政治上完全分裂、不断受到威胁的现代性的脆弱一面,实现了一种形式和意识形态的强度。因此,在我看来,对上海城市现代性进行批判性分析的关键,不在于对现代特征和都市特征的罗列,因为执意描述外表摩登的上海,往往会陷入城市社会学和文化研究那种不加反思的唯名论,两者往往自觉不自觉地用符号分析——包括建筑、消费时尚、娱乐、文学风格等等(这些都符合现代大都市的刻板形象)——来取代对于城市文本的历史分析。依我看,上海整体上不够发达的现代强度,在有关现代性与普遍性的思想—意识形态斗争中,以及在贯穿整个中国近现代史的一

---

① 托马斯·班德(Thomas Bender)在比较纽约和巴黎的城市现代性时,认为纽约在社会学意义上的现代远早于巴黎,后者对"把现代作为一个整体秩序化和概念化"的呼吁不仅是以彻底的现代性为条件的,而且还是以其已经确立的、在文化上很重要的传统秩序为条件的。这一观察肯定与上海—巴黎或上海—纽约的比较相关。参见 Bender, "The Modern City as Text and Context: The Public Culture of New York." In Angela Vistarchi, ed., *The City as Text*. Special issue of *Rivista di studi anglo-americani* 6(1990):15-34。

系列残酷无情的话语序列和政治范式中,可以获得更为充分的说明。换句话说,上海的现代并不是彻彻底底的现代,而是处在不平衡和过度编码之中的现代,这是因为每一种现代的概念总是在受到热情拥抱和捍卫的时候,遭到根本性的质疑、挑战和批判;现代总是在绝对化的同时被相对化,每一种取向都滋养了对手的意识形态狂热。在这个纠结而混乱的时空,现代性本身总是一种全然的虚构,它同时作为意识形态和乌托邦,在多样、矛盾的语境中被解读。在创造更多物化(在这个意义上是创造更多的现代神话和本体论形式)时,这一语境必然也会动摇这种现代性神话和本体论的确定性。从这个意义上说,上海也许是见证现代性核心困境的绝佳地点。这一困境正如霍克海默和阿多诺在《启蒙的辩证法》中描述的那样:"现代"是凭借神话施加启蒙的历史过程;启蒙总是创造出自己的神话——即关于现代的神话。① 其实,再现和再生产上面所提到的上海现代性——这种毫无生产性的方式本身就是思想—意识形态冲突的一部分,因为想象中的地理冒险和文化考古只有在系统性地重写中国现代政治史、重写中国日常生活世界的历史和私人生活史的过程中,才能完整、充分地实现自身,为自身做出辩护。

上海的城市文本不仅是不同书写机器的产品(这些机器永远在对地域进行非地域化),它本身也是一个"没有器官的身体"②,它的根茎和集合向外无限扩张,从而得以维持自身的一致性和强度。换句话说,上海的现代始终是一种早已非地域化的现代,并且只能在它追逐某些与众不同的东西的过程中,在它的变异和变体之中被捕捉到。上海神话般的形象常常通过此种形而上学式的现代概念,补偿了这一"逃逸"和缺席。凭借制造出一张复杂的符号、形象和叙事之网,上海同其他主要的现代大都市一样,成为一个活生生的造物,它的实存与自己的各种镜像、影像和神话叙述密不可分,没有后者,前者也是不可理解的。对这样一个文本进行批判性解读,目的并不是在心理或神话"阐释"中寻求庇护,而在于把握它的政治内涵。通过这种

---

① Horkheimer and Adorno, *Dialectic of Enlightenment*. Trans. John Cumming. New York: Verso, 1997, pp. 3-42.

② Deleuze and Guattari, *A Thousand Plateaus: Capitalism and Schizophrenia*. Trans. Brian Massumi. Minneapolis: University of Minnesota Press, 1987, pp. 149-166. 下文直接在括号里标出引文页码。

"政治",这座城市作为一种感官上的抽象物,抓住了自身拜物教的形式。这就是本雅明为我们示范的解读——对于卡夫卡的解读,对于"19世纪首都"巴黎的解读。曾有人认为卡夫卡之于现代性就如同古典神话之于传统社会,但本雅明指出,我们应该按字面意思来理解卡夫卡。因此他并不把卡夫卡作品中无所不在的父子关系视为某种心理分析的修辞,而是看做受到人类历史上司法—政治体系多重决定的东西。父亲是"惩诫者","在卡夫卡的世界里,许多事物都表明官僚的世界与父亲的世界是相同的"(*Illuminations*, p. 113)。

  从"字面上"理解上海,并不意味着我们要纵身跃入有关上海形象的批量生产当中,在那儿,上海被视为某个现代神话。这一神话在广告里有着最为纯粹的表现。相反,我们要逆着来解读这座城市,通过它不断变化的物质、社会和政治语境来暴露这座城市无情的、不可化约的多元决定因素。更具体地说,这意味着在既定的文类、风格和话语之间、之下,甚至之外来解读上海,书写上海,进而创造出特殊的语言、知识和政治空间。这些空间可以揭示出各种二元论、歧义性、重叠和杂多性,许多涉及历史的宏大叙事试图遮掩之而使其不为所见。要知道,这一宏大叙事本身就包括那种反宏大叙事的修辞,即回到私人、回到日常、回到常态,如同彼得·奥斯本所说,它们已经成了我们这个时代最宏大、最让人无法忍受的叙事了①。如果有一种关于上海的"小文学"的话,那么它并不在知识图式或"反政治"的经验主义那儿保有自己的本体论避难所,后两者总是有着或明或暗的意识形态"利刃"。要保留历史的物质具体性和寓言多样性不能仅仅凭借从概念和意识形态框架里抽离出某个文本、某个事件或某个时代。相反,只有通过某种批判性的活动才能留住它们,这一活动试图驻留历史的张力、变迁以及连续性与不连续性的偶然性。本雅明研究城市的方法表明自己的历史哲学核心是一种复杂而富有生产性的时间概念,这在他对于卡夫卡的解读中表述得十分清楚:"那些被遗忘的东西……永远不是纯粹个体性的东西。所有被遗忘的东西都跟史前世界中已经被遗忘的东西混合在一起,形成不计其数、不确定的、

---

① Osborne, *The Politics of Time.* London: Verso, 1995, p. 27.

不断变化的混合物,产生各种不断流动的新奇之物。遗忘是一种容器,在这里,卡夫卡故事里无有穷尽的中间物世界为人所见了。"(*Illuminations*,p. 113)

我们可以循着本雅明的精神,将关于上海的"小文学"视为不仅关乎记忆也关乎遗忘;不仅关乎具体的上海形象从每一个黑暗的历史时刻里闪现,也关乎这一形象在现象学和政治上的复原。这里所要完成的任务,与其说是对于上海文学和视觉再现方面丰富的保留剧目做编年史说明,不如说是建构某种城市偶像批判,它可以将上海断裂的、多层次的形象置于意识形态普遍史的寓言性拼贴之中。只有这样,"上海研究"才能摆脱那种试图把这座城市打造为全球商品时代的拜物教徽记的后革命想象,把自己建立在历史和知识批判的层面上。这意味着同这座现代大都市神话式的自我理解近身搏斗,后者正是在中国现代史互相竞争和交叠在一起的范式及话语之中形成、循环往复。这一历史充满着断裂、震惊、压抑与幻想。作为一幅图景、一种表象(Darstellung),上海的形象使历史沉思的凝视反转过来。这一交流中产生出的灵晕与其说是普遍现代自封的本真性(化身为本土城市中产阶级的西式飞地或日常世界),不如说是某种激进的、不可化约的历史之物,它的流动性、复杂性和内在差异同时建构与解构了空间、文化和商品的梦幻世界。

## 三

针对上海的城市偶像批判必须以这座城市(作为形象与概念)的历史—知识起源为起点,这一起源嵌入中国现代性的话语之中,或者说与之共生。1904年,《警钟日报》这份由反满革命者控制,由蔡元培及其他一些志士编辑的报纸,发表了一篇题为《新上海》的文章。这一文章将上海视为中国新文明的希望,把它看做一个"在黑暗的中心预示了五彩斑斓新世界"的地方。有趣的是,上海的地图式呈现补充了这样一种乌托邦想象的抽象性。这一用洋洋洒洒的文言写成的地理描述凸显出上海在新的国家意识和全球空间里重绘中国的核心地位:

> 新世界安在？在扬子江下游，逼近东海。海上潮流，紧从艮隅涌入坤维，左拥宝山，右锁川沙，近环黄浦，远枕太湖，遵海而南，广州胜地，顺流而下，三岛比邻，占东亚海线万五千里之中心，为中国本郡十八行省之首市。此地何？曰上海。美哉上海，何幸而得此形势。①

从这一点上看，上海不能再被视为某个靠不住的地方——在它混浊的河段上布满着洋鬼子，而是中国现代命运的开路先锋。当然，即将来临的"新世界"所倚靠的这座城市，正如国家和帝国，不是自然的存在，而是人类的发明。只有在精神地图上，只有在人类认知测绘(cognitive mapping)的卓越努力中，这一城市才是可见的。与这一事件几乎同时发生然而却毫不相干的是另外一连串历史事件，它们暗示出另一种历史持续不断的发展：在上海跃入革命者脑海前三年，即1901年，《申报》这份上海最大的现代报刊已经庆贺过自己第10000期的发行了。而在《新上海》出版三年之后，即1907年，苏州河上的外白渡桥竣工了。1908年3月5日清早，上海第一次见证有轨电车从租界那里驶出。而在头几个月里，一连串稀奇古怪的交通事故好好地"招呼"了这一现代交通工具。1909年夏，租界亮着电灯的花园成为上海人非常钟爱的约会地点。出于商业目的，为了跟照明设施更好的西方租界竞争，华界里开起了"夜市"，几个月后又办起了商品展览会。同年11月，火车北站完工，这里每天可以保证20辆货车和1000名乘客的运营。与此同时，号称自己吧台有110英尺长的上海俱乐部(也叫皇家俱乐部、英国俱乐部)在黄浦江沿岸一幢豪华大楼里成立了。俱乐部只为那些在上海生活工作的西方商人保留位子，这些人往往也出入于香港、加尔各答、横滨、神户的其他英国俱乐部，这暗示出上海在另一种地图上，以及另一种全球空间里的位置。到了1910年，即推翻清王朝前一年，上海已经是一个拥有125万人口的城市了(包括15000名外国居民，而且大多数是西方人)。

尽管这座城市在接下来的几十年里有了长足的发展，但二三十年代已经受过新文化洗礼的知识分子对上海大多持否定态度，有时还是相当强烈

---

① 最初发表于《警钟日报》1904年6月26日。转引自熊月之：《海派散论》，见马逢洋编：《上海：记忆与想象》，第186页。

的否定态度。"五四运动"过去一年之后,当时创办激进杂志《新潮》的北大学生傅斯年认为,上海散发着"臭气",这座城市缺乏社会组织和原创性,上海居民除了依样画葫芦和低俗趣味之外一无所知。① 1926 年,周作人在一篇著名的文章里将上海文化界定为"买办流氓与妓女的文化",认为它的肤浅、草率和荒淫无度构成开化世界日常生活那种"理性与风致"文化的对立面。尽管周作人把上海文化的趣味低下归结于其殖民地根源以及它所处的过于商业化的环境,可是他并没有把这一文化视为新物,而是看成"中国固有的'恶化'"②。陈独秀也许是骂上海最多最狠的人,他认为这座城市充斥着社会的龌龊和文化的欺骗。循着这一传统,钱锺书幽默地写道:"说上海能够产生艺术和文化,正像说头脑以外的手或足或腰腹会思想一样的可笑";而梁遇春直截了当地把上海叫做"一条狗"。③

然而,概览上海肖像,令我们诧异的却是上海在不断变换的中国现代知识分子"媒介共同体"及其意识形态的认同中被"塑造和重塑"时所显示出来的被动。上海史学家熊月之在进行了详尽的档案研究之后指出,上海的命名、定义和形象形成,几乎全是互相竞争的文艺团体之功绩;除了狭义上将晚清绘画和京剧风格称为"海派"之外,"海派"这个称呼从来就没有被接受过,更不可能是上海人的发明,因为它从来就是一个带有轻蔑色彩的标签。尽管一些二流作家如张资平、叶灵凤和刘呐鸥成了广为人知的"海派"作家,但是这一派的创立显然还缺乏领袖和信徒。比如鲁迅就断然拒绝把"京派"和"海派"视为有意义的能指。他试图以一个局外人的身份,把两派之间小小的误会重新引到某种更具社会具体性的理解上来,即引向他们可能的经济和政治状况。他指出北京是明清的帝都,而上海乃各国之租界。帝都多官,租界多商,以下一席话成了鲁迅先生广为引用的段落:"要而言之,不过'京派'是官的帮闲,'海派'则是商的帮忙而已。而官之鄙商,固亦

―――――――
① 傅斯年:《致新潮社》,《新潮》第 2 卷第 4 期,1920 年 1 月 19 日。转引自熊月之:《海派散论》,见马逢洋编:《上海:记忆与想象》,第 184 页。
② 周作人:《上海气》,见《谈龙集》,上海:开明书店 1929 年版,第 157—160 页。
③ 陈独秀、钱锺书和梁遇春的评论,参见熊月之:《海派散论》,见马逢洋编:《上海:记忆与想象》,第 184 页。

中国旧习，就更使海派在京派眼中跌落了。"①据此，熊月之对80年代晚期以来上海作为一种文化风格和思想话语的"复兴"做了评价。在他看来，30年代没人肯接的"海派"旗帜，半个世纪之后，不仅上海文化界有人愿意接，而且要高举。换句话说，不像30年代的那场讨论是由别的人挑起来的，80年代的这场争论是上海自己发起的。因此，熊月之指出，"海派"重新进入公共舆论中心，反映了上海人试图寻回某种特色、某种身份、某种逝去的辉煌的心态，然而，就像他评论的那样，这是"找错了路径"。②

　　随着全球化（如今在上海成了家喻户晓的一个词）发动了新一轮对于空间的渗透以及对于时间的重构，作为思想话语和文化时尚的上海怀旧只有在90年代才变成一种痴狂。熊月之在80年代晚期所做的观察被证明是极富洞见的。90年代晚期，媒体和学术从中国启蒙和革命"大叙事"（master-narrative）之下重新发现了"上海"，这个现象十分有趣，也可以说颇具生产性，然而，恢复本土城市及资产阶级日常文化"本真性"的欲望——诸如程乃珊那些关于老上海的作品，以及文化业为了迎合大众消费制造出的关于老上海的刻板形象——透露出一种意识形态狂热和形而上的"语法"，两者都依赖同一种抽象过程，这一抽象使上海的大部分遭到了遗忘。因此，我们的注意力应该转向上海形象（作为城市偶像批判的主题）所包含的历史连续性与不连续性之间消失了的联系。

　　一般认为，上海只要保持与众不同就会是一个非常有趣的研究主题。这种"与众不同"往往被理解为不同于整个国家的其他地方，进言之，与其说是上海的世界主义魅力同整个国家极其无味的"乡下气"构成对比，倒毋宁说是前者同社会主义所塑造的均一性形成对照。但是如此一来，关于上海的俗套话语就揭示出了自身的意识形态假设。这一假设限制了历史考察与理论探究的范围。它是某种旨在用意识形态反扑来颠覆中国启蒙和革命话语强烈的普遍主义诉求的修正主义，却没有考虑到中国共产主义是中国

---

①　鲁迅：《京派与海派》，见《鲁迅全集》第五卷，北京：人民文学出版社1981年版，第432—433页。
②　熊月之：《海派三论》，见马逢洋编：《上海：记忆与想象》，第182页。

现代性历史问题框架不可缺少的组成部分。修正主义话语满足于将90年代和30年代接合起来,当它建构作为普世形象的上海图景时,虽说批判了已有范式的意识形态表述,却也继承了这一范式的哲学表达。当社会政治能量的突然释放不仅彻底地改变了社会政治地貌,而且改变了观察和理解物质世界的精神形式时,上海形象比任何一种形象都更加从属于普遍主义政治,并且变得更为清晰。上海形象在不同的社会地理层次和时间结构之间充满了内在的裂缝、沟壑和重叠。因此,在关于上海的政治话语建构中,神话形象的形成正是对于历史时空不确定、不连续运动的叙事和意识形态的解决。

## 四

如果说,一方面解放前的上海在商业和学术话语中占有优势(怀旧是其最为显眼的标识),另一方面20世纪末的技术官僚政府认可了这座城市未来学式的乌托邦,那么,1959年似乎不可能成为我们解读上海的历史—阐释学切入点。然而,中华人民共和国建国十周年的时候,也根据整个国家的自我形象创造出另一种上海形象,这一自我形象使历史时代的彻底重构显得清晰可见。我们只有在历史的断裂处才能获得这种图景;它的形成标志着社会、政治和文化上把握到的历史新主体的到场。只有在张春桥那里,这一图像才找到了自己的观看者,宛如文本找到了它的作者。那时的张春桥已经是中共上海宣传机构冉冉升起的明星了,随后更是进入领导核心层,成为"上海公社"(1967)和"文化大革命"期间上海政府的实际领导人。张春桥的政治生涯在他进入被人称为"四人帮"的激进团体后达到顶点,并以此结束。

张春桥那篇题为《攀登新的胜利高峰》的文章被放在了著名作家(巴金)、文学批评家(靳以)、艺术家(胡万春、童芷苓、黄宗英)和"民族资本家"(刘鸿生)的文章所组成的文集最前面,以此来庆祝上海解放十周年。文章以一种陈腐而又引人注目的欢快的主体身份开头:

> 攀登高山同在平原上走路不同,当你登上一座高峰,擦一擦脸上的汗水,迎着清风,回头看一看走过来的道路,你就会发现:路是艰难的,

可是，我们已经走得多么高了呵！①

这种勇于同崇高的自然对抗的现代主体的戏剧性形象，很像受到过卡斯帕·弗里德里希《云海之上的漫游者》(1818)这类浪漫派艺术的启发，而在张春桥这里，表现为某种制服了社会物质存在(即上海这座城市)的历史政治主体，因为被这一新主体所征服，所以上海的形象得到了升华。那天张春桥登上的高峰正是以前的百老汇大厦(1951年重新更名为上海大厦)，这是一座可以俯瞰苏州河外白渡桥的21层地标性建筑。德国浪漫派油画里的云层的骚动，被中国最大的、工业化程度最高的城市——上海那屋顶的海洋和蛛网似的街道所取代。② 张春桥并没有忘记带上一个见证者来共享这一景观，更重要的是，为了更好地呈现这幅画面，他没有忘记给出一个参照系或者说某种距离感。这位贵宾正是W. E. B. 杜勃依斯，"这一知名的黑人学者，我们时代众多历史事件的见证人"。张春桥告诉我们，这位学者刚在北京庆祝了自己的90岁生日：

> 一九三六年，他到过上海，在外滩一带住过几天。二十三年以后，当我们登上上海大厦的阳台，俯瞰市区全景的时候，他指着外白渡桥以南的那一片绿化地带，再三地问："这确实是外滩吗？"这里没有了帝国主义国家的军舰和水兵，没有了流氓和妓女。这是人们比较容易想象得到的；变得这样干净，这样美丽，这样景色迷人，是人们比较不大容易想象得到的。这就难怪杜勃依斯不敢相信他所看到的就是当年住过的外滩了。当他再次得到肯定的答复以后，他说："变化太大了。"风很

---

① 张春桥：《攀登新的胜利高峰》，见《上海解放十周年》，上海：上海人民出版社1959年版，第1页。下文直接在括号里标出引文页码。

② 1934年完工的百老汇大厦被认为是上海建筑国际风格的早期代表，市中心三幢最高的建筑之一。直到80年代早期它仍然是主要的豪华宾馆，在90年代东方明珠电视塔修建以前，这座建筑宽敞的阳台是个享有特权的地点，在那儿可以从空中看到码头及整个上海市区，显要人物频频来此。周瘦鹃，流行小说鸳鸯蝴蝶派的旗手，1956年在那里参加鲁迅遗体重新安葬的仪式时感到非常高兴，以至于写了一篇文章抒发对这座建筑的敬佩之情。1970年以来，由于苏州河的污染没有得到很好的控制，难以忍受的恶臭对这座建筑物的魅力构成了威胁。参见杨嘉佑：《上海老房子的故事》，上海：上海人民出版社1996年版，第79—81页。

大,我们劝他到屋里休息。这位历史学家却站在那里,迟迟不动,像钻进了一部描写天翻地覆的伟大历史事变的书册里,舍不得出来一样。(《攀登新的胜利高峰》,第 3 页)

张春桥没有让自己仅仅陶醉于这一景象。他的任务不仅在于看到新生事物,更在于要把这一时刻转化为"超越"历史的东西。这种超越性的新事物标志着时代深刻的断裂,从而在本体论意义上确立并呈现了一种新的政治主体的自我形象及历史经验。因此,新提出的上海形象必须把自己设定为时间的真正开始;它必须吞没这座城市的旧形象,将其视为一种被否定的史前史,令其黯然无光。如果说此刻的呈现需要将过去降格为某种不具备实体性的东西,那么张春桥显然并没有把时间浪费在"旧中国这个工业基础到底有多厚有多大"的问题上。他用翔实的细节告知读者,根据"可靠的统计材料",1949 年上海工业总产值不过是三十亿九千万元,只相当于 1957 年上海轻工业局一个系统一年的产值。他马上补充道:这当然不是说中国人民经过一百年以上的时间,只创造了这么样一个并不大得惊人的工业基地。相反,"我们创造的财富,要到纽约和伦敦、东京和巴黎,到那些百万富翁的金碧辉煌的宫殿里去找"。这种建立在"阶级"基础之上的国际主义视角当然并不意在完成某种将会导向可疑的世界主义的城市自我形象,而是预示了城市如今已经回到了国家的怀抱,这一国家依照阶级政治看来是高度政治化的,也是高度团结的。由此观之,中国共产党下述官方话语或许取得了战略上的切关性:

> 帝国主义王冠上的最美丽的宝石中,凝结着中国劳动人民的鲜血。留在我们这里的,却不过是他们压榨中国人民的牢狱和屠场,强迫中国工人进行不折不扣的奴隶劳动的工厂和企业。上海真正成为我国人民的工业基地和文化中心之一,是在中国人民掌握了自己的命运以后。而当人们一旦认识到是为自己劳动、使用自己的劳动为自己创造幸福的时候,我们上海的面貌也就迅速改变了。(《攀登新的胜利高峰》,第 3 页)

张春桥历史—认识论图景里坚定的正统观念,过了二十五年,当受到后毛泽东改革及其意识形态正统论——即发展主义——的"中介"之后,无疑成了具有陌生化效果的说法。它以一种奇怪的方式提请人们关注上海"问题"(中国现代激进的左翼知识分子推进了这一"问题")另一个同样重要的历史起源——即它在资本主义不平衡发展的殖民主义和帝国主义框架当中的起源。这也是现代都市问题的物质条件和社会政治语境。同时,处在这种有意凝视之下上海也成了某个镜像,这一镜像把新出现的历史主体从自己作为全然异化物的结构图景中孤立了出来。这是一种超历史的划分,而不是具体的历史与物质分化,它只不过永恒化了时间的碎裂。从这样一个虚无主义的深渊里浮现出来的"此刻"剥除了具体的历史,因此它不是一个历史的瞬间,而是铭刻在永恒的、无时间性的"新"之中的反历史瞬间。过去之不可见是构成作为某种理念的新上海形象的前提:政治—经济、阶级斗争、世界解放,以及首要的进步目的论理念。我们可以在解放后大规模的工业化中发现这种目的论不遗余力的劳作,它乌托邦式的强度很快就把上海从以消费为主导的多样的城市改造成具有均一性质的社会主义中国的"大工场"。①

　　张春桥的文章毫不含糊地制定了新上海叙事的"语法"——即以"新旧对比"为核心。因此,我们开始读到冗长的统计数据,有关工业产量的(1949—1958 年间增长了 5.5 倍)、钢产量的(18.5 倍)、纺织产量的(2 倍),以及上海在全国工业产量中的份额"令人振奋的下降"(从 1949 年的 30%降到 1958 年的 14.3%)。②《上海解放十周年》的其他撰稿人同样贯彻了"新旧对比"这一路向,巴金生动地将新上海描绘为"一个充满阳光的大公

---

① 上海 1952—1978 年间经济结构的变化是一个证据。更详细的信息可参见本书 204 页注释。

② 1999 年,上海占中国国民生产总值的额度是 4.9%,在 32 个省及省级城市的经济区中列第 8 位。上海的工业总产量从 1958 年的 170 亿到 1990 年的 1250 亿,年增长率为 8.2%。到了 1999 年,这一数字攀升到了 6200 亿,年平均增长率为惊人的 14%。见《上海经济年鉴 2000》,上海:上海经济年鉴出版社 2000 年版,第 66—67 页。值得注意的是,1979—1990 年,即后毛泽东时代经济改革的第一个十年期间,上海经年平均增长为 7.5%,低于全国平均水平,表明在这个时期,上海成了保守的"社会主义经济后卫"。参见高汝熹、郁义鸿:《上海经济的停滞与再起飞 1953—1993》,见汪晖、余国良编:《上海:城市、社会与文化》,香港:香港中文大学出版社 1998 年版,第 74、82 页。

园",前者因此跟万恶的旧上海形成鲜明的对照(在旧上海,人民天天受到流氓骚扰,天天被外国人欺负),民族资本家刘鸿生则对自己从传奇般的资本主义企业家变成自愿的"共产党的拥护者"这一过程给出了有力、简单、坦诚的讲述。①

这些话语设置展示了"新旧对比"的"语法"。为了给新的大叙事进一步提供道德和政治理由,这一"语法"被张春桥得胜般的语调提到了形而上学的层面。不过,在历史上,身处不同政治光谱的大部分中国知识分子分享了这种叙事"语法",这一情形在启蒙、解放和"先进的生产力"的现代性话语那里达到了顶点。② 它也出自同一种形而上学假设,这一假设预示着男性大叙事在政治上的衰落,这个大叙事试图将自己的前史和阶级敌人扫进"历史的垃圾堆",由此来取代两者。针对这种意识形态背景,某种更加女性化、更具"小文学"特色的上海文学被召唤了出来,去说明某个"过去"坚挺而不可化约的残留,这个过去同"现在"共存在一起,也同具有历史意义的"新"共存在一起,正是后者的骤然生成,改变了当下、过去与未来的并置关系。寻找某种更加亲切、更加切实的上海形象的同时,出现了一种新的辩证法,一场新的关于"普遍性"的战争。它不是在"历史新纪元"(张春桥)的脆弱处觉醒,就是在"历史终结"(弗朗西斯·福山)的虚弱处醒来,互相冲突、互相交织在一起的再现模式滋养着两者,而新的象征秩序也从那里浮现了出来。

## 五

鲁迅对于上海繁复的日常生活及其过分夸张的戏剧场景有着鞭辟入里

---

① 巴金:《上海,美丽的土地,我们的!》,见《上海解放十周年》,第9—16页;刘鸿生:《为什么我拥护共产党》,同上书,第174—185页。
② 2000年秋,谢晋,上海人,也是第五代导演产生世界性影响之前中华人民共和国最重要的电影工作者,回顾自己漫长而复杂的电影生涯时告诉美国观众,"文化大革命"把他的作品分为两部分,第一部分的每一部作品都执著于一个主题,也仅仅只有一个主题——即新旧对比。谢晋在孔海立组织的史瓦斯摩学院中国电影会议上发表了这番评论,时间为2000年10月7日。

的观察。他超然于北京与上海文人小圈子的互相攻讦,也避开了已经成形的现实主义形式(如茅盾所尝试的那样)所描绘的上海整体图景。恰恰是描绘日常世界时的杂文笔法,而不是任何全景再现图式,预示着上海在"小文学"中的历史性出场。

1935年,他在《上海的少女》中为上海的少女画了幅绝妙无比的肖像,毫不夸张地说,在城市文学长廊里,鲁迅的这篇作品可以与波德莱尔笔下的巴黎妓女以及普鲁斯特笔下的上流社会女仆相比肩。杂文一开始,就对上海势利的衣着代码做出了某种社会学式的观察,这一"代码"对于处在高度社会流动与金融动荡之中的上海中产阶级来说,是件生死攸关的大事。这种观察很快就转向炉火纯青的购物仪式和禁忌上来,那些讨价还价的上海妙龄时髦女郎认为这些才是城市最重要的秘密。"挑选不完,决断不下,店员也还是很能忍耐的。不过时间太长,就须有一重必要的条件,是带着一点风骚,能受几句调笑。否则,也会终于引出普通的白眼来。"鲁迅继续着他的观察:

> 惯在上海生活了的女性,早已分明地自觉着这种自己所具有的光荣,同时也明白着这种光荣中所含的危险。所以凡有时髦女子所表现的神气,是在招摇,也在固守,在罗致,也在抵御,像一切异性的亲人,也像一切异性的敌人,她在喜欢,也正在愤怒。这神气也传染了未成年的少女,我们有时会看见她们在店铺里购买东西,侧着头,伴嗔薄怒,如临大敌。自然,店员们是能像对于成年女性一样,加以调笑的,而她们也早明白着这调笑的意义。总之:她们大抵早熟了。①

在鲁迅的笔下,这座城市批判性的诗学形象利用了城市社会学、心理学和经济学诸多不可化约的缠绕以及无情的多重规定性,从而得以形成。鲁迅联系到梭罗古勃笔下的俄国少女形象(身体还是小孩子,而眼睛却已经长大了),认为上海的少女常常处于现代大都市的险境之中。这些少女悖论性

---

① 鲁迅:《上海的少女》,见《鲁迅全集》第四卷,北京:人民文学出版社1981年版,第563—564页。

的美生成了某种审美空间,城市严酷的社会学真理及其现象学和感官上的残酷性就储藏在这个空间里。

我们可以把鲁迅这篇暗色调的小品视为上海"小文学"的隐蔽起源。这种"小文学"传统也是一种女性话语,它与种种潜伏的领域和形式交织在一起。这些领域与形式同现代上海的梦幻世界构成尖锐的对比:日常生活的艰辛,拥挤的社会空间里各类人共存在一起所体现出的坚韧和智慧,家庭内部飞逝而过的幸福和哀伤,流言,当然最值得注意的是——女人。

在王安忆90年代的作品中,上海形象通过女性构筑起精巧的叙事,也获得了象征的分化。在1995年的作品《我爱比尔》中,王安忆讲述阿三这个从艺术院校退学的学生和一群80年代生活在上海的外国人之间浪漫而又显得斤斤计较的感情纠葛。阿三生活在自己的想象中,渴望过上西方人才有的生活。同一个美国外交官有过短暂的情事之后,阿三开始在公共场合与外国人做交易,直到她在豪华酒店的大厅里被当做妓女抓起来为止。阿三否认了这一指控,她对检察官说自己和外国人发生性关系不是为了钱,可是这种辩解只让她在其他女收容者中得了个"白做"的绰号。王安忆这样描述阿三可疑的生存方式:

> 现在,阿三已经划进专门为外国人准备的那类女孩子,本国的男孩子放弃了打她们的主意。这就是阿三至今没有遇上一个中国求爱者的缘故。她生活在一个神秘的圈子里,外人不可企及。谁也无法知道她们日常起居的真实内容,那就是有时候在最豪华的酒店,吃着空运来的新鲜蚝肉,有时候在偏远的郊区房子,泡方便面吃,只是因为停电而点着蜡烛。她们的时装就挂在石灰水粉白的墙上,罩着一方纱巾。还有她们摩登的鞋子,东一双,西一双的。①

当阿三断裂而不稳定的生活把这座城市前后一致的形象置入某种直接的不一致性当中时,她也受到城市的凝视。这很容易让人想到鲁迅笔下店员的凝视,这种凝视使上海的少女变得早熟。当阿三穿好衣服,在豪华酒店对面

---

① 王安忆:《我爱比尔》,海口:海南出版社2000年版。下文直接在括号里标出引文页码。

的旅游纪念品商店做决定时,她的犹豫看上去就像一场规定好的游戏中一个必需的环节:

> 阿三细长的发梢在微风中轻轻飘荡,她用一个小玻璃珠子坠住它们,使它们不致太过扬起。她的细带细跟镂空鞋有一只伸下了街沿,好像一个准备涉水的人在试着水的流速和凉热。她的身姿从后看来,像是一个舞蹈里的静止场面,忽然间她的身体跃然一动,她跨下了人行道,向马路对面的宾馆走去。女老板的脸上浮起了微笑,似乎是,果然不出她所料。(《我爱比尔》,第83页)

然而对阿三来说,豪华酒店不仅仅是城市中的又一座建筑,而是充满着存在深义的东西,更确切地说是充满着乌托邦意味的东西:"她喜欢这个地方。虽然只隔着一层玻璃窗,却是两个世界。她觉得,这个建筑就好像是一个命运的玻璃罩子,凡是被罩进来的人,彼此间都隐藏着一种关系,只要时机一到,便会呈现出来。"(《我爱比尔》,第86页)当然,要在那个命运的玻璃罩子下实现这种"隐藏的关系",也是上海的集体想象与一种想象的、理想化的现代性相联系的一种方式。这就是为什么每次阿三想逃离不完美的现实时——具体表现为堆满垃圾和塑料袋的肮脏房间,她总是发现自己已经坐在了豪华酒店的大堂里。"与这些外国人频繁建立又频繁破灭的亲密关系,磨蚀着她的信心,她甚至已经忘了期望什么",但"有些东西,越是看不明白,才越是给予人希望"(《我爱比尔》,第86页),就像她用来跟她的情人/顾客交流但从没掌握好的外语,"与她隔着一层膜的,必须要留意它的发音和句法的语言,是供她制造梦境的材料,它使梦境有了实体"(《我爱比尔》,第98页)。在充斥着算计的情事(明显带有抽象色彩和象征色彩)中,阿三禁不住沉迷于外国男友"希腊式的侧影"及其异域语言,或许在表现上海人对感觉和细节的痴迷方面,没有什么比得上这一情景了。有一次,阿三和一个法国艺术品贩子马丁热烈地拥抱在一起准备过夜。王安忆用不动声色的评论迅速地打断了他们:"阿三也抱着他,两人都十分动情,所为的理由却不同。马丁是抱着他的一瞬间,阿三却是抱着她的一生。"(《我爱比尔》,第73页)上海同现代性幻相之间恋爱的强度常常表现为它试图抓住/

停止普遍历史,将后者转化成某种无时间的、可依靠的东西。对于深陷怀旧之中的上海来说,世界资本主义史全球冒险的一个瞬间,成为了这座城市的全部生命——它过去的荣耀,此刻的焦虑,作为黄金时代来重现的未来。

上海中产阶级居民把琐碎的日常生活变成具体的抽象物时所体现出的坚韧,是王安忆90年代作品一再出现的主题,其中资产阶级生活方式——作为一种模式、原型和理念——只有在回顾当中才显现出了悖论性的特征。在一篇回忆上海的散文里,她描述了"文革"中期自己在一所下放同伴的父母居住的老公寓里无意中看到资产阶级内部风景时的情形:"这公寓里竟是这样的生活(布尔乔亚式的生活)保存得这样完好,脸皮毛都没伤着。时间和变故一点都没影响到它似的。"①这客厅放在哪个年代都成——30年代,40年代,甚至是50、60年代,然而,这是在70年代,正是"文化大革命"动乱时期。在名义上的共产主义无阶级社会,阶级作为一种政治概念和文化,在上海资产阶级那儿,成了他们坚守已然受伤然而依旧残留下来的社会荣耀和声望的东西。甚至在穷途末路的时候,资产阶级也会依托日常生活的底线对工人阶级新兴的象征性地位进行抵抗。王安忆说道:"他们却依然故我,静静地穿越了时代的关隘。它们也可以说是落伍,和时代脱节,可看起来它们完全能够自给自足,并不倚仗时代,也就一代一代地下来了。"(《寻找上海》,第44—45页)

上海资产阶级在时间流逝中静默的、如幽灵一般的活动,的确是王安忆90年代作品中令人难忘的形象之一。她献给这个阶级那一首首真诚而又显出反讽的"挽歌",可以在那个阶级几乎同时的存在与消亡中得到很好的理解。上海的资产阶级证明自己"超越"了毛泽东式的革命,却经历了一种诡异的死亡,即在复活和凯旋中最终消亡。残余的资产阶级文化不再是一种概念或形象,而是在具体的事物中被非地域化了——它被推延、被仪式化、被散播、被普遍化,在大量繁殖的同时也被掏空了。换句话说,这一文化遭到了90年代都市中产阶级(他们是上海这座城市的幽灵和守护天使)的

---

① 王安忆:《寻找上海》,上海:学林出版社2001年版,第44页。下文直接在括号里标出引文页码。

复制,被他们消费了。在这一具体性之中,上海的资产阶级通过变成"没有器官的身体",变成城市传说、神话机器,获得了后世生命。在90年代,当中国几乎全然被商品化和全球化新一轮大潮充斥的时候,作为政治和文化概念的工人阶级发现自己的地位就如同"文化大革命"当中的上海资产阶级一样发生了转变(这一阶级同样深深地植根在上海具体的、不可化约的当地日常生活之中,当然那时还没有"全球城市"这种肤浅的光环)。不同于上海资产阶级通过有意识的怀旧——将自己锚定在想象中的资产阶级文明史的某个经典时刻(即殖民主义或半殖民主义),工人阶级已经带着被压抑的历史与记忆,退回到了全球化条件下的社会主义市场经济的日常生活领域之中。

在对于"城市与女人"这一文学传奇颇具自我意识的创作中,王安忆继续将上海再现为变和不变、忧郁和理想、清醒和神话的迷宫。在她1999年的小说《妹头》里,女主人公妹头,这个从上海弄堂中下层居民那里走出来的"摔摔打打的宝贝",成了令人难忘的城市形象。这一形象依照暧昧的资产阶级方式,充满激情、百折不挠地建立起日常生活的具体性。对妹头父母公寓的"大"房间(总共就只有一间客厅、一间饭厅和一间卧室)里的家具和室内布置进行了一番详细描述之后,王安忆评论起了装潢:

> 这又在古典厚重之上,添了一层华丽。而那两张床,也并没有一点因为涉及私人生活而生出狎昵气,相反,它们使得整个房间有了居家的气氛,因而变得温馨和实惠。并且它还在某种程度上缓解了房间的俗丽格调,它们毕竟是堆砌过度了,几乎散发出一些奢糜的味道。但它们因于是那样的满满当当,实实足足,倒正好反映出他们实是出自一颗纯朴的心,它本着勤劳的原则,照着中产阶级的摹本,描画了自己的生活。①

对上海中下层社会风俗的研究,使王安忆得以用极其细致和准确的近距离描写,呈现出他们日常领域内的物质空间。她在1991年的散文《上海的洋房》里,给社会主义上海的日常生活画了幅肖像,将前者描绘成相互重叠的

---

① 王安忆:《妹头》,海口:海南出版社2000年版,第8页。

历史、政治和社会范式之寓言形象的停尸房:

> 今天,上海洋房里的生涯已经变得十分可疑。浴缸和洗脸池上的热水器龙头由于年久不用生了锈,洗澡须用水壶提了热水倒进浴盆,偌大个浴盆内倒进一壶热水仅够铺底。并且这样的房子,厨房往往是在底层,提一壶热水走上楼梯总有点冒险的味道。房间里的壁炉成了装饰,且还妨碍面积的利用。映着壁炉的火光沉思冥想的美丽图画,隐退到极远的历史中去了。①

王安忆用一种无情的社会学细节告诉我们,这样的洋房起初是专门为一家一户设计的,可现在却是数家,甚至是许多家一起共用一间。② 的确,同一个空间里上海居民的多样性不仅暗示出全然的资产阶级生活方式之不可能性,也进一步指明了在某个并不遥远的未来,新的消费大众必然到场。换句话说,当毛泽东时代中国的无产阶级事业被国家鼓励的社会欲望——即邓

---

① 王安忆:《上海的洋房》,见《接近世纪初》,杭州:浙江文艺出版社 1998 年版,第 50—51 页。

② 值得在这里大段引用这篇文章:"这样的房子,原是供一户人家享用的,如今却由许多家分享。一扇后门几乎被信箱、牛奶箱、电铃分割完毕,分别写着赵家、李家、王家、张家、孙家、顾家和刘家。像新式里弄那样的房子,往往将厨房设在一楼,洗澡间设在二楼,阳台设在三楼,再有一个晒台在顶楼。各得其所。如今这房子里却也许一楼住一家,二楼住一家,三楼住一家,亭子间里再住一家。于是厨房里边安置了三至四个灶头,每个灶头上各有一盏电灯,甚至水池上也并有几个龙头,水管与电线纵横交错。洗澡间十几家共有,到了夏季,那里就十分繁忙,洗澡洗衣的人络绎不绝,川流不息,直至深夜。后天井里,水落管子里哗哗的流水声,是这种房子的静夜里的音乐。还有一种品级更高的公寓房子,一旦局促起来更尴尬的。共同住在新式里弄房子里,尚有楼层加以分割,即使是亭子间也与上下两层保持了一段高度的距离。而公寓房子则全是一个平面上了。而且,这里的生活本该是更为精致的生活,布置合理得当,西洋式的厨房天生为了装置煤气,用地经济,因而便也狭小了。公寓房子没有前后弄堂和天井,可供人们从住房中膨胀开去,它没有一点通融的余地。这种着力保护独立性的房子是最不得与人分享的,不像是里弄房子,还有可以苟且的余地。再有就是真正的洋房了,如今也是真正的'七十二家房客'的舞台。汽车间里住了人家,大厅分割成了住房,甚至加了层。由于人家众多,并不是每一户都可在厨房里得到一个位置,于是,走廊,阳台也都另辟蹊径,成了厨房。傍晚,各家下班回来,大人们烧饭洗菜,孩子们嬉耍玩闹,充满了一种公社化生活的气氛。这所有的房屋,又都因为失修,流露出破败的景象,外部的墙面石灰剥落,露出砖缝,内部的地板几乎一律松动,夹层间栖宿着老鼠,天花板上几乎都有着漏水的痕迹,电线暴露。昔日的洋房只留下一个名誉了,内中的生活是不堪推敲的。"

小平时代中国追求个人财富和个人自由的狂热——所取代时,无产阶级却通过寓言,在现代化意识形态的"文化"中心卷土重来:他们现在彻底地、迅猛地转向了——个人式的、私有的、以自我利益为中心的然而却带有某些空洞或虚饰的文化尺度的——资产阶级现代化自我形象,使历史大潮屈从于全球化资本主义时代的消费大众。当然,所有这一切在这里仅仅是暗示性的。只有在某种历史洞见当中,我们才能适当地解读这一暗示。这一洞见对于那些见证了90年代晚期和21世纪早期上海剧变的人来说,不是不可接近的。

这座城市正在衰老的脸孔(城市传奇无私而欢快地在这张脸上茁壮成长、繁衍生息)同它文学上的对应物——《长恨歌》中那个正在衰老的女人、前上海小姐王琦瑶——混合在了一起。将这座城市与这位衰老了的美人联系在一起的是一种抽象的脸部机器,一种拟人/拟声手法(prosopopoeia),它给予已故者或缺席者脸孔与声音,赋予根本没有意义之物以意义。正如德勒兹所说,拟人手法是一种修辞,它给予无形的、不可理解的世界形态和意义;它自己的比喻性(figurality)标记缠绕着这一比喻,事实上,这种比喻性只是暧昧地掩饰了语言背后这一黑暗世界的虚无。(A Thousand Plateaus, p. 188)如德曼所言,拟人手法是"对缺席者,死者或无声实体的一种虚构,它赋予后者回答的可能性和言说的权利"①。旧上海衰败的身体除了自己的面容之外,还携带有信息吗?从它张开的嘴里发出的声响有何意义?王安忆《长恨歌》中记录下来的弥漫一切的忧郁,必须按照反对意义虚无之斗争(或仅仅是面对这一虚无时的空间)来理解,这一斗争超越了历史的死亡面具。②

针对这样一种城市背景,王安忆笔下一系列上海女人的形象变得清晰了。实际上,所有女主人公身上都有某种共同点,王安忆认为这种共同点绝不是那种老套的上海式娇柔。相反,她告诉我们,这一共同点完全是反浪漫的,同上海日常生活残酷的物质条件和社会条件缠绕在一起:

---

① de Man, "Autobiography as De-facement." In *The Rhetoric of Romanticism*. New York: Columbia University Press, 1984, pp. 75-76.

② 对于《长恨歌》更为详尽的讨论,可参看第四章。

切莫以为有那几行悬铃木,上海这城市就是罗曼蒂克的了,这里面都是硬功夫,一砖一瓦堆砌起来。你使劲地嗅嗅这风,便可嗅出风里沥青味,还有海水的咸味和湿味,别看它拂你的脸时,很柔媚。爬上哪一座房子的楼顶平台,看这城市,城市的粗砺便尽收你眼,那水泥的密密匝匝的匣子,蜂巢蚁穴似的,竟是有些狰狞的表情。你也莫对那二十年、三十年的旧梦有什么怀想,那只是前台的灯火,幕后也是这密密匝匝的蜂巢蚁穴,里头藏着的,也是咬牙切齿,摩拳擦掌的决心。①

王安忆从没有对于上海女人身上那种颠倒的城市形象视而不见。在这种寓言身份和意义之中,不连续的时空找到了叙事和语言。1995 年,在《寻找苏青》这篇散文里(同一年《长恨歌》出版),王安忆在 40 年代流行小说女作家的形象中捕捉到了上海作为被解构了的"传奇"的时空结构:

说起来也是,这城市流失了多少人的经历和变故,虽说都是上不了历史书的,只能是街谈巷议,可缺了它,有些事就不好解释,就有了传奇的色彩,这也就是人们常说的,上海历史的传奇性的意思,其实,每一日都是柴米油盐,勤勤恳恳地过着,没一点非分之想,猛然间一回头,却成了传奇。上海的传奇均是这样的。传奇中人度的也是平常日用,还须格外地将这日用夯得结实,才可有心力体力演绎变故。别的地方的历史都是循序渐进的,上海城市的历史却好像三级跳那么过来的,所以必须牢牢地抓住做人的最实处,才不至恍惚若梦。②

上海女人的坚韧和实际,与标准的上海中产阶级男子形象构成鲜明对比,40年代作家师陀在他的《上海手札》中反复指戳这些人为"小资产阶级空想家"。施蛰存自嘲式地视为"上海感伤"的事物,在王安忆看来,却是上海中产阶级小心收集的日常生活具体事物,他们将这些视为"秘密"行乐或"偷"乐的来源。这是"小文学"传统的题材内容与真理内容,王安忆试图藉此创

---

① 王安忆:《上海的女性》,见《人世的沉浮》,上海:文汇出版社 1996 年版,第 359—360 页。
② 王安忆:《寻找苏青》,见《重建象牙塔》,上海:远东出版社 1997 年版,第 45 页。下文直接在括号里标出引文页码。

造出现代都市上海的社会文化谱系。"小"这个形容词暗示出,相对于主流文学及意识形态话语构筑起来的历史,它是非法的,然而,它同时也暗示着支撑这座城市的坚韧、坚忍和求生意志。正如王安忆所说:

> [上海的日常生活]有着一些节制的乐趣,一点不挥霍的,它把角角落落里的乐趣都积攒起来,慢慢地享用,外头世界的风云变幻,于它都是抽象的,它只承认那些贴肤、可感的。你可以说它偷欢,可它却是生命力顽强,有着股韧劲,宁屈不死的。这不是培育英雄的生计,是培育芸芸众生的,是英雄矗立的那个底座。这样的生计没什么诗意,没什么可歌泣的,要去描写它,也写不成大篇章,只能在报纸副刊的头尾占一小块,连那文字也是用的边角料似的,是一些碎枝末节。(《寻找苏青》,第44—45页)

在这种"小块、边角料、碎枝末节"的文学中,苏青的形象是上海女人形象的结晶,这一形象又回过头来使她们所居住的城市变得可见而持久。然而,就此种文学的寓言化循环而言,重要的是上海城市文化轻浮外表下面不变的和结构性的东西最终呈现了出来:

> 人们只看见上海女市民的摩登,因这摩登是欧美风的,尤以巴黎为推崇,于是便以为上海女市民高贵优雅。却不知道她们的泼辣。张爱玲的小说里写了这泼辣,可小说是小说,总是隔一层。要看苏青的文章,这泼辣才是可信的。那能言善辩,是能占男人上风的。什么样的事她不懂?能瞒过她的眼睛?她厉害,刻薄,却也不讨人厌,这便是骨子里的世故了,是明事理的表现,也是经事多的表现。面上放开着手脚,无所不往的样子,心里却计算着分寸,小不忍却不乱大谋。是悉心做人的意思,晓得这世界表面上没规矩,暗底下却是有着钢筋铁骨的大原则,让你几分是客气,得陇望蜀却不可。所以她不是革命者,没有颠覆的野心。(《寻找苏青》,第47—48页)

通过上海日常形象的具体性——当然首先是上海女人的形象——王安忆耐心地探讨了一种运转中的生命政治,它填平了现代都市遗忘的鸿沟、遗漏和空无。在女性智慧及其取之不尽的活力、狡黠和坚韧与"巨大的、百折不挠的、颠扑不破的规律和法则"之间,一种关于城市/现代的新的辩证法和语言正在成型。

## 六

有关上海的各种话语,似乎都默认这样一个不言自明的假设:只要是中国的就不是现代的,只要是现代的就不是中国的。这一假设奠定了整个中国现代史上风行海内外的上海文化热的基础。张春桥塑造激进的、形而上学式的上海形象,标志着超越这一二元对立的努力,却仅仅使"中国问题"(a Chinese problematic)消失在绝对话语和普遍主义目的论当中。各种反话语,尤其是那些90年代才出现的反话语,试图对元历史叙事进行意识形态上的颠覆,却仅仅认同了、普遍化了被压抑的、不成熟的中国资产阶级文化,后者被启蒙、革命、民族国家、大众、社会主义等范式切断、抹杀。然而,上海可以表明自身既不是"现代"或"中国"某个物化的、化约的、扭曲的版本,也不是两者胡乱的混合,由此上海的形象可以变得更为清晰。上海城市文化的实存表现为非地域化和重新地域化(deterritorialization and reterritorialization),它遵循的是另一条逃逸线,形成的是另一个同一性平面。也就是说,上海的现代性与中国性只能被理解为某种比现代更现代、比中国更中国的东西。然而,这样做,上海就必须找到一种方式,使自己相比于他人强加或自我强加的形象或是几代人一再塑造的"媒介的共同体"里的形象更小、更卑微、更"脚踏实地",更没有形状、缺乏意义,更加不具备地域性。上海神话的揭穿,为这座城市进入更大、更重要的语境做好了准备。

在《千高原》(*A Thonsand Plateaus*)里,德勒兹和迦塔利引用了亨利·米勒(Henry Miller)的一段很长的话(这段话与中国可能有点关系,也可能没有什么关系)。米勒可能是在谈论上海,或是现代性,他谈论的方式让人想到了王安忆:

> 中国是人类菜地里的野草……野草是人类劳动的复仇女神……在我们归于物、动物和星辰的所有想象性存在当中,野草可以导向最为令

人满意的生活。的确,野草不产百合,不产战舰,也不产基督登山训诫。……可最后野草却占了上风。最后事情总是落入了某种中国状态。历史学家们往往称之为黑暗时代。野草是唯一出路。……野草之所以存在,只是为了填补耕地剩下的荒地。它在其他事物之间生长。百合花是美的,罂粟花是令人发狂的——但野草恣意生长。……它指向一种道德。(*A Thousand Plateaus*, pp.18-19)

德勒兹和迦塔利没有让自己被米勒糊弄过去,他们很快就问:"米勒说的是哪一个中国? 旧中国,新中国,想象中的中国,还是不断变化的地图上的中国?"

这当然都是不错的问题。但是,我想转换到另一个话题上来结束这一章:语言、书写和文学。

在《卡夫卡:走向小文学》(*Kafka: Toward a Minor Literature*)里,德勒兹和迦塔利是这样给"小文学"定义的:(1)小文学的语言极受非地域化影响,也就是说,它由多数语言中的少数语写成,诸如布拉格的犹太人卡夫卡用德语书写;(2)小文学里的一切都关乎政治;(3)小文学里的一切都具有集体价值。① 然而,上海是用什么语言写成的? 它是不是由少数人(上海人)用多数语言(汉语)写成的? 这一多数语言是否在现代上海特殊的时空里不是汉语(毕竟汉语不是世界上的通用语)而是别的语言呢? 妹头打断了丈夫用普通话喋喋不休地谈论哲学,是不是她被某种不属于自己的方言惊扰了呢? 或是这种方言传递出的东西对她来说相当陌生,甚至威胁到了她舒适的日常生活? 阿三被外语深深迷住,这是错位的文化和政治认同的征兆,还是仅仅只是一个外省女孩对国际性语言的痴迷? 如果上海话语的书写机器来自"少数"立场,那么这一少数结构的政治和集体价值又是什么? 回荡其中的另一个完整的故事又是什么? 正是这个故事将小文学与大文学——即完全关于个人、恋母情结的、资产阶级的文学——进行了对照。或者说,这种"小文学"实际上是否只是一种主流文学? 或梦想和幻想成为一种主

---

① Deleuze and Guattari, *Kafka: Toward a Minor Literature*. Trans. Dana Polan. Minneapolis: University of Minnesota Press,1986. 下文直接在括号里标出引文页码。

流文学？

王安忆从女性角度（但不是女性主义的角度）对于上海日常生活的书写揭示出一种理论和政治上的纠结或者说矛盾，这一矛盾本质上是历史的：我们不应该问她的书写可以为女性文学带来什么，而应该问女性文学可以为激进地反思历史宏大的架构——这一历史嵌入、植根于日常生活不可化约的物质肌理和"小"的肌理当中——做些什么。正是这种对于日常生活（既是具体的细节，又有全局性的反讽）的唯物主义式把握，使王安忆的书写超越了我们所知的西方语境中的女性主义和意识形态批评的学院限制。此外，这样一种超越凭借具备新的活力、严谨性和动力性的现实主义传统，呈现出了自身的逃逸线或者说"非地域化"。

当现实主义在王安忆的上海书写里展开时，正是它作为某种再现和认知测绘的新生力量，使对于"大"、"小"文学之间辩证法的批判性重构变得清晰了。小文学概念对于批判性地重新考察现代文学来说颇具切关性，而杰姆逊颇具争议的民族寓言概念，他关于第三世界文学的论断可以凸显出这一切关性。在他看来，所有第三世界文学必然都是关于政治情境中生死斗争的集体性叙事。由此看来，五四文学—文化传统，包括它在中华人民共和国文学生产中的延伸，可以说是小文学的范例。然而，上海话语在国际"少数性"的语境里（这一少数性成了国内"多数"——即中国左翼知识分子的新文学和话语现代性），成了某种"少数"构造和政治驱动的美学。它通过非地域化，躲开了国家，跟普遍的、真正的"多数"或者说资产阶级个人主义传统结成了联盟，现代中国左翼文学主流正是通过反对后者，成为了"小"传统。我们可以将王安忆的书写视为对于"大""小"文学之间平稳的、在意识形态上得到捍卫的二元对立的激进反转。也就是说，她的叙事必须被视为出于张扬集体文学事业的目的，对于资产阶级文学和审美武库的极佳挪用。在这个意义上，王安忆的书写成了确证中国社会主义"正当性"（避免用历史必然性的说法）极有意义的证词，这一社会主义绝不仅仅是某种社会方案，也是一种文化，一种生活形式。严酷地阐释这一语境中的历史、文化、阶级意识和政治认同，暗示出现代中国不同话语、范式和象征秩序间的共存、交叠甚至是共生的关系。它还呈现出非地域化和重新地域化之

238

间无情的运动,通过这种运动,不同的意识形态体系以牺牲其他体系来寻求自己的此世及后世。在所有这一切当中,上海的故事变成了我们所有人的问题。由此,德勒兹的问题和修辞性的回答如下:"怎样从它自己的语言里扯出小文学来,让它可以质疑这一语言并使它走上一条清醒的革命之路?怎样才能变成与自己语言息息相通的游牧者、移民和吉普赛人?卡夫卡的回答是:抱着摇篮里偷来的婴儿走钢丝。"(p.19)

(张维维译,朱羽校)

# 第六章 "妖精现实主义"与"社会主义市场经济":《酒国》中的语言游戏、自然史与社会寓言

对于那些努力为市场经济时代的中国寻求定义,或是寻求某种具有一致性的描述的人来说,莫言的《酒国》提供了一种想象中的解决方案,一种审美快感,甚至一种道德净化(catharsis)。这当然并非是说我们可以从莫言的小说中看到关于中国的清晰图画,而是说在《酒国》中,所有与当代中国联系在一起的幽暗、矛盾、混沌,尽管在分析理性看来非常令人费解,但在一种叙事艺术品的界定中,则变为一种"诗学规范",它以"或然性"(the probable)同"实然性"(the actual)形成对照,并通过一种写作的自主状态而达到了亚里士多德所谓的"比历史更具哲学意味"的诗的高度。这部奇异、滑稽、令人晕眩而又极具诱惑力的小说,在文字上带有莫言特有的泥沙俱下的粗犷,在风格上带有汪洋恣肆、打破固有文类边界的实验特征。在这一实验中,写作的纯粹能量、多样性、游戏性,在不断将叙事的特定形式推向崩塌边缘的同时,为"再现"提供了各种新的可能性。在这一坐落于幻想与纪实之间的虚构空间之中,总有一些令人激动的富有"现实主义"特征的东西,既因为它对我们来说是熟悉的、可辨识的,也因为它触及了"历史真理"与"价值判断"这些更重要的层面。所有这些,使得读者不得不心生好奇:《酒国》中高强度的语言与形式游戏,是否仅被用来提供一种"审美庇护所",并从中对市场经济的社会风景发起了一场最无情、最轻蔑的进攻——既在社会讽刺的意义上,也在"道德—寓言"的意义上。

但我们也必须看到,作为一个农村背景的现代主义者,莫言的作品从一开始就没有对社会分析、道德批判、政治介入表现出明显的现实主义倾向,

240 对于中国文学生产领域令人眼花缭乱的多样风格,他也并未表现出任何固定立场,尽管莫言的文学生产具备明显的风格上的延续性——这可以追溯到 80 年代中期,那个时候他的创作风格被命名为"魔幻现实主义"。人们看到的莫言更像是一个带着农民的智慧与狡黠的游击队战士,始终对中国日常生活的快速都市化与商品化投以厌烦的目光。一方面,他的作品在政治和道德层面上腾挪躲闪,避免作任何直接的价值判断;另一方面,他在形式与寓言层面上却又表现出一种大胆的强度和激进性。在莫言的世界中,现象世界很少得到再现,而是被"形式—叙述"空间所吞没,并由一种无情的虚构逻辑转化为寓言性形象。在这个意义上,颠倒的反而成为真实的。莫言小说的"叙事",显然并不仅仅是反映"实在界"(the real)的渠道,但也正是在其作品的叙事构造中,90 年代中国的诸种碎片化的现实,找到了自身的形式与道德的确定性,甚或意义——它们常常栖身于"眼花缭乱的暧昧性"、过剩、亵渎、"无意义"的形式之中。对于一个尚缺乏社会—历史框架和道德—政治属性的蓬勃展开的新时代来说,这是 90 年代中国诸种失根的、无家的、彷徨的经验、意象、记忆与幽灵的"象征性栖居"(symbolic dwelling),它既带有一种宿命论的无可奈何,又觉得自己生逢其时,被赋予了某种特殊的历史使命。从这点看来,《酒国》中的"酒国市"恰恰象征醉汉眼中呈现出的中国:模糊但依旧鲜明;奇异、荒诞但仍具有一种独特的逻辑性;令人抓狂的自相矛盾,但又具有令人惊叹的、无可置疑的明确性。一方面,这是一种"自然史"的沼泽,里面有着所有或陈旧过时、或刚被创造出来的表达、姿态、理念的混乱的呢喃。在另一方面,借用拉康对"无意识"的观察,"酒国"也是像"语言"一样被组织起来的。如果要用一种超越犬儒主义的态度阅读《酒国》,并抵制以最负面的态度、最具"颠覆性"的眼光去看待今日中国的诱惑,就需要抓住《酒国》中处于活动状态的语言,去辨识出这一语言的语法,一种与旨在交际、再现、编码的传统理性的语言相对抗的语法。《酒国》中所截取的世界,是与清醒意识相对立的梦的世界。这也是一种被挫败的心灵状态———一种方向错乱、精神分裂的心灵状态被投射到当代中国经济、社会、文化矛盾和混乱的客观呈现上。在这样一个镜像空间(mirror house)里,内在领域与外在领域都被消解为属于"震惊"经验的各种零碎的肢体,在社会—文化的幻景(phantasmagoria)中无助地飘浮。在这样的幻景中,那些不敢在社会主义市场经济的光天化日下说出自己名字的人们,在一个放荡、狂饮、吃人、谄媚、诱惑、欲望、贿赂、阴谋、野蛮、死亡的"夜"的世界,一个地下的但仍具正当性的世界中,发现了他们的自由与迷狂。

## 叙事的分裂

《酒国》包含了三段并置又相互联系的叙事,这些分化而又统一的叙事处于这篇小说结构设计的中心位置,反过来加强了小说辩证的张力,而这一张力有助于凸显小说寓言式的"尖锐"和再现层面上的生产性。

直接摆在读者面前的是小说文本主要部分,也就是特级侦察员丁钩儿对"酒国"所谓"吃人案件"的调查。为了便于区分,我们可以将这一叙述称为"叙事1":"规范的虚构"(the properly fictional)。

第二种叙事则由"莫言"与业余写作者"李一斗"(或酒博士,酒国市酿造学院勾兑专业博士研究生)的通信构成。他们来回信件的主要内容大多是李一斗要求"莫言"帮他在《国民文学》杂志上发表小说,这个叙事最终结束于小说结尾"莫言"的酒国之行,以及他在那里与各种人等的会晤和活动。像大多数私人通信一样,这些信件谈到了范围相当广的、大大小小的事情,涉及当代中国社会的方方面面,并对此作出了种种议论。在这些各式各样的话题所触及的众多事情之中,有两条脉络的持续发展值得注意:一是"莫言"对李一斗从事文学职业的鼓励,这些鼓励性的意见,在虚构的"真实"(作为小说人物的莫言对一名素昧平生的文学青年的忠告)与双重虚构(即这种忠告所包含的反讽性的自我指涉)的层面上,都具有社会批判性和道德的寓意色彩。另一条脉络则是李一斗稀奇古怪、自成一家的语言特征和信息过剩:大量的奇闻逸事、流言、抱怨、小报告,等等,出自于一个自告奋勇为大作家提供地方知识、谄媚而又自以为是、竭力求人欣赏和提携的地方业余作者之笔。这里我们看到作者在小说中以真名与他的书迷交流,这个书迷不只是一般意义上虚构的产物,而是一个在"叙事1"所虚构出的地点——"酒国"中生活、工作并不断打小报告的"真实人物"。我们可以称这个叙事为"叙事2",即"虚构的非虚构"(the fictional nonfiction)。

第三个层面或维度则由一个自成一体的小系列构成,它包含了"叙事2"所设定的"真实人物"或"非虚构人物"李一斗所写的九部彼此多少有些相关的短篇小说。这些故事当然很"糟糕"(但也正是作家莫言本人极具艺术才华地将它们写得如此之糟糕):没有任何虚构作品的一致性,缺乏基本的形式上的合适感,更不用说(审美)自律性了,但与此同时,这些失败之处也恰恰反映出在这三种叙事中贯穿着一个重叠、平行、空白、省略的网络。在这个意义上,由传统的"小说"概念所界定的"糟糕"或"低于标准",在"寓言"的领域转化为一种非常欢闹的、具有生产性的、引人入胜的东西。在某种程度上,这些短篇小说序列构成了对现代中国文学史主要范式的一系列有意识的戏仿,模仿其主流写作风格以及相关主题,其中最明显的是李一斗用《肉孩》戏仿鲁迅的《药》。但在更直接的意义上,这些"李一斗"的作品似乎是在以"创新"或"现代化"的名义,气喘吁吁地追赶贯穿整个中国改革时代的世界文学潮流,因此它们也构成了对"新时期"以来当代文学史的戏仿。这些故事,可以视为结合了两种对立的性质,即对"酒国"中现实与超现实之物最"现实主义"的描绘,与一种最具幻想性、无形式感的、反传统的"说故事"形式结合在了一起。这一结合使这些故事构成了一本记录种种笨拙手法的"文学写作"手册,以及对各种风格尝试的"实验"与多变标签的夸张铺陈:它们被"作者"李一斗一一命名,诸如"严酷现实主义"、"妖精现实主义"、"魔幻现实主义"、"新现实主义"、"革命现实主义与革命浪漫主义的结合",等等。我们可以将此称为"叙事3":"虚构的虚构"(the fictitious fiction)。

叙事的分化,以及这三个被区分的、半自律的叙事领域的互相重叠和渗透,对于这部小说的组织性结构与"再现—寓言"野心来说,是非常关键的。首先,它通过叙事的分化,扩大、深化了小说的形式空间,同时也回应了"社会—经验"总体性的复杂性与多样性——而这种总体性同时也指向一种"象征—寓言"的总体性。相对于单一叙述声音或叙述视角,小说的多重叙述声音与叙述视角——莫言、莫言—李一斗、李一斗——创造了一个高度柔软、具有生产性的"流动视角",这一"流动视角"带来了对于同一个寓言空间反复进入的可能性(从不同的角度,带着不同的道德和再现诉求)——这样的叙述设计也从一种貌似"现代主义"或"实验性"、实际却深陷于自身诸种"形式—风格"局限的传统"虚构写作"之中,发动并生产出一种"标准线下的虚构"(subfictional)与"虚构之上的虚构"(meta-fiction)。"标准线下的虚构"包括"虚构的写实"、信件体等等;"虚构之上的虚构"则呈现为莫言这篇小说在虚构性上的悖论,即叙述者对小说整个生产过程的揭露、展示与说明——这里有着作为生产者之作者的活动。有意思的是,对"标准线下的虚构"与"虚构之上的虚构"的发明,并未破坏小说最根本的现实主义本质——"摹仿"与"再现",而是通过将"规范的虚构"重新配置并重新建构为恰如其分的现实主义(这一"现实主义"既与"叙事2"中通信体的、记录体的叙事相对,也与"叙事3"中"幻想的"、"寓言"的叙事相对),最终加强了小说的现实主义本质。如果莫言在90年代最具野心的风格实验,可以视为对现代主义的追求,那么它也是一种期待实现、同时也有能力实现与现实主义结盟的"晚期现代主义"——这一同现实主义结成联盟的期待,具有某种历史与政治上的必然性。在莫言90年代的作品中,"现实主义"与"现代主义"这两个传统似乎在一个更"严酷"、更"妖"(李一斗语)的寓言地带实现了结合,这样一种寓言化的写作既是遥远的、古代的,也是更"现代"的——因为它更"后现代"。

  这可以从《酒国》对"市场经济"的多层面展现中看出。首先是它惊人的再现能力:通过"叙事"的内在分裂、碎片化,以及向某个"寓言"领地的迈进与拓展(这一"寓言"领地正坐落于形式本身的坍塌与弥散之上),达到一种叙事的扩散,借此来容纳并覆盖一种断裂的(令人迷乱的断裂)、精神分裂的但又极具生产性与能量的现实。审美探险(或冒险)似乎已经以"主体位置"或"自我意识"为代价,还清了债务——这一代价表现为:由"世界的异化"所带来的"主体位置"或"自我意识"的崩溃、中断、分解和挪用。比如通过与对立面交换自己的特质,"主体位置"或"自我意识"变为"动物"、"物"、"他者",变为"非我"——这些都作为叙事有效、积极的元素被调动并运转起来,以此呈现一个脱节了的时代——这个时代在"思想"中被把握,或者更准确地说,在一种寓言沉思中被把握。值得注意的是,这样一种再现和表象上的总体性的实现,并没有掉入道德、意识形态或审美的古板的一体化当中去,而是通过与一个活生生的世界相共存,或在世界中存在(being-in-the-world)来获得。这个活生生的世界既包括商品经济的新的恶魔,也包括多重传统的旧的幽灵,以都市为中心的与以乡土为基础的,世界主义的与地方的,等等。所有这些都证明,莫言的作品针对今日中国的社会与日常生活提出了自己的主张,向人们发出了参与作品的寓言化狂欢的邀请。尽管这一狂欢带有寓言式的狡猾、讥讽和距离,却仍然饱含激情地迎战现实中的一切。

## 主体的破碎

侦探小说的文体在《酒国》的开篇几章很快就被消解为一种拼贴画(pastiche)。所有可能搞错的事情,果然应验在了这位"顶呱呱"的侦察员身上。在到达酒国前,丁钩儿和一个女司机调情,后来和她上了床,最终却发现这个粗俗却难以抗拒的勾引者原来是市委宣传部副部长,也是丁钩儿"吃人案"调查的主要嫌疑人"金刚钻"的老婆,她是"金刚钻"派来的诱饵。在叙事中可以看到,丁钩儿这个调查者的荒唐行为,总是伴随着既清醒,又常常是自我批评、自我嘲弄式的对情境的反思与估计。有意思的也正是,尽管丁钩儿很具自我意识,他却从未试图抵抗诱惑;即便他早知真相,恐怕也是既不愿也不能抵抗诱惑。这种不可避免性可以从下面的细节中看出。当经过一圈粗俗的交换后,丁钩儿,带着难以抑制的兴奋,感到"自己的精神像一只生满蓝色幼芽的土豆一样,滴溜溜滚到她的筐里去"①。从一开始,丁钩儿在女司机身上所感受到的吸引力就与一种"警戒"、"怀疑"甚至"恶

---

① 莫言:《酒国》,海口:南海出版公司2000年版,第2页。整章中,除特别注明外,引文所标页码均为此书页码。

心"联系在一起——对于她的粗俗、她的粗暴甚至暴力的动作、她的生理特征的反感——比如,小说中描写道:"她的唇凉飕飕的,软绵绵的,没有一点弹性,异常怪诞,如同一块败絮。"(第4页)这里的悖论是:判断力与自制的丧失,并非是缺乏经验或不够职业化,而恰恰是由于经验太丰富,太过职业性了。

尽管如此,他们之间的猫鼠游戏依然在不间断地继续,伴随着早已注定的厌倦,以及对诸种欲望、嫉妒、想要自我证明的冲动的瞬间满足——所有这些并非要对上述这些主题进行批判性审视,而是仅仅发挥了一种"形式主义"功能,即将叙事推向寓言的层面。"尽管肩负重任,但一个够腕的侦察员是不会把女人与重任对立起来的。"丁钩儿脑海中划过的这个念头,成了他超乎寻常的职业技能和职业荣誉的提示——尽管这些是以他同事的玩笑话作为印证的:"丁钩儿用鸡巴破案。"(第3页)①这位特级侦察员最终爱上了那位女司机,而且当他知道她也是一尺酒店的侏儒店主余一尺的第9号情妇时,出于嫉妒向她开了枪。

这位特级侦察员对诱惑无抵抗的屈服,或者说,他对自己的经验与技能的过度自信(这反而证实了他行为的不够"职业",不计后果),在小说中并没有被描绘为个性上的缺点,反而成为主角的中心性格。考虑到他并非一个现实主义意义上的主角,而是一个经验丰富的现代主义作家的创新作品中的"寓言"式人物,丁钩儿的中心性格反过来应当被理解为一个既具再现性又有寓言性的双重构造,后者既指向社会讽刺和道德批判,也同时与叙事中的形式必然性相得益彰。对"意识—无意识"这一上下层级的颠覆,或者在面对"情欲"时道德权威的崩溃,同时伴随着性别角色的颠倒,甚至是特级侦察员与女司机饱含色情、怪异与暴力的做爱场景中身体位置的颠倒,在这一系列场景之中,对女司机既渴望又厌倦的男性追逐者被描绘为一个"无力"的被强奸者,用小说中的话来说,就是:"猫变成耗子,审判者变成了被审判者。"(第175页)甚至他的手枪也被女司机夺去,在性爱前戏中对准了他。在追逐自己的欲望对象,并力图把执行任务中的越轨行为合法化时,丁钩儿这个特级侦察员完全处于一个面目不清的犯罪世界的支配之下,并

---

① 这最后一段在《酒国》英译本里没有出现。

已全然被一种比致命的诱惑更神秘的"引力场"事先决定了,甚至过度决定了。

我们还可以从丁钩儿与酒的关系中看出同样的逻辑。如果说这个特级侦察员对性的追逐既是偶然性的,又是不知足的,那么他对狂饮的拒绝则要坚定得多,就好像他是唯一的节制者,这是因为他的身份总是将他放在一个谢绝饮酒的最佳位置上。如果说这个特级侦察员是自动地进入性的陷阱,那么对于酒来说,他就总是要与之争斗一番——只是因为酒宴离"虎穴"及吃人主题非常接近——可是每一次的挣扎都以失败告终。丁钩儿与酒的第一次相遇,不亚于一场酣战,一场关于词语、诡计、智慧的激烈决斗,与之相关的问题是:怎样动员甚至滥用各种有案可查或尚未写就的社会风俗、文化规范和道德—情感构造,从而使自己占上风并让对方屈服,所有这些爆发出一大套无休无止的语言狂欢,而这正是莫言小说的标志。

第一章第一部分的喝酒场景,正是由典型的中国式不知疲倦的敬酒(或干脆说是强迫客人在酒席上喝酒)拉开帷幕。特级侦察员丁钩儿已经向接待他的主人——酒国郊外的罗山煤矿矿长和党委书记——解释了自己的任务,并宣布了自己的"不喝酒政策"。但在接下去的章节中,地方上的主人不断说服、哄骗丁钩儿越喝越多,直到他醉得像一条鱼。随着越发迷醉以致"中毒",丁钩儿不断放松警惕、失去意识的过程,在一拨接一拨的要求"喝干"的语言狂欢中,以一种欢闹的、细节毕现的甚至极具宗教性的方式呈现了出来。必须喝的理由当然仿佛是无穷无尽的,而且总那么具有说服力:爱国主义的修辞(抵制洋酒,喝中国酒);为国家做贡献(酒是国家的重要税源);显示上下级亲密关系;地方风俗(所谓"入座三杯");代表煤矿工人阶级,打着"孝"的幌子(敬酒者以自己"八十四岁老母亲的名义"),等等。伴随着必然发生的、带有色情意味的走神(丁钩儿看到:"几位像红旗一样鲜艳的服务员在餐厅里飘来飘去。"第44页),这一长串敬酒词可以视为在当代中国仍然有效的一整套"说服性"与"正当性"话语的索引——同时也是这些话语背后杂乱而相互矛盾、相互重叠的社会、伦理、文化、心理代码的客观索引。每次当别人敬酒并力劝之后,丁钩儿最终都一杯一杯地喝干了。很快,他所面对的就不再是潜藏的罪犯,而仿佛是他的亲兄弟,故而

## 第六章 "妖精现实主义"与"社会主义市场经济":《酒国》中的语言游戏、自然史与社会寓言

他听到的只能是这些话:

> 老丁同志,其实咱们是一家人,咱们是一母同胞亲兄弟,亲兄弟喝酒必须尽兴,人生得意须尽欢,欢天喜地走向坟墓……再来……三十杯……代替金副部长……敬你三十杯……喝喝喝……谁不喝不是好汉……金金金……金刚钻能喝……他老人家海量……无边无涯……(第49页)

酒席上的道德和酒徒间的平等,只不过是莫言对今日中国的寓言性再现的一个线索。当丁钩儿被人陪同走向位于地下的酒宴时,他感到脚下的道路不是通向酒宴而是通向法庭,并且"处在被押解的位置"的并非他要侦察的人,而是丁钩儿自己。这里我们已经可以看到法律、道德角色与价值、权力的交换与颠倒。在被酒精彻底打倒之后,丁钩儿发现他已经完全处于他所怀疑的地方主宰——矿长与书记的控制之下:

> 党委书记与矿长一左一右夹着他,用拳头擂着他的脊梁,用宽慰的话儿、劝导的话儿喂着他的耳朵,好像两位乡村医生抢救一位溺水儿童,好像两位青年导师教育一位失足青年。(第50页)

与敌同饮同眠,在某种程度上将他送入黑暗中心——以金刚钻(既是所谓党的领导人,也是酒桌上的无冕之王)、传说中的红烧婴儿、驴街上的一尺酒店为代表;由此,在到达酒国后,丁钩儿即便事实上并非同谋者与叛徒,他的形象也始终呈现为一个失败者、一个牺牲品、一个背弃者、一个俘虏。也就是说,他不辞辛苦来到犯罪场景的中心,唯一的目的似乎只是为了宣告犯罪世界的胜利,以及为这种胜利的必然性提供解释。最终,在他对处于同一条船上的罪犯想象性的追逐中,"饱受苦难的特级侦察员"跌进了一个露天的大茅坑,"那里边稀汤薄水地发酵着酒国人呕出来的酒肉和屙出来的肉酒,飘浮着一些鼓胀的避孕套等等一切可以想象的脏东西。那里是各种病毒、细菌、微生物生长的沃土,是苍蝇的天国、蛆虫的乐园"。在"地球引力不可抗拒地引他堕落",脏物封了他的嘴之前,他发出了最后的喊叫:"我抗议!我抗——"(第338页)

如果说主体的瓦解在"规范的虚构"层面,是借丁钩儿的死亡折射出来的——它的寓言性意义很显明植根于"讲故事"中,那么小说的主题或

论证则是在"虚构的非虚构"与"虚构中的虚构"这样的层面上呈现出来的。它所借助的形式恰恰是李一斗乱七八糟的语言与过剩的想象力,这也要求某种不同的解释途径。在他给莫言的信和他自己的短篇小说中,李一斗显示出一个倾向:从广泛而不同的社会、政治、历史、文化语境中,将词语、成语、各种表达胡乱填塞在一起,随意地使用它们却不加任何界定或辨析,不断影射它们却完全脱离语境地使用它们,任意扭曲这些词语以给出自己的观察和论证。《酒国》的英文译者葛浩文(Howard Goldblatt)一方面承认:"莫言的这部作品充满了双关语、风格化散文、影射——古典与现代、政治与文学、文雅的与粗俗的——还有许多山东方言。"一方面又下结论说:"说明这些并没有太多意义,倘若读者不是中国人,就更不能明白其中的意思。"①但对具有批判性的读者来说,这样的说明可能是必要的,而且似乎很有道理——如果读者可以欣赏语言层面与语义层面之间、语言建构与社会经验之间、话语沉淀与历史记忆的多重性之间的联系——所有这些也都指向主体的破碎的寓言与其社会—道德及文化—思想形式之间的联系。

李一斗如何使用语言的一个例子,可以从他最初写给莫言,表达他想做作家的信中看到:

> 您的话像一声嘹亮的号角、像一阵庄严的呼啸,唤起了我蓬勃斗志。我要像当年的您一样,卧薪吃苦胆,双眼冒金星,头悬梁,锥刺骨〔股〕,拿起笔,当刀枪,宁可死,不退却,不成功,便成仁。(第58页)

乍一看,这些话好像是纯粹的废话,一种"语言拉稀"般的症候,如此看来,英文译者认为这些对外国作者都是无意义的看法也是对的。但这里显然还有扎根于特定的、截然不同的历史时期的"口头用语":"号角"、"唤醒"、"斗志"——这些都是"文化大革命"时期社论、宣传材料和大字报的好斗的语言与意象。然而,接下来却是一联五言对句和数句三言短语,这是对古典

---

① 参见莫言《酒国》英文版,葛浩文(Howard Goldblatt)译,纽约:拱廊街出版社2000年版,p. v.

五言诗和古代中国童蒙读物《三字经》的滑稽模仿。"卧薪吃苦胆"说的是战国时期越王勾践不忘曾经身为吴王夫差阶下囚、立志复仇的故事,然而这种对于古代经典的指涉,却因为后面跟着令人措手不及的、平板的俗气语句(虽然也是五言)而被粗鄙化了——"双眼冒金星"。"头悬梁、锥刺股"源于《三字经》,说的是科举时代的读书人如何强迫自己不打瞌睡;而"拿起笔,当刀枪"却是革命青年投笔从戎的写照,甚至进一步让人联想起教科书上对鲁迅杂文的评价,即掷向敌人的匕首、投枪。可是接着而来的又是"不成功,便成仁",这是蒋介石对国民党将领们的要求,这句话通过建国后描绘解放军大破国民党军队的战争电影而妇孺皆知。

在李一斗给莫言的信以及他颇具个性的短篇小说中还有许多别的例子。语言的漂泊、偏离、平面化与坍塌作为一种"社会惯例",与其去中心化、去历史化、过剩的、强迫性的延展,最终在"叙事 2"、"叙事 3"中的"现在"这个无时间的空间中自由飘浮式地弥散——所有这些,都是对"叙事 1"里"自我解构"之"再现"的某种自在自为的、潜在的寓言性补充。放纵的能量的"无主体"过剩,成为对所有过去时代(古代与现代,跨越了政治光谱)的语言残余进行"挪用"的不可见之力量。李一斗成了当代一心想成为作家的文学青年的化身,这充分显示了在 90 年代商品经济的巨变之中,形式、主体、传统的破碎。但作为莫言创造出的人物,李一斗似乎也以其欢快的、没头没脑的方式,提供了对遗忘的沼泽进行忧郁沉思的可能,辩证地来看,这一遗忘的沼泽在寓言的意义上也充当了记忆的寄居之所。

## 流离失所与怀旧

这里的悖论在于,对丁钩儿来说,命运的封印并不是死亡冲动,而恰是诱惑与"爱",简单说来,即一种对"爱"与"拥有"的特殊渴望,这种特殊渴望同时被他的酒国探险所规划与界定。如果说,远处灯火通明的酒国市带给他的伤感显得有点奇怪,这是因为他对"家"有一种秘密的渴望,同时也与一种致命的直觉与预感(他感觉到他将付出他的生命)混杂在一起。丁钩儿的酒国之旅,伴随着一个致命的女人:一个从可疑地方来的可疑的女司机。这个女人作为丁钩儿欲望的对象,给了他原本目的不明的漂流与漫游某种目的,尽管这与"侦察"这一使命完全相反。这样一种社会—道德意义上对于"无目的"的补充,通过一种存在主义的、利比多意义上的"目的",在外在于叙事的说教层面,以及内在于叙事肌理的阐释学的层面,照出了个体与集体的疏离,后者通过丁钩儿在沮丧忿恨与乌托邦式的乐观之间来回摇摆的心情显现了出来,而那种失落感与无目的感则在下面的引文中得到了呈现:

> 狗跑了,丁钩儿怅然若失。他想如果冷静地一想我真是无聊之极。我从哪里来?你从省城来。你来干什么?调查大案件。在茫茫太空中一个小如微尘的星球上,在这个星球的人海里,站着一个名叫丁钩儿的侦察员,他心中迷糊,缺乏上进心,情绪低落,悲观孤独,目标失落,他漫无目标地、无所得也无所失地,朝着装煤场上那些喧闹的车辆走去。
> (第125页)

这里值得注意的,不是世俗动机和方向感的骤然缺失,而是丁钩儿感到他与自身所归属的社会—伦理共同体的联系消失了。从对于作为社会组织的连接点的省城之机械记忆(正是省城赋予了丁钩儿社会权力、声望与责任),到"一个小如微尘的星球"的宇宙形象,我们可以看到一个从"历史"到"自然史"的转变。这一转变呼应了任何关于"时间"、"历史"、"价值"的集体概念的崩溃。这样一种根本性的虚无主义,为后来丁钩儿情绪的变化过渡奠定了基础。这种情绪的转变即从无聊感(ennui)这样的存在主义式情绪,过渡到与女司机调情的情欲享乐(jouissance)之中,这种身体性快感(plaisir)的表达,既具有表现力,也具有一种社会—文化具体性:"这是个富有诗意,健康活泼的夜晚,因为在这个夜晚里,探险与发现手拉手,学习与工作肩并肩,恋爱与革命相结合,天上的星光与地下的灯光遥相呼应,照亮了一切黑暗的角落。"(第134页)

这些我们非常熟悉的二元表达:"探险与发现"、"学习与工作"、"恋爱与革命",通过对革命与传统的道德编码,构成了对于"利比多"颇具讽刺意味的辩护,同时也为这些"意识形态"空壳那种苍白、唯名论式的能指找到了一种悖谬的"利比多价值"（以此加以平衡），这些意识形态空壳的诸种"能指"在这儿，更像是在当下"市场经济"的奇异风景中对过去生活的一种闪回。尽管丁钩儿将诱惑的塞壬之歌理解成一种凶兆、一种坏运气的标志，但他再也没有能量或决心鼓起某种"史诗般"的意志，即奥德赛将自己绑在桅杆上以抵御诱惑的意志。相反，丁钩儿所经历的，是在"市场经济"风高浪急的海洋中无舵的漂流，它呈现出一种充满震惊而又饱含情欲的自我探险与自我实现——通过诱惑与勾引而达成。丁钩儿的快乐与满足，总是被厌倦、自我怀疑与"忧郁"不合时宜却相当有节奏地扰乱。女司机不是象征远离家园之外的另一个家，而是通向下一个虚无主义幻象的虚无主义幻象。在热情地拥吻女司机之后，丁钩儿和她一起爬上驾驶楼，像一匹找寻猎物的狼。但当他看到"前方酒国市区辉煌的灯火"时，他"突然感到自己孤孤单单，好像一只失群的羔羊"（第 173 页）。

经过一系列迂回与转折，丁钩儿最终承认，事情发展得比他最初想的还坏："最糟糕的事情发生了——已经爱上了这个魔鬼一样的女人，好像一根线上拴两个蚂蚱一样。"（第 240 页）当这样一种致命的结合已经建立起来，并且丁钩儿也认识到了这种状况，这一不合法关系的中心，就从意识坍塌到无意识，从理性坍塌到非理性，坍塌到一种无意识与非理性的"心灵之眼"——作为再现的寓言化的真理性视点。这样，小说中的形象在虚构的维度上越奇异、扭曲、不可信、超现实，在社会—寓言的维度上就越客观、明晰、可信、真实。从这个瞬间起，女司机不再是性的陷阱了，反而转变为一个导游和旅行同伴，伴随着丁钩儿开始经历"酒国"那种卡夫卡式的都市迷宫。

这种受到压抑的"思乡病"似乎成了丁钩儿"感伤情绪"的内容，这可以从这样一个情节中看出：当他在那个异化与自我异化了的、深不可测的酒国中越陷越深时，他的眼前突然跳出了自己儿子的形象。在这个不可返回的放逐与自我放逐的过程中，甚至最熟悉的人和事都变得陌生了。那些在过去某个特定时期与生产、技术、国家机构、单位系统紧密联系在一起的诸种名称——解放牌卡车、胜利路、800 型英雄金笔、共产党中央委员会……还包括一整套几乎无所遗漏的各种政府、企业、科研机构部门的列举：技术科、生产科、统计科、财会科、档案室、资料室、实验室、录像室(第137页),这是丁钩儿在"特种粮食栽培研究中心"那儿看到的——丁钩儿与女司机到达酒国,一时无路可走,一头撞进了这个"特种粮食栽培研究中心"。必须注意的是,在这样的列举中有一种对特定时期"单位"的怀旧。这样一种怀旧其实很难和熟悉的事物,以及正在展开的事物区分开,后者现在仍然引起我们的排斥。另一幅关于"市场经济"混杂的无法状态更为生动的图画,可以在接下来对于通向酒国郊外罗山煤矿的道路的描绘中看到:

> 通往矿区的道路肮脏狭窄,像一条弯弯曲曲的肠子。卡车、拖拉机、马车、牛车……形形色色的车辆,像一长串咬着尾巴的怪兽。有的车熄了火,有的没熄火。拖拉机头上竖起的铁皮烟筒里和汽车藏在屁股下边的铁皮烟筒里,喷吐着一圈圈浅蓝色的烟雾。燃烧未尽的汽油、柴油味儿,与拉车的牲畜口腔里散出的气味混合在一起,汇成一股屁屎狼烟般的潮流,满散流淌。为了向矿区前进,他有时不得不紧贴着车皮,有时必须用肩背蹭着矮树干上的疤节。驾驶棚里的司机和靠在车辕杆上的车夫几乎都在喝酒,可见那条不准酒后驾车的规定在这里已经不起作用,不知往前挤了多久,猛一抬头他便看到了矗立在矿区中央的卷扬机高大铁架子的三分之二。(第5页)

事实上,这里所呈现的一系列隐藏的符码(管理单位、级别、分区、交通工具、工业生产的组织方式),也可以从小说的第一句话中找到:"省人民检察院的特级侦察员丁钩儿搭乘一辆拉煤的解放牌卡车到市郊的罗山煤矿进行一项特别调查。"(第1页)

"省人民检察院"、"特级侦察员"、"解放牌卡车"这样的名称,在一种奇异的、陌生化的层面,同时代表怀旧与遗忘。它们总是突然出现于无名地带,或完全脱离了语境。对于这些"专有名称"的列举,围绕并标明了某个过去被孤立了的、"固化了"的空间,它就如同商品与欲望荒野中的废墟。在丁钩儿追逐快乐幻象的过程中,他注定会不期然地撞见这一空间。从这一点看来,丁钩儿生存意义上的"坏心情"与情欲意义上的"好心情"之间所缺失的联系或中介,恰好可以坐落于这一由熟悉变为不熟悉,由不熟悉又变为熟悉的空间旅程之中,而这一中间地带恰好就是城郊地区,在那儿,毛泽东时代中国乡村的消失,与90年代中国未定型的、也并不令人愉快的都市兴起相遇了:

> 丁钩儿有些恋恋不舍地看她一眼,提着桶,拨开路边柔软的灌木,越过干涸的平浅路沟,站在收割后的农田里。这已经不是他熟悉的那种一望无际的农田了——那样的农田也就是广袤的原野——由于逼近市郊,城市的胳膊或者手指已经伸到这里,这里一栋孤独的小楼,那里一根冒烟的烟囱,把农田分割得七零八碎。丁钩儿站在那里,心里不免有些忧伤。后来他抬头看到层层叠叠压在西边地平线上那些血红的晚霞,便排除掉忧伤情绪,朝着那一片距已最近的、奇形怪状的建筑物大步奔去。(第 132 页)

那些被"城市的胳膊或者手指"探入的农田铺展在那里如同一个连接着过去与将来的时间通道。它也是一个迷宫,一个茫然的特级侦察员在这儿与自己已经失落了的归属感、一种寻找家园而不得的深刻悲哀相遇了。如同那些"专有名称",它们更像一个从早已逝去的时代返回,来探询此刻这个活生生世界的鬼魂或幽灵。但它们并非要在"存在的世界"中找回自己的权利,而是彻底地混入了"酒国"这个可怕的"魔鬼与妖怪之域",完全同那些构成其自然史沼泽的事物难分难解。

这样一种被压抑的思乡病,并不能被丁钩儿在酒国迷宫中的迷失所平息,甚至也不能被女司机的陪伴和引导所治愈。更直接地说,或者从更技术的角度看来,丁钩儿从英雄堕落为罪犯,以及之后在酒国无目的、无效果的逃亡,并非由敌人所设的陷阱造成,也不是因为敌人的追赶,而是因为他杀了女司机——那个"魔鬼般的女人",那个"蛇蝎美人"。

## 自然史

如果说在小说中,以酒为基础的迷醉充当了叙事的润滑剂,从而将丁钩儿推入了一个异化的世界,并使他获得了对于这个世界的模糊认识,那么,这种迷醉也是一种自然史意义上的"不变",它使身处"当下"的每样事物都获得了一种平等,并将它们抛入了一个无边界的、无时间性的过去——这个"过去"也在向远古时代回溯延展。在李一斗的小说《猿酒》中,通过大段摘抄岳父的讲义,李一斗列举了"酒"在不同语言中的名字(汉语中的"醴";古印度语中的"bojah";埃塞俄比亚部族语中的"bosa";古高卢语中的"Cervisia";古德语中的"Pior";斯堪的纳维亚古语中的"eolo";盎格鲁—撒克逊古语中的"bere";蒙古草原上的古代游牧民族语言中的"koumiss";美索不达米亚人用的"mazoun";古希腊人用的"melikaton";古罗马人用的"aqua musla";凯尔特人用的"chouchen"),并继而下结论:"酒的自然生成与地球上出现含糖植物的时间应该基本同步,所以我们说,在没有人类之前,地球上就已经酒香四溢。"(第291页)这样一种自然史取景,很快超越了单纯的想象视角,并将自身展开为一种寓言关系,正是这一寓言关系构成了《酒国》的叙事本质。在《猿酒》中,人类与动物、文化与自然之间的"相借"、"交换"、"挪用",都演变为一种讽刺性的欢闹:

> 更加令人兴奋的是,我岳父袁教授只身上了白猿岭,蓬头垢面,鹤发童颜,与猿猴交友,向野兽学习,汲取了猴子的智慧,继承了祖宗的传统,借鉴了外来的经验,古为今用,洋为中用,猴为人用,终于试验成功了独步世界,一滴倾城的猿酒!(第331页)

如果在李一斗这篇"严酷"的"妖精现实主义"小说中,袁教授去原始地带是为了发现传说中"猿酒"的配方,那么在酒国中,在莫言的"规范的虚构"里面,丁钩儿也被相同的困扰所驱使,他被驱入一种自然史的场景,去找回寓言的财富。在这里,超越理性抵抗的引诱装置显然是:性——不是作为目的,而是触发了某种略带抽象的追求,触发了"焦虑"、"心不在焉"、"空无"、"无目的"状态。一路上带着失魂落魄、无聊感与忧郁,这条通往酒国之路,展开了一片陌生又熟悉的风景:"路两边是几株遍体畸瘤的矮树和生满野草杂花的路沟,树叶和草茎上,都沾着黑色的粉末。路沟两边,是深秋的枯燥的田野,黄色和灰色的庄稼秸秆在似有似无的秋风中肃立着,没有欢乐也没有悲伤。时间已是半上午。高大的矸石山耸立在矿区中,山上冒着

焦黄的烟雾。"(第 3 页)

正是在这阴沉的背景下,丁钩儿遭遇到了城市(酒国市)。那场怪异的偷情("偷情"搞得这次调查心乱如麻)最终将他从酒国外围带到了酒国都城的消费、颓废、阴谋、神秘的中心:

> 驴街上空空荡荡,坑洼里的积水像毛玻璃一样,闪烁着模模糊糊的光芒。来到酒国不知多少日子之后,他一直在城市的外围转圈子,城市神秘,夜晚的城市更神秘,他终于在夜晚踏入了神秘的城市。这条古老的驴街令他联想到女司机的双腿之间的神圣管道。(第 212 页)

"狭窄的驴街阴森恐怖,是犯罪分子的巢穴。"(第 213 页)只要注意到驴街是酒国消费与娱乐的中心,就不难看到,这个"黑暗之心"不过是"商品"的神秘权力和"灵魂"。马克思所谓的早期欧洲的商品拜物教所提供的"神学外衣",在此种奇幻、古怪、诡异的语境之中,在"前"资本主义或"后"社会主义的腐败、放任的权力关系之中,找到了自身的替代品,或者说寓言性的变异。驴街的鹅卵石带给丁钩儿的神秘感,恐怕正像 19 世纪的巴黎街道上石头被搬动起来搭建街垒时带给那些资产阶级观察者的感觉。对后者而言,正如本雅明所尖锐地指出的,他们看不见的东西,正是无产阶级反叛者搬动石头的手。对于前一个例子来说,最终是初生的商品经济,所有社会、政治、性的能量及其所动员的活动赋予了石头某种神秘性。在这里,驴街上的鹅卵石充当了一个被动的、古代的、没有时间性的见证,一个寓言的视角,甚至一种审美形式,通过这些我们可以把握历史极端缺乏形式的本质。

当丁钩儿在驴街滑溜溜的鹅卵石道路上摔倒后,他不得不靠在女司机的身上,具有反讽意味的是,这时的女司机,看上去竟像一个"战地护士"。更有意思的是,当这个女性身体此时在城市中找到了自己社会—寓言层面的对应物(反之亦然),向这一身体—政治层面的历险,也早已透过丁钩儿感伤的眼睛揭开了面纱。但丁钩儿看到的却是这样一幅毫无感伤可言的"形而上"画面——酒国在自然史意义上的存在,投射在了失败、衰落、忧郁的光影中:

> 他们搂搂抱抱地走到驴街上时,天色已经很暗,凭着生物的特有感觉,侦察员知道太阳已经落山,不,正在落山。他努力想像着日暮黄昏的瑰丽景象:一轮巨大的红太阳无可奈何地往地上坠落,放射出万道光芒,房屋上、树木上、行人的脸上、驴街光滑的青石上,都表现出一种英雄末路、英勇悲壮的色彩。楚霸王项羽拄着长枪,牵着骏马,站在乌江上发呆,江水滔滔,不舍昼夜。但现在驴街上没有太阳。侦察员沉浸在蒙蒙细雨中,沉浸在惆怅、忧伤的情绪里。一瞬间他感到自己的酒国之行无聊透顶,荒唐至极,滑稽可笑。驴街旁边的污水沟里,狼藉着一棵腐烂的大白菜,半截蒜瓣子,一根光秃秃的驴尾巴,它们静静地挤在一起,在昏暗的街灯照耀下发着青色、褐色和灰蓝色的光芒。侦察员悲痛地想到,这三件死气沉沉的静物,应该变成某一个衰败王朝国旗的徽记,或者干脆刻到自己的墓碑上。(第210—211页)

当丁钩儿凝视着这个陌生的地方时,太阳正缓缓落下。他的凝视将这片陌生的土地消解为纯粹的自然,即某种被"去历史化"了的风景:它是外在的、无时间性的,但仍将他包裹在一个庞大的、细致筹划的阴谋之中,这样,这一风景就呈现为某个超验的无家可归状态中的"家",或者,更具体地说,一片墓地中的一座坟。"霸王别姬"的经典形象,跃入了丁钩儿的脑海,这暗示了回归家园的不可能,也暗示了在一个陌生的、偶然的地方的死亡。

但在这片废墟中,最令人惊愕的形象并不是腐烂与死亡的象征,而是一群穿过驴街的沉默的驴,它们正由此走向屠宰场,走向一家专卖驴肉的饭馆:

> 毛驴的队伍拥挤不堪。他粗略地数了一下,驴群由二十四或者二十五头毛驴组成。它们一律黑色,一根杂毛也没有。雨水打湿了它们的身体。它们的身体都油光闪闪。它们都肌肉丰满,面孔俊秀,似乎都很年轻。它们似乎怕冷,更可能是驴街上的气息造成的巨大恐怖驱赶着它们拥挤在一起……它们就这样拥拥挤挤地前进着。驴蹄在石板上敲击着、滑动着,发出群众鼓掌般的声响。驴群像一个移动的山丘,从他们面前滑过去。(第213页)

很难去确定丁钩儿与沉默地走向屠宰场的驴群之间的象征性联系、类似性,

## 第六章 "妖精现实主义"与"社会主义市场经济":《酒国》中的语言游戏、自然史与社会寓言

以及移情认同的充实或者说确切的内容,但是找出部分线索也并非难事。首先,经由冒险,丁钩儿表现出对动物的强烈兴趣(即便未经反思)。与其说令人着迷的是它们非人类的动物性,不如说是它们身上的某种神秘的深度。比如,当一只狗看见他就跑,他就很想问它为什么跑(第 8 页)。我们可以假设,丁钩儿对动物的迷恋是出于叙事的需要——并不一定是莫言的叙事需要,而是来自于他虚构的"形式必然性",这一"形式必然性"是为了实现某种客观的也就是寓言性的框架,通过这个框架,社会世界的全然混沌可以采取一种漂浮的、低于人的视角组织起来,从而在"自然史"的层面、在异化了的经验的层面获得意义。

再者,在叙事与再现的形式考虑之外,人与动物之间的联系似乎是为了确证主角破碎的经验。这些破碎的经验,常常被消减为一种纯粹的抽象,也就是身体与神经—生物的层面(疼痛、害怕、焦虑、欣快、陶醉、抑郁,等等)。在这些身体的层面,唯一具有连续性、反思性的元素,就是对他自己被猎杀,并最终归于毁灭的不祥预感。第三点,也是醒目的一点,我们会发现很难不将沉默地迈向屠宰场的驴群读作一个隐喻,即:大众也正在沉默地穿过一个新的劳动分工、竞争、剥削、牺牲的社会达尔文主义竞技场的险道。这一道德—寓言批判,尽管被施以一层浅浅的伪装,仍与李一斗对鲁迅《狂人日记》中关于"吃人"与"妄想狂"的中心主题的暗指一样,具有同样的清晰性。如果说丁钩儿的最后一呼("我抗议,我抗……")可以被读作鲁迅作品中"救救孩子"这一悲剧性呼号的喜剧性重复与戏仿,那么象征性的"平等化"与"同一化"则被尖锐而机智地区别于某种对于多变的历史环境的敏感。驴蹄在鹅卵石路上的踢踏声,激起了"群众鼓掌声"一样的声响,这明白地指向了如今已成为资本、技术与商品经济发展新起点的政治、文化与社会条件。我们在这里再一次看到了某种重叠与并置,即:社会主义时代的诸种感受性和形式的记忆,与"新"所带来的震惊并置在一起,与过去发生过实在功能而现在仅仅充当掩护物与保护屏,或者充当陈旧形象的再现工具与暂居之所的东西重叠在一起。正是那些陈旧形象的重新组合——成为各种破碎的、自由飘浮的语言、视觉或象征性的"剩余物"——使得除此之外无法得到再现的中国当下现实得以客观地成形。

## 寓言交换与道德批判

莫言小说中人与动物并置所产生的寓言张力,并没有在隐性或显性的道德、政治直觉或者政治谴责上打住。在反讽强度更高的层面,人在自然史意义上的"寓言化"(通过人变为动物),与动物在社会层面的寓言化(通过动物变为人),似乎总是搅和在一起:仿佛它们是同一回事。它们都是被某种无情的完全非道德力所生产、交换、毁伤、屠杀与吞没。酒国中那些"地下世界"的消费者和罪犯不过是这一无情的非道德之力的喜剧性化身。因此,我们无法在现代主义者莫言的"叙事1"中轻易找到莫言叙事的道德、形式—审美必然性,反而是在"叙事3"中,也就是在李一斗的"妖精现实主义"作品中更容易找到它们。李一斗以其一肚子坏水、不知羞耻的写作,提供了一个"客观"、超历史、荒唐、没头脑、快乐又充满寓言性的关于"自然史沼泽"之社会—历史内容的精确索引。在"驴街"上,自然与历史在屠宰与消费的编年史中被混杂在了一起。这是一种以"遗忘"的特殊形式保留下来的记忆。这种"遗忘"是无时间性的,可又是对于某个惊人的特殊时刻的欢庆,即欢庆社会生产和消费的广度与深度(特别指向90年代和21世纪初的中国)。

> 这条驴街是咱酒国的耻辱也是咱酒国的光荣。不走驴街等于没来酒国。驴街上有二十四家杀驴铺,从明朝开杀,杀了一个清朝又加一个中华民国。共产党来了,驴成了生产资料,杀驴犯法,驴街十分萧条。这几年对内搞活对外开放,人民生活水平不断提高,需要吃肉提高人种质量,驴街又大大繁荣……站在驴街,放眼酒国,真正是美吃如云,目不暇接:驴街杀驴、鹿街杀鹿、牛街宰牛、羊巷宰羊、猪厂杀猪、马胡同杀马,狗集猫市杀狗宰猫……数不胜数,令人心烦意乱唇干舌燥,总之,举凡山珍海味飞禽走兽鱼鳞虫介地球上能吃的东西在咱酒国都能吃到。外地有的咱有,外地没有的咱还有。不但有而且最关键的、最重要的、最了不起的是有特色有风格有历史有传统有思想有文化有道德。听起

来好像吹牛皮实际不是吹牛皮。在举国上下轰轰烈烈的致富高潮中,咱酒国市领导人独具慧眼、独辟蹊径,走出了一条独具特色的致富道路。(第146页)

这一长段唠叨的话表明,在缔造"酒国"的过程中,莫言始终离不开李一斗,尽管后者是前者创造的人物。李一斗一旦被创造了出来,他就获得了自己的生命,而且能够抓住某种莫言以自己的方式无法企及的现实。李一斗不只是作者的延伸或者技术意义上的叙述代理人,因为他所提供的不只是一个视角——哪怕在最充分的寓言的层面也不是。反之,他代表着被客观化的意识,代表自在存在(being-in-itself),即主体破碎(立场、经验、诡计、政治诸方面同时断裂)之后,一个幽灵般的无自我的主体。这个无自我的主体,作为从自然(即酒国)的子宫里发出的有机声音,成为了史诗智慧堕落、扭曲、对立甚或否定的形式之"结晶"。这一史诗智慧有益于对中国进行批判性的把握——不仅在其自身的意义上,也在更大的"自然史"语境中把握之(全球资本的力场是这个语境的核心组成部分)。在整部《酒国》之中,作者不断策略性地暗示与说明着这种作为经验与感知模式的堕落、扭曲、对立和否定。这样,紧接着丁钩儿跌倒在驴街滑滑的鹅卵石之上的某个瞬间,他突然感到头痛欲裂,"眼前的景物都像照相的底片一样,他看到女司机的头发、眼睛、嘴巴像水银一样苍白"(第214页)。

不同于李一斗这个被制造出来的对话者——他只是单纯地存在,主角丁钩儿则必须不断追问,努力搞清楚自己是谁,自己将变成什么。"变成什么",对丁钩儿来说,意味着成为自己的对立面。这是一个他既接受又抵抗的过程,但最终他带着恐惧与自怜意识到:在追逐违背其自身利益与自身存在的"不可抗拒之物"之时,他已沦为某种异化了的东西,就"像投奔光明的飞蛾"(第243页)。灯光,在这里是"罪恶滔天"的(第242页),是霓虹广告与一尺酒店灯火通明的内景的结合。酒国市在黑暗中生机勃勃,女司机也被丁钩儿的欲望之焰所照亮。在面对灯光时,丁钩儿感觉自己像"一堆城市垃圾"(第242页)。通过戏剧性的、令人震惊的寓言式"移情"与变形,丁钩儿得以从"物"的视角来观看这条街:

痛苦撬开了他的嘴,他想嚎叫,嚎叫声便冲出喉咙,像装着木头轮子的运水车,在石头的巷道里,"格格"地滚动着。在声音的驱使下,他的身体也不由自主地滚动起来,滚动着追赶着木轮子,滚动着逃避木轮子的碾压,身体滚动成木轮子,与木轮子粘在一起,随着木轮子的隆隆转动他看到街道、石墙、树木、人群、建筑物……一切的景物,都在转动,翻来覆去,从零角度到三百六十角度,永不停息地转动。(第242页)

看起来,似乎只有通过这个"异化"的视角,只有丁钩儿与木轮子一起滚动、隆隆转动,在潮湿坚硬的石头巷道上滚动,在这种无穷无尽的、令人眩晕的旋转中,关于都市风景的全景描绘或某种视觉一致性才变得可能。这一段的关键词正是"不由自主"。似乎要让小说中三种叙事之间的跨文本指涉变得更紧密,莫言在小说最后的场景,即作家莫言到达酒国的时候,又不断地重复使用了"不由自主"这个词。在欢迎酒宴上,当他想向敬酒的王副市长(女性)表示礼貌时,却"不由自主地钻到桌子底下去了"。紧接着,又"不由自主地张开了大嘴,让那仙人一样的王副市长把那一大碗酒灌下去"。当他"嗅着王副市长胳膊上闪出来的肉香",又"止不住"地留下了快乐、感激的泪水。(第365—366页)①正是通过这种标志着自然史"多元决定"的"不由自主"之力,寓言得以贯穿《酒国》全篇,并在各个层面施行着它的力量与霸权。

这样一种"寓言"的暧昧、变形、等值化或"同一化",提供了某种叙述动机,这一动机将所有象征性的碎片、废渣,以及在酒国之中漂浮的零碎躯体,推向寓言式的综合。这一综合在道德向度上的批判力,只有通过风格、审美向度上的形式的游戏感才能被全面把握。这样,"叙事1"中那位粗线条的"老革命"轻蔑的观察——它通过被"女魔鬼蒙了心的"特级侦察员表现出来——必须从字面上来理解,这位代表"毛泽东时代中国"的"老革命"嘲讽代表"后毛泽东时代"的丁钩儿:"我们播下虎狼种,收获了一群鼻涕虫。"(第257页)同样的反讽性、寓言性的逻辑,也让"叙事3"中李一

---

① 依据台湾本翻译的《酒国》英译本结局跟大陆通行本不同。后者结束于"莫言"承认他"爱上了"颇为诱人的女市长,但是没有那段长长的意识流独白。

斗的岳母,酿造学院的一位顶尖的研究者,以一种专业的方式提醒她的学生:

> 我们即将宰杀、烹制的婴儿其实并不是人,它们仅仅是一些根据严格的、两厢情愿的合同,为满足发展经济、繁荣酒国的特殊需要而生产出来的人形小兽。它们在本质上与这些游弋在水柜里待宰的鸭嘴兽是一样的……(第231页)

我们可以在酒国的许多地方发现可疑的"相似"与"同一":比如,"叙事1"中的女司机,与"叙事3"中的女船夫像是孪生姐妹;罗山煤矿的书记与矿长是让丁钩儿永远分不清的孪生兄弟,因为他们长得太像,"叙事1"提到其中任何一位时,只好说"书记或者矿长"。对一尺酒店前台的两个侏儒女侍者的描写也与此类似:

> 摆满花朵的大门两侧站着两个身高不足一米的女侍者。她们穿着同样鲜红的制服,梳着同样高耸的发型,生着同样的面孔,脸上挂着同样的微笑。极端地相似便显出了虚假,侦察员认为她们是两个用塑料、石膏之类物质做成的假人。她们身后的鲜花也因为过分美丽而显得虚假,美丽过度便失去了生命感觉。(第214—215页)

"极端地相似"不仅暗示着性质、本质和身份的缺乏与可替换性,而且通过对于"人工性"的感知,进一步将"个体"的人造本质(类似于"无生命的商品"的人造本质)也揭示了出来。上述那些相同与相似,带来一种幻觉性的感知——这一感知建立在对于更为普遍的拟像(simulacrum)、统一性、虚假性的体验的基础之上。当丁钩儿看到船上的矫健女子"探颈引臂、划动大橹",感到"她的动作带着很多的矫揉造作,仿佛她不是在船上摇橹而是在舞台上表演摇橹一样。一条船滑过去,又一条船滑过去,一条一条又一条。船上客都是那种痴迷迷的情侣模样,船尾女都是那种矫揉造作模样。侦察员感到,船上客和摇橹女都仿佛是从一家专门学校里严格训练出来的"(第337页)。这构成了丁钩儿体验城市的背景。在这段描写之后,作家写道:丁钩儿"进入街市,感觉到一种虚假的历史气氛。街上行人,都像鬼影一样。这种飘忽不定的感觉使他身心放松,他感到自己的脚步也飘了起来"

(第 337 页)。

酒国市表面上的"人造感"、"标准感"、"塑料感"与骇人感,只是与场景背后特殊的组织化与生产力相匹配,具体在这里,就是一尺酒店的厨房。传说中由驴的阴户与阳具做成的驴街名菜"龙凤呈祥",同传说中的"红烧婴儿"显然属于同一个寓言领域,这并不是因为在这两道菜中我们都可以看到人与动物、文明与野蛮、合法世界(legitimate world)与不法世界(illegitimate world)的边界被模糊并且最终消除,而是因为它们两者作为某个过程的产物,都指向某个繁忙、有力、精巧的世界,这正是对劳动力进行社会性组织的世界。为了保命逃离了犯罪现场之后,丁钩儿最终撞入了一尺酒店的内在空间,借助他的余光给读者带来对厨房(与酒宴屋完全不同)的匆忙一瞥:

> 他顺着走廊拐弯,推开一扇油腻的门,甜酸苦辣的味道扑鼻,热嘟嘟的蒸汽包围上来。蒸汽中有些小人们在忙碌着,影影绰绰,匆匆忙忙,都像小鬼一样。他看到那些小人们有操刀的、有拔毛的,有洗碗的、有调料的,看似乱七八糟,实则井井有条。(第 239 页)

这种井井有条的感觉,显然是从今日中国混乱的生产方式中滋生出来的,后者把发达消费社会所有的尖端技术、先进的组织形式和管理以及广告技艺,同惊人的"原始"、"异域"原料的地方特征(比如扔在地上的冰冻的驴生殖器,到了"全驴大宴"上,就是所谓"龙凤呈祥")混合在了一起。莫言正是以叙事的寓言逻辑把握了这种"秩序",这一叙事将这一秩序底下坚硬的现实性吸纳进入了自身,从而与无序、异质、爆炸性的意象、奇闻逸事构成了某种不恭敬的、狂欢式的、游戏性的平衡。

## "化丑为美"

在李一斗寄给莫言的最后一个短篇小说《酒城》里,他宣称:"不是我魔幻,而是我写实。"(第 325 页)而这话出自他描写波音飞机飞到酒城上空翻筋斗之前。也正是出于对绘画式细节的迷恋,他详尽地描写了驴街名菜"龙凤呈祥"的制作过程:"驴屌"与"驴尿"是怎样一步步地变为酒席上的"龙凤呈祥"的(第168页)。以此为基础,李一斗建立了自己关于"文学是什么"的基本理论或方法论上的反思,那就是,将文学理解为这道驴街名菜"龙凤呈祥"的加工制作过程:

> 我们追求的是美,仅仅追求美,不去创造美不是真美。用美去创造美也不是真美,真正的美是化丑为美。……老师,我忽然觉得,这盘驴街名菜的加工制作过程与我们的文学艺术的创作过程何其相似乃尔。都是源于生活高于生活嘛!都是改造自然造福人类嘛!都是化流氓为高尚、化肉欲为艺术、化粮食为酒精、化悲痛为力量嘛!(第168页)

在《酒国》所建立的寓言式的歧义、矛盾与反讽的世界里,"化丑为美"很容易就与别的符号、意义、姿态混杂起来。如果我们将正在进行中的中国现代化与资本化看做某种仍在受到质疑的转型,那么"美的"与"审美性的"东西就可以看成是诸种"形而上"的"形式"与"现象"之一,通过它们,时代的概念也变得可感可知了。在这个意义上,驴街名菜的生产过程与文学艺术的创作过程事实上没有任何区别,与广告或其他文化工业形式的创作过程或意识形态生产的创造过程都没有任何区别——不管它们是经由政府批准,还是市场推动,或者两者兼有。但由李一斗的妖精现实主义所呈现出的怪诞、超现实、幻想,以及"严酷现实主义"的景象,与莫言"规范的虚构"世界有所平行,或者前者得到了后者的确证,这使读者不能不去思考,是否颠倒的才是真实的:当酒国市为了自己的审美形式而奋斗,那些来自日常生活的东西似乎在它的异化形式中被生活超越了;人的世界、历史的世界被自然或自然史克服了;(具体化与寓言化的)"高贵的"东西,被提升为"粗俗"与"猥亵"之物;艺术被更换为感官欲望或无法掌控的迷醉;权力,在个体与集体的意义上,都被转化为"悲悼"—悼亡的固着与忧郁的空洞,正是这两者构成了《酒国》中"虚构"与"元虚构"狂欢之寓言性的真理内容。如果说美在"外观"与"形式"(Schein)的意义上提供了对于历史运动的"前概念"把握,那么下面这段话里的批判性观察与敏锐的寓言式视角则比执迷于"纯审美",更加牢牢地抓住了我们这个自然史年代的脉搏——不只是其感性形式,还包括其无情的法则:"没有一个创造物有自己固定的位置,有明确的和不可变换的轮廓;没有一个创造物不是处在盛衰沉浮之中;没有一个创造物不可以同自己的敌手或邻居易位;没有一个创造物不是精疲力竭的,然而仍然处于一个漫长过程的开端。在这里,根本谈不上秩序与等级。"①自然,这是本雅明对卡夫卡的世界所作的评论。与卡夫卡的世界相比,甚至许诺给我们"救赎"的神话世界也要"年轻多了"(*Illuminations*, p. 121)。但这一段话似乎也为莫言的虚构世界"酒国"度身而作,这既偶然,也发人深省。酒国市里的每一件事物都与其他事物交换着属性,每一件事物都非升即降,不是悬挂在它所借来的时间上,就是企图从自身旧的藩篱中挣得自由。没有谁已被耗尽,也没有谁准备安居下来,这暗示着"漫长的存在"的开始,我们必须逆着当下所有的喧嚣与"无意义"来解读这一"漫长的存在"的意义,并将其从中拯救出来。

(陈丹丹译,朱羽校)

---

① Benjamin, *Illuminations*, p. 17. 中译参看张旭东、王斑译《启迪》,北京:三联书店2008年版,第126页。

## 第三部分

# 电影话语：普遍性、独一性与日常世界

# 第七章　民族创伤与全球寓言:田壮壮《蓝风筝》中的集体记忆建构[①]

本章考察90年代早期中国大陆"国际电影节获奖影片"对历史的意识形态化使用。在我看来,诸如陈凯歌的《霸王别姬》、田壮壮的《蓝风筝》和张艺谋的《活着》,都认同后革命时期的基本假设,进而通过建构基于民族创伤和遭受创伤的个人生活的对抗性叙事(counter-narrative),来解构社会革命和理想主义的"宏大叙事"(grand-narrative)。通过分析《蓝风筝》的电影文本我们可以看到,此前"第五代"导演普遍求助于指向"当下"的视觉本体论或视觉神话学,这一本体论或神话学反过来将过去关乎"人性本身"或"艺术本身"的情节剧发明出来,而不是去探究20世纪中国社会变迁和日常生活的复杂性。这些电影中的一些片段仍然引人注目,但这并不是因为那些处在表层的新的形而上学和反历史的结论,而是因为新的电影语言的视觉和叙述逻辑虽然从市场化和全球化时代的意识形态立场出发去"再现"毛泽东时代中国日常生活的种种"集体创伤",但最终却没有提出任何简单的"愈合方案"。这样,这些电影就在导演的主观意图之外,"客观"甚至"意外"地捕获了社会主义日常生活世界不可化约的复杂性。

90年代中国出现了一大批个人与家庭生活题材的电影,它们往往都以中国革命和社会主义现代性的政治史为背景。在这些展映于各类国际电影

---

[①] 本章的初稿曾经在纽约州立大学石溪分校和科罗拉多学院做过陈述,时间分别是1997年10月和1998年4月。我要感谢王斑和蒋红的邀请,以及对我文章的点评。此文的修改版发表于《当代中国杂志》(*Journal of Contemporary China*)第12期(2003年),第623—638页。

节并且流通于商业市场的获奖电影之中,最引人注目的就数陈凯歌的《霸王别姬》(1993)、张艺谋的《活着》(1993)和田壮壮的《蓝风筝》(1993—1994)了。它们一同代表了某种文化与思想倾向,也标志着这一倾向达到了高峰——即寻求某种关于过去之创伤经验的电影叙事,或者更准确地说,通过对于创伤的后革命式净化(catharsis),寻求对于民族记忆的视觉性重建。在这些电影中,由于创伤解构了大写的历史,一种新的稍具本体论意义的个人生活、寻常生活与审美化的生活便浮现了出来,从而填充了由于缺乏历史过往所造成的空洞。这些电影曾被禁止公映,却得到了西方评论界的赞美,而且时常成为西方媒体评论当代中国社会和政治发展的视觉依据乃至标准。因此,这些史诗或反史诗电影为我们理解"第五代"导演不稳定甚至可谓深奥的美学风格提供了一个切入点,借此它们也尝试使公众意识到,就中国现代性的历史经验展开文学、电影和知识上的讨论时,这些电影可以成为共同的参照点。

在细致分析电影之前,我需要先交代一下这些电影文本据以生产的一般意识形态和社会语境。中国90年代早期的思想氛围还笼罩在"八九风波"的影响之下,它标志着所谓"新时期"的终结,也标志着所有围绕现代性、进步、主体性的流俗欢悦与思想狂热的终结。融入全球体系的期待——凭现在的事后聪明看来,在经济上这一期待并未被打断——突然间在政治上和意识形态上猛然一下子遭受了挫折。在海内外自由主义者眼里,正是全球风向的改变造成了苏联解体,并且催生出了市场、消费以及自由资本主义的形而上学。伴随这一切的,正是自由世界称之为"历史终结"的这种得胜后的忧郁感。后毛泽东时代的"自由主义知识分子"私底下承认了这一挫败,他们已经通过恢复与国际意识形态体制和象征秩序之间的联系来重新为自己定位。鉴于"普遍历史"的概念提供了某种规范,人们可以藉此来反思中国情境,它也承诺可以用后革命的感受性、审美、道德等等去缓解创伤经验。

诸如"自然法"或者普遍秩序这样的概念在中国的现代性话语中根深蒂固,历久不衰,而它们的当代内涵,比如发展主义,则深深地植根于全球消费和全球资本之中。如果大众情绪或意识牢牢地建立在去政治化、世俗化的基础上,建立在将个人日常生活从集体性的乌托邦方案之紧身衣中解放出来的基础上,那么资本特殊的平板化和无时间性,有时会引发十足的解放感和兴奋感。70年代末毛泽东时代中国的"开放"创造了这样一种历史形势和社会政治形势（亦是断裂）：融入"普世"和"自然"的预言，本可以成为某种集体激情———一种反乌托邦的乌托邦。在西方后工业社会中，追求物质利益和社会自由被体制化为现世的要义，鉴于具体的物质关切会在史诗、美学和本体论中获得恰当的形式，严肃的思想观点、艺术表现，以及哲学性的颂扬本应该随这一追求一同来到。发达的公共论争的缺席，其存在的不可能性（更不用说政治话语了），成了80年代文化领域得以形成的可能条件之一；而在"八九风波"之后的中国，曾经仅仅是幻想或"审美"性的东西则日益找到了自身的政治语词（如果说还不是哲学语词的话）。"生活应该是怎么样的"，关于这一问题的系统性看法通报出、也激发起某种久被压抑的渴望：即在充斥着社会动荡和革命幻想的年代里渴望常态。换句话说，被称为解构革命中国之目的论式的宏大历史的，正是某种后革命的目的论，它仿效西方，追求永无止境的发展和普遍人性。这种新的理想主义（伪装成对常态的追求）促使文学和电影作品去寻求本真的历史与时间经验，寻求处在变化（或不变）之中的生存的本体论意义。恢复完满的过去（或缺乏这一完满的过去）的第一步，就是对抗国家话语所创造的集体事件之幻觉。中国的自由主义知识分子如此为之，使得以下这一点变得更为清楚了：重写历史就是使过去在叙事上投合于当下记忆与想象的政治。

  为了部分地抵消、缓释西方发起的意识形态攻势，中国政府开始将自身的正当性单独建立在经济发展、社会理性化和秩序维护的垄断性角色之上，而且采取的是一种守势。中国社会主义长期以来被迫在跨国资本主义的地盘里同后者展开竞争。邓小平1992年视察南方推动了强而有力的市场化，中国迅速走入了自己的"后现代"阶段，即所谓市场社会主义。由追求新启蒙主义的思想战役所巩固的中国现代性话语，已经丧失了国家的认可和群众的授权。中国与西方、传统与现代之间的二元对立，不再能够捕获大众的热情，也无法捕捉大众的想象。主体性和个人创造性的神话，为某种碎片感和无助感所取代，自然史含含糊糊的支配力也胜过了这一神话，这一自然史现在不仅是政府的徽号，也成了商品的"标识"（logos）。80年代形式上的成就——实验小说、新浪潮电影、先锋派艺术运动、彻底的哲学语言、严肃的思想话语风格,当然首先还是备受推崇的美学体制——在新的环境里似乎仅仅成了无用的剩余物。甚至曾经最为激进的西化姿态也只落得多愁善感的下场,因为社会主义国家如今正坚决地带头融入全球化。值得注意的是,在最宽泛的文化领域里,国家的转向催生出了某种本土主义情绪,也就是说,在资本和消费所创造出的多中心和多元文化的同质化、标准化时代,催生出了追求"中国性"概念的需要。

商业化和国家干预的合力正在关闭现实的或想象的公共领域,这一公共领域一度只为新时期的自由主义知识分子而存在。在某个很快就被重新定义了的文化生产空间里面,人们看见的是知识上以及意识形态上真切的混乱与困惑。西方理论的前任学生现在成了"新汉学"和"新儒家"的热心鼓吹者,过去的"知识分子"或者"哲学家"则求助"学术"来找灵感,他们为了享受实证主义和经验主义那种更为牢靠的快感,不再去呼吸"理念"的稀薄空气。当新自由主义的经济学日复一日地宣讲急进市场化和私有化时,它那些人文学科和社会科学的盟友就不那么走运了,后者发现自己被宣判为:得和权力压迫进行一场永恒的堂吉诃德式的战斗。当李泽厚和刘再复——两位 80 年代的知识分子领袖,在他们急就章式的著作《告别革命》中提出"吃饭哲学"的时候,既受到来自官方的批判,又受到流亡海外的不同政见者的攻击。前者在"和平演变"的论调里看出了反革命阴谋,后者则对两人为政府发展主义所做辩护不敢苟同。中国知识分子苦苦寻求道德上的确定性和象征性的特权,最后只能把死人树为新的偶像。于是刮起了一股令人瞠目的崇拜陈寅恪之风。陈寅恪是一位传统的史学家,一直活到共产党当政时代,他受到了 90 年代中期那些自由主义和保守主义知识圈的膜拜。就在那部相当畅销的传记作品——《陈寅恪的最后二十年》成了精英知识分子日常话题的时候①,电视情景喜剧、个人化的散文(例如"小女人系

---

① 陆键东:《陈寅恪的最后二十年》,北京:三联书店 1996 年版。作为政治上的自由主义者,陈寅恪不认同马克思主义的思想和意识形态。而作为文化上的保守主义者,陈以全盘拒绝西学而扬名。他在欧洲待了十年以上的时间,据说同时精通英语和德语,并掌握了许多其他的语种。然而他又似乎从不关注西方文化。所以胡适,这位现代中国的自由主义知识分子、杜威的信徒,称陈寅恪为"遗少"或"旧时代的遗留物"。

列")、流行音乐、好莱坞大片、时尚杂志、气功培训班,以及麦当劳,也已静悄悄地完成了对于当代中国文化风景线的占领。

现代主义,或者可称之为后革命时代中国文化精英的象征体制,现在必须在所谓"市场社会主义"环境中重新寻找自己的栖居之所。在思想话语普遍瓦解时,叙述与风格上的调整正在起步,新的意识形态立场和视角也正在形成。我们所讨论的这些电影摄制者组成了一个精英群体,它处在用自己的"专业"方式来回应上述状况的最佳位置之上,也就是说,用上了切合这一特殊领域的物质资本和象征资本;其实也正是这一群体创造出了这个领域,它也归属于这个领域。所谓"第五代"导演的代表作,即中国80年代新浪潮电影体现出了某种电影语言,这种语言凭借现代主义形式的捷径,在跟国际化的象征语法与意识形态保持一致的时候,也吸收了地方的和民族的语汇。

历史剧一直是共和国电影产业的主流类型,较早一批表现民族创伤经验的作品,例如1987年谢晋的电影《芙蓉镇》,说的也是同一个社会时期,比如"文革",而且用的是同一种电影风格,其特点是在史诗里混合了一些情节剧元素。然而,"后1989"的电影潮流看上去却与"伤痕"文学传统,以及后毛泽东时代早期的中国电影传统没有太多关联。它们强调电影风格上的丰富性、可看性,强调纪录片风味和历史真实性,这表明这些获奖影片下定决心要跟早些时候的现代主义里程碑作别,例如《盗马贼》(田壮壮,1984)、《孩子王》(陈凯歌,1987)等等,执著于为后毛泽东时代中国新的社会经验创造意义系统。情节剧作为谢晋式的"社会主义人道主义"的正途,镶嵌在现实主义和中国电影一直以来的创作传统之中,却受到了"第五代"导演的挑战。当90年代"第五代""老将"也采用了情节剧模式的时候,情节剧就不再仅仅意味着补救高峰现代主义中"叙事"或"讲故事"的不足。在一个日渐兴起的消费社会里,超越现代主义的姿态作为一种文化激情,具有极其明显的形式意义和意识形态意义。假使有一种可称之为中国后现代主义的东西,那么它所要终结的不是现代性,而是革命年代和激进主义。情节剧和史诗的并置暴露出某种不间断的努力——即将新一拨地方性象征资本输送到提供评论、消费、认同和庇护的国际网络之中。情节剧若能保障史诗的可消费性,那么史诗就能为情节剧提供政治和美学上的增补与升华。

就这样,中国的"新浪潮"电影在 90 年代的转型,成了中国民族经济和世界资本市场之间迅速建立合作的寓言。

以上提到的三部电影都有一种包裹不住的欲望,即想要重建集体记忆,重写民族历史。这一欲望发现自己在情节剧里对象化了,而情节剧这种再现模式又跟"第五代"导演特有的影像风格做派纠缠在了一起。当这些电影专业化的视觉特性符合了全世界观众的口味时,电影故事"政治性"的一面就给那些异常丰富的色彩、形象,以及闻所未闻的故事加了点儿可靠的后现代真实性,甚至还加了点儿颇具自满意味的道德中肯感。换句话说,我们在观看这些电影时的快感,部分来自于无意识地受邀参与这个创造民族记忆及其"历史"意义的短暂过程。当然,只有这一记忆及其意义反映了我们栖居其中的全球意识形态的时候,我们才能理解它。所以说,看这些电影的最大乐趣,涉及凭借联系创伤和影像来参与创造灾难记忆的过程。在这个意义上,制造创伤自身就是后革命时代的文化事件。因此,真正的创伤与其说是有待重新体验的视觉性恐惧,不如说是某种发现与震惊的瞬间。在这个瞬间,一种关于过去的叙事和图像最终隔着历史的距离被提了出来。正是因为这段距离,以记忆为形式的过去突然在道德和意识形态上变得让人难以忍受了。在这里,使得"创伤经验"在情绪上、有时是在生理上变得可能的,正是两种时间性、两种历史范式的重叠。某种无时间的震惊或苦恼瞬间分开了这两种时间性、这两种历史范式,它们甚至被封印进了这种瞬间里面,而后者就是创伤的作品自身。换句话说,对于当代那些心态相当激进的观众来说,这一创伤作为某种震惊被保存了下来。当他们与过去重新相遇的时候,这种震惊产生了。为了创造一个"记忆"的同质空间,具体的历史经验从这一过去里被抹除了。有个美国的毛派团体在评论《蓝风筝》时自卫性地——然而也是正确地提到,电影里的政治事件得以再现的方式,并不是大多数人经验这些事件的方式,甚至不是那些直接卷入或深受其害的人经验它们的方式。① 对于后革命时代一个活得安安稳稳的市民来说,这整

---

① 毛主义国际运动关于《蓝风筝》的评论。Maoist International Movement. "Lan Feng Zheng(1993)." Review of *The Blue Kite*. us. imdb. com/Reviews/33/3359.

个给出了某种令人宽慰的保证,担保这一观看行为多少掌握了关于"实在界"(the real)的线索,或者不如说它凭借后革命时代的净化发明出了"实在界"。当"严肃的"电影制作仅仅只是作为生产审美快感的平板、同质的空间起作用,它记录下的关于创伤记忆的创伤经验就在个人苦难和集体灾难骇人的地形上玩起了过山车。说得简单点,在闲暇的电影里,有待超越的政治与大写的历史,是恐惧和视觉快感的唯一来源。一位美国影评人在看过《霸王别姬》之后,说她感到"情绪上枯竭"了。① 自从看了《蓝风筝》,罗杰·艾伯特(Roger Ebert)认为他现在更透彻地理解了那句广为流传的中国古代俚语:"宁为太平狗,不做乱世人。"②

在这些电影里,个人创伤是潜在的历史内容有待生成的场所。也就是说,只有在空洞的、创伤的瞬间充斥着个人性的、亲密性的经验时,只有当个人开始通过记忆的编织为创伤带来叙事形式时,历史才开始显现。尽管这三部电影都搭建了政治语境供人接受,说它们无非是将个人经验用作政治谴责,那就过于简单了。不如说,这些影片不可否认的力量和施加催眠术的魔法正在于它们将个人经验处理为自主性的,也就是说,这一力量和魔术正在于无功利的审美领域。或者也可以这样来说,这些电影政治上的尖锐性恰好通过以下方式实现了:即坚持自己不应该被视为某种政治控诉,而更应该被看做关于生存之终极意义的本体论思辨。就它们执迷于描述和评价亲密性、寻常性、世俗性和普通的东西(《活着》和《蓝风筝》),或是痴迷于精神分析和审美性的东西(《霸王别姬》)这一点来看,这些电影的本体论狂热表现得非常明显。"疯魔"正是《霸王别姬》贯穿始终的主题,世事变幻在电影中得到了极大渲染,在道德上也得到了评判,或者更准确地说,是在政治上得到了评判。假如电影有意给出一种元历史批评,那么它正是通过个人日常生活的亲密互动来展开的。正是日常生活瓦解了官方关于现代中国民族历史的言说所强加给人们的时间性。在电影对于"不变"的呈现里,有

---

① 洛佩兹·麦克阿利斯特关于《霸王别姬》的评论。Lopez McAlister, Review of *Farewell, My Concubine. HERS*, December 1993. www.mith2.umd.edu/WomensStudies/FilmReviews/farewell-concubine-mcalister.

② Ebert, "The Blue kite." *Chicago Sun-Times*, September 16, 1994.

爱,有人的尊贵,有求生的基本欲望,有压抑不住的追求自由和快乐的渴望等等,与之相对照,现代性和革命这种"变"不值一提,转瞬即逝,更别提其中的暴力了。《霸王别姬》中轻浮的异域风情和高度风格化的特点,《活着》与《蓝风筝》有意为之的平淡乏味感,质问了以革命的名义让整个民族做出牺牲的正当性。在这些新的创伤类型中不顺从的、具有潜在颠覆性的东西,正在于它与此种真正的生存之融合,在于它对于让-吕克·南希所谓"不可牺牲之物"①(unsacrificeable)的沉思。

就如俗语所说,那些回到犯罪现场的总是受难者。在《蓝风筝》、《活着》和《霸王别姬》里,重写过去和探究意义都是打着受难者和幸存者的旗号进行的。因此,如此被感知的历史就不再是一个过程,而是某种断裂:它成了静止的历史。同样,如此被经验的时间再也没有了生命的丰富性,而是作为某种震惊的永恒瞬间被捕获。这一过去渴望有某种形象、某种叙述模式和某种文化形式来将自己永恒地化为记忆。尽管这一记忆在非常个人性甚至私密性的领域里得以重建,它还是如本尼迪克特·安德森所说,"浸透着民族想象"。它提出了某种有意义的历史,而这一历史正是潜藏在无意义的国家政治事件序列之下。对于这一方案来说,牺牲和创伤是经验的特权模式,这些模式为意识形态上的迷失承诺了心理和形式的解决方式。换句话说,我们必须从字面上来理解创伤和牺牲,即将其寓言式地理解成某种普遍悲观主义和挫败感的产物。"八九风波"之后的自由主义知识界到处弥漫着这种悲观主义和挫败感。因为这种对于历史本真性和时间经验的特殊爱好,"后1989"的当代中国电影编年史成了总的思想斗争和政治斗争的一部分,这种斗争为的是建立一种新的时间秩序,建立新的"常态"观念和(日常)生活的反乌托邦意义。在它看来,中国的(生活)世界正是凭借这一生活的意义留住了救赎的希望。只要关于过去的记忆在道德、意识形态和象征上被固定在有待复辟的经验统一体里面——而且这一复辟竟至如此程度:暗示出某种超越革命反常、无情时刻的想象,那么建构布满谜样伤痕的个人记忆就是处于西方凝视之下的发明而已。旨在续写民族历史的审美投

---

① 参见 Nancy,"The Unsacrificeable."*Yale French Studies* 79(1991):20-38。

资找到了进入国际电影节和国际发行网络的途径。凭借这些东西的中介，潜在的创伤经验以世界电影之视觉景观的形式获得了意识。

对于这些电影更具批判性（同时也是更具同情感的）的解读，必须批评它们看待历史和个人经验所依托的那种本体论。这一再现模式的问题与其说是它直接的意识形态局限性，还不如说是它有意要用既有意识形态立场的占位空间里的物质性和客观性来超越自己的立场。通过唤醒对立于意识形态、政治、社会运动以及所有集体性疯狂那种极度的非理性与反人道的东西——即那种常态的、不变的、不可化约的东西，视觉景观和情节剧自我封闭的世界向彻底世俗化的消费世界敞开了怀抱。移情于普世进步及其标准价值、主张和假设，巩固了那种对于有意义、有秩序的历史进程的渴望。通过在历史的废墟上打上一道忧郁的亮光，无时间性的创伤瞬间与蔓延着的无时间性的"此刻"厮混在了一起，这一"此刻"就是所谓的"历史终结"。如果说"洞开"的伤口排斥了指向未来的斗争，那么创伤所指向的就不是不同历史经验与时间性那种富有生产性的紧张关系，而是"此刻"同质化的常态性。当这一"此刻"回眸望去的时候，毛泽东时代中国的文化纪念碑在修成之前似乎就已经崩裂。在这种交换之中，物化获得了一种奇特的活力或者说动力，资产阶级世纪"同质的，空洞的时间"（本雅明）克服了自身内在的同质性和空洞性。关于这一历史想象和审美赋值的政治经济学解释与感伤主义毫不挂边：资本主义不仅征服了空间，也征服了时间，恰如它侵入、吞并新的版图一样。自由主义意识形态凭借冒险进入时间与记忆犬牙交错的地域而重获青春。通过展映创伤来重建记忆的方式，嵌入在某种创伤性的承认之中：普遍历史和人性中没有它的立足之地。对于民族历史的批评充斥着对于落后、反常和匮乏的焦虑，因此成了某种全球性的寓言。

《蓝风筝》（1993年东京电影节最佳影片奖，1994年纽约电影节批评家协会奖），是田壮壮在90年代拍摄的第一部也是唯一一部电影。尽管电影的主要部分1992年之前就已经在中国摄制完成了，后期制作却是一年后在东京完成的。在《蓝风筝》1993年摘得东京国际电影节最高奖项之前，中国政府颁发了禁映令。当此片入围1994年纽约电影节的时候，它在美国引发了评论界的关注。田壮壮和张艺谋、陈凯歌是同班同学，在整个80年代的中国电影圈子里，他一直站在"第五代"导演大胆革命的前线。在拍摄《蓝风筝》的时候，田壮壮再次与摄影师侯咏合作。侯咏曾经参与田壮壮好几部重要作品，比如1985年的《盗马贼》和1984年的《猎场扎撒》。由于毫不妥协地跟戏剧化的电影叙事方式分道扬镳，创造了某种建基于客观现实或物理现实之"物性"（thingness）的电影语言，这两部电影广受好评。如果此种荣耀的确可以归之于田壮壮的早期影片，那么《蓝风筝》则构成了对于他自己早期风格的彻底告别，甚至可以说是反转。这是因为这部电影无论从哪种意义上看都是一部情节剧，一部有着史诗野心的情节剧（即希望人们将之视为史诗），或者更准确地说，这部史诗的本体论或者"本真性的行话"恰恰来自情节剧的世界，来自后者模式化的对白、流俗的心理学，以及看待记忆、政治和集体史的惯常智慧。值得一提的是，女主角（吕丽萍饰演的树娟）和男主角（李雪健饰演的李国栋，或者"叔叔"）都是90年代早期大红大紫的明星，他们在当时一些热播的电视连续剧里担当过要角，比如《渴望》、《编辑部的故事》，这两部戏都出自王朔的手笔，而王朔本人则是1989年以后流行时尚市场里大反英雄主义的文化英雄。这样的演员选择揭示了导演的某种意图：让观众和整个故事"贴"得更近，让他们同电影产生亲密的感觉。换句话说，新兴的中国城市中产阶级家里的起居室，某种程度上说就是一种想象空间，正是在这个空间里面，展开了对于中国革命的元历史批判，或者说作为创伤经验的民族事件的再现亦在其中展露自身。

《盗马贼》的世界就像许多"第五代"导演的代表作所表现的一样，决绝地远离人口稠密的世俗世界及其日常政治，从而别有用心地拓展其看待文明边缘的视野。不同于前者，《蓝风筝》却选择了北京——这个中国的政治中心——的日常生活作为故事展开的环境。不同于《盗马贼》里青藏高原的蛮荒一片，不同于这种高峰现代主义自我指涉的宇宙，北京熙熙攘攘的居民区里的"干井胡同"搭起了《蓝风筝》的舞台，在这个舞台上，错综复杂的个人、社会和政治关系在情节剧样式里汇合在了一块儿。然而，我们首先应该注意到的是，干井胡同是反历史的：从视觉上没法判断它到底属于哪个历史时期。即使电影的内容相当具体，可是就人们的穿着、交通工具和建筑风格等来看,实在没有任何时间性的踪迹可寻。相反,在这个场景里看到的任何事物——从传统风格的居民大院,北京烧煤的冬天里家家冒着浓烟的烟囱,驴子拖着的大车,到街道上玩耍的儿童——招致了某种无时间感。引人注意的是,冬天是这部电影里唯一的季节,遮盖了整个时期。这是普通人的北京,是永恒的中国乡间与脆弱、单调的中国城市一次奇怪的相遇,是一个免受历代王朝兴衰及其当代变种影响的地方。在电影里可以看到一堵照壁树立在干井胡同的开阔处,上面用红色颜料画着一些难以辨认的人物。时代的标记在这里无足轻重,纵使很快这个时代就将在这里加入自己的等级秩序,诸如早晨的广播新闻、政治口号和标语、群众游行、政治集会、锣鼓和红旗。

尽管干井胡同本身相当单纯和朴素,却总是让人想起无尽的世俗生活世界,它潜伏在一切变化之下,在这个世界里,任何目的论的强加都是徒劳。它是大自然的子宫,对于它来说,历史的诞生是一个需要抵抗的创伤性时刻,也正是通过这一抵抗,它才被人们记住。正是这一有机的整体被一次又一次席卷而来的政治风暴刺穿。因此那些不变的东西成了某个宁静而被动的场地,灾难在这个场地之上演出着道德戏剧,演出着一幕幕故事。如果这两极相遇,那么这个当代中国生活情节剧式的场景就必须依据自然历史的忧郁来把握,正是这一忧郁支配了《盗马贼》中的自然景观。两者在寓言上的相似性,暴露了《蓝风筝》电影叙事之政治—本体论设置:它致力于揭示躲藏在"变"之风暴下的不变,作为社会和政治模式转向之基础的无时间性,以及作为现代性和革命之基础的历史"缺席"。

影片一开始就呈现出的寓言意味随着故事的开展不断得到强调。新婚夫妇所住的房间空无一人,寂寥无味,这第一个镜头就留下了某种视觉残渣。这幅画面也在不断提醒观众,隐藏在琐碎的装饰之下、掩藏在个人生活易忘的放纵之下的政治经济学的真理内容。男女主角精心挑选的结婚日子,3月8号(国际妇女节),在政治上极其无知的女房东蓝太太看来,只不过是一个双数吉日。这样的误读,虽然无关紧要,也没有引起什么人的注意,却揭示出社会仪式和政治禁忌的密不透风的规范世界,同世俗世界的盲目、顽固和稳定之间细微然而关键的差异。电影一开始所设置的两种人物就已经挑明这种差异。一个人物系列由蓝太太这样的人组成,他们身处政治领域之外,被限定在无关紧要的自然状态之中,老人和孩子是这个领域里的主要成员。另外一个人物系列由以下这些人所代表:他们的整个人生全耗在充当暧昧的权力机器的部件了,如党内官员、工作单位里的小干部、街道积极分子等等。然而电影的主角却基于这两者之间,他们无法预料即将到来的灾难,也不懂得躲避灾难的方法。刘云蔚天真地响应了党的号召,满腔热情地给党提意见,却因为这个而被告发。铁头的父亲韩少龙被打成右派,仅仅是因为他的松懈与健忘——即在不恰当的时间去了次洗手间。树娟的小弟树岩因为过于骄傲、不守规矩被下放到了遥远的乡村。这种惩罚自始至终伴随着他,包括与一个乡下姑娘毫无乐趣的婚姻,以及他那破碎了的雄心。朱瑛,文工团里的漂亮女演员,因为拒绝与某个神秘"领导"跳舞,被迫转业到工厂劳动,最后还被投进了监狱。树生(树娟善良的大弟)曾在国民党军队干过,因此无法入党,最终被从部队里清除了出去。女房东蓝太太的儿子则发现无论怎样努力证明自己配得上这个新社会,都无法改变世袭下来的阶级地位。阶级路线的僵化给人以这是个永不改变的等级森严的社会的印象。而法律从来没有被明文张贴过,表明了某种"无法"的原始状态,在这一"无法"状态下,惩罚一定是神秘而武断的。这部电影是献给小人物的无辜的,献给他们的个人癖好、他们的无助、他们朴素的希望,即希望能过上一种不受干扰、自给自足的生活。无意识地"抵抗"宏大的东西和英雄性的东西,这带领他们走向了必然的不幸,走向灾难的袭来,也揭示出寻常生活本身的真理。周蕾在解读《活着》的时候,质疑了这样一种生存哲学道德和伦理上的合法性。她认为这一哲学有意无意地为暴力性的政治制度铺平了道路,这一制度正是建立在民族道德麻痹症和奴隶性之上。① 出于不同的政治目的,周蕾触及了某种意识形态上的同种性,即真正的生存的本体论呈现与中国知识分子在政治上认可所谓"无民主的发展"或"不管人民的现代化"这种社会方案之间存在相似性。可是后者作为普世理性十分盛

---

① Chow, "We Endure, Therefore We Are: Survival, Governance, and Zhang Yimou's *To Live.*" *South Atlantic Quarterly* 95 (1996): 1039-1064.

行,这使西方媒体对于电影摄制者的道德勇气的褒奖,以及后革命、后殖民批评家批评这类电影与民族文化根本上串通一气都显得肤浅了。

当下时刻同某个更为神秘的、持续而来的历史发生了令人尴尬甚至有些喜剧性的重叠,一旦这一重叠恰到好处,电影就极其迅疾和紧张地发生了明显的转向,朝向了某种令人窒息的灾难史,转向个人和家庭生活被政治侵犯、破坏的编年史。观众看见新郎和新娘中间挂着张毛泽东像,他们朝这位伟大的舵手致敬,这一仪式代替了传统中国人向天地、爹娘磕头的礼仪。新婚这样唱道:

> 在祖国和平的土地上
> 生活天天向上升
> 青年人怀着远大的理想
> 老年人越活越年轻
>
> 我们工人劳动最热情
> 生产纪律日日新
> 农民已经组织起来
> 年年都是好收成
> 我们热爱和平,从不侵略别人
> 也不容许侵略者破坏人类安宁

50年代一直被视为中国社会主义的黄金时代,它似乎有一种特殊的仁慈和自发性的日常文化,这是流行的怀旧看法,但观众在电影里看到的,却仅仅是令人生厌的政治陈词滥调。一旦这种怀旧被影像所颠覆,人们能看到的就只能是党的意识形态、国家宣传机器和阶级斗争修辞穿透了整个公共空间和私人空间,逼迫个人将它们内在化、规范化。压抑和禁欲是共和国早期道德纯洁性的组成成分。在电影里,私密性和亲密性是不被允许的,甚至看上去也并不让人快意。就连故事叙述者铁头的出生也因为斯大林的死亡而推迟。新婚夫妇之间互表亲密的时刻是在道德和政治权威缺席下秘密进行的,而且始终得提防着别人。值得注意的是,人们自发求乐的心愿,或者说他们从不曾熄灭的逐乐意志唤起了古老的、传统的和民间的东西:传统的婚服、红盖头、背媳妇等等。新郎捉弄新娘的一句"谁啊,进来!"确实吓到了红盖头下面的新娘,他们顿时爆发出一阵大笑。可是这一亲密时刻的玩笑与欢娱,全然以对于这种自我纵容的不正当性有所认识为前提。

在某种意义上,电影里的这个家庭是理想的、具有"代表性"的:不同辈分、不同职业、不同政治倾向的人构成了多种个人立场和阶级立场的大杂烩,颇有点儿现实主义的味道。然而《蓝风筝》对呈现卢卡奇意义上的历史运动场面不感兴趣。相反,它凭借耐心地展示情节剧的因果性,始终聚焦于家庭的衰败。在这一因果性说明中,创伤成为了法则。这个家庭总是会搞聚会,经常在祖母那儿聚在一起吃晚饭。捱过了一次次政治风暴,餐桌旁的家庭成员越来越少,而忧愁和恐惧却越来越多。家庭聚会的传统肇端于满满一屋子人庆祝树娟和少龙的婚礼,却结束于树娟和她母亲——两个迷惘而绝望的女人充满眼泪的谈话。尽管一再遭到政治风暴的冲击,祖母的房子仍为年轻人保留了一处避难所,这是一个超验的"家",随时可以回来(也为藏匿"继父"这个"现行反革命分子"遗留下来的钱财增加了个安全的地方)。与祖母的房子相比,树娟的住所在"叔叔"——她的第二任丈夫死后,最终被遗弃了。镜头再次扫过空旷、荒芜的房间,通过回到房间的原初状态,电影的整个循环也随之结束。唯一看得见的残余物只是地上的一些废物和垃圾,它们是无辜的人们遭受痛苦的暗示。这儿看不到任何意义或救赎。最后唯一徘徊在垃圾堆边上的是蓝太太,是那个对谁都不造成伤害也无足轻重的女房东,而她自己也正准备永远地离开这里。

衰败的家庭和社会生活的编年史保留下来了某种关于国家政治事件的细致索引。与此同时,国家政治事件本身亦从它们对于寻常生活所施加的影响,以及它们令人惊异地被寻常生活所吸纳这两个方面得到再现与铭记。电影分成了三段:"父亲"、"叔叔"和"继父"。每一段与民族历史上的特定时期相联系:1957年对知识分子进行思想改造,三年自然灾害——"大跃进"所引发的大饥荒之代名词(李国栋——"叔叔"就死于劳累过度和缺乏营养),以及"文化大革命"。父亲们的死刺穿了铁头伤痕累累的童年记忆,这一记忆反过来化作某种框架,藉此国家大事以不顺从于正统史学的方式展露了出来。从"私营工商业改造"到"反右运动",从可笑的全民参与消灭麻雀到"文化大革命",电影一直保持着某种节奏,我们可以视之为杰姆逊所谓"民族寓言"概念的文本例证。这一节奏有规律地在创伤性的个人经验和关于民族灾难的记忆之间摆动。与其说为了讲述个人生活的故事就必须要讲述关于民族情境的故事,毋宁说在《蓝风筝》里,如果不说明无辜的个人之创伤经验,解构民族历史神话就是不可能的。在这里重建民族记忆涉及私人和家庭空间;批判超凡事物在俗常领域里得以展开,批判乌托邦和革命的神话则在世俗性的日常生活中找到了自己的切入方式。

正如我在上文中提到的那样,干井胡同代表了日常生活的地下领域,政治可以摧毁它,却无法从根本上改变它。影评家罗杰·艾伯特曾经比较过《蓝风筝》和陈凯歌的《霸王别姬》,后者对他来说"包裹着京剧那种奇异的性别风味和个人伪装"。同时他正确地指出:"《蓝风筝》里的人却从来不会去看京剧,他们只是呆在自己房间,然而,就算社会抛弃了他们,他们的生命仍然是温暖和荣耀的。"①《蓝风筝》的世界是由这些物和事组成的:鸽子鸣叫着飞过冬日的天空;豆汁铺子后面的小胡同;照看小孩子;多放个碗到桌子上,等待某个朋友来吃晚饭;邮递员来回送信;人们庆祝新年,等等。这些卑微生命的被动姿态脱离了公共空间,虽然每个人都卷入了政治运动的风暴之中,或用艾伯特的话来说就是"都有点疯了"。无法预言的政治风向变化同不变的人性价值、需要之间差异迥然,这使艾伯特怀疑《蓝风筝》"能够打动人们的某种情感,如《阿甘正传》所做的那样",如果中国政府真能允许它在本国上映的话。② 这部电影创造出某种距离,这一距离横亘在不算遥远的往昔之日常经验与本体性的、普遍的、不变的,确切地说是知识和政治空间之间,后者正是中国"自由主义者"在1989年之后着力寻找的东西。

电影给出的东西远比描述对于暴力和恐怖的无言忍受要多得多。它有时会给制度性的恐怖一个特写。在树生去监狱探望朱瑛那一段,正/反打镜头缝合了一层又一层的监狱铁栅和朱瑛那张扭曲了的脸孔——后者表现出无辜和无名的恐惧。电影里最为神秘的场景同时牵涉到了权力、阴谋和惩

---

① Ebert,"The Blue Kite." *Chicago Sun-Times*, September 16, 1994.
② Ibid.

罚最为专横与冷酷的形式。在这个意义上,树生的眼疾绝非意外。电影让人最难以忘怀的场景正是飞机维修厂的大门突然打开那一瞬间,倾泻而入的阳光使树生或者说陈参谋目眩迷离。他独个儿静静地站在那里,微小而紧张的身体完全敞露在压倒一切的光明之中,他举起双手,徒劳地想要阻挡那种光亮。他这个朱瑛的爱人,后来告诉后者自己的眼睛将来或许会瞎掉,还开玩笑说,眼睛的"筒状视野"会让自己只好好地望着她一个人。事实上,树生被政治权力的紧张性和无所不在搞得十分迷惘,这一权力对于他来说过于强大也过于残酷,令他无法忍受。朱瑛的命运为这种权力之盛行做了注脚。电影里另一个关涉到暴力的生动画面也与树生有关(或仅仅是对暴力的暗示)。树生部队里的一个战友听到自己被打成右派时突然倒地。与此同时一个红墨水瓶也被打碎在地上,我们不禁会猜测:那地上一大滩红色液体究竟是瓶中流出的红墨水,还是尸体中流出的血。这一悬疑的瞬间有其自身的象征意味:对于惩罚的恐惧和焦虑远远超过了暴力本身。医生给树生的建议是避免背上太多的压力、焦虑和沮丧,可是在那样一个"乱世"里,这个建议本身成了反讽。因此树生注定会变瞎,因为他禁不住要看看周围正在发生的事,也不得不接受它们。他所能感受到的正是"有些东西不见了"。他紧张而痛苦的姿势,试图阻挡从飞机厂巨大的滑门中倾泻进来的光线,成了所有分享他那一处境的人的寓言:作为经典的精神分析意义上的刺激过度,这一震惊导致了身心两伤;这也是活生生的经验的创伤时刻在时间里凝冻。正是这种绝望的抵挡和徒劳的抗拒所带来的无意识、无力的姿态,处于《蓝风筝》视觉—象征世界的中心位置。

与此同时,诸如此类的情节剧时刻也为揭示这部以缓慢著称、颇具反戏剧性的电影机制提供了一个线索。说它缓慢,不是说叙事展开得慢。正相反,这部电影在情节剧的伪装之下,给出了一部包罗万象的史诗,其中有许多跳跃和留白,观众如果对那段特定时期的社会历史不太熟悉,就会有一些理解上的困难。事实上,试图跳脱出情节剧模式的正是某种史诗视点,这一视点与国家大事令人目眩的进展同时展开,它尝试在凝固的框架中捕捉某个创伤瞬间。在讨论扎普鲁德(Zapruder)拍摄的肯尼迪遇刺影像时,玛丽塔·斯特肯(Marita Sturken)告诉我们,影像与历史断裂的创伤事件恰好同步的时候,它们就能在建设民族意义的过程中扮演核心角色。她指出,"十二年来,公众所看到的扎普鲁德影片只是一系列定格的图像,它代表着历史作为一系列单帧画面在慢速中滑行,它仅仅提供所发生事件线索的碎片。这是一个秘密的影像,它躲避着视线,因而占据了神圣的地位,仿佛它掌握了这一事件的基本线索……仿佛真理就存在于这一帧帧画面之间"[1]。通过引述本雅明的《历史哲学论纲》,斯特肯进一步阐述道:"静止的影像具有一种特殊的权力:即在它所捕获的时间里唤醒已经发生过的事情(what-has-been);静止的影像似乎具有了目的的灵晕。正是静止使照片成为……'我们记忆的神秘墓穴'。"[2]以此看来,《蓝风筝》里大量的缓慢时刻显露出了某种冲动:想要将电影情节剧式的流淌凝结为一系列静止的影像,从而创造出某种超历史的、本体论的图像,或者说创造出世俗世界和普通人日常生活的意义。电影的缓慢并不在于叙事节奏,而在于摄影上的悬搁和时间性的延拓。如此被保存、捕获,甚或被发明出来的记忆,作为一系列定格画面而存在,它们等待着某种形而上学的静观。在电影一帧一帧的画面之间创造出某种本体论真理,正是"第五代"导演老去的激情所向往的东西,他们最初的目标就是通过现代主义的"雕塑意识"(sculptural consciousness),通过反戏剧性的风格,当然首先是通过曾经风靡世界的巴赞式摄影本体论,拆除老套的社会主义现实主义的叙事与蒙太奇构造。从审美上来说,在《蓝风筝》中,重写历史的史诗抱负全然是情节剧的反面。即便情节剧被接纳为政治和文化规范,即便反历史的情节剧步调成为电影唯一的展开步调,昨日现代主义的暗中冲击还是表现出了它们的颠覆性。那些茫然迷离的时刻总是试图固着在人们的意识里面,与其说它们是萦绕不去的创伤形象,不如说是过去不可化约的寓言丰富性,就好比普鲁斯特式的非意愿记忆。现代主义的残余不仅干扰了情节剧的展开——正是它铭刻了电影摄制者过时了的主体性;它也在审美领域保存生活经验真正的复杂性、张力和矛盾,而这一

---

[1] Sturken, *Tangled Memories: The Vietnam War, the AIDS Epidemic, and the Politics of Remembering*. Berkeley: University of California Press, 1997. 请特别参看第一章关于扎普鲁德(Zapruder)影片的讨论。

[2] Ibid.

生活经验正是政治威胁着要消灭的东西。最终是这种影片里的缓慢催生出更加崎岖、更加真实的静止中的历史画面。以此来看，本体论的激情成了自己辩证的对立面：它们不仅代表了物化和幻想，也代表着乌托邦渴望。

　　主体性领域的打开可以引领我们去追踪电影多重的寓言意义，这一意义会分别表现为幻想、意识形态、自恋和怀旧。对于不变之存在的本体论凝视把自己从民族历史的机械时间中解放了出来。然而，静止的画面不仅是"我们记忆的神秘墓穴"，它们也通过保存某个永恒的瞬间，为怀旧敞开了记忆。《蓝风筝》里的悖论和悖论性的美正是影像的二元性：同时是创伤见证和怀旧记忆的承载者。在树娟和李国栋（"叔叔"）相爱时，即使爱情嵌入在罪恶和背叛之中，它却开启了未来之门，这是因为通向未来最为稳妥的方式就是拥抱现在，这也是爱的本质。当田壮壮无意间"越界"的时候，即走向用"人类学"的方式记录50和60年代北京的日常生活时，他无疑正处于最佳状态。这种热情让人联想起他早期的散文电影，联想起他所拍摄的青藏高原和蒙古草地上高度仪式化的生活。《蓝风筝》这部见证式的电影忽然走神的瞬间，将再现的政治拉入了我们的眼帘。在怀旧之中，父亲们的死在某个不同的意义上成了创伤。铁头对于少龙的印象一定是模糊的——如果他有那种记忆的话。铁头与"叔叔"的友谊虽然温暖，却依赖于某种事实：叔叔看上去不像父亲，更像是一个可以依靠的朋友。铁头与继父的关系以憎恨开始——是出于恋母，也是出于阶级身份（铁头看到妈妈在吴雷生家就像个佣人，吴显然是一个地位颇高的官员），以反叛结束——铁头在"文革"伊始青春反叛意识懵懵懂懂地觉醒了。如果说母子关系建构了真正生存不变的状态，即家庭和无条件的爱，那么这个家庭的创伤经验就不仅仅在于它面对国家政治时的脆弱，也在于它永远需要一个父亲的形象。父亲形象的脆弱和不稳，突出了这样一个事实：母子关系才是永恒的，只有它才能对抗电影里所表现的毛泽东时代中国的社会政治风暴。

　　对于田壮壮和红卫兵一代的其他成员来说，父亲地位的压迫性有待被年轻的力量克服，这种力量由某个更高权力，即大写的父亲或"父亲之名"所授予，正是这一"父亲"（之名）独自规定了历史的意义。在《蓝风筝》里，意愿记忆的构造聚焦于外部暴力的不合理性，这揭示出某种违背意愿的举动,即重新体验创伤性的寻找——寻找内在化的秩序,寻找权力和理想。这儿留下了一个道德问题:一个人是否有权侦测另一个人的精神伤口,进而分析它,评判它。然而,人却拥有一切权利,甚至是道德责任去调查、分析,去评估被提议的治疗方案。但是人们也应该问一下,这一升华和移情的设计到底出于何种意识形态和政治目的?神话或幻想的创造出于谁的利益?说《蓝风筝》是一部令人钦佩的电影,是因为它没有提供轻飘飘的净化和直接的抚慰,很少心理剧的成分,也没有表现文化上的异国情调(正是它把震惊引入到商品世界之中)。《蓝风筝》用一种现代主义的风格与新的政治狂热,尝试呈现某种"本然"的生活状态。然而后一种努力也制造出问题,这个问题在最近一批中国获奖影片那儿表现得尤其突出(《蓝风筝》当然可以归入此类),当然,在中国和后冷战世界一般知识和意识形态环境里面,这一问题变得更加显眼了。通过呈现某种被歪曲了的"本然"生活方式,《蓝风筝》期待着某种新的"法则",我们可以在经济(即资本主义)社会的"自然法"那儿找到这一法则的内容或含义。

在对于弗洛伊德《摩西与一神教》的解读中,凯西·卡鲁思(Cathy Caruth)认为,巩固犹太人集体记忆的,与其说是关于回归的创伤,不如说是关于出发的创伤。① 在解读电影对于现代中国民族历史的重写时,我们也可以说,现代中国的创伤与其说是对于历史的厌倦,与其说是关于革命和现代性的忧郁,不如说反映出这样一种知识分子的集体焦虑:历史还没有真正开始,就是说,中国还没有从封建专制、小农经济"史前史"的"超稳定结构"中走出来,还没有进入"世界文明主流"的序列——这同胡风在1949年所宣布的"时间开始了"形成鲜明的对照。创伤性的东西从来不是幸存者对于已逝时代痛苦的无法释怀的记忆,而是对一种尚未清晰化的未来及其"疗救"和"愈合"的期待。针对这种来自于未来的"时间压力",一种新的时间性被结构出来,决定历史价值的等级秩序。② 在这个意义上,新中国电影的

---

① Carush, "Unclaimed Experience: Trauma and the Possibility of History." *Yale French Studies* 79(1991).

② Habermas, "Conceptions of Modernity: A Look Back at Two Traditions." In Habermas, *Postnational Constellations: Political Essays*. Ed. and trans. Max Pensky, p. 132.

叙事逻辑,颇具反讽意味地回归到社会主义现实主义"新旧对比"的方式上来——其实在谢晋电影里,这种电影叙事法已经十分完美了——尽管两者为截然相反的意识形态和政治效果服务。按照这种有意的新旧对比,敞露在生存哀悼之中的创伤性过去,本应该在坚决拥抱新的普遍性——市场、消费、私有财产,以及与经济底线联系在一起的自由幻想——之中找到自己充满活力的起源,而不是在夸张而伪善的历史事件中找源头,但我们在田壮壮克制甚至平静的镜头运动中,却看不到任何沾沾自喜的满足。

(张屏瑾译,朱羽校)

# 第八章 叙事、文化与正当性:《秋菊打官司》中的重复与独一性

## 现代主义及其来世

80年代后期以来,张艺谋成了众所称道的中国电影人,成了世界电影界的一个品牌。在声名鹊起之后,他的作品如今开创了一种中国电影艺术家鲜能达到(或许谢晋除外)的路径:即其全部作品都被看成是带着他特有电影风格的独一无二的影像世界。确乎无疑的是,这种声誉代表了一种固有的美学等级的顶点,而它受到了当今文学批评、电影研究以及文化研究名义上而非实质性的批判。随之而来的是,电影创作者自身的坚持得到了默许:即这些电影只能在它们自身所创造的世界范围内被阅读,同时这样一种阅读首先需要抗拒任何一种将视觉与审美要素分解成直接的社会经济要素的企图①。

我并非一上来就拒斥这种现代主义的神话学(它在今天已不再是一项具有挑战性的知识任务了),相反,我会使用诸如自主、自由和创造性这类概念的残余价值,来追踪和重构错综复杂的机制和程序,正是它将经济、社会和文化——意识形态因素编纂进电影文本,同时我也会在必然被政治化的生活世界与其必要的审美再现之间建立起某种批判性的距离。此种距离虽

---

① 对中国电影现代主义的批评性研究,可参看张旭东:《改革时代的中国现代主义》,第三部分"与历史相遇的视觉政治"。

决定于艺术生产的本性,却首先听命于历史分析的逻辑。人们绝不可能在不经"形式"领域(在此处指的是视觉和叙事意义上细微的电影操作)迂回或中介的情况下,就对张艺谋 90 年代几部电影的"内容"所包含的历史多重决定因素和政治上的复杂性——这一"内容"在这儿从属于某些更加一般性的问题,即传统的连续性和再创造、社会主义的经验以及当代中国的政治本性——进行分析。

张艺谋的作品除了可以为审美与政治、形式与历史之间的辩证法提供又一个例证之外,必须被视为某种双重颠覆:既反对意识形态驱动下的中国"表象",也反对保护电影现代主义的欲望,即将之作为个体创造性的普遍语言来保护。注意以下一点会十分有趣:虽然现代主义美学(象征主义、审美强度、文体创新和自我意识,以及形式自主或自我指涉等等)对于张艺谋在国际电影节上相对于其他角逐者取得竞争优势来说显得至关重要,也在他"再现"中国主张中扮演了非同小可的角色,但是这一美学的核心无法再局限于某种影像本体论(photographic ontology),这一本体论试图捕获后毛泽东时代中国改革的历史时刻之"物理真实"。毋宁说,在张艺谋 90 年代的作品中,本体论维度已经与政治维度天衣无缝地结合在了一起,我们不能在行政政策和政治教条的意义上理解这种本体论,而应该以正在兴起的日常生活的主流意识形态来理解之,这种意识形态受到了国家主导下的中国社会大转型——即转向市场——的规定。

高峰现代主义风格上的获利,即只能由一小部分中国精英作家和获得国际承认的电影人来享受的得来不易的半自主性,如今面临着某种社会和形式上的挑战,即如何通过艺术节奏和形象来表达复杂的历史境况和新兴的日常生活世界,前者需要与后者产生共振。这同时意味着面对来自现代主义形式空间内部的压力,也就是说,用更为精细和柔和的叙事来代替早期"第五代"电影(典型如陈凯歌的《黄土地》[1983]、张艺谋的《红高粱》[1987]或《活着》[1994])纪念碑式的视觉雕塑。这些往往被错误(或误解)地称为"中国后现代主义"的新叙事机制,呈现出某种范式变迁和新的集体性感受(collective sensibility),这一感受植根于所谓"社会主义市场经济"条件下的中国日常生活。对于这种新的集体性感受形式、风格的阐述,并不仅仅关乎当代中国文学和文化在美学和哲学上的创新性,而且也确实提供了一种反思某些思想和政治议题的方式,这些议题与某些更大的语境联系在一起,即民族国家相对于全球帝国秩序、共同体和文化相对于流行的普遍性修辞、历史连续性相对于断裂性以及主权的独一性相对于抽象和交换的一般性。带着这些问题,我将转入到对于张艺谋1994年的获奖电影《秋菊打官司》的分析。

## 日常生活的文化政治

《秋菊打官司》基于新写实派作家陈源斌的《万家诉讼》改编而成(发表于1991年)①。在文学版的标题中,"万"字既是一个普通的姓氏(所以我将其译作"The Wan Family's Law Suit"),当然也有"上万"的意思。凭借这种"谐音"的小把戏,这一标题就有了"无数的诉讼"之意,虽说张艺谋的电影有着掩人耳目的休闲电影说法,但是在它独特的敏感背景中,这一意义从未付之阙如。张艺谋和文学原作的处理都不是随意的。在"八九风波"之后到90年代成熟繁荣的市场经济逐渐发展起来的数年中,中国的文学市场和文学生产力几乎处于全盘崩溃的边缘,而张艺谋却在全球电影市场中迅速走红,他为了确保生产流水线的高速运转,迫切需要稳定的原创电影剧本供给,因此他被文学界授予了"整个中国唯一一位小说读者"的称号。张艺谋在90年代初对于中国文学界的支配程度使他能够同时雇佣多位著名作家为他撰写和修改同一个电影剧本。

张艺谋虽说曾有把文学文本改得面目全非以实现其电影设想的前科,但这一次他却十分忠实于"万家诉讼"这个故事。它简单的主题和叙事结构聚焦于倔强、重复、矛盾以及多样性和独一性之间的辩证法,而这些也构成了张艺谋电影改编版本的形式风格和道德主旨。电影讲述了这样一个故事:一个叫做秋菊的农村妇女因为丈夫在与村长的争吵中被后者踢了下身,

---

① 陈源斌:《万家诉讼》,《中国作家》1991年第1期。

决心讨回公道。电影的戏剧主旨几乎全部来自秋菊不停地走远路向上级申诉——同时不断受挫——以求公道的行为,因为她对调解、妥协以及下层官员的裁决都感到不满。电影有意识的纪录片风格标志着"第五代"电影语言的重大转折。这种风格使电影从强迫性的审美和哲学高度上走了下来,转而去表达诸如乡村正义与治理、一般性的中国法律政治改革等重大社会问题。它延续了"第五代"导演以人类学、社会学的热情和严肃观察中国乡村生活的传统,不过,致使《秋菊打官司》与《黄土地》分道扬镳的却是这样一个事实:经过现代电影语言风格化处理的乡村生活,已不再是根本性政治批判和哲学批判的美学基础了(批判传统或国家的政治文化)。相反,乡村或农民生活作为一种自在的存在(being-in-itself),即作为某种自身具有历史本质和道德本质甚至具有审美自足性的生活形式,占据了电影屏幕。早期"第五代"导演的"落后"诗学(poetics of backwardness,即在乡村生活的物质贫困基础上进行影像现代主义的风格试验)(这正是他们电影的核心特点),在这儿被一种日常生活的叙事形式所替换,后者的审美自主性并非人们以现代主义的名义为之奋斗的事物,而是植根于历史和物质的特殊性和具体性,正如影片中那些被镜头一扫而过但却十分醒目的"红辣椒"所暗示的那样。观众可能会注意到,这些红辣椒在使用价值(即由质量和用处决定的价值)与交换价值(市价),以及交换价值与审美价值之间存在着完美的和谐。当被吊在屋外进行晾晒时,它们是农民生活形式"自足"的象征;而在市场上被卖掉时,它们换来了现金,为秋菊一次又一次寻求她自己所理解的公道提供了资助。作为日常的生活必需品和物质生产的标识,红辣椒正是手工劳作和乡村生活的内在审美构造物,乃至成为中国农民隐而未显的道德尊严,成为桀骜不驯和永不折服的标志。

在纯粹形式的意义上,这部电影是一个(普洛普结构主义叙事学的)教科书般的例子——伴随着出人意料的迂回曲折,通过一种喜剧式的方法,电影以女英雄克服艰难险阻的形式展现了一个人实现自己目标的延宕过程。伴随着表面上没完没了的延迟和重复,每个细节在进入完成了的叙事结构之前,都在悬隔状态中获得了自身的生命。在这种过程中,纪录片风格那种粗犷的、"无中介"的视觉细节(即这部电影的拍摄手法)完成了某种象征整体。也就是说,所有服务于形式主义意义上的叙事设计的东西,同时也为"内容"服务。这种内容的日常性(everydayness)和世俗的具体性,因为受到了更大的社会政治背景的多重决定,自身成了推进叙事发展的动力。

如果从某种简单的、具有误导性的观点来看,这部电影无非就是一部以庭审判决为高潮的法制剧。然而,法制主题的核心却有其自身的歧义性甚至颠覆性。整个故事纯然的焦点和强度,催生出某种寓言式的升华,仿佛电影里的每一事物都意味着另外一些东西。这部电影的中心情节(即一个农村妇女独自求助国家机器以求公道)引发了一系列不同的连锁反应(这些反应又引发了另一些问题)。如果这部电影是关于社会的(不)正义和(非)合法性的,那么它几乎不可能避免国家对立于社会、官方对立于非官方、现代性对立于传统、城市对立于农村诸如此类简化了的主题,即那些在当代中国的流俗媒体和学术书写中仍占统治地位的二元对立。然而《秋菊打官司》并没有落入这些二元对立的无聊俗套之中,这一事实使它的批评者很不舒服。一些人只是模模糊糊地表示,这部电影(以及作为当今中国日益获得成功的电影人的张艺谋)可被解读为对于中国国家的某种认可,因为它呈现出当代中国日常生活世界的某种稍显仁慈的(至少是安稳的和可改善的)形象。这样一种"透明"的解读忽略了文化文本的复杂性,并与之缺少共鸣。尽管如此,我们也可以想见,许多来自极右派和极左派的批评者——他们出于截然不同的理由,不愿承认社会主义在世界历史格局中的名义上或实质上的任何正当性——将会发现自己的意识形态框架在处理张艺谋的电影叙事的纯粹性和复杂性,以及由电影延伸出的潜在的文化政治时,显得十分不适应。

在继续分析这部电影的核心问题以前,先让我们来看一看它的开场方式,这会为我们捕捉张艺谋艺术风格和文化政治的重大变化提供一个线索。《秋菊打官司》的开场很自然地让我们想到了张艺谋的第一部电影《红高粱》(1988)。也就是说,两部电影的开场镜头大相径庭。众所周知,《红高粱》以刺激感官的、带有窥阴癖的特写镜头开始,巩俐被困在花轿里,周遭是含情的大红色。这幅引人注目的景象明白无误地宣告了张艺谋的到来,他创造了"第五代"的另一种审美和政治维度,即以情欲、暴力和哲学—神话学的过剩为特征。这种审美维度不仅作为一种客观化的社会欲望符号而存在,而且也作为一种易辨认的(其实是令人难忘的)视觉原型和电影标识而为张艺谋的许多电影所承继。赤裸裸、过度审美化的人脸可以读作后毛泽东时代中国世俗化进程中不甚精细的"蒙娜·丽莎"。它揭露了一种社会景象(实际上是一种社会欲望),通过遮掩在所谓"现代电影语言"的审美面纱之下——在这里即是镜头(在巩俐和她的欲望客体即赤膊的轿夫)间来回切换——一种标准的好莱坞手法将欲望主题与其"欲望客体"缝合了起来(这里透露出的信息是:人在欲望开始之前并不是一个主体!)。这种震撼性的视觉效果很大程度上只限于中国经济改革的早期。在今天的电影批评家迟钝厌腻的眼中,此种画面在形式意义上值得注意之处是其情境的排他性,即花轿内的场景(一个完全封闭的空间)及其持续不移的视觉焦点和同质性,即女人的脸、大红色及其象征性统一,这赋予了此种拍摄顺序近乎商业意义上的视觉快感和可靠的高峰现代主义色彩,更不用说在面对"四个坚持"(即坚持马列主义、社会主义体制、党的领导以及无产阶级专政)这种国家话语时,通过尽情宣泄白日梦而暗含着的政治反叛性了。回溯性地来看,后毛泽东时代早期文化的政治本体论需要此种高度聚焦和完全排他的视觉情境,以完成旨在清理社会欲望的美学—哲学建构①。

《秋菊》的开场(同样很具震撼性)可被解读为某种不同种类的清理或社会去蔽。它通过耐心而迷人的社会学—人类学观察揭示了——说得更准确些是展开了日常生活的具体性和不可化约性。我们或许记得,《秋菊》的开场与那些关于中国农村小城镇生活的纪录片在视觉上十分相似。不像上面说到的《红高粱》里的场景,在那儿,摄像机深深地刺入日常世界的物理构造,而且真切地"内在于"花轿,不断在欲望客体之间移动(这让人联想起本雅明那个著名的论断:摄影是外科医生在切割人体,而传统油画只是巫医在人体周围摇首弄姿),相反,《秋菊》的开场则从一个固定的隐藏机位拍

---

① 对《红高粱》更为完整的分析,参看张旭东:《改革时代的中国现代主义》,第十一章"张艺谋《红高粱》中的意识形态和乌托邦"。

摄,摄像机的呈现建立在自身假定的缺席基础上,说得更确切些,它安全而不引人注目的存在处于这个场景之中,或者说成了这一场景的一部分。观众所看到的东西,这种凭借臆测中处于被动状态的摄像机呈现出来的东西(这一摄像机试图捕捉完整的世界),正是普通乡村集市上川流不息的人群。这个镜头持续了两分钟之长(一动不动的固定镜头,镜头里"什么都没有发生"),在这两分钟的最后十秒里,巩俐出现了,可是起初并未引人注意。画面里的是一个农村孕妇和小姑子(由业余演员扮演)一道,用手推车推着受伤的丈夫去治病,她完全混入了背景之中。巩俐并非凭借镜头放大的方式走向前台,却是在耐心的、从容不迫的长时段拍摄之下,以最没有"自我意识"的方式接近了隐蔽的摄像机。与此同时,小镇集市上大量闲散走动、漠不关心的人显示出了生活的纷乱状态。电影随即以一系列水平运动的镜头将主人公从其他人群中凸现出来,由此,故事的叙事系列开始了。如果说开场镜头宣告了电影的纪录片冲动,那么随后的镜头则使它的情节剧意图清晰地展现了出来。通过此种方式,与人群正面遭遇的镜头被一连串描述川流不息的日常生活的画面所替代,日常生活的无定形性和不可化约的偶然性构成了电影形式上的特征。换句话说,曾经将主角分隔出来的摄像技术手段,同时也意味着将她平整地、更加牢固地压回到平凡世界的镶嵌画中,她本来就属于这个世界,很难与芸芸众生区别开来。

有人或许倾向于认为此种不作判断的临时视角将使张艺谋能够以某种表面上看来更具同情性的眼光来看待中国(政府),仿佛它从内部观之应被看做一束既冲突又共存的道德文化符码,而从外部观之则是日益兴起的、重构中的社会领域的一名参与者。以此看来,电影中的李公安、村长以及市公安局局长等配角就不能仅仅被看成是冷漠和抽象的现代官僚组织,而必须被看做是一个完整但内部分化甚至断裂的调停者,它自身的生计和价值判断都植根于日常生活的具体性之中,植根于这一总体性的内在矛盾之中。

对于这些人物来说,对于为之着迷的观察者张艺谋来说,根本不存在一个外部的优势地位,可以藉此来再现、更不用说来规约甚或揭露他们的生活世界,相反,只能设计一种视觉框架,特殊生活形式的直接性、强度和独一无二性可以藉此以自身的叙事和情绪节奏来发现自我、表达自我。对于那些对中国现有社会政治现实感到不耐烦的乌托邦式新自由主义革命者而言，张艺谋的电影看起来肯定像是在为现状辩护，在他们看来，这种现状对于轮廓鲜明的自由市场体系来说(这一体系包括私有产权的法律体系和议会民主程序)，显得呆滞、混乱和落后。就如上控告而言，张艺谋或许确有罪咎，但是那些现实的和潜在的批评者都容易遗忘这样一个事实，即张艺谋的电影同样对于那些"效忠者"具有颠覆效果——他们反对改革，支持旧有党政一体化的制度，支持幻想式的中央计划经济，而且时常未经中介地、冷漠地、往往十分残酷地介入社会空间。事实上，对这种空想的绝对主义(表现为社会主义现代性的计划经济和全球资产阶级的同质性)，正是张艺谋那些关乎"社会主义市场经济"的日常世界里普通人生活的电影提出了质疑。针对意识形态过剩，兴起了一种新的视野和新的文化政治，它成为张艺谋电影叙事中隐秘的社会性指涉。

## 合法性对正当性

在《秋菊打官司》里，我们必须注意的是，叙事所追寻的"终点"，即核心争议并非是法条主义语词意义上的正义，而是某种先于它的事物，该事物形成了它的历史和道德的前理解，并构成了它的社会、政治乃至文化的(如果可以这么说的话)基础。其中的冲突与对抗不应被描述为一种原始的、自发的市民社会(人们不该忘记这个概念在黑格尔—马克思的原意中指的是资产阶级社会)遭受现代化官僚国家的法律冷酷无情的强加，也不应反过来视之为中国的社会撒手不管(至少持续了几十年)的混沌落后、不可能走向现代化的乡村世界，也就是说，无法进入包含实在的或程序性的法律的商业社会形态，而法律说明的是建立在私有财产之上的新的社会经济契约。《秋菊打官司》中具有欺骗性——欺骗性在这里构成了剧作本身，并为整理该剧的叙事难题提供了线索——的地方在于，电影戏剧性的焦点正是法律制度，或者说，以喜剧的方式展现了一个头脑简单的农村妇女不断地错失这一法律机制,这就像她在现代大都市里迷了路一样。但对于这部电影仔细而有效的解读必须建立在这样一种朴素的观察之上,即这部电影绝不关乎形式的、工具性的(法律和意识形态)程序和规则。在《秋菊打官司》中,法律的(甚至是法条主义的)主题服务于绝非法条主义、实际上是反对抽象一般性和可交换性的真理内容。在张艺谋的电影中,法律不能理解为法律法规,它甚至也不是文化—心理学意义上的幼稚理解(即"无意识"),或用更加老练的知识行话说,拉康的"象征秩序"(它将文化性归于法律性,虽然仅是"隐喻性的"①)理解下的文化。相反,法律在这里意味着先于法律规则的东西,它植根于某种另外的事物,并且是这一事物的表达。后者尚未在形式主义的意义上语言化,但却像语言一样被结构起来。

我想通过突出一个细小然而却十分关键的翻译问题(我们可以说,作为一种被翻译过来的现代性,中国现代性的所有问题实际上都源于翻译!)来导入我的分析。随着这部电影在国际上发行,获得了翻译意义上的"来世",问题出现了。这部电影的关键词是"正义"和"道歉",这是秋菊决心要得到的两种东西,电影叙事也围绕这两者展开。尽管英文字幕将关键词径直译作"justice"或"apology",而且经常相互替换,仿佛它们是可以互换的,但实际上,秋菊在整部电影中始终固执地重复的,却是"说法"这个词。这个词表面意思和潜在含义不是法律性的,而是道德性的,不是推定性的,而是劝说性的,不是威权主义式的,而是社群主义式的、共识性的,不是判断性的,而是描述性的(说得更准确些,是叙事性的)。实际上,这个词更接近于"解释"的意思,因为"说法"在字面意义和日常习惯上的意思,正是事情在得以讨论、谈论之后,最终以不加强迫的方式得到理解和接受。"说法"的道德—文化意义正是向他人解释某些事情并让他接受的方式;这就意味着,政治—法律秩序必须建立在一个缄默的协议之上,即得到那些听取解释的人的同意。

很明显且很重要的是,英文字幕的翻译本身就是一种误译,因为它巧妙

---

① 参见 Lacan, "The Agency of the Letter in the Unconscious or Reason Since Freud." In *Ecrits*. New York: W. W. Norton, 1977, pp. 146-178。

而准确地预期到了当代中国语境下普通中国观众理解"说法"的方式（即将其看做"正义"和"道歉"），捕捉到了这一方式——将其"翻译"了出来。这种观察依据中西社会或"伦理"的虚假对立和冲突，霸占了任何阐述"文化"（文化在这儿仅仅作为受到革命和社会主义形塑的中国人道德和政治特质的速写）的意向。就这种细致的语用学考察看来，秋菊首先要求的，正如村长的故事提示我们的那样，并不是抽象一般法意义上的正义，不是那种平等和无差别地适用于所有人的正义，而是由她直接的生存环境所规定的某些价值，这一生活环境继续在为她提供意义上的依托。这么说或许并不算是学术上的夸张：秋菊的官司并非一场法律诉讼，而是确保意义与价值、保证理解，甚至是存在的世界的一致性与完整性的一场阐释学斗争。她不是为了起诉，而是为了治愈自己，她最想治愈的是自己内心的平静，一种适当的正义观念和个人尊严虽说是必要条件，但远非充分条件。

这部电影与"法治"观念格格不入，现代化国家为了建立自身的政治正当性引入了这一观念，可是它在哲学上的正当性却历史地存在于资产阶级对于无差别的抽象一般性的追求之中，这种一般性建基于交换价值以及作为产权之社会形象的普遍个人。秋菊的丈夫为什么与村长打架？这一方面跟中国农村地区模糊不清、纵横交错的不动产所有权状况有关，即在政府和成文法之间存在着一片灰色地带，另一方面跟毛泽东时代积淀下来的农村文化、日常实践以及平民是非观相关甚大。这部电影的戏剧逻辑完全超越了法制领域，但这并不意味着戏剧张力的展开可以脱离法条主义的逻辑。这部电影覆盖了秋菊在所有下层乃至省一级政治机构（因此体现了它的日常意味，如果不是诙谐意味的话）的斗争，真正促使所有角色最终认真对待秋菊的官司的，却是秋菊可能并且事实上已经威胁他们说，她要越过地方的相对自治性和规范继续上告。

在电影里，某个邻居用诙谐的方式点出了这种可能性，虽说只是一闪而过而已。他跟庆来开玩笑说，得把两腿夹紧防止再被踢到，因为如果那样的话，秋菊一定会一路告到北京。一个农民到北京向最高权威上诉的权利及其现实可能性，揭示了个体与超越规则、规章和正当程序的绝对主权之间具有至关重要的联系。① 就纯粹形式的方面来看,这倒跟中国农民信赖善良而仁慈的皇帝有些相似,即跟古代中国"告御状"这种民众行为颇为相似。但中国革命和社会主义现代性的历史及社会意识形态密度,给了这种信仰某种新的本质(至少在理论上是这样),即维持了高于法律的主权,这就是毛泽东的"大民主"和"无产阶级专政"思想所隐含的核心内容。我们可以在这里发现作为电影的喜剧技巧以及知识与理论复杂性之根源的叙事设计:秋菊觉察到了基层政府的无法状态(lawlessness),在那儿法律、程序和规范具有支配地位,她始终在与之抗争。可是,她所诉诸的,却是更高级别政府的法治,即(从定义上讲)外在于而且高于法律、界定后者道德政治章程的主权领域。换言之,她在寻找道德本质意义上的正义,可是往往那里仅仅只有程序和实在法意义上的正义;她在法律根本不存在的地方寻找法律,也就是说,法律仅仅作为被主权的绝对概念所形塑、激活,但同时又被消解的东西。这就是秋菊不停歇的申诉之旅注定要失败的法哲学原因。

　　这部电影没有反面角色,也没有愤愤不平地谴责体制的任何无法状态。在这个意义上,这部电影并没有从正面攻击体制。然而,它却把现代国家体系的全部理性法律基础放置在更深的层次之上,用知识上、政治上更为有力的方式对之进行审判。这里的反讽意味有三方面。首先,农民没有能够了解国家将法律体系现代化的良苦用心(即用它来保护他们的权利),因而国家感到十分失望。其次,国家没有能够了解农民无法清楚表达出来的道德政治规则(它构成并且巩固了现实和实质的秩序),因而农民感到十分失望。最后秋菊对于正义的寻求注定会失败,这是因为总体性的、无差别的、法条主义的正义并不是她想要的东西,也没有办法解决她的问题。可是,这些已经是现代理性社会和国家组织所能提供的全部东西了。人们可以说,

---

　　① 这里我对主权的超法律性质、资产阶级实在法局限性的分析,受到了卡尔·施米特(Carl Schmitt)相关著作的启发,施米特的论述在智识上是超群的,但在政治上却引发了诸多质疑,这些怀疑皆围绕他的这一命题展开:"主权就是决断非常状态。"与这些带有风险的主题特别相关的,有施米特的如下两部著作:《政治的概念》(*The Concept of the Political*. Trans. George Schwab. Chicago: University of Chicago Press, 1996)和《议会民主制的危机》(*The Crisis of Parliamentary Democracy*. Trans. Ellen Kennedy. Cambridge: MIT Press, 1985)。

她的失败是一种结构主义者的失败,因为秋菊自己就是某种无意识斗争的症候,她在与自身的语言化作斗争,与这种正在生成的自在的语言作斗争,这种语言常常呈现在物化与异化的状态之中。这就是观众为什么在观看整部电影的过程中既感到开心又感到失落的原因,这就像秋菊的目标既不太低也不太高一样;她既不算和善,也不是无情,既不过分宽宏大量,也不过分冰冷绝情,既不要求过多,也不是什么都不要。她的固执和倔强把电影里的人物和看电影的观众都快逼疯了!

从某种程度上说,这部电影戏剧和哲学上的复杂性,被"说法"这个词语言上的歧义性完完全全捕捉住了。"说"(讲话、谈话和谈论等)字与"法"(法律、方法、方式)字的结合造就了如下三种语义可能性:(a)"在法律意义上谈问题";(b)"一种说明和解释的方式"(上文已讨论过);(c)"谈论或评论法律"。人们可以看到,这部电影的戏剧和哲学展开实际上遵循了这样的方式,即"说法"的意思从 a 发展为 c:电影以法律问题开始,即某种可以察觉到的不公,随即转向了对于解释的需要,最后又变成了对于法律及其限度的评论和反思。这已经远远不是翻译的问题了,然而,翻译的艰难(指"说法")成为生活形式和价值冲突之多样性的隐喻,这种多样性总是宣称自己对于意义和诠释提出了挑战。它证明了,将语义翻译得清楚精确是不可能的,更不用说去翻译这种农民习语(即"说法"这个词)的实际意义了。从某种意义上说,《秋菊打官司》这部电影显示出一以贯之的努力,试图通过考察"说法"这个词在不同日常情景和语境下的使用情况,来确定它的意思——一种后期维特根斯坦式的对于"语言使用"的试错实验。在这些语境下,要求一种"解释"(它逐渐为我们所理解)使得对于真理的寻求在一个更大的语境里活动起来,这也是试图说明某种尚未得到定义的事物,它先于象征秩序存在,却是像语言一样被结构起来的事物。因此,女主人公在电影里所面临的困难,与其说是法律秩序所造成的困难(这种法律秩序被视为抽象、一般的规范),不如说是某种当代中国日常生活的价值体系,这一价值体系正携带着自身根本性的道德和政治自我理解进行着斗争。

在电影叙事当中,决定性的冲突发生在城市里面,以城乡之间、形式程序法与乡村不成文的道德伦理规范(同中国社会主义政治遗产混合在一块儿)之间,以及现代理性和理性所欲克服的东西(包括"民众习惯"、"社会风俗"、"自然正当"或"传统",但又不限于这些)之间的遭遇表现了出来。在这里,现代国家的官僚政治—法条主义机制,试图在抽象然而还有那么点具体性、非人格化而且尚具社会"责任"的方式中表达出自身。对于民众智慧(即自由媒体付之阙如情况下的"公共舆论"的替代物)所付出的努力之解读,给这出戏剧增添了另一份喜剧性的曲折。"工农旅社"那位年长的经理很自信地、而且事实上很明智地预测秋菊将会打赢官司,因为据他观察,政府(它在推进法治进程中的角色鲜为人知)需要输掉一些"民告官"的案件,从而使公众确信此次政府是动真格了,要开始一视同仁了。然而,最终秋菊输掉了官司,这个事实恰恰表明政府事实上比民众智慧所期盼的还要公正、还要认真地执行了法律。政府尽管对秋菊怀有同情——这种同情体现在市公安局长身上——但对法律程序也无能为力。这一次,法律体系似乎决心独立于多管闲事的政府官员、个人情感和道德倾向,按照自身的逻辑进程运行下去。

但这种治愈,即真正伦理和道德意义上的解决,只能在乡村生活的范围内才能完成。如果说秋菊在寻求"公道"的过程中有那么一个情绪转折点的话,那就应该是村长在除夕之夜救了她和她娃儿命的时候。对于村长来说,那不过是作为邻居和长者应尽的义务,跟他和秋菊之间正在进行的法律诉讼毫不相干。但是这种日常生活价值体系里的和谐时刻,提供了法律框架之外的叙事解决。新年的到来,正如男婴的诞生一样,绝不仅仅是个巧合,因为节日和秋菊孩子的诞生强调了共同体、相互依赖性和再生性。然而,影片的结尾却是一种夹杂着悬而未决之冲突的和谐状态——乡村共同体内部的"前现代"和谐状态与现代实证主义理性蔓延之间的冲突;一种文化上根深蒂固的、先于法律的正义观与必定抽象的、过度编码化的现代法律现实之间的冲突。正是在这种总体性的意识形态或者说文化政治的框架中,某个错置的诉讼"开动"了不同的价值、文化和社会行为体系之间的根本矛盾、冲突和共存状态——这一冲突是喜剧而非悲剧,它的表现方式是纪录片风格,而非现代主义样式。

当然,这不过是观察使用价值世界同交换价值世界之间历史冲突的另一种方式。显然,马克思主义关于使用价值的经典定义,不仅立足于物的"物理有用性",而且强调"每种有用物都是许多属性的总和"。除此之外,马克思还指出:"物的多种使用方式是历史的事情",因而"为有用物的量找到社会尺度,也是这样"。① 而在另一方面,交换价值被理解为"生产中所有固有的人身(历史)依附关系的解除,同时就是生产者全面的相互依赖"②。

秋菊要讨一个"说法",这个要求(先于并超越其法律含义)必须在全球化条件下社会主义中国的结构性变迁和生产方式发生分化的社会经济语境中进行理解。在这种语境中,生产者的相互依赖关系、他们的生活形式的整体性及其价值体系(建立在历史中形成并得到理解的多种多样的物之"有用性"之上),正在被更为总体化、抽象和实证主义式的资本主义交换价值体系所侵蚀。在这种日益拉大的差距之下,农民的正义概念,正如我们在电影中所了解到的那样,不如"法律"严格和刚性,可是比它多了几分苛求却少了几分灵活性,因为它所蕴涵的惩罚来自更高、也更为内在化的权威。因此,对于像秋菊这样的人来说,问题并不在于法律体系不现代或不够现代,而是它抽象、自治、非人格化或"中立"的样式太过现代了,以至于扬言要将自己从规定它们的日常生活具体而未表达出来的价值体系中分离出来。在这个案例里,秋菊之类的人不知道国家与法律之间有着某种"现代"的区分,而这一点凸显了内在于现代正当性和主权话语的历史和哲学上的歧义性,甚至是混乱性。当代中国对于这一歧义性或混乱性来说并不是例外,而是一个恰当而贴切的例子。

## 重复与独一性:进一步思索日常 世界和人民主权的自我肯定

观众最后逐渐开始理解,秋菊"讨个说法"的固执行为并不是真理内

---

① Marx, *Capital*(《资本论》), vol. 1. London: Penguin, 1976, p. 25.
② Max, *Grundrisse*(《政治经济学大纲》). London: Penguin, 1973, p. 156.

容,而只是一种故事的叙事手法,一种无须自我解释的展现集体情境社会政治纷扰的叙事手法。这种将不可见的东西变得可见的过程十分微妙,又充满歧义,然而却并不具有误导性。随着女主人公持之以恒的诉讼之旅的展开——在行政诉讼中达至顶点,影片所揭示的主要对象,并不是当今中国政法官僚机制的运作方式,也不是这一体制中许多官员暧昧不明的性质,更不是那些来自乡村的朴素农民。我们应该记得,案件的最终裁决(对村长进行两周的行政拘留)是一个迟来的裁决,它基于新的医学"证据",即 X 光拍摄显示庆来肋骨骨折,从而使原先的争议升级到"轻伤害罪"。没有比这条新的司法证据的出现更坏的时机了,实际上,它看起来来得十分荒谬,至少从当时已经趋于和谐的村庄共同体角度看来恰是如此。X 光照片到头来成了某种哲学分化的神秘提醒(如果说不算隐喻的话),这种分化正是发生在合法性和正当性这两种大相径庭的语言体系之间。作为孤立的、"更深的"和抽象的事实之"负片"影像(negative picture)和镜像(mirror-image),X 光照片说的是技术和法律程序的实证主义语言,但对于仍然生活在前技术(pre-technological)、前法条主义世界(pre-legalistic)的农民来说,它是一种不可见和不可理解的语言。它记录了一个完全外在于、独立于农民生活世界(Lebenswelt)的领域里所发生的事件,记录了另一种逻辑。农民参与这个世界的唯一方式就是语言模仿和文化仿造,在集市上给不识字的农村人"代笔"写诉讼状的老人做的就是这个。诸如"严重违反了计划生育政策"、"有意谋杀"和"国法难容"——这些都指向村长踢庆来下身这一事件——这些对于极为精确的法条主义—行政措辞极为夸张的模仿,抓住了抽象法律规则与村民生活其中的日常世界之间喜剧式的又颇为荒诞的差异,后者根本无法在前者之中找到再现自身的东西。

承诺施予所有人(曾经是如此遥远,不可企及)的法律和正义,终于向这个农村妇女敞开了,只是传递给她的信息跟她原先所希望得到的大相径庭。可以理解的是,那些习惯于、禁不住从中国的任何事情里面都简单地读出支持政府或反对政府信息的人,对此肯定感到迷惑和失望。而且还有许多人和他们一样,试图去推断张艺谋的这部电影是否只是赋予了国家某种常态感,从而为之辩护;或者相反,去推断秋菊故事出人意料的曲折和转折,是否事实上揭示了某种复杂的、尚不确定的混合力量,这种力量在当今中国正在发挥着它的作用。然而,很少有人能够就这样一个事实进行争论,即在独立的、非人格化的法律(主义的)程序同当今中国在秋菊那样的人身上实际起作用或不起作用的规则之间,存在着某种矛盾。因此,法条主义意义上的正义并非这部电影的主旨所在,这点已经很清楚了。

由是观之,女主人公"讨说法"的欲求,必须被看做是在社会—知识上寻找意义的寓言。这种寓言建立在这一事实之上:当代中国的发展可以被理解为现实的,甚至是合理的——倘若那些不合理的事情(比如腐败)根据同样的道理必须被看做无理的,甚至是"非法"的话。因此,这部电影的深刻性并不在于它展示了中国法治的不完善状态。事实上,电影对于现代法律结构在改革时代稍显仓促的推行抱以总体上来说还算积极、至少是理解的态度。进言之,具有批判性和煽动性的是这样一种事实:它以某种方式将戏剧性强度彻底地置于法律和政治的结构性差异之中。后者(政治)不再局限于政党政治这种狭隘的含义,而是涵盖了价值判断(建立在某种特殊生活形式的基础之上)一直到道德勇气和主张(通过它来正当化和捍卫这一价值)。

这种不可见而且尚未表达出来的框架早于法律和法条主义的秩序,并构成后者真正的基础。它以秋菊固执地拒绝任何前法律秩序与法律秩序、不成文法(正是这一不成文法掌控着秋菊的世界)与精巧然而非人格的法规(正是这一法规保证了现代社会平稳而抽象的运作)之间任何抽象或形式上划等号的方式,坚韧地在正在崛起的金钱社会里存留了下来。如果我们将这种不成文法理解为农民生活世界的自我主张(而不是自我否定),那么这部电影戏剧性的活力和哲学的可能性就只能来自这样一个简单的认定:它并不关乎法条主义意义上的正义,而是关乎植根于乡村共同体独一性(而非一般性)的"自然正当"意义上的"是与非"。

电影开头部分有这么一个场景,秋菊的丈夫发怒说:"有人管他",英文字幕在翻译时又犯了大错,译成了"正义将会实现"(justice will be done)。按照"有人管他"这一表述,《秋菊打官司》最终所要传递的信息,或者说它的核心冲突就成了以下情况:那种实证主义法律概念对于中国农民来说十分疏远,他们只相信某种统辖他们日常生活世界并且指导他们道德政治生活的不成文法意义上的正义(和平等)观念。这种不成文法不容易在现代法律—社会—政治结构的象征秩序中找到自身的表达形式,可是出于某种原因它能够被转化成某种相关的集体性乌托邦理想,从而得以在现代世界里流通。这种看似不可能的沟通之寓言形象,凸显于市场中反复叫卖红辣椒的场景,凸显于秋菊在现代大都市和现代官僚机构的迷宫里找路,也凸显于普通群众在社会肌理里保存下来的"翻译"机制。顺便说一下,所有这些场景都使张艺谋对于秋菊故事的视觉建构具有了完美的电影意义。在电影结束的时候,秋菊依然不快乐,但那不是问题的关键。一旦成文法意义上的社会规范和不成文法意义上的道德伦理规范相脱离——合法性与正当性之间的差异暗示出了这一点——在社会关系和日常生活中表现出来,她就再也不会感到快乐了。但是张艺谋在电影结尾似乎暗示,甚至快乐的不可能性实际上也不是问题的关键——只要这里的主体不是资产阶级个体,而是嵌入集体、由集体所建构起来的个体。与更广大的社会存在一起存在的世界中的存在(being-in-the-world)并没有改变秋菊所面对的生活情境,但人民主权概念的在场或留存,或许可以改变这一情境被接近、认可乃至被改造的方式。

  对于这部电影的社会—伦理分析可以具有,也的确具有某种同曲折的或"不发达的"资产阶级自我观念相平行的动向。就性别认同而言,秋菊的主体性不断地遭受挫折,甚至遭到否定。只要我们联系张艺谋对于生产(往往按照前资本主义的技术和手工劳动予以视觉化,这里则展现为研磨红辣椒的特写)和生育(庆来受伤之后这得打上一个问号了)的痴迷态度来看,秋菊的怀孕似乎成为她的女性特质和性别诉求并不那么隐讳的暗示了。但是秋菊的决定和行动并不完全基于对家庭的考虑,也不是受家庭驱使,比如她不是总能得到丈夫的支持。毋宁说,她的个体自由意志是性别认同和性别问题的讨论基点。在这种语境中,秋菊对于男性中心主义体系的挑战、她诉诸法律(如福柯和拉康所定义的那样)的失败,并不受她的无意识结构、受挫的欲望规定。恰恰相反,电影就秋菊的无意识欲望并没有给出什么暗示:这里没有主体内部的永久分裂、自我同欲望的分离。相反,在电影里,秋菊的欲望是由社会、政治多重决定的：讨个公道；要个说法；坚持某种道德构造的有效性（正是它塑造了秋菊，规定了使她获得地位、身份的社会秩序）。在《秋菊打官司》中，这是一种前资产阶级的主体性，结果它被过分社会化和教化，因此否认了那种内在分化、异化的主体自我空间。

　　日常行为和普通人的伦理领域内的不成文法，有时跟同样没有定型的国家组织及其政治法律规则天衣无缝地融合起来。这些规范最终不可避免地催生出当今中国日常现实的主权和正当性的意义。《秋菊打官司》并没有认可或是谴责国家与社会之间彻底的融合，它只是以一种同时具有自然主义和风格化的电影语言，揭示了国家的法律—政治规则同日常领域的道德—伦理规则杂居在一起的状态。这种美学里面隐藏着的政治有着迷惑人的纯洁感，正如90年代的中国"独立"电影生产的半自主性被证明更能展现尚未得到表达和尚未理论化的政治经济现实。我们与其不加批判地使用"独立"这个词，不如理解它对于真实的政治经济现实的反讽意义，正是这一现实规定了它的依附性和处境（以及国际观众眼中那种拥有"独立"地位的电影的虚幻身份）。因此，对于卡尔·施米特所定义的政治概念——即为了某种生活方式生，并且愿意为之死的意志——迷惑人的"文化"运用，可以在生活形式领域中找到例证。由此看来，对先于法律之事物充满冲突的形式化，正是张艺谋的电影在全球化时代中国社会文化发生大转型语境下的政治意义所在。

　　像电影史上很多伟大的作品一样，《秋菊打官司》具有混合着缓慢与沉闷色彩的诙谐与爆炸性的能量。这种能量可以被视为某种形式设计的结果，即建立在有意为之的重复与变化之上的设计。我们应该记得，张艺谋从"第五代"导演中脱颖而出，正在于他从那种知识上的苛求、创作者的自我沉溺以及过剩的风格主义中摆脱了出来。他背离于"第五代"导演，最终增强并巩固了这一运动的美学象征，而且为之赢得了国际声誉，可这一事实并没有减损张艺谋所有电影追求直接的、具有视觉效应的、带有强烈情绪性的故事讲述和人物刻画的内在倾向。"第五代"美学上的根本二元论由两位导演各自的处女作为代表，即陈凯歌的《黄土地》和张艺谋的《红高粱》。但在这个意义上，正是《秋菊打官司》创造了一种新的电影叙事空间。它也是唯一一部在结构和精神上为张艺谋自己所仿效甚或拓展的作品,比如《一个都不能少》,后者可以被看做是张艺谋给予自己的创新不加遮掩的赞美。

对于张艺谋来说,当代中国的社会学现实,正如秋菊的心理世界一样,是自然而然存在着的东西。因此,电影里得以再现的东西,其实是某些无法再现的事物,它拒斥抽象的"象征"意义上的中介,要求通过不同的叙事逻辑和表达逻辑进行自我阐发。在我看来,这种得以再现的东西,就是重复性和直接性、独一性及其不可遏制的复归的逻辑。张艺谋处理这种逻辑的方式是喜剧式的,而不是悲剧式的。这样一来,他毫不含糊地表明了,中国的国家形式和乡村世界必须被看做实际存在的生活形式,其正当性("说法")来自于它们自身的内在分化、矛盾、不平衡,以及相互之间永不停息的磋商。对于混合生产方式及其交叠的社会、意识形态和道德秩序的理解,通过政治和商业标识的随意共存,会体现得更为明显。比如,秋菊住的"城里最便宜的旅馆"叫做"工农旅社"。这一形象平静地、不具备自我意识地坐落在一间普通的"新潮发屋"隔壁,在耀眼并具有反讽意味的时代错乱中并不显得那么突出。这种"扁平"的共存模式同时与某种"深度"模式结合在了一块儿,它通过自己的不作为而有所作为:当秋菊和她的小姑子完全分不清东南西北、徘徊于街头的时候,一位好心的看车人告诉她们要"穿得像个城里人",也就是说,要用时尚的都市服饰掩盖自己土里土气的衣服,以免再次受骗上当。但当她们从服装店里重新出来的时候,新衣服盖住了旧的,她们的样子丝毫没有变得像个城里人,反而带上了更多恩斯特·布洛赫所谓的"共时的非同代性"(synchronic non-contemporaneity)的层次①。

秋菊一次又一次去"讨说法"的旅程,看起来似乎是重复性的。然而,重复可谓是最有效的叙事装置了,可以有助于观念的演变,这种观念带着令人惊讶的直接性再现为未编码的、因此是先于语言的事物。每一轮谈判、调解或者冲突,都排除了可能的解决途径,而且通过这种排除,使电影更加聚焦于作为"说法"的无名之"道"。金钱,或者说是赔偿金自然是头一种方

---

① 参见 Bloch, *Heritage of Our Times*. Trans. Neville Plaice and Stephen Plaice. Berkeley: University of California Press, 1990. Part 2, esp. pp. 97-116.

式,但是秋菊因为村长侮辱性的付钱方式,拒绝接收这笔钱。继而是李公安给出的某种基于文化的理性化处理方式,他带给秋菊"三盒点心"(可以说是一种反向贿赂)是一种喜剧式的、同时又颇具辛辣意味的方式,它凸显出构成法条主义思维(这是警察的社会政治和官僚功能反复要求的东西)基础的某种共同体智慧。可它同样不奏效。秋菊固执地讨"说法"所产生的最终受害者,正如我们所讨论过的,正是现代法律体系本身。

事实上,重复作为一种叙事设计,似乎打破了自身的形式节奏,从而暗示出某种属于艺术作品的哲学维度、属于罗曼·英加登所谓"本体论"或评价维度的东西。有鉴于这部电影反对抽象和一般、赞赏特殊的取向,重复于是就成了服务于自我肯定的叙事逻辑了(如果说还不是自我主张的话)——即对于某种尚不确定、无法定义的品质的主张。

在《重复与差异》中,德勒兹赋予了重复某种独特的直观:它催生出处在演进之中的自我分化的、多样的、肯定的和极富生产性的同一机制,这一机制同依赖于否定和否定运动的黑格尔式辩证法截然相反。他写道:"重复,就是以这样一种特定的方式运动,它关系到某种独特而独一的东西,没有任何事物与之相同或等价。这种重复或许在外部行为的层面,自身呼应着某种神秘的颤动,这种颤动激活了更为深刻的、独一性内部的内在重复。"①德勒兹通过重建自己的作品与伯格森、尼采和斯宾诺莎的问题在概念上和范畴上的联系,让我们看到了我们自己的时代与其史前史之间重要的历史、政治和哲学相关性,它们一道构成了处于"永恒复归"之中的现代资本主义社会不连续的连续性。在这儿,德勒兹在某个令人目眩的概念高度(同时与历史高度相关),呈现出过去的残余、被征服了的东西、多余者、被压制者和未成熟者永远是时间和经验的不可缺少的部分,虽然我们徒劳地试图一上来就用神话学和形而上学(文化)、继而以理性和现代性(历史)的名义来规制它们,将之形式化和一般化。透过秋菊的故事来看,德勒兹试图呈现的正是:所有的认同和生活形式,正如所有的欲望、幻想、症候和未实

---

① Deleuze, *Difference and Repetition*. Trans. Paul Patton. New York: Columbia University Press,1993,p. 1.

现的愿望一样,总是伪装成自我满足和自我肯定而复归,而不是心甘情愿地被"否定",并一劳永逸地消失在普遍历史的垃圾堆里。正是在那些认同和生活形式的桀骜不驯之中,它们各自独一无二的政治性通过重复显出自身。而透过德勒兹的观点来看,"万家诉讼"是一种为历史和政治所塑形的生活形式寻求自我肯定,即自身的"永恒复归"①的寓言。在《秋菊打官司》里,每当这位追求正义的农村妇女空手而归的时候,观众都在失望和敬畏当中进一步抓住了那个无形概念的意义,进一步理解了不可能之事的可能性。秋菊那儿的每一次重复都是对于那种不存在的、失落之物的肯定,作为面向一般性与可交换性的规范体系,秩序的世界否认了这一事物的存在。然而,它又是具体的、独一无二的事物,同某个超越现代理性形式制度的更大语境不断共振。在文学的意义上,张艺谋这部电影中的重复是一种"僭越,它质疑法律,谴责法律名义上的、一般的特征,反过来支持某种更为深刻,也更艺术化的现实"②。每一次重复都是"重复那不可重复之事",那不可重复的就是具体生活形式的独一无二性。因此,秋菊的每一次旅程都不仅仅是在前一次的基础上再加一次,而是如德勒兹所说的"将第一次进行到底"③。

(刘晗译,朱羽校)

---

① 德勒兹(Deleuze)将"查拉图斯特拉对于'重复'的道德测试看成是在与康德竞争",进而提出:"处在永恒复归之中的重复形式,是某种直接性的粗暴形式,它是普遍性与独一性重新结合起来的形式,废黜了任何一种一般性的法律,瓦解各种中介,消灭臣服于法律的特殊性。"参见 *Difference and Repetition*, p. 4。因此,对于康德的法律概念和黑格尔的中介概念的颠覆,或许可以为想象集体性革命形式开辟出某种理论图景,这一革命形式在当代资本主义全球性及对之不满的语境中,重新统一了普遍性与独一性。

② Deleuze, *Difference and Repetition*, p. 3.

③ Ibid., p. 9.

# 参考文献

## 一、英文部分

Acton, Lord. "Nationality." In Gopal Balakrishnan, ed., *Mapping the Nation*, pp. 17-38.

Adorno, T. W. "Die Idee der Naturgeschichte." In *Gesammelte Schriften*, 1, Frankfurt: Suhrkamp, 1973.

Adorno, T. W. *Philosophy of Modern Music*. Trans. Anne G. Mitchell and Wesley V. Blomster. New York: Seabury, 1973.

Anderson, Benedict. *Imagined Communities*. 2nd ed. London: Verso, 1991.

Barmé, Geremie. "To Screw Foreigners Is Patriotic." In Jonathan Unger, ed., *Chinese Nationalism*. New York: M. E. Sharpe, 1996, pp. 183-208.

Barmé, Geremie. *In the Red: On Contemporary Chinese Culture*. New York: Columbia University Press, 1999.

Bender, Thomas. "The Modern City as Text and Context: The Public Culture of New York." In Angela Vistarchi, ed., *The City as Text*. Special issue of *Rivista di studi anglo-americani* 6(1990): 15-34.

Benjamin, Walter. *Illuminations*. Ed. Hannah Arendt, trans. Harry Zohn. New York: Schocken, 1969.

Benjamin, Walter. *Origins of German Tragic Drama*. Trans. John Osborne. London: Verso, 1977.

Benjamin, Walter. *Charles Baudelaire: A Lyric Poet in the Era of High Capitalism*. Trans. Harry Zohn. London: Verso, 1983.

Benjamin, Walter. "Some Motifs in Baudelaire." In Benjamin, *Charles Baudelaire*, pp. 107-154.

Bernstein, Richard, and James Monroe. *The Coming Conflict with China*. New York: Knopf, 1996.

Bloch, Ernst. *Heritage of Our Times*. Trans. Neville Plaice and Stephen Plaice. Berkeley: University of California Press, 1990.

Bourdieu, Pierre. "Structures, Habitus, Practices." In *The Logic of Practice*. Stanford, Calif: Stanford University Press, 1990, pp. 52-65.

Boym, Svetlana. *Common Places: Mythologies of Everyday Life in Russia*. Cambridge: Harvard University Press, 1994.

Brooks, David. *Bobos in Paradise: America's New Upper Class and How They Got There*. New York: Simon and Schuster, 2000.

Caruth, Cathy. "Unclaimed Experience: Trauma and the Possibility of History." *Yale French Studies* 79 (1991): 181-192.

Central Intelligence Agency. The World Factbook. Washington: Central Intelligence Agency, 2005.

Chow, Rey. "We Endure, Therefore We Are: Survival, Governance, and Zhang Yimou's *To Live*." *South Atlantic Quarterly* 95 (1996): 1039-1064.

Dai Jinhua. "Imagined Nostalgia." In Arif Dirlik and Xudong Zhang, eds., *Postmodernism and China*. Durham, N.C.: Duke University Press, 2000, pp. 205-221.

Deleuze, Gilles. *Difference and Repetition*. Trans. Paul Patton. New York: Columbia University Press, 1993.

Deleuze, Gilles, and Félix Guattari. *Kafka: Toward a Minor Literature*. Trans. Dana Polan. Minneapolis: University of Minnesota Press, 1986.

Deleuze, Gilles, and Félix Guattari. *A Thousand Plateaus: Capitalism and Schizophrenia*. Trans. Brian Massumi. Minneapolis: University of Minnesota Press, 1987.

de Man, Paul. "Autobiography as De-facement." In *The Rhetoric of Romanticism*. New York: Columbia University Press, 1984, pp. 67-82.

Derrida, Jacques. *Specters of Marx: The State of the Debt, the Work of Mourning, and the New International.* Trans. Peggy Kamuf. New York: Routledge, 1994.

Dirlik, Arif. "The Postcolonial Aura." In *The Postcolonial Aura: Third World Criticism in the Age of Global Capitalism.* Boulder, Colo. : Westview, 1997, pp. 52-83.

Dutton, Michael. *Street Life China.* Cambridge: Cambridge University Press, 1998.

Eagleton, Terry. *The Illusion of Postmodernism.* Oxford: Blackwell, 1996.

Ebert, Roger. "The Blue Kite." *Chicago Sun-Times*, September 16, 1994.

Fei, Hsaio Tung. *Peasant Life in China.* London: Routledge and Kegan Paul, 1939.

Fei, Hsaio Tung. *Rural Development in China.* Chicago: University of Chicago Press, 1980.

Fogel, William. *The Fourth Great Awakening and the Future of Egalitarianism.* Chicago: University of Chicago Press, 2000.

Friedman, Jeffrey. "Nationalism in Theory and Reality." *Critical Review* 10. 2 (1996): 155-168.

Fukuyama, Francis. *The End of History and the Last Man.* New York: Free Press, 1993.

Gan Yang. "Debating Liberalism and Democracy in China in the 1990s." In Xudong Zhang, *Whither China?* (2001), pp. 79-102.

Gellner, Ernest. *Nations and Nationalism.* Ithaca, N. Y. : Cornell University Press, 1983.

Greenfeld, Liah. "The Modern Religion?" *Critical Review* 10. 2 (1996): 177.

Habermas, Jürgen. "Conceptions of Modernity: A Look Back at Two Traditions." In Habermas, *Postnational Constellations: Political Essays.* Ed. and trans. Max Pensky. Cambridge: MIT Press, 2001, pp. 130-156.

Harootunian, Harry. "Visible Discourses/Invisible Ideologies." In *Postmodernism and Japan*, special issue of *South Atlantic Quarterly* 87 (1988): 63-92.

Hobsbawm, Eric. *Nations and Nationalisms since 1780.* Cambridge: Cambridge University Press, 1990.

Hobsbawm, Eric. *The Age of Extremes: A History of the World*, 1914-1991. New

York: Vintage, 1995.

Horkheimer, Max, and Theodor W. Adorno. *Dialectic of Enlightenment.* Trans. John Cumming. New York: Verso, 1997.

Hsia, C. T. *A History of Modern Chinese Fiction.* New Haven, Conn. : Yale University Press, 1961.

Huang, Philip. *The Peasant Family and Rural Development in the Yangzi Delta, 1350-1988.* Stanford, Calif. : Stanford University Press, 1990.

Jameson, Fredric. "Actually Existing Marxism." In *Marxism beyond Marxism?* Special issue of *Polygraph*, no. 7 (1993): 170-196.

Jameson, Fredric. "Theories of Postmodernism." In *The Cultural Turn.* New York: Verso, 1998, pp. 25-26.

Jameson, Fredric. *Brecht and Method.* London: Verso, 1998.

Johnson, Chalmers. 2000. *Blowback: The Costs and Consequences of American Empire.* New York: Henry Holt.

Lacan, Jacques. "The Agency of the Letter in the Unconscious or Reason since Freud." In *Ecrits.* New York: W. W. Norton, 1977, pp. 146-178.

Lawrence, Susan V. "The Say No Club." *Far East Economic Review*, January 13, 2000.

Lee, Leo. *Shanghai Modern: The Flowering of New Urban Culture in China, 1930-1945.* Cambridge: Harvard University Press, 2000.

Lehan, Richard. *The City in Literature.* Berkeley: University of California Press, 1998.

Levenson, Joseph. *Confucian China and Its Modern Fate: A Trilogy.* Berkeley: University of California Press, 1965.

Levenson, Joseph. *Revolution and Cosmopolitanism.* Berkeley: University of California Press, 1971.

Liu Zaifu. "Farewell to the Gods: Contemporay Chinese Literary Theory's Finde-Siècle Struggle." In Pang-yuan Chi and David Wang, eds. , *Chinese Literature in the Second Half of the Twentieth Century: A Critical Survey.* Bloomington: Indiana University Press, 2000, pp. 1-13.

Lopez McAlister, Linda. Review of *Farewell, My Concubine. HERS*, December 1993. www. mith2. umd. edu/WomensStudies/FilmReviews/farewell-concubine-mcalister.

MacEwan, Arthur. *Neo-liberalism or Democracy*. New York: Zed, 1999.

Maoist International Movement. "Lan Feng Zheng(1993). "Review of *The Blue Kite*. us. imdb. com/Reviews/33/3359.

Marx, Karl. *Grundrisse*. London: Penguin, 1973.

Marx, Karl. Capital, vol. 1. London: Penguin, 1976.

Meisner, Maurice. *The Deng Xiaoping Era. New York*: Hill and Wang, 1994.

Nancy, Jean-Luc. "The Unsacrificeable. "*Yale French Studies* 79(1991): 20-38.

Negri, Antonio, and Michael Hardt. *Empire*. Cambridge: Harvard University Press, 2000.

Oi, Jean. *Rural China Takes Off*. Berkeley: University of California Press, 1999.

Osborne, Peter. *The Politics of Time*. London: Verso, 1995.

Pensky, Max. *Melancholy Dialectics*. Amherst: University of Massachusetts Press, 1993.

Pye, Lucien. "How Chinese Nationalism Was Shanghaied. " In Jonathan Unger, ed. , *Chinese Nationalism*. New York: M. E. Sharp, 1993, pp. 86-112.

Ringer, Fritz K. *The Decline of German Mandarins: The German Academic Community, 1890-1933*. Hanover, N. H. : University Press of New England, 1990.

Rorty, Richard. *Achieving Our Country*. Cambridge: Harvard University Press, 1997.

Sakai, Naoki. "Modernity and Its Critique: The Problem of Universalism and Particularism. " In Masao Miyoshi and Harry Harootunian, eds. , *Postmodernism and Japan*. Durham, N. C. : Duke University Press, 1989, pp. 93-122.

Schmitt, Carl. *The Crisis of Parliamentary Democracy*. Trans. Ellen Kennedy. Cambridge: MIT Press, 1985.

Schmitt, Carl. *The Concept of the Political*. Trans. George Schwab. Chicago: University of Chicago Press, 1996.

Simon, William H. "The Legal Structure of the Chinese 'Socialist Market Enterprise. ' "*Journal of Corporation Law* 21. 2(1996): 267-306.

Spivak, Gayatri. *In Other Worlds: Essays in Cultural Politics*. New York: Methuen, 1987.

Sturken, Marita. *Tangled Memories: The Vietnam War, the AIDS Epidemic, and the Politics of Remembering*. Berkeley: University of California Press, 1997.

"Symposium: 'Public Sphere/Civil Society' in China?" Special issue, *Modern China* 19.2 (1993).

Sypher, Wylie. *Loss of the Self in Modern Literature*. Westport, Conn: Greenwood, 1979.

Wang Hui. "PRC Cultural Studies and Cultural Criticism in the 1990s." Trans. Nicholas A. Kaldis. *positions* 6.1 (1998): 239-251.

Wang Hui. "Contemporary Chinese Thought and the Question of Modernity." Trans. Rebecca Karl. In Xudong Zhang, *Whither China?* (2001), pp. 161-198.

Weber, Max. *The Protestant Ethic and the Spirit of Capitalism*. Trans. Talcott Parsons. London: Routledge, 2001.

Williams, Raymond. "Metropolitan Perceptions and the Emergence of Modernism." In Williams, *The Politics of Modernism*. London: Verso, 1989, pp. 17-48.

Yack, Bernard. "The Myth of the Civic Nation." *Critical Review* 10.2 (1996): 193-211.

Zhang Ailing. "Sealed Off." Trans. Karen Kingsbury. In Joseph Lau and Howard Goldblatt, eds., *The Columbia Anthology of Modern Chinese Literature*. New York: Columbia University Press, 1995, pp. 188-198.

Zhang, Xudong. *Chinese Modernism in the Era of Reforms*. Durham, N.C.: Duke University Press, 1997.

Zhang, Xudong. "Nationalism and Contemporary China." *East Asia: An International Quarterly* 16.1-2 (1997): 130-146.

Zhang, Xudong. "Mass Culture, Nationalism, and Intellectual Strategies in Post-Tiananmen China." *Social Text*, no. 55 (1998): 109-140.

Zhang, Xudong. *Whither China? Intellectual Politics in Contemporay China*. Durham, N.C.: Duke University Press, 2001.

## 二、中文部分

巴金:《上海,美丽的土地,我们的!》,见《上海解放十周年》,上海:上海人民出版社1959年版,第9—16页。

蔡翔、许纪霖、陈思和、郜元宝:《道统、学统与正统》,见王晓明编:《人文精神寻思录》,上海:文汇出版社1996年版,第46—58页。

陈来:《20世纪文化运动中的激进主义》,见李世涛编:《知识分子立场——激进与保守之间的动荡》,长春:时代文艺出版社2000年版,第293—308页。

陈平原、王守长等:《学术史讨论》,见陈平原、王守常、汪晖编:《学人》第一辑,南京:江苏文艺出版社1991年版,第2—48页。

陈少明:《低调一些:向文化保守主义进言》,见李世涛编:《知识分子立场——激进与保守之间的动荡》,第507—513页。

陈源斌:《万家诉讼》,北京:中国青年出版社1992年版。

中国共产党中央委员会:《中共十一届三中全会决议》,北京:中共中央文献出版社1994年版。

崔之元:《第二次思想解放与制度创新》,香港:牛津大学出版社1997年版。

崔之元:《美国公司法变革的理论背景及对我国的启示》,见崔之元《第二次思想解放与制度创新》,第197—198页。

崔之元:《鞍钢宪法与后福特主义》,《读书》1996年第3期。

崔之元、罗贝托·昂格尔(Roberto Unger):《以俄为鉴看中国》,《二十一世纪》第24期(1994)。

崔之元等:《南街村》,北京:中国工商联合出版社1994年版。

戴锦华:《突围表演》,《钟山》1996年第6期。

费孝通:《乡土重建》,上海:《观察》,1948年。

甘阳:《社会与思想丛书源起》,见崔之元:《第二次思想解放与制度创新》,第v—vi页。

甘阳:《洋泾浜与"我们"》,《二十一世纪》第33期(1995),第21—28页。

甘阳:《走向政治民族》,《明报》(香港)1996年2月26日。

甘阳:《公民个体为本,统一宪政立国》,见《将错就错》,香港:牛津大学出版社2000年版,第309—312页。此文最初发表于《二十一世纪》第35期(1996),第4—14页。

甘阳:《文化中国与乡土中国》,见《将错就错》,亦可见http://www.douban.com/group/topic/10006712/。

甘阳:《哈贝马斯的"新论"》,见《将错就错》,北京:三联书店2002年版。

甘阳:《自由主义:贵族的还是平民的?》,见李世涛编:《知识分子立场——自由主义之争与中国思想界的分化》,长春:时代文艺出版社2000年版。

高瑞泉、袁进、张汝伦和李天纲:《人文精神寻踪》,见王晓明编:《人文精神寻思录》,第33—45页。

高汝熹、郁义鸿:《上海经济的停滞与再起飞1953—1993》,见汪晖、余国良编:《上海:城市、社会与文化》,香港:香港中文大学出版社1998年版,第73—90页。

耿传明:《试论余华小说中的后人道主义倾向及其对鲁迅启蒙话语的解构》,《中国现代文学研究丛刊》1997年第2期(总第73期)。

管毅平:《凯恩斯思想演变的轨迹》,《读书》2000年第4期。

郭剑:《文革思潮与"后学"》,见李世涛编:《文化大革命:事实与研究》,香港:香港中文大学出版社1996年版,第347—356页。

郭剑:《詹明信与文化大革命》,《万象》1999年第5期。

哈贝马斯:《人性与兽性》,《读书》1999年第9期。

何清涟:《现代化的陷阱》,北京:中国工商联合出版社1999年版。

贺卫方:《从程序角度看"长江读书奖"的缺陷》,2000年,见http://www.law-bridge.net/bbs/dipbbs.asp?boa=24&id=4592。

胡适:《逼上梁山》,见《中国新文学大系·理论建设卷》,上海:良友图书公司1935年版,第3—27页。

姜义华:《激进与保守:一段尚未完结的对话》,见李世涛编:《知识分子立场——激进与保守之间的动荡》,第30—36页。

酒井直树:《现代性与其批判:普遍主义与特殊主义的问题》,白培德译,《台湾社会研究季刊》1998年6月号。

雷颐:《背景与错位》,《读书》1995年第4期。
李世涛编:《知识分子立场——激进与保守之间的动荡》,长春:时代文艺出版社2000年版。
刘东:《警惕人为的"洋泾浜"学风》,《二十一世纪》1995年第1期。
刘鸿生:《为什么拥护共产党》,见《上海解放十周年》。
刘心武、张颐武:《刘心武、张颐武对话录》,桂林:漓江出版社1996年版。
李希光、刘康等:《妖魔化中国的背后》,北京:中国社会科学出版社1996年版。
李泽厚、刘再复:《告别革命》,香港:天地图书有限公司1997年版。
陆键东:《陈寅恪的最后二十年》,北京:三联书店1996年版。
鲁迅:《京派与海派》,见《鲁迅全集》第五卷,北京:人民文学出版社1981年版,第432—433页。
鲁迅:《上海的少女》,见《鲁迅全集》第四卷,北京:人民文学出版社1981年版,第563—564页。
鲁迅:《半夏小集》,见《鲁迅全集》第六卷,北京:人民文学出版社1981年版。
罗小未、伍江编:《上海弄堂》,上海:上海人民美术出版社1997年版。
马逢洋:《上海:记忆与想象》,上海:文化出版社1996年版。
莫言:《酒国》,海口:南海出版公司2000年版。英文版译者为葛浩文(Howard Goldblatt),纽约:拱廊街出版社2000年版。
秦晖:《自由主义与民主主义的契合点在哪里?》,1996年,见http://www.xici.net/school/b496129/d33177109.htm。
秦晖:《当代中国思想史上的读书奖事件》,《学术界》第85期(2000)。
秦晖:《自由主义、社会民主与当代中国问题》,《战略与管理》2000年第6期。
任剑涛:《解读"新左派"》,见李世涛编:《知识分子立场——自由主义之争与中国思想界的分化》,长春:时代文艺出版社2000年版,第191—214页。
《上海经济年鉴2000》,上海:上海经济年鉴出版社2000年版。
上海历史学会编:《上海研究》两卷本,上海:学林出版社1988年版。

师陀:《上海手札》,见范培松编:《师陀散文选》,天津:百花文艺出版社1992年版。

宋强、张藏藏等:《中国可以说不》,北京:中国工商联合出版社1996年版。

孙立平:《汇入世界文明主流:民族主义三题》,见李世涛编:《知识分子立场——民族主义与转型期中国的命运》,长春:时代文艺出版社2000年版。

唐振常编:《上海史》,上海:上海人民出版社1980年版。

王安忆:《长恨歌》,北京:作家出版社1996年版。

王安忆:《上海的女性》,见《人世的沉浮》,上海:文汇出版社1996年版,第359—360页。

王安忆:《"文革"轶事》,见《香港的情与爱——王安忆自选集之三》,北京:作家出版社1996年版,第425—501页。

王安忆:《寻找苏青》,见《重建象牙塔》,上海:远东出版社1997年版,第44—46页。

王安忆:《上海的洋房》,见《接近世纪初》,杭州:浙江文艺出版社1998年版。

王安忆:《王安忆眼中的当今文坛》,《生活时报》1999年6月2日。

王安忆:《妹头》,海口:海南出版社2000年版。

王安忆:《生死契阔,与子相悦》,见《妹头》,第3—10页。

王安忆:《我爱比尔》,海口:海南出版社2000年版。

王安忆:《寻找上海》,上海:学林出版社2001年版。

汪晖:《九十年代中国大陆的文化研究与文化批评》,《电影艺术》1995年第1期。

汪晖:《汪晖自选集》,桂林:广西师范大学出版社1997年版。

汪晖:《现代中国思想的兴起》,北京:三联书店2004年版。

汪晖、余国良编:《上海:城市、文化与社会》,香港:香港中文大学出版社1998年版,第79页。

王蒙:《人文精神问题偶感》,见王晓明编:《人文精神寻思录》。

王绍光:《自由派? 自由左派还是自由右派?》,2000年10月16日,见www.csdn618.com.cn/century/zhoukan/diyishijian/0010/10161box01.htm。此

文为《权利的代价:为何自由依赖赋税?》一书的书评。
王绍光:《中国:不平等发展的政治经济学》,北京:计划出版社2000年版。
王绍光、胡鞍钢:《中国国家能力报告》,香港:牛津大学出版社1994年版,第159页。
王唯铭:《欲望的城市》,上海:文汇出版社1996年版。
王晓明编:《人文精神寻思录》,上海:文汇出版社1996年版。
王晓明、张闳、徐麟、张柠、崔宜明:《旷野上的废墟》,见王晓明编:《人文精神寻思录》,第1—7页。
王颖:《新集体主义:乡村社会的再组织》,北京:经济管理出版社1996年版。
王元化、李辉:《对于"五四"的再认识:答客问》,见李世涛编:《知识分子立场——激进与保守之间的动荡》,第271—286页。
吴敬琏:《中国经济改革回顾与展望》,2000年1月23日,见 bbs.peopledaily.com.cn/cgibbsl。
吴敬琏、汪丁丁:《关于中国改革前途的对话》,2000年8月10日,见 www.csdn.net.cn/luntan/china。
萧功秦:《近代思想史上"问题与主义"争论的再思考》,见李世涛编:《知识分子立场——激进与保守之间的动荡》,第142—157页。
萧功秦:《戊戌变法的再反思:简论早期政治激进主义的文化根源》,见李世涛编:《知识分子立场——激进与保守之间的动荡》,第121—141页。
熊月之:《海派散论》,见马逢洋编:《上海:记忆与想象》,上海:文汇出版社1996年版,第180—188页。
徐贲:《"第三世界批评"在当今中国的处境》,《二十一世纪》1995年第1期。
徐润:《上海公共租界史稿》,上海:上海人民出版社1980年版。
徐友渔:《自由主义、法兰克福学派及其他》,见李世涛编:《知识分子立场——自由主义之争与中国思想界的分化》,第178—190页。
徐友渔:《知识分子与公权》,《当代中国研究》2000年第3期(总第83期),见 http://www.cgarden.net/StubArticle.asp?issu=040308&total=86。

杨嘉佑:《上海老房子的故事》,上海:上海人民出版社1996年版。
余英时:《中国近代思想史上的激进与保守》,见李世涛编:《知识分子立场——激进与保守之间的动荡》,第1—29页。
张爱玲:《到底是上海人》,见马逢洋编:《上海:记忆与想象》,第82—84页。
张爱玲:《公寓生活记趣》,见马逢洋编:《上海:记忆与想象》,第95—101页。
张爱玲:《封锁》,见《张爱玲文集》,合肥:安徽文艺出版社1994年版。
张春桥:《攀登新的胜利高峰》,见《上海解放十周年》,第1—10页。
张汝伦:《哈贝马斯与帝国主义》,《读书》1999年第9期。
张旭东:《改革时代的中国现代主义》,北京:北京大学出版社2013年版。
张旭东:《全球化时代的思想封闭症》,1998年,见 www.csdn.net.cn/page/china/shiye。
张颐武:《人民记忆与文化的命运》,见《在边缘处追索》,长春:时代文艺出版社1993年版。
张颐武:《新状态的崛起》,《钟山》第92期(1994)。
张颐武:《最后的神话》,见王晓明编:《人文精神寻思录》,第137—141页。
张仲礼编:《近代上海城市研究》,上海:上海人民出版社1992年版。
赵毅衡:《"后学"与中国新保守主义》,《二十一世纪》1995年第2期。
郑敏:《何谓"大陆新保守主义"?》,见李世涛编:《知识分子立场——激进与保守之间的动荡》,第391—405页。
周乐山:《上海之春》,见马逢洋编:《上海:记忆与想象》,第71—78页。
周作人:《上海气》,见《谈龙集》,上海:开明书店1929年版,第157—160页。
朱学勤:《1998:自由主义的言说》,1998年,见 http://douban.com/group/topic/1768262/。
邹谠:《〈第二次思想解放与制度创新〉序》,见崔之元:《第二次思想解放与制度创新》。